AVALIAÇÃO DA

APRENDIZAGEM ESCOLAR

passado, presente e futuro

© 2021 by Cipriano Carlos Luckesi

© Direitos para esta publicação exclusiva
CORTEZ EDITORA
Rua Monte Alegre, 1074 – Perdizes
05014-001 – São Paulo – SP
Tel.: (11) 3864-0111 Fax: (11) 3864-4290
cortez@cortezeditora.com.br
www.cortezeditora.com.br

Direção
José Xavier Cortez

Editor
Amir Piedade

Preparação
Alessandra Biral

Revisão
Alexandre Ricardo da Cunha
Gabriel Maretti
Rodrigo da Silva Lima

Edição de Arte
Mauricio Rindeika Seolin

Capa
Iago Sartini

Obra em conformidade ao
Novo Acordo Ortográfico da Língua Portuguesa

Dados Internacionais de Catalogação na Publicação (CIP)
(Câmara Brasileira do Livro, SP, Brasil)

Luckesi, Cipriano Carlos
   Avaliação da aprendizagem escolar: passado, presente
e futuro / Cipriano Carlos Luckesi. – 1. ed. – São Paulo:
Cortez Editora, 2021.

   ISBN 978-65-5555-054-2

   1. Educação 2. Gestão escolar 3. Práticas educacionais
4. Pedagogia I. Título.

21-58644   CDD-370

Índices para catálogo sistemático:

1. Pedagogia: Educação 370

Aline Graziele Benitez – Bibliotecária – CRB-1/3129

Impresso no Brasil – outubro de 2021

CIPRIANO CARLOS LUCKESI

AVALIAÇÃO DA APRENDIZAGEM ESCOLAR

passado, presente e futuro

1ª edição
2021

ॐ

DEDICATÓRIA

Dedico este livro:

à minha família, esposa, filha, filhos, genro, nora, netas, netos, às minhas irmãs mais velhas que eu, in memoriam *a meu irmão mais velho e a meus pais, todos seres fundamentais em minha vida;*

às educadoras e aos educadores escolares deste país, do Ensino Fundamental à Universidade, no desejo de que ensinem o melhor possível e, por isso, todos os estudantes aprendam e se desenvolvam.

SUMÁRIO

INTRODUÇÃO GERAL 15

LIVRO I
Avaliação da aprendizagem escolar: do passado para o presente 30

PARTE A
Avaliação da aprendizagem escolar nas Pedagogias Tradicionais 33

Introdução à Parte A 34

Capítulo 1
Avaliação da aprendizagem escolar
no contexto da Pedagogia Jesuítica 39

Capítulo 2
Avaliação da aprendizagem escolar
na Pedagogia de João Amós Comênio 115

Capítulo 3
Avaliação da aprendizagem em Johann Friedrich Herbart 159

Conclusão da Parte A 181

PARTE B
Avaliação da aprendizagem nas Pedagogias da Escola Nova 187

Introdução à Parte B 188

Capítulo 4
Avaliação da aprendizagem
na Proposta Pedagógica de Maria Montessori 193

Capítulo 5
Avaliação da aprendizagem escolar na Pedagogia de John Dewey 225

Conclusão da Parte B 269

PARTE C
Avaliação da aprendizagem na Tecnologia Educacional 273

Introdução à Parte C 274

Capítulo 6
Avaliação da aprendizagem em Ralph Tyler 281

Capítulo 7
Avaliação da aprendizagem em Benjamin S. Bloom 303

Capítulo 8
Avaliação da aprendizagem escolar em Norman E. Gronlund 317

Conclusão da Parte C 343

CONCLUSÃO DO LIVRO I
Avaliação da aprendizagem escolar
nas Pedagogias dos séculos XVI ao XX 347

LIVRO II
Avaliação da aprendizagem escolar: do presente para o futuro 354

Capítulo único
O ato de avaliar a aprendizagem no ensino escolar 357

CONCLUINDO A PRESENTE PUBLICAÇÃO 393
Posturas do educador no processo de ensinar e aprender 395

BIBLIOGRAFIA 403

INTRODUÇÃO GERAL

INTRODUÇÃO GERAL

Conteúdo desta Introdução 1. Do que trata este livro?, p. 18; **2.** O significado do ato de avaliar para a ação humana e a proposição deste livro, p.18; **3.** Caminho metodológico adotado para estudar o ato de avaliar a aprendizagem no âmbito das principais Pedagogias nascidas e vigentes na Modernidade, p. 19; **4.** A sequência dos tratamentos teórico-práticos nesta publicação, p. 21; **5.** A respeito dos conteúdos desta publicação, p. 22; **6.** Balizamento dos conteúdos expostos nos capítulos da presente publicação, p. 24; **7.** A respeito da denominação "avaliação da aprendizagem", p. 26; **8.** A respeito da exclusividade dos exames escolares como uma prática escolar cotidiana, p. 26; **9.** Avaliação institucional e de larga escala, p. 27; **10.** Base Nacional Comum Curricular (BNCC) e avaliação da aprendizagem, p. 27; **11.** Finalizando esta Introdução, p. 27.

INTRODUÇÃO GERAL

1. Do que trata este livro?

A Introdução que se segue colocará o leitor a par dos conteúdos tratados neste livro que aborda a questão da avaliação da aprendizagem escolar nas Pedagogias constituídas no período das Idades Moderna e Contemporânea, assim como propõe um encaminhamento para sua prática em nossas escolas, do presente para o futuro.

O Livro I, sob a denominação *Avaliação da aprendizagem escolar: do passado para o presente*, torna público os conteúdos abordados na Primeira Parte da Tese pessoal de Doutoramento apresentada à Pontifícia Universidade Católica de São Paulo, PUC/SP, como requisito para a obtenção do título de Doutor em Educação, fato ocorrido no mês de abril do ano de 1992. Para a presente publicação, o texto sofreu reelaborações que se fizeram necessárias quase trinta anos após sua primeira apresentação.

O Livro II – *Avaliação da aprendizagem escolar: do presente para o futuro* – contém um único capítulo que sugere aos educadores escolares compreensões e possíveis caminhos para a prática da avaliação da aprendizagem no cotidiano de nossas escolas. Na referida Tese de Doutoramento havia uma Segunda Parte, composta por um único capítulo, cujo conteúdo foi substituído nesta publicação pelo Livro II, também composto por capítulo único.

Esta Introdução, além de esclarecer aspectos do modo como os temas da fenomenologia da avaliação da aprendizagem estão abordados no decurso das páginas do presente livro, expõe compreensões teórico-práticas que podem ser úteis em nosso cotidiano escolar.

2. O significado do ato de avaliar para a ação humana e a proposição deste livro

Avaliar é um dos três atos que, universalmente, todos os seres humanos praticam. Epistemologicamente, ele é configurado como o ato de investigar a qualidade da realidade, cujo resultado subsidia escolhas e decisões[1]. Os três atos são: primeiro, *conhecer fatos*, ato por meio do qual se produz os conhecimentos do senso comum e da ciência a respeito *do que é e de como funciona* a realidade; segundo, *conhecer qualidades e valores relativos à realidade*, fator que subsidia o ser humano a fazer escolhas e tomar decisões; e, por último – com base no conhecimento do que

---

1   A respeito dos três atos que universalmente todos os seres humanos praticam, ver Cipriano Carlos Luckesi, *Avaliação em educação: questões epistemológicas e práticas*, São Paulo, Cortez Editora, 2018, capítulo 1 "O ato de avaliar: epistemologia e método", p. 21-55.

é a realidade, de como ela funciona, e, de sua qualidade –, o ato de tomar decisões tendo em vista o agir[2].

Frente a essa compreensão epistemológica, a presente publicação, em seu Livro I, trata de como, ao longo da história da educação moderna, autores e educadores compreenderam o ato de avaliar a aprendizagem em sala de aula[3] e, em seu Livro II, trata das possibilidades do uso da avaliação da aprendizagem escolar, hoje, no Brasil, e possivelmente também em outros espaços geográficos do planeta.

Desse modo, percorrer os Livros I e II desta publicação permitirá ao leitor, de um lado, uma tomada de consciência de como, ao longo da Modernidade e da Contemporaneidade, os propositores das variadas teorias pedagógicas estabelecidas nesses períodos compreenderam o ato de avaliar a aprendizagem dos estudantes, assim como, de outro lado, permitirá uma tomada de consciência das necessidades – assim como das possibilidades – de cuidados com as práticas avaliativas no cotidiano de nossas escolas, tanto no presente, como do presente para o futuro.

3. Caminho metodológico adotado para estudar o ato de avaliar a aprendizagem no âmbito das principais Pedagogias nascidas e vigentes na Modernidade

Inicialmente, um esclarecimento sobre o recurso de "ir para o passado e, de lá retornar ao presente" tendo em vista compreender um fenômeno em sua historicidade, afinal, compreender "como aqui chegamos". Com a atenção voltada para a fenomenologia da avaliação da aprendizagem na educação escolar, registramos que, nos tratamentos do Livro I, metodologicamente, seguiremos do presente para um ponto histórico do passado e, de lá, retornaremos ao presente, passo a passo, na tentativa de compreender como chegamos, hoje, às práticas de avaliação da aprendizagem presentes nas salas de aulas de nossas escolas.

---

2   Vale sinalizar que a compreensão dos três atos praticados universalmente pelos seres humanos tem sua base no slogan do movimento operário católico denominado JOC – Juventude Operária Católica, criado pelo padre belga Josph Cardijn, no ano de 1923, cujo lema era: ver, julgar e agir. Para aprofundar a compreensão sobre valores como uma categoria epistemológica constitutiva do modo do ser humano estar no mundo, ver o anexo do Capítulo I do livro *Sobre notas escolares: distorções e possibilidades*, de Cipriano Carlos Luckesi, Cortez Editora, São Paulo, cuja 1ª edição é de 2014, páginas 39-51.

3   Este estudo não trata dos temas da Avaliação Institucional e da Avalição de Larga Escala, fenômenos que passam a ser objetos de estudos no mundo e no Brasil a partir dos anos 1970.

A proposta de irmos para o passado e, de lá, retornarmos ao presente para compreender uma determinada fenomenologia no momento em que vivemos, provém das elaborações de Karl Marx em suas proposições metodológicas para a investigação de fenômenos histórico-sociais. Ele sinalizou que, para compreender o presente, importa seguir para o passado "ao arrepio da história" em busca das fontes do nosso modo de ser e viver no presente momento histórico.

A sugestão metodológica de Marx é que, a partir das manifestações da realidade social no presente, sigamos em direção ao passado em busca de suas origens para, de lá, retornar em direção ao presente, compreendendo aquilo que ocorreu nos variados e sucessivos momentos do tempo. Esse procedimento possibilita estabelecer uma compreensão das determinações histórico-sociais daquilo que está ocorrendo hoje conosco e no nosso entorno[4].

Nossas condutas, no presente, expressam determinações histórico-sociais e importa ter consciência das mesmas se desejamos compreender a fenomenologia que estamos estudando. Nesse contexto, sabemos que nossos modos de pensar e de agir socialmente não nasceram conosco, ainda que desse modo nos possa parecer. O passado histórico é determinante em nossas condutas.

Importa, pois, termos ciência de que nosso modo de agir, hoje, inclui passado, presente e futuro, sendo que, para compreender o presente, há que se seguir, ao arrepio da história, até os primeiros sinais da emergência de nosso modo de pensar, ser e agir; compreensão que, no presente, subsidiará nosso pensar, nossas escolhas e nossos modos de agir.

Compreendendo histórica e socialmente de onde partimos e como aqui chegamos, poderemos, em consequência, escolher e decidir integrar em nossas vidas aquilo que, do passado, se faz presente em nosso cotidiano de forma positiva e, ao mesmo tempo, abrir mão daquilo que consideramos negativo. O presente e o futuro estão em nossas mãos e o passado histórico, por seu turno, nos auxilia a reconhecer os caminhos trilhados assim como a escolher o modo de estar e viver no presente e em direção ao futuro.

---

4   Nesse contexto, a afirmação de Karl Marx foi: "Refletir sobre as formas de vida humana e analisá-las cientificamente é seguir rota oposta à [rota] do seu verdadeiro desenvolvimento histórico. Começa-se depois do fato consumado, quando estão concluídos os resultados do processo de desenvolvimento" (Karl Marx, *O capital*, Livro 1, volume 1, Editora Civilização Brasileira, Rio de Janeiro, s/d, p. 84). Caso o leitor esteja interessado em aprofundar a compreensão dessa proposta de Marx, vale ver o livro *O Dezoito de Brumário de Luís Bonaparte*, do qual existem várias traduções para a língua portuguesa, obra na qual o autor usa plenamente a proposta metodológica de ir ao passado e, de lá, retornar ao presente tendo em vista compreender aquilo que ocorre no aqui e agora.

INTRODUÇÃO GERAL

Desse modo, no que se refere à avaliação da aprendizagem escolar, no decurso dos capítulos do Livro I desta publicação, iremos da fenomenologia presente em nossas escolas para o passado, que lhe deu origem, e, de lá, retornaremos buscando compreender o presente, com o olhar voltado para o futuro.

Com essa base histórico-social e assentados em novos conhecimentos filosóficos e científicos, poderemos e deveremos, tanto do ponto de vista individual como do ponto de vista coletivo, sistematizar uma compreensão dos atos avaliativos da aprendizagem em nossas escolas que possa orientar nossa ação de educadores em direção a um futuro promissor a favor de todos.

Então, seguindo a sugestão metodológica proposta por Marx para estudar fenômenos histórico-sociais, viajaremos ao passado e, de lá, viremos – passo a passo – para o presente, visitando correntes pedagógicas e autores tendo em vista assentar uma compreensão daquilo que ocorre no momento histórico em que vivemos no que se refere à fenomenologia da avaliação da aprendizagem escolar, objeto de estudo de nosso interesse.

As compreensões que viermos a estabelecer no decurso deste estudo, se o desejarmos, poderão nos subsidiar a decidir por novos e mais ajustados modos de agir no cotidiano de nossas escolas.

4. A sequência dos tratamentos teórico-práticos nesta publicação

Na sequência dos capítulos do Livro I, *do passado para o presente*, percorreremos algumas das trilhas pedagógicas que se fizeram historicamente presentes na vida escolar nos países do Ocidente. Desse modo, poderemos compreender que aquilo que ocorre em nossas escolas nos dias atuais com a avaliação da aprendizagem escolar é resultado, de um lado, de múltiplas determinações histórico-sociais no contexto das quais nascemos, nos educamos e vivemos, e, de outro, é resultado também de escolhas conscientes que fizemos e fazemos para nosso agir no cotidiano, como sociedade e como indivíduos. O Livro II, por seu turno, contém um único capítulo tratando da avaliação da aprendizagem *do presente para o futuro*.

Compreender as contribuições históricas para nossas condutas nos retira da posição ingênua de acreditar que a forma como agimos em nosso cotidiano é "natural". De fato, agimos no contexto de determinações histórico-sociais, condição que evidentemente, por si, não é natural. Por isso, seguir os passos dos acontecimentos do passado para o presente, compreendendo como as práticas humanas atuais

21

INTRODUÇÃO GERAL

foram constituídas, irá nos auxiliar a tomar posse do entendimento em torno daquilo que ocorre no presente, assim como nos ajudará a assumir, se o desejarmos, novos modos de agir do presente para o futuro.

No caso deste livro, como seu autor, acreditamos que ele contribuirá para a compreensão da prática avaliativa escolar no que se refere à aprendizagem individual de cada estudante, como também, coletivamente, de todos os estudantes sob a responsabilidade de cada um de nós, educadores escolares.

5. A respeito dos conteúdos desta publicação

A abordagem praticada nesta publicação evidencia que as propostas para a prática da avaliação da aprendizagem no âmbito das Pedagogias Modernas e Contemporâneas estão comprometidas com suas especificações filosóficas, pedagógicas e metodológicas.

No Livro I, o leitor poderá verificar que as propostas pedagógicas situadas no espaço da História Moderna e Contemporânea assumiram os atos avaliativos como recursos subsidiários do sucesso nos atos escolares de ensinar e aprender. Contudo, vale também observar que, de forma histórica e de certo modo independente dos autores e de suas concepções pedagógicas, distorções epistemológicas foram sendo praticadas no decurso do tempo histórico constituindo o modo de agir que temos hoje em nossas escolas no que se refere à fenomenologia da avaliação da aprendizagem, ou seja, os atos de aprovar e reprovar na escola, ao longo do tempo, ganharam autonomia em relação às teorias pedagógicas, como veremos no decurso das páginas do Livro I deste escrito.

Historicamente e de modo articulado com o modelo socioeconômico vigente na sociedade moderna, chegamos ao modelo de uso do ato avaliativo da aprendizagem presente no cotidiano de nossas escolas, cujos resultados, de modo quase que exclusivo, são utilizados para a aprovação/reprovação dos estudantes nas séries escolares, distanciando-nos, dessa maneira, do seu uso diagnóstico como recurso subsidiário de decisões a favor da aprendizagem satisfatória por parte de todos.

Na leitura dos capítulos do Livro I, importa que o leitor esteja atento ao fato de que todas as teorias pedagógicas da Modernidade e da Contemporaneidade propuseram práticas avaliativas como subsidiárias da busca do sucesso dos estudantes em sua aprendizagem, ainda que duas delas, a Jesuítica e a Comeniana, tenham somado ao uso diagnóstico dos resultados da investigação avaliativa o seu uso probatório, como veremos.

INTRODUÇÃO GERAL

Dentro dessa perspectiva, a Pedagogia Jesuítica, sistematizada na segunda metade do século XVI, ao lado do acompanhamento dos estudantes no decurso do ano letivo através do uso da Pauta do Professor (Caderneta), prescreveu os exames escolares ao seu final, por uma única vez; e a Pedagogia Comeniana, sistematizada de modo predominante na primeira metade do século XVII, por seu turno, prescreveu exames escolares a serem utilizados de modo intermitente durante o ano letivo como uma forma de acompanhamento dos estudantes, especificando que só as provas trimestrais e uma prova ao final do ano letivo teriam a característica probatória.

Por outro lado, vale registrar que as Pedagogias de Johann Herbart – final do século XVIII e início do XIX –, da Escola Nova, com Maria Montessori e John Dewey – na primeira metade do século XX –, e da Tecnologia Educacional, com os autores Ralph Tyler, Benjamin Bloom e Norman Gronlund – no decurso do século XX –, orientaram as práticas avaliativas de modo exclusivo a serviço do investimento na aprendizagem satisfatória por parte dos estudantes, como veremos nos capítulos que se seguirão a esta Introdução.

Desse modo, no Livro I, o leitor se deparará com as teorias pedagógicas modernas e contemporâneas que propuseram – mesmo que não tenha sido de modo único e exclusivo – o uso dos resultados da avaliação da aprendizagem como subsidiário de novas decisões a favor da aprendizagem de todos os estudantes matriculados em nossas escolas.

Vale, porém, sinalizar que, historicamente e como expressão do modelo social no qual vivemos, a escola, ao longo do tempo e de modo linear, foi assumindo o uso probatório/seletivo dos resultados da investigação avaliativa da aprendizagem, até se tornar predominante e quase que exclusivo; decorrendo desse fato as distorções reveladas pelos dados estatísticos nacionais que registram altos níveis de reprovação dos estudantes em nossas escolas, afetando a terminalidade em seu processo formativo[5].

---

5   Os dados estatísticos da educação no Brasil expressam a realidade da exclusão da imensa maioria daqueles que conseguiram ter acesso à escola. Tomando por base os dados quantitativos da educação no País, temos que, no ano 2000, aproximadamente 5.100.000 (cinco milhões e cem mil) estudantes ingressaram na 1ª série do Ensino Fundamental. Após ter passado por 8 séries do Ensino Fundamental, 3 séries do Ensino Médio e mais 4 ou 5 anos de Ensino Superior, ao final de dezesseis anos de escolaridade, encerrando o ano de 2016, somente 1.100.000 (um milhão e cem mil) estudantes conseguiram obter um diploma do Ensino Superior. Afinal, uma exclusão social de aproximadamente 4.000.000 (quatro milhões) de estudantes, no espaço de 16 ou 17 anos da escolaridade em nosso país; exclusão que equivale a 80% do total daqueles que iniciaram o Ensino Fundamental no ano de 2000. Dados semelhantes se reproduzem, ano a ano, na escolaridade de nosso país ou até mesmo mais que isso, a depender do ano.

INTRODUÇÃO GERAL

Em síntese, a predominância do uso classificatório/probatório ou probatório/ seletivo dos resultados da investigação avaliativa da aprendizagem em nossas escolas suprimiu seu uso diagnóstico e, em consequência, suprimiu a prática – que por si deveria ser constante – de tomar *decisões construtivas* a favor da aprendizagem de todos.

No Livro II da presente publicação, o leitor encontrará uma proposição de compreensão e de encaminhamento da prática da avaliação da aprendizagem em nossas escolas, do presente para o futuro.

6. Balizamento dos conteúdos expostos nos capítulos da presente publicação

O primeiro balizamento para elaboração e apresentação da presente publicação proveio do texto da Tese pessoal de Doutoramento em Educação, intitulada *Avaliação da aprendizagem escolar: sendas percorridas*, em conformidade com registro já realizado anteriormente nesta Introdução.

Tendo perdido os arquivos originais relativos a esse referido texto devido à deterioração dos disquetes, à época, recurso pessoal de memória computacional, os capítulos do presente livro decorreram da cuidadosa digitalização do texto impresso, arquivado na Biblioteca da Pós-Graduação da Pontifícia Universidade Católica de São Paulo, PUC/SP, pelos profissionais dessa instituição, aos quais somos profundamente gratos, como também somos gratos à própria Biblioteca da instituição pela cessão de cópia dos arquivos digitalizados, fator que permitiu utilizar o referido texto para a presente publicação.

Passados 29 anos, entre 1992, ano da defesa da referida Tese de Doutoramento, e a presente data, ano de 2021, a decisão de transformar o referido texto em livro surgiu com o propósito de proporcionar aos educadores deste país, e quiçá de outros, o acesso a esse material, que, segundo nosso ver, reúne informações e entendimentos teórico-práticos importantes para a formação e/ou atualização de profissionais que atuam, ou atuarão, na prática pedagógica no cotidiano de nossas escolas.

A presente publicação, sob a denominação de Livro I, contém a Primeira Parte do texto original da Tese pessoal de Doutoramento, com os ajustes que se fizeram necessários quase trinta anos após sua elaboração, e, sob a denominação de Livro II, o leitor encontrará o texto que substituiu a Segunda Parte da referida Tese, contendo considerações a respeito do ato de avaliar a aprendizagem em nossas escolas com compreensões e orientações para o cotidiano escolar de todos nós, do presente para o futuro.

INTRODUÇÃO GERAL

Para dar forma às compreensões expostas no presente livro, no que se refere aos eventos históricos da avaliação da aprendizagem, muito auxiliaram as observações teórico-metodológicas de Mario Alighiero Manacorda quando sinalizou que, para a compreensão histórica, *importa escutar cada situação em si mesma*, situando-a no contexto das determinações sociais no qual fora formulada e ganhara vigência[6]. Em consequência dessa compreensão, ao invés de interpretar todas as propostas pedagógicas que emergiram ao longo da Modernidade e da Contemporaneidade sob um único foco de abordagem, como praticamos quando da elaboração da Tese pessoal de de Doutoramento, cada uma delas, agora, será abordada em seu respectivo contexto histórico-social.

Frente a essa compreensão, o leitor encontrará nesta publicação o tema da avaliação da aprendizagem tratado em dois segmentos, como exposto a seguir:

Livro I – Avaliação da aprendizagem escolar: do passado para o presente

Parte A – "Avaliação da aprendizagem escolar nas Pedagogias Tradicionais", na qual estarão abordadas as proposições das Pedagogias: Jesuítica, segunda metade do século XVI; de John Amós Comênio, primeira metade do século XVII; e de Johann Friedrich Herbart, final do século XVIII e início do XIX;

Parte B – "Avaliação da aprendizagem nas Pedagogias da Escola Nova", na qual serão abordadas as proposições para a avaliação da aprendizagem nas Pedagogias de John Dewey e de Maria Montessori, fins do século XIX e primeira metade do século XX;

Parte C – "Avaliação da aprendizaghem na Tecnologia Educacional", na qual o leitor encontrará estudos a respeito da avaliação da aprendizagem no âmbito dessa área de conhecimentos pedagógicos mediante as abordagens de Ralph Tyler, Benjamin Bloom e Norman Gronlund, autores que atuaram e fizeram suas proposições no decurso do século XX.

Livro II – Avaliação da aprendizagem escolar: do presente para o futuro

No Livro II desta publicação, o leitor irá se deparar, em capítulo único, com um estudo sobre a prática da avaliação da aprendizagem na escola, sob os focos do que significa epistemologicamente o ato de avaliar e de como agir nessa área de atuação pedagógica em busca do sucesso de nossos estudantes em seus estudos e aprendizagens.

---

6   MANACORDA, Mario Alighiero. *História da educação: da Antiguidade aos nossos dias*, São Paulo, Cortez Editora e Editora Autores Associados, 1989.

INTRODUÇÃO GERAL

7. A respeito da denominação "avaliação da aprendizagem"

Vale ainda registrar nesta Introdução, para a compreensão daquilo que está exposto no decurso das páginas deste livro, que a denominação "avaliação da aprendizagem" só passou a ser adotada no campo da educação escolar vagarosamente após 1930, ocasião em que o educador norte-americano Ralph W. Tyler a usou pela primeira vez. Desse modo, vale informar que utilizaremos essa denominação nas páginas deste livro, tomada em sentido amplo, desde que, usualmente, no contexto das pedagogias modernas e contemporâneas – séculos XVI ao XX – as expressões utilizadas para identificar a investigação da qualidade da aprendizagem dos estudantes em sala de aula foram "provas" e "exames". No Brasil, o trânsito da denominação de "provas e exames escolares" para "avaliação da aprendizagem" deu-se a partir do final dos anos 1960 e início dos anos 1970.

8. A respeito da exclusividade dos exames escolares como uma prática escolar cotidiana

Antes de encerrar a Introdução deste livro, um registro a mais. É interessante observar – e o leitor poderá tomar conhecimento disso na leitura dos capítulos a seguir apresentados – que, em nenhuma das teorias pedagógicas historicamente situadas e estudadas no presente livro, existe uma recomendação *do uso exclusivo* de provas e de exames escolares como recursos para os atos avaliativos do desempenho dos estudantes em nossas instituições de ensino, contudo, eles têm predominância quase que absoluta em nossas atuais práticas escolares do Ensino Fundamental à Universidade. Então, vale perguntar: de onde veio essa prática?

A resposta é de que a modalidade de uso exclusivo dos exames de caráter probatório em nossas escolas – modalidade aprovar/reprovar – está vinculada historicamente ao modelo de sociedade, próprio da Modernidade, com os segmentos sociais denominados de classes alta, média e baixa, cujo pano de fundo é a sociedade do capital. Caso os atos avaliativos nas práticas escolares tivessem sido utilizados como modos de conhecimento da qualidade da realidade para uma tomada de decisão a favor do sucesso na aprendizagem por parte de *todos os estudantes,* não teríamos o quantitativo de exclusão social, via escola, que temos hoje no Brasil, fenômeno já sinalizado nesta Introdução.

INTRODUÇÃO GERAL

Os atos avaliativos, em seu algoritmo de investigar a qualidade da aprendizagem dos estudantes e subsidiar tomadas de decisões a favor do seu sucesso, caso tivessem sido utilizados de modo adequado, tanto sob a ótica conceitual como prática, por si, não teriam produzido a exclusão escolar que conhecemos estatisticamente, hoje, em nosso país.

Este livro é um convite para compreendermos aquilo que ocorreu e ocorre com a avaliação da aprendizagem em nossas escolas, assim como um convite para investirmos em novos rumos para essa prática pedagógica; rumos que vem emergindo vagarosamente em variadas partes do mundo.

9. Avaliação institucional e de larga escala

No contexto do tratamento deste livro, importa registrar que, nas proximidades dos finais do século XX, educadores e gestores da educação, no Brasil e fora dele, passaram a compreender que o estudante não é – e não pode ser – o único responsável tanto pelo sucesso como pelo fracasso nas aprendizagens escolares. Daí que, a partir do final dos anos 1980, nasceram as fenomenologias da avaliação em educação denominadas de "institucional" e de "larga escala". São modalidades de investigação avaliativa que se destinam a qualificar o desempenho das instituições educacionais – federais, estaduais, municipais e particulares – que, de fato, estabelecem as condições para a aprendizagem e para o desempenho dos estudantes tomados de forma individual ou de modo coletivo.

Vale sinalizar que, nesta publicação, não trataremos nem da avaliação institucional nem da avaliação de larga escala, uma vez que estaremos focados no tema da avaliação da aprendizagem no seio das Pedagogias Modernas e Contemporâneas[7].

10. Base Nacional Comum Curricular (BNCC) e avaliação da aprendizagem

Uma observação a respeito da avaliação no que se refere à Base Nacional Curricular Comum (BNCC), documento do Ministério da Educação, recentemente homologado no Brasil, na data de 14 de dezembro de 2018.

---

7   O leitor interessado na temática da avaliação "institucional e de larga escala" poderá entrar em contato com o capítulo 8 – "Avaliação institucional e de larga escala" –, no livro *Avaliação em educação: questões epistemológicas e práticas*, da autoria de Cipriano Carlos Luckesi, Cortez Editora, 2018, páginas 189-204. Porém, importa observar que a literatura a respeito dessa temática, hoje, está facilmente disponível em livros e revistas especializadas, como também nas redes sociais.

O referido documento, no tocante ao Ensino Básico Nacional, traça a direção geral a ser traduzida nas práticas pedagógicas escolares em todos os rincões de nosso país, fator fundamental para a universalização dos conteúdos escolares necessários à formação de nossos estudantes.

Como será exposto ao longo do presente livro, a avaliação tem por objetivo investigar a qualidade da realidade de tal forma que seus resultados investigativos possam subsidiar decisões, sejam elas administrativas ou pedagógicas. No caso da BNCC, o objetivo epistemológico e prático do ato avaliativo não será diferente, ou seja, do ponto de vista do Sistema de Ensino, o objetivo será investigar a qualidade da gestão e da execução das propostas curriculares estabelecidas e, do ponto de vista da aprendizagem dos estudantes, será investigar a qualidade de sua aprendizagem segundo os objetivos traçados. Trata-se, pois, de práticas investigativas que subsidiem os gestores das variadas ações educativas escolares em suas tomadas de decisão tendo em vista a consecução dos objetivos desejados.

Em síntese, no âmbito da BNCC, a avaliação, tanto sob a ótica do Sistema de Ensino, quanto sob a ótica da aprendizagem dos estudantes, epistemologicamente, se expressará como o ato de investigar a qualidade da realidade, cujo uso dos seus resultados caberá aos gestores das variadas ações – administrativas e pedagógicas –, seja aceitando a qualidade da realidade revelada, seja tomando decisões necessárias para sua reorientação.

11. Finalizando esta Introdução

Finalizando esta Introdução, desejamos a todos uma boa leitura e, para além de uma boa leitura, desejamos que nos sirvamos dos recursos da avaliação como subsídios para decisões construtivas na prática educativa escolar; de um lado, a fim de que ultrapassemos os múltiplos insucessos em nossas escolas e em nossas salas de aula e, de outro, a fim de que possamos aprender a encontrar e praticar decisões em busca da satisfatoriedade dos resultados de nossas atividades escolares.

Certamente que a educação não salvará os cidadãos deste país, como também de nenhum outro. Esta não é sua função social. Contudo, ela poderá garantir a todos recursos básicos de formação tendo em vista a busca e a conquista de um lugar ao sol, convivendo saudavelmente com todos os seres humanos, seus pares nos caminhos da vida.

INTRODUÇÃO GERAL

Isso acontecendo, nossas escolas e nós educadores, como seus mediadores, estaremos efetivamente contribuindo para uma sociedade mais saudável para todos.

Findando a Introdução a este livro, desejo tornar explícito meu agradecimento a Carlos Roberto Jamil Cury, professor da Universidade Federal de Minas Gerais, meu Orientador nos estudos de Doutoramento; aos professores do Programa de Pós-Graduação em Educação da PUC/SP, que me deram suporte nos estudos e na formação teórico-prática; aos meus colegas de turma, juntos ingressamos no Programa de Formação da PUC/SP, no início do ano de 1988 e, por quatro anos, juntos, estudamos as múltiplas possibilidades para a prática educativa em nosso país. Gratidão a todos!

LIVRO I

AVALIAÇÃO DA

APRENDIZAGEM ESCOLAR

do passado para o presente

AVALIAÇÃO DA APRENDIZAGEM ESCOLAR NAS PEDAGOGIAS TRADICIONAIS

INTRODUÇÃO À PARTE A

Teóricos do porte de Alfredo Ferrière, John Dewey, Maria Montessori, entre outros, propuseram a denominação de "Pedagogia Tradicional" para as proposições e práticas pedagógicas anteriores ao final do século XIX e início do XX. Vagarosamente, se configurou que essas proposições, conjuntamente, apresentavam características epistemológicas que as distinguiam de outras concepções pedagógicas. Contudo, entre elas também existiam e existem diferenças, que o leitor poderá observar nos capítulos que compõem a Parte A do Livro I da presente publicação.

A Pedagogia Tradicional constituiu-se ao longo da Idade Moderna, especialmente nos anos da sua emergência, séculos XVI, XVII e XVIII, período em que, entre outras propostas pedagógicas, se estabeleceram as Pedagogias Jesuítica, Comeniana e de Johann Herbart, abordadas neste livro. Importa estarmos cientes de que essas três propostas pedagógicas referem-se a uma parte do conjunto das propostas elaboradas no período da Modernidade. Contudo, no ver deste autor, essas três Pedagogias são exemplares dos entendimentos a respeito da prática educativa escolar nesse espaço de tempo no Ocidente.

As três concepções pedagógicas, acima indicadas, mantêm como característica comum a ideia de formação do cidadão pelo ensino. As duas primeiras têm vínculos religiosos, no caso dos padres jesuítas, com a Igreja Católica, e, no caso de Comênio, com o Protestantismo, fator que levou seus autores a pleitear a formação dos estudantes como cidadãos católicos ou como cidadãos protestantes. Joahnn Herbart, por sua vez, situa-se no seio do pensamento liberal, cristalizado com a Revolução Francesa, desvinculado, pois, de um segmento religioso. No caso, as duas primeiras

PARTE A – AVALIAÇÃO DA APRENDIZAGEM ESCOLAR NAS PEDAGOGIAS TRADICIONAIS

concepções pedagógicas têm como ideário e pano de fundo teórico um ensino religioso, e a terceira assume como seu pano de fundo a formação psicológica e cultural dos estudantes no seio da sociedade liberal.

Essas três propostas pedagógicas, de modo usual, são classificadas como "tradicionais", desde que vieram antes das propostas pedagógicas da Escola Nova, que lhes atribuiu genericamente essa denominação. Vale registrar, contudo, que, ao lado das semelhanças, existem diferenças teóricas e práticas entre elas, como veremos mediante o estudo específico de cada uma dessas propostas.

A avaliação da aprendizagem escolar – fenomenologia que nos interessa diretamente neste livro –, como veremos nos capítulos que se seguem, estava e está diretamente articulada com as concepções pedagógicas às quais serve como uma de suas mediações. No caso das Pedagogias com fundamentos religiosos – jesuítica e comeniana –, a avaliação foi compreendida como recurso para subsidiar seus educadores nas tomadas de decisão no âmbito dos procedimentos de formação dos estudantes, a fim de que chegassem ao padrão de conduta desejado. Importa registrar, contudo, que essas duas Pedagogias anunciavam tanto os cuidados necessários para a efetiva aprendizagem dos estudantes, como também o uso classificatório dos resultados da avaliação sob a modalidade de exames escolares – aprovar/reprovar – praticados, no caso dos jesuítas, por uma única vez ao final do ano letivo e, no caso de Comênio, sob várias modalidades de provas, também utilizadas com variadas finalidades, inclusive por duas vezes – meio e final do ano letivo – para aprovar/reprovar estudantes, como veremos no capítulo específico dedicado a esse autor.

Johann Herbart, ainda que considerado um pedagogo tradicional, assumiu um posicionamento crítico e negativo no que se refere aos exames escolares. Ele propôs o uso de recursos avaliativos para garantir uma aprendizagem satisfatória por parte dos estudantes no âmbito de um ensino de caráter laico.

Os séculos XVI, XVII e XVIII[8] – período em que emergiram as Pedagogias consideradas Tradicionais – são os séculos da consolidação da sociedade burguesa emergente; período em que se abriram as portas para a subjetividade, de modo especial com a cristalização do Renascimento. Nesse período, ocorreram as emergências da subjetividade na filosofia e na arte, assim como no âmbito da ciência, garantindo ao

---

8   Apropriadamente, podemos dizer que o período de emergência da Pedagogia Tradicional vai da segunda metade do século XVI – com a Pedagogia Jesuítica – até a primeira metade do século XIX –, época em que Johann Herbart estruturou e divulgou seu pensamento pedagógico.

35

sujeito do conhecimento o direito de observar, compreender e interpretar a realidade, de modo independente das compreensões metafísicas, em especial as religiosas[9].

Contudo, importa observar que, no âmbito da metafísica, modalidade de conhecimento característico da Filosofia Antiga e Medieval com vigência, ainda que em queda, no período histórico aqui considerado, interpretava-se a realidade de forma abstrata com base em princípios universais assumidos de forma *a priori*, nos quais não cabiam considerações a respeito da subjetividade tanto nos procedimentos do conhecimento, como nos modos de agir[10]. Vale, de outro lado, também sinalizar que a própria Modernidade não suportou a abertura plena para a subjetividade como um modo de ser, fator que contribuiu para a sedimentação de uma disciplina externa e, muitas vezes, aversiva, como veremos no estudo das Pedagogias Tradicionais.

Nesse contexto, os exames, na prática escolar cotidiana, ganharam o foro de ameaça psicológica para todos os estudantes e pelos tempos afora. Afinal, em nossa recente vida escolar, todos nós, aqui e acolá, ouvimos um recado parecido com este que se segue: "Cuidado, vocês estão brincando. Verão o que acontecerá com vocês no dia das provas".

A sociedade ocidental dos séculos XVI, XVII e XVIII aprofundou os modos de usar a disciplina, de alguma forma, em oposição aos anseios da Modernidade que, no seu alvorecer, havia aberto as portas para a subjetividade, mas não realizando-a. A disciplina praticada na educação escolar nesses séculos, chegando até nós, é um modo arcaico de ser em relação ao modo de vida proposto *pela* e *para* a Modernidade emergente.

Os autores das Pedagogias consideradas Tradicionais, em especial as religiosas, não tiveram dúvidas a respeito da concepção de mundo, de sociedade e de moralidade que desejavam implementar. Para eles, o modo de ser dos cidadãos estava

---

9   Não podemos nos esquecer que a Inquisição, em seu modo de ser, atuou contra variadas posições subjetivas dos cidadãos. Seus julgamentos e condenações foram severos para todos aqueles que foram considerados heréticos em seu modo de entender, pensar e agir.

10   O pensamento e a arte renascentistas estavam voltados para a natureza, contra a divinização metafísica desenvolvida no medievalismo. Nesse período deu-se a emergência do método científico como uma porta para a subjetividade. Enquanto o modo medieval de pensar era metafísico, obrigando o sujeito a enquadrar-se na estrutura das suas afirmações, a ciência moderna abriu um espaço para que o sujeito, servindo-se dos recursos do seu método, observasse a realidade, buscando aí a verdade. O método científico lembra que a verdade não está dada, mas que existe uma porta pela qual o sujeito deve buscá-la e, para isso, necessita ser livre. Nesse contexto, a subjetividade liberta-se da objetividade metafísica.

suficientemente configurado em suas doutrinas, e, por isso, serviram-se de todos os recursos disponíveis, à época, para orientar e implementar um modo específico de perceber, pensar, sentir e agir no mundo.

As denominadas Pedagogias Tradicionais foram estabelecidas como meios de educar homens e mulheres segundo as crenças dos seus propositores – crenças católicas, protestantes, liberais –, contudo, devido essas pedagogias terem nascido no seio do modelo burguês vigente de sociedade também serviram a ele.

A avaliação da aprendizagem aparece, no caso dessas propostas pedagógicas, como veremos, à serviço do ato de subsidiar decisões educativas cujo objetivo era *formar* o ser humano sábio e moralmente correto. Nas Pedagogias Jesuítica e Comeniana, junto com esse entendimento, acrescentou-se a proposição do seu uso para a promoção, ou não, dos estudantes de uma classe para a subsequente, fator que colocava nas mãos das autoridades pedagógicas um poder de decidir sobre o futuro encaminhamento de cada estudante no prosseguimento da vida estudantil, propriamente na sequência das classes escolares, hoje, denominadas de séries escolares.

A sociedade moderna emergente, sob a égide do capital, no que se refere à avaliação da aprendizagem, absorveu das Pedagogias Tradicionais, em especial das Pedagogias Jesuítica e Comeniana, os exames escolares e o uso dos seus resultados de modo classificatório, obscurecendo seu uso diagnóstico, conjuntamente proposto em seus sistemas pedagógicos, como já sinalizado nesta Introdução e como se poderá verificar no estudo dos capítulos da Parte A do Livro I desta publicação.

O uso subsidiário e construtivo dos resultados da avaliação da aprendizagem, também presentes nas propostas pedagógicas tradicionais, ao longo do tempo, seguiu para o espaço do esquecimento, permanecendo com exclusividade o seu uso, ao mesmo tempo, classificatório e probatório, como veremos na sequência dos capítulos deste livro.

Nesse contexto, cabe registrar que Herbart, nos finais do século XVIII e início do XIX, também assumido nas classificações das teorias pedagógicas modernas como um dos pedagogos tradicionais, estabeleceu críticas severas aos exames escolares, propondo práticas pedagógicas que garantissem aos estudantes sua efetiva aprendizagem.

A seguir, nos capítulos da Parte A do Livro I desta obra, abordaremos a avaliação da aprendizagem nas Pedagogias Jesuítica, Comeniana e de Herbart, cientes de que os atos avaliativos não existem por si mesmos, uma vez que, *constitutivamente*, estão a serviço da concepção pedagógica à qual estão vinculados.

LIVRO I – AVALIAÇÃO DA APRENDIZAGEM ESCOLAR: DO PASSADO PARA O PRESENTE

O leitor poderá verificar o quanto, ao longo do tempo e no exercício cotidiano do ensino escolar, os atos avaliativos no âmbito da aprendizagem escolar foram se reduzindo exclusivamente aos exames escolares e ao uso classificatório dos seus resultados, obscurecendo as proposições – tanto dos Padres Jesuítas, como de Comênio – para seu uso *também subsidiário* às decisões pedagogicamente construtivas. E, Herbart, em sua proposição pedagógica liberal, defendeu a supressão dos exames escolares da forma como ocorriam na época em que viveu e que atuou como educador, assegurando recursos pedagógicos que garantissem a efetividade do ensino e da aprendizagem, como veremos no capítulo a ele dedicado.

A seguir, o leitor encontrará três capítulos que tratam a avaliação da aprendizagem nas propostas pedagógicas acima mencionadas.

PARTE A – AVALIAÇÃO DA APRENDIZAGEM ESCOLAR NAS PEDAGOGIAS TRADICIONAIS

CAPÍTULO **1**

AVALIAÇÃO DA APRENDIZAGEM ESCOLAR NO CONTEXTO DA PEDAGOGIA JESUÍTICA

Conteúdo do capítulo – Introdução, p. 41; **1.** A *Ratio Studiorum* como norma-tização da Pedagogia Jesuítica: contexto histórico, p. 42; **2.** A *Ratio Studiorum* e sua estrutura normativa para a educação jesuítica, p. 45; **3.** Determinações para a avaliação da aprendizagem escolar no âmbito da *Ratio Studiorum*, p. 52; **3.1.** Prescrições para a avaliação da aprendizagem no Ensino Superior, p. 53; **3.1.1.** Prescrições a respeito dos exames para o ingresso e para a permanência do estudante no Ensino Superior, p. 53; **a)** Primeiro e segundo exames e des-tino dos estudantes, p. 54; **b)** A respeito do conceito mediania (médio), p. 57; **c)** A respeito dos estudantes com talento especial, p. 58; **d)** A respeito do modo de praticar os exames para o ingresso e para a permanência nos Estu-dos da Filosofia, p. 59; **e)** O papel do Provincial a respeito das decisões frente aos resultados dos procedimentos avaliativos, p. 60; **3.1.2.** Prescrições para o acompanhamento dos estudantes no decurso e ao final do ano letivo nos cur-sos de Filosofia e de Teologia, p. 60; **a)** Papéis do Reitor e do Prefeito de Estu-dos no acompanhamento dos estudantes no âmbito da Instituição de Ensino Superior, p. 60; **b)** Disputas como oportunidade de práticas avaliativas do desempenho dos estudantes de Nível Superior, p. 62; **c)** Defesa de tese como mais uma manifestação da aprendizagem dos estudantes de Teologia, p.65;

LIVRO I – AVALIAÇÃO DA APRENDIZAGEM ESCOLAR: DO PASSADO PARA O PRESENTE

d) Quanto aos exames no âmbito do Ensino Superior, p. 66; **e)** Cuidados necessários por parte do Prefeito de Estudos com o ensino no âmbito dos Cursos Superiores, p. 67; **f)** Encerrando as proposições para a avaliação no Ensino Superior, p. 68; **3.2.** Prescrições para avaliação da aprendizagem nas Classes de Estudos Inferiores, p. 69; **3.2.1.** Prescrições para a seleção dos candidatos e admissão de estudantes em um Colégio Jesuítico, p. 70; **a)** Quanto à presença de um adulto como condição para o acolhimento de um novo estudante e a respeito das suas condições financeiras, p. 70; **b)** A respeito das habilidades cognitivas do candidato a serem levadas em conta no processo seletivo, p. 70; **c)** A respeito das condições gerais para a admissão do candidato, p. 77; **d)** A respeito da alocação do estudante selecionado em uma classe de escolaridade, p. 72; **e)** A respeito dos estudantes que não deveriam ser admitidos, p. 72; **3.2.2.** Prescrições para a avaliação da aprendizagem a serviço do acompanhamento do estudante nas Classes de Estudos Inferiores, p. 73; **a)** A respeito do acompanhamento do estudante durante o ano letivo nas Classes de Estudos Inferiores, p. 73; **b)** A respeito da Pauta do Professor, p. 75; **3.2.3.** Prescrições para os exames gerais à serviço da promoção do estudante entre as Classes de Estudos Inferiores, p. 76; **a)** As prescrições para a administração da prova escrita, p. 77; **b)** Os conteúdos a serem levados em conta na prova escrita e sobre a decisão de promoção do estudante, p. 79; **c)** A respeito dos exames orais, p. 80; **d)** A respeito das menções atribuídas aos estudantes, p. 82; **e)** A respeito da comunicação dos resultados e da premiação, p. 83; **3.3.** Concluindo sobre avaliação da aprendizagem na *Ratio Studiorum*, p. 84; **4.** Concepção pedagógico-didática jesuítica como contexto às prescrições para a avaliação da aprendizagem escolar anteriormente expostas, p. 84; **4.1.**A Pedagogia Jesuítica, p. 84; **4.1.1.** Base católica da proposta pedagógica contida na *Ratio Studiorum,* p. 86; **4.1.2.** Princípios da Pedagogia Jesuítica subjacentes à *Ratio Studiorum,* p. 89; **4.2.** O currículo da formação nos Colégios Jesuíticos, p. 94; **4.3.** Recursos didáticos para o ensino no contexto da *Ratio Studiorum,* p. 97; **4.3.1.** As atividades didáticas da preleção e dos exercícios acompanhadas da avaliação da aprendizagem, p. 98; **4.3.2.** Castigos físicos, estímulos e avaliação da aprendizagem, p. 103; **5.** Concluindo este estudo a respeito da avaliação da aprendizagem na Pedagogia Jesuítica, p. 109.

PARTE A – AVALIAÇÃO DA APRENDIZAGEM ESCOLAR NAS PEDAGOGIAS TRADICIONAIS

Introdução

Buscando compreender a prática da avaliação da aprendizagem escolar no Brasil, nas Américas e no ocidente europeu, seguindo "ao arrepio da história", como sinalizou Marx[11], nos aproximamos da emergência da escola no período em que a Idade Moderna iniciou seu assentamento. A proposta pedagógica da Companhia de Jesus, Ordem Religiosa dos Padres Jesuítas, marca o ponto mais remoto do modelo de prática de ensino escolar que temos hoje, o denominado "ensino simultâneo", segundo o qual um único professor[12] ensina "simultaneamente" a múltiplos estudantes. Herdamos as proposições pedagógicas jesuíticas, juntamente com suas compreensões e orientações para a realização da avaliação da aprendizagem, fenomenologia abordada nos capítulos deste livro.

A Ordem dos Padres Jesuítas, reconhecida pela hierarquia religiosa católica em 1540, estruturou no decurso da segunda metade do século XVI, de modo ímpar, tanto a organização como o modo pedagógico de agir na educação escolar; modo de agir que se mostrou atuante e duradouro na educação europeia e em atividades educativas nas terras do Novo Mundo em decorrência das viagens marítimas e dos procedimentos de Colonização, tanto nas Américas como também em regiões do Oriente, espaços geográficos para onde foram enviados seus missionários tendo em vista acompanhar os colonizadores europeus.

No que se refere à educação escolar, historicamente somos herdeiros diretos do século XVI, momento em que se estruturou, se organizou e se colocou em funcionamento o modelo de escola que conhecemos hoje. Os tempos anteriores ao século XVI não conheceram a escola com as características que ela tem no presente momento histórico. Anterior a esse período, a educação, externa à família, se dava nas "Oficinas de Mestres e Aprendizes", onde um mestre partilhava seus conhecimentos e suas habilidades com os poucos discípulos que frequentavam seu ateliê, espaço no qual aprendiam trabalhando diretamente com o mestre; coisa semelhante ocorria nas sacristias das igrejas, onde os religiosos ensinavam a doutrina católica – se não de modo individual, bastante próximo dessa modalidade de ensino –, buscando, no caso, formar os aprendizes do ponto de vista cognitivo, religioso e ético.

---

11   A respeito de como compreender os fenômenos históricos em Karl Marx, ver *O Dezoito Brumário de Luiz Bonaparte* e *Sobre a questão judáica*, obras com múltiplas e variadas edições.

12   Importa observar que, à época, a Ordem dos Padres Jesuítas só admitia religiosos do sexo masculino, por isso o uso da expressão "professor".

Distanciando-se da prática educativa realizada dentro dos ateliês, nos cuidados individualizados de um mestre com seus poucos aprendizes, emergiu a educação coletiva, modalidade de atendimento a múltiplos estudantes por um único professor. Nascia, dessa forma, a prática do ensino denominado *simultâneo*.

A emergência dos impasses religiosos entre a Igreja Católica e o Protestantismo nascente e a chegada da Modernidade, com seu crescimento populacional, passaram a exigir, na época, uma escola para muitos, prática educativa diversa da então existente, que era para poucos e praticada nas Oficinas de Mestres e Aprendizes. Nesse contexto, teve início a educação escolar com estrutura semelhante a que temos hoje, em termos de espaço físico, turmas de estudantes, professores, currículo e administração escolar.

A Pedagogia Jesuítica foi a primeira a organizar-se no início da História Moderna segundo esse modelo, com repercussões até nossos dias. Compreender a Pedagogia Jesuítica, proposta e estruturada no decurso do século XVI, é fundamental para compreender aquilo que vivemos pedagogicamente em nossas escolas nos dias atuais, inclusive a respeito da prática da avaliação da aprendizagem, assunto tratado diretamente no presente livro. Afinal, somos herdeiros das propostas e práticas pedagógicas jesuíticas estabelecidas nesse período histórico.

No decurso do presente capítulo, iremos nos dedicar, pois, a compreender as determinações jesuíticas para a avaliação da aprendizagem na escola, articuladas tanto com sua proposta como com sua prática pedagógica.

A avaliação da aprendizagem, no contexto da Pedagogia Jesuítica formulada no decurso do século XVI, se apresenta tanto como recurso subsidiário da prática de ensino em busca do sucesso na aprendizagem, quanto como recurso de promoção dos estudantes de uma classe de estudos para a subsequente. Importa, então, estarmos cientes de que, em função do modelo social no qual estamos inseridos, sobreviveu o uso classificatório dos resultados da investigação avaliativa obtidos mediante exames escolares em detrimento do seu uso diagnóstico e, consequentemente, construtivo, configurado no uso da Pauta do Professor (Caderneta) como recurso de acompanhamento do estudante no decurso do ano letivo, como veremos.

1. A *Ratio Studiorum* como normatização da Pedagogia Jesuítica: contexto histórico

A Companhia de Jesus foi fundada em 1534 por Inácio de Loyola no contexto do movimento denominado Modernidade que trazia ares novos para a sociedade ocidental dos anos 1500 e 1600.

PARTE A – AVALIAÇÃO DA APRENDIZAGEM ESCOLAR NAS PEDAGOGIAS TRADICIONAIS

No período da fundação da Ordem Religiosa, a Igreja Católica passava por uma larga prova com a emergência da Reforma Protestante a partir de 1517. Ao mesmo tempo, o movimento humanista estava também em pleno processo de emergência, afirmando a liberdade individual e o espírito crítico em relação ao passado medieval; e ainda, nesse período, seguia-se cristalizando o novo modelo de sociedade caracterizado pelo sistema econômico-social do capital, centrado no lucro financeiro, diverso, portanto, do modelo anterior, o medieval, centrado na posse da terra.

Acompanhando o movimento das viagens marítimas de decoberta de novas terras, no decurso dos séculos XVI e XVII, assim como da expansão europeia por diversos cantos do mundo, a ação da Ordem dos Padres Jesuítas expandiu-se geograficamente pelo mundo afora, assim como pelo tempo, chegando até nós no presente momento da história ocidental por meio de suas atividades religiosas e de ensino. Por sua vez, a Reforma Protestante, comprometida com o espírito novo emergente no início da Modernidade, expandira-se inicialmente da Alemanha à Suíça e Escócia e, posteriormente, à Inglaterra e Holanda. E, a seguir, pelo mundo.

O Protestantismo, assim como o Catolicismo, admitia a revelação divina dos textos bíblicos, porém, assumia uma discordância a respeito de quem poderia lê-los e interpretá-los.

No caso, a Igreja Católica defendia que a Bíblia, contendo os denominados Livros Sagrados, só poderia – e só deveria – ser lida e interpretada pelas autoridades eclesiásticas, cujas compreensões deveriam ser divulgadas e assumidas fielmente pelos adeptos do catolicismo. Já os protestantes, em consonância com os "novos tempos" – nos quais a subjetividade era valorizada –, defendiam a liberdade de leitura e interpretação dos textos bíblicos por parte de todos e de cada um dos cristãos. Entendimento que propiciava a compreensão de que todo cidadão deveria ter a habilidade da leitura, condição que estimulou os protestantes a investirem em instituições de ensino *para todos*. Todos os cidadãos deveriam ter as habilidades de ler e escrever, a fim de que todos tivessem a possibilidade de entrar em contato com a palavra de Deus pela leitura dos textos bíblicos.

Nesse contexto, a educação escolar, sob a ótica protestante, tinha como objetivo a aprendizagem da leitura, além de outros conteúdos e habilidades, como também servia de espaço para estímular a fé religiosa cristã e para a formação do cidadão, tendo como consequência a conquista da salvação eterna. Sem escolas, no ver dos protestantes, não haveria mediação eficiente para o aprendizado da leitura e, como consequência, não haveria recursos cognitivos para a apropriação das doutrinas salvacionistas contidas nos textos bíblicos, assumidos como sagrados.

Desse modo, a Igreja Católica e o Protestantismo, ao proporem e estruturarem a escola no decurso do século XVI, estavam igualmente centrados em seus objetivos religiosos. A Igreja Católica, pela Pedagogia Jesuítica, investia na formação de cidadãos católicos, tementes a Deus, e a Igreja Protestante, na visão de Lutero, investia na proposta de que todos os cidadãos deveriam aprender a ler e escrever, possibilitando a todos, sem distinção, entrar em contato com a "Palavra de Deus" por meio da leitura dos textos bíblicos.

A Igreja Católica, nesse contexto, tinha o desafio, de um lado, de se opor à Modernidade que emergia pela ciência nascente como também pelo renascimento das artes, e, de outro, opor-se ao Protestantismo emergente.

A ciência nascente e as artes em ebulição estavam comprometidas com a emergência do conceito de subjetividade, que garantia o direito à compreensão individual do mundo por parte de cada cidadão; conceito oposto aos parâmetros católicos, que, naquele momento, ainda assumia uma compreensão metafísica – e, pois, abstrata – do ser humano. Além disso, a Igreja Católica confrontava-se com o desafio de opor-se à Reforma Protestante, que significava uma ameaça à sua ortodoxia doutrinária e, em consequência, uma ruptura na sua estrutura de poder sobre a vida social. Acrescente-se a isso o uso que o Protestantismo passou a fazer da educação escolar ao percebê-la como um veículo de expansão do seu modo religioso de compreender a vida.

Para reduzir os efeitos das proposições doutrinárias do Protestantismo, a Igreja Católica realizou o Concílio de Trento, com múltiplas sessões entre os anos de 1545 a 1563, tendo em vista redefinir e (re)sistematizar sua doutrina dogmática, tanto confirmando doutrinas teológicas anteriores, como estabelecendo novas proposições doutrinárias em resposta ao momento histórico no qual vivia.

Nesse contexto de oposição entre fé católica e fé protestante, Inácio de Loyola (1491-1556), junto com outros pares, criou no ano de 1534 a Sociedade de Jesus, uma sociedade civil destinada a divulgar e defender a fé católica. Seis anos depois, em 1540, por Decreto papal, a Sociedade de Jesus transformava-se na Ordem Religiosa dos Padres Jesuítas, conhecida como Companhia de Jesus, com o objetivo de pregar, confessar e ministrar os sacramentos.

Os jesuítas logo se aperceberam que o campo da educação era um excelente meio para expandir sua modalidade de fé, como também para se opor ao Protestantismo emergente. Logo após sua institucionalização como Ordem Religiosa, a Companhia de Jesus, ao lado de atividades comumente praticadas pelos religiosos católicos, passou a se dedicar à educação escolar como recurso para formar novos cidadãos católicos. De início, só para formar seus religiosos e, logo depois, para atender aos cidadãos em geral.

PARTE A – AVALIAÇÃO DA APRENDIZAGEM ESCOLAR NAS PEDAGOGIAS TRADICIONAIS

Nesse contexto histórico, os protestantes estavam mais sintonizados com o movimento de mudança que ocorria na sociedade da época: o nascimento da Era Moderna. Os católicos, por seu turno, estavam mais sintonizados com os dogmas da Igreja Católica estabelecidos ao longo do tempo e ressistematizados no Concílio de Trento.

Para orientar a formação de cristãos brilhantes, dentro de sua concepção religiosa e social, e que servissem de fermento dentro da sociedade, os jesuítas, para além das atividades religiosas propriamente ditas, lançaram-se às atividades de ensino mediante a implantação de Colégios na Europa e em variadas regiões do mundo, *pari passu* com os procedimentos colonizadores europeus.

Frente à amplitude e abrangência dos múltiplos Colégios criados na Europa e fora dela no decurso da segunda metade do século XVI, os jesuítas sentiram a necessidade do estabelecimento de normas práticas que dessem, universalmente, a todas as suas instituições de ensino um ordenamento pedagógico e administrativo consistente, comum e único, não admitindo evasivas, como teremos oportunidade de verificar no decurso deste estudo. Estabeleceu-se, então, a *Ratio atque Institutio Studiorum Societatis Iesu*[13], documento contendo a normatização doutrinária, pedagógica, administrativa e disciplinar do ensino a ser seguida em todas as instituições educativas escolares e acadêmicas mantidas pela Ordem Religiosa nos mais variados rincões do mundo.

Por seu turno, os protestantes também se dedicaram ao ensino e a sua mais ampla proposição pedagógica foi elaborada na primeira metade do século XVII por John Amós Comêncio, autor que será estudado no capítulo subsequente deste livro.

2. A *Ratio Studiorum* e sua estrutura normativa para a educação jesuítica

Publicada em 1599, a *Ratio Studiorum*[14] fora resultado final de sucessivos estudos entre os religiosos e educadores da Companhia de Jesus no decurso da segunda metade do século XVI. O documento fora elaborado com o objetivo de definir as práticas pedagógicas a serem assumidas como válidas e necessárias por todos aqueles que estivessem envolvidos no processo de ensino no contexto da Ordem Religiosa: o Provincial da Ordem, o Reitor do Colégio, assim como seus administradores, os profissionais da disciplina nas instituições escolares, os professores e, por fim, os próprios estudantes.

---

13   (N. A.) - Ordenamento e Institucionalização dos Estudos na Sociedade de Jesus.

14   O título original desse documento, publicado em 1599, é *Ratio atque Institutio Studiorum Societatis Iesu*, ou seja, Ordenamento e Institucionalização dos Estudos na Sociedade de Jesus; por comodidade, em suas citações, passou a ser denominado simplesmente de *Ratio Studiorum*. Daqui para a frente, neste escrito, utilizaremos essa denominação.

LIVRO I – AVALIAÇÃO DA APRENDIZAGEM ESCOLAR: DO PASSADO PARA O PRESENTE

Todos os estabelecimentos de ensino, assim como todos os participantes do processo educativo escolar nos mais variados espaços geográficos e socioculturais do planeta sob a responsabilidade da Ordem Religiosa, deveriam nortear suas vidas e ações pedagógicas pelas regras estabelecidas nesse documento, com a possibilidade de pequenos ajustes organizacionais em conformidade com as necessidades locais onde estivessem instaladas as instituições educativas, porém, não havia permissão para qualquer interferência na doutrina filosófica e religiosa norteadora da ação educativa, como também nas proposições pedagógicas estabelecidas.

A Companhia de Jesus fora fundada em 1534 por Inácio de Loyola e, em 1541, foi reconhecida pelo Papa Paulo III por meio da Bula *Regimini Militantis Ecclesiae*, com a qual também foram aprovadas as Regras da Ordem Religiosa, num total de 49 itens, elaboradas pelo próprio Fundador.

De início, a Companhia de Jesus não tinha por objetivo trabalhar com o ensino, uma vez que seu propósito era servir de fermento a favor da fé católica, atuando contra as doutrinas e os movimentos sociais e religiosos que fossem considerados heréticos, em especial o movimento protestante, emergente no decurso do próprio século XVI.

Os meios de atuação da Companhia de Jesus, em seu início, eram a pregação, a conversão religiosa e a administração dos sacramentos. Contudo, praticamente desde o começo de sua existência, ela investiu também no setor do ensino diante da constatação de que este era um recurso significativo para sua atuação. A Ordem Religiosa pretendia, com seu sistema de ensino, formar cristãos capazes de viver a fé cristã sob a ótica católica, como também defender e divulgar essa visão religiosa.

O padre jesuíta Leonel Franca, em seu livro *O método pedagógico dos jesuítas*, sinalizou que Inácio de Loyola não havia estabelecido como objetivo da Ordem Religiosa que criara a dedicação ao ensino. A emergência dessa finalidade decorreu mais de uma imposição da situação religiosa do século XVI – embate entre católicos e protestantes – do que de uma decisão originária do seu Fundador[15].

---

15   FRANCA, Leonel, S.J. *O método pedagógico dos jesuítas*: o *Ratio Studiorum*. Introdução e Tradução. Rio de Janeiro, Livraria Agir Editora, 1952, p. 7.   Pierre Mesnard, em "A Pedagogia dos Jesuítas", citado por Jéan Chateau em *Os Grandes Pedagogistas*, São Paulo, Companhia Editora Nacional, 1978, p. 66, assume posição idêntica a de Leonel Franca, ao afirmar que as Constituições da Ordem Jesuítica, aprovadas pelo Papa Paulo III, em 1541, não deixavam dúvidas de que, no início, a Companhia de Jesus não se destinava a trabalhar com o ensino. Diz o texto: "Essas [C]onstituições previam a instituição de seminários, denominados colégios, ao pé das cidades de universidade, onde os futuros jesuítas tomariam os seus graus; aí receberiam os complementos de formação religiosa requeridos pelo seu estado, mas a regra precisava, expressamente, que, na Companhia, não haveriam nem lições nem casas de ensino".

PARTE A – AVALIAÇÃO DA APRENDIZAGEM ESCOLAR NAS PEDAGOGIAS TRADICIONAIS

Importa observar que, desde cedo, ainda que esse não fosse o seu objetivo inicial, a Companhia de Jesus investiu na área de ensino, multiplicando sucessivamente o número de seus estabelecimentos educacionais ao longo da segunda metade do século XVI pelo mundo então conhecido geograficamente. Período no qual investiu também na constituição de normas que padronizassem as condutas a serem assumidas tanto pelos Provinciais, na condição de administradores regionais da Ordem, como por diretores de escolas, professores e estudantes. Após variados estudos, aproximadamente por cinquenta anos no decurso da segunda metade do século XVI, o documento ordenador do sistema de ensino da Companhia de Jesus foi promulgado em 1599, sob a denominação de *Ratio atque Institutio Studiorum Sacietatis Iesu*.

Frente à essa missão estabelecida para a Ordem Religiosa, os Colégios deveriam agir de maneira unitária e coesa de tal forma que, em conjunto, pudessem realizar com sucesso suas finalidades. Daí a necessidade de sistematizar um corpo doutrinário e metodológico que configurasse as condutas a serem praticadas por administradores, gestores escolares, professores e estudantes em todos os seus Colégios; um corpo doutrinário e normativo que garantisse tanto uma coesão teórica, como também uma proposta metodológica que assegurasse um modo comum e efetivo na prática do ensino.

Em função disso, durante a segunda metade do século XVI, os jesuítas dedicaram-se a formular normas que dessem uma configuração comum a todas as suas instituições de ensino espalhadas pelo mundo conhecido. Ao longo desse período, em variadas ocasiões, os reitores dos Colégios já implantados e em funcionamento, individualmente ou em comissões, se dedicaram a produzir as prescrições que deveriam orientar, de modo comum, as ações educativas em todas as instituições criadas e administradas pela Ordem Religiosa.

Dentro dessa perspectiva, fizeram-se esforços para a elaboração dessas referidas normas em variados e sucessivos momentos do tempo entre 1548, ano da criação do Colégio de Messina, sul da Itália, e o final do século XVI, ano de 1599, com a publicação da *Ratio Studiorum*. Os sucessivos documentos elaborados nesse espaço de tempo passaram por aplicações experimentais e análises críticas, sendo, afinal, um deles aprovado e promulgado nesse referido ano pelo Superior Geral da Ordem Religiosa, o padre Acquaviva. Em 1584, ele constituiu uma Comissão para elaborar um Código Geral de normas para a direção do ensino em todos os Colégios mantidos pela Companhia de Jesus, levando em consideração as experiências normativas anteriores e as prescrições contidas nas *Constituições da Ordem*.

LIVRO I – AVALIAÇÃO DA APRENDIZAGEM ESCOLAR: DO PASSADO PARA O PRESENTE

Posterior à sua publicação em 1599, a *Ratio Studiorum* sofreu pequenas modificações ao longo do tempo. No ano de 1832, por exemplo, ocorreram modificações comprometidas exclusivamente com a estrutura curricular, adaptando-a às exigências do tempo e dos lugares onde já estavam instalados – ou em instalação – os seus Colégios; todavia, nenhuma interferência era admitida no corpo doutrinário como também na estrutura disciplinar.[16]

A subsequente modificação introduzida na *Ratio Studiorum* só veio a ocorrer em 1941 – ou seja, cento e nove anos após as intervenções de 1832 e trezentos e quarenta e dois anos após sua promulgação em 1599 –, ocasião em que o documento sofreu intervenções na estrutura curricular do Ensino Superior para atender às determinações político-administrativas dos diversos países onde a Ordem Religiosa atuava. Nessa ocasião, as determinações relativas ao ensino básico permaneceram inalteradas.

Importa observar que as intervenções ocorridas em 1832 e em 1941 não trouxeram qualquer alteração nas propostas doutrinárias contidas no referido documento, uma vez que foram admitidas exclusivamente modificações administrativas para atender necessidades locais e específicas.

Segundo o padre Leonel Franca, o texto da *Ratio Studiorum*, publicado em 1599, fora produto de uma longa e amadurecida atividade coletiva, fator que, a seu ver, garantiu a longa vigência das suas determinações organizacionais, disciplinares e pedagógicas[17].

Essas foram as normas que regeram a instalação e o funcionamento dos Colégios fundados e mantidos pela Companhia de Jesus nos mais variados rincões do mundo conhecido de então e pelos tempos afora até nossos dias, garantindo a uniformidade de conduta em todas as instituições educativas instaladas em variados e múltiplos lugares do planeta.

Contudo, ainda que com o desejo de uniformidade sob o qual a *Ratio Studiorum* fora proposta, elaborada e promulgada, havia algum espaço para adaptações, quando necessárias, sempre com a recomendação de que "nunca se quebrasse a unidade". As autoridades religiosas previram modificações em conformidade com as necessidades emergentes, porém, dentro dos limites da hierarquia da Ordem, o que

---

16   Sobre as modificações introduzidas na *Ratio Studiorum*, em 1832, o padre Leonel Franca, em *O método pedagógico dos jesuítas*, op. cit., p. 26, conclui: "Com pequenas exceções, as mudanças introduzidas interessam sobretudo à organização do currículo. A orientação administrativa, metodológica e disciplinar permanece fundamentalmente inalterada".

17   FRANCA, Leonel, S.J. op. cit., p. 23

PARTE A – AVALIAÇÃO DA APRENDIZAGEM ESCOLAR NAS PEDAGOGIAS TRADICIONAIS

implicava que um Provincial ou um Reitor de Colégio, por si mesmos, não poderiam promovê-las. Qualquer modificação nas normas exigia consulta ao Superior Geral, sediado em Roma, a fim de que as decisões não fossem tomadas sem a devida ciência, autorização e controle da autoridade.

Assumia-se, dessa forma, uma permissão para modificações nas determinações da *Ratio Studiorum* frente às necessidades emergentes nas variadas instituições educativas estabelecidas pelo mundo a fora, porém de forma administrada. Só seriam admitidas modificações que se referissem exclusivamente aos aspectos administrativos do ensino, nunca aos doutrinários. Nesse sentido, as prescrições relativas à ação do Provincial, como autoridade responsável por uma região geográfica coberta pela ação da Ordem Religiosa, dispunham que ele poderia decidir por uma ou outra adaptação necessária aos ajustes locais, porém nada quanto à doutrina[18].

As normas pedagógicas, tornadas públicas em 1599, tiveram uma vigência longa em termos de tempo, como sinalizamos acima. Leonel Franca terminou por dizer em seu livro, publicado pela primeira vez em 1940 , que "até hoje" – e o "hoje" se refere à data da publicação do livro –, as normas da *Ratio Studiorum*, em suas linhas gerais, foram obedecidas em todas as partes do mundo onde os jesuítas implantaram Colégios. Foram admitidas algumas modificações específicas devido à diversidade das disposições legais de cada um dos países onde a Companhia de Jesus viera a atuar. Ou seja, ocorreram adaptações para atender necessidades administrativas e acadêmicas específicas; contudo, nenhuma adaptação no seu conteúdo doutrinário essencial[19].

Recentemente, em 1986, os padres jesuítas publicaram um documento com o objetivo de manter a orientação comum à atividade educativa em todos os Colégios administrados pela Ordem Religiosa nos diversos rincões do Planeta Terra. O documento intitulado *Características da Educação da Companhia de Jesus*[20], foi elaborado por uma Comissão constituída no ano de 1980, composta por membros da Ordem originários de vários países. O referido documento foi promulgado pelo Superior Geral no dia 8 de dezembro de 1986, em Roma.

Na apresentação desse documento, o Superior Geral afirmou que o texto que estava sendo publicado não substituía a *Ratio Studiorum,* acrescentando que:

---

18   Regra 39 relativa aos poderes do Provincial.

19   FRANCA, Leonel, S.J. op. cit., p. 26: "Atualmente, os Colégios da Companhia de Jesus conservam-se fiéis aos princípios gerais e às disposições da *Ratio [Studiorum]*, mas adaptam-se, no mais, às exigências dos regimes escolares de cada país".

20   *Características da Educação da Companhia de Jesus.* São Paulo: Edições Loyola, 1987.

LIVRO I – AVALIAÇÃO DA APRENDIZAGEM ESCOLAR: DO PASSADO PARA O PRESENTE

do mesmo modo que a *a Ratio [Studiorum],* nascida nos fins do século XVI, e *como continuação da tradição que então começou,* este documento pode dar-nos a todos uma visão comum e um sentido de nossa finalidade; pode ser também um modelo com o qual nos confrontamos a nós mesmos[21].

Esse testemunho do Superior-Geral da Ordem, tornado público na apresentação do referido documento, demonstra o efeito prolongado das disposições normativas da *Ratio Studiorum,* elaborada e promulgada em fins do século XVI, o que quer dizer que o recente documento fora publicado com um espírito de "continuação" das proposições do documento de 1599; algo possível de ser observado na expressão utilizada na referida apresentação: "como continuação da tradição que então começou".

Durante a prolongada vigência da *Ratio Studiorum,* a Pedagogia Jesuítica exerceu vasta influência sobre a educação moderna em geral, para além dos limites dos Colégios mantidos pela Ordem Religiosa. Afinal, no Ocidente, no âmbito da educação escolar em geral, somos herdeiros das proposições pedagógicas jesuíticas elaboradas no decurso da segunda metade do século XVI.

Na *Ratio Studiorum,* o ensino estava dividido em dois blocos: as *Classes do Ensino Superior,* com os cursos de Filosofia, Teologia e Estudo de Casos de Consciência; este último destinado aos estudantes que chegavam ao Nível Superior de Ensino, mas considerados portadores de fragilidades cognitivas frente às exigências da Ordem Religiosa para assumir as funções relativas ao sacerdócio católico; e as *Classes dos Estudos Inferiores*[22]*,* destinadas aos estudos da Gramática Latina, da Gramática Grega, das Humanidades e da Retórica. As classes de Gramática etavam divididas em três – inferior, média e superior; após elas, seguiam-se, então, as classes de Humanidades e de Retórica.

Ao lado da estrutura básica do ensino, foram definidos, nesse documento, os auxiliares do professor em sala de aula – os Bedéis –, como também as Academias. Estas últimas eram organizações internas nas quais os estudantes reviam os conteúdos estudados, praticavam o debate entre pares, assim como treinavam a oratória.

Na *Ratio Studiorum,* estavam definidos os seguintes personagens para atuar no Sistema de Ensino, em ordem decrescente em termos de poder:

---

21   *Idem.,* p. 5. (N. A.): O registro em itálico da expressão *como continuação da tradição que então começou* é de responsabilidade do autor do presente capítulo.

22   Importa observar que as expressões "Estudos Inferiores" ou "Classes Inferiores" não têm a ver com uma desqualificação, estabelecendo uma relação entre superior/inferior, mas simplesmente um modo de denominar estudos que ocorreriam em níveis diversos de ensino – ensino básico e ensino superior.

PARTE A – AVALIAÇÃO DA APRENDIZAGEM ESCOLAR NAS PEDAGOGIAS TRADICIONAIS

1. o Provincial da Companhia, com jurisdição sobre uma região geográfica coberta pela ação dos padres jesuítas que estavam sob sua responsabilidade, incluindo aqueles que atuavam no ensino;

2. o Reitor do Colégio, responsável por aquilo que acontecia na unidade de ensino sob sua administração, seja no que se refere aos aspectos administrativos, como também acadêmicos, morais, religiosos, entre outros;

3. o Prefeito de Estudos – sendo um para o Ensino Superior e outro para as Classes de Estudos Inferiores – era o personagem diretamente responsável pela administração acadêmica da unidade de ensino na qual exercia suas atividades;

4. o Prefeito de Disciplina, nomeado só em caso de necessidade para auxiliar o Prefeito de Estudos no desempenho de suas tarefas;

5. os professores, responsáveis diretos pelo ensino e pela formação religiosa e moral dos estudantes. Para auxiliar os professores em sua atividade docente e disciplinar, eram nomeados estudantes, considerados "os melhores" entre seus pares, recebendo a denominação de "Bedéis";

6. e, finalmente, os estudantes, responsáveis por si msmos em sua trajetória de formação.

Traduzindo esse ordenamento de papéis e poderes, a *Ratio Studiorum* foi estruturada em capítulos que estabeleceram configurações e regras específicas para cada uma dessas instâncias no seio do sistema de ensino jesuítico. A citação dos títulos e subtítulos desse documento permite perceber facilmente esse ordenamento. Os capítulos do documento são:

1. **Regras do Provincial**;

2. **Regras do Reitor do Colégio**;

3. **Regras para o Ensino Superior** – Regras do Prefeito de Estudos; Regras Comuns a Todos os Professores das Faculdades Superiores; Regras do Professor de Sagrada Escritura; Regras do Professor de Língua Hebraica; Regras do Professor de Teologia; Regras do Professor de Casos de Consciência; Regras do Professor de Filosofia; Regras do Professor de Matemática;

4. **Regras para o Ensino das Classes Inferiores** – Regras do Prefeito de Estudos Inferiores; Normas da Prova Escrita; Normas para distribuição de Prêmios; Regras Comuns aos Professores das Classes Inferiores; Regras do Professor de Retórica; Regras do Professor de Humanidades; Regras do Professor da

LIVRO I – AVALIAÇÃO DA APRENDIZAGEM ESCOLAR: DO PASSADO PARA O PRESENTE

Classe Superior de Gramática; Regras do Professor de Classe Média de Gramática; Regras do Professor de Classe Inferior de Gramática;

5. **Questões Específicas** – Regras dos Escolásticos de Nossa Companhia; Diretivas para os que Repetem Privadamente Teologia em Dois Anos; Regras do Ajudante do Professor ou Bedel; Regras dos Alunos Externos da Companhia;

6. **Sobre as Academias** – Regras da Academia; Regras do Prefeito da Academia; Regras da Academia dos Teólogos e Filósofos; Regras do Prefeito da Academia dos Teólogos e Filósofos; Regras da Academia dos Retóricos e Humanistas; e Regras da Academia dos Gramáticos.

3. Determinações para a avaliação da aprendizagem escolar no âmbito da *Ratio Studiorum*

Seguindo a estrutura dos capítulos da *Ratio Studiorum*, exposta imediatamente acima, a fenomenologia da avaliação no âmbito do Ensino Superior facilmente pode ser identificada nas Regras vinculadas às responsabilidades do Provincial, assim como nas Regras vinculadas ao Prefeito de Estudos Superiores. As Regras que definem o papel do Reitor das instituições de ensino praticamente não abordam o tema da avaliação; contudo, configuram condições para essa prática, como veremos. As determinações relativas à avaliação da aprendizagem no âmbito do Ensino das Classes Inferiores estão expostas predominantemente nas Regras que regem as responsabilidades do Prefeito de Estudos desse nível de escolaridade. Em cada conjunto de regras expostas na *Ratio Studiorum* para o Ensino Superior e para os Estudos Inferiores[23] estão presentes determinações tanto para a prática do ensino como para a prática da avaliação da aprendizagem.

Em conformidade com a ordem de apresentação dos tópicos constitutivos da *Ratio Studiorum*, iniciaremos pelas prescrições para a avaliação da aprendizagem no Ensino Superior e, em momento subsequente, cuidaremos das prescrições para essa prática nas Classes de Estudos Inferiores.

Tanto no que se refere às prescrições para as práticas avaliativas no Ensino Superior quanto no que se refere às Classes de Estudos Inferiores, importa ter presente

---

23 Essas denominações – Classes de Estudos Inferiores e Classes de Estudos Superiores – estão comprometidas com a compreensão do Sistema de Ensino Jesuítico configurado na *Ratio Studiorum*, a primeira denominação refere-se ao Ensino Básico e a segunda ao Ensino Superior, hoje também denominado de universitário. No caso, os adjetivos "superiores" e "inferiores" estão relacionados aos níveis de ensino e não a possíveis qualidades.

que o ato avaliativo é um dos atos universais praticados pelo ser humano, como foi exposto na Introdução deste livro. Todo ser humano, durante as horas e minutos do seu dia, pratica atos avaliativos para subsidiar suas ações em busca do resultado com a qualidade desejada.

3.1. Prescrições para a avaliação da aprendizagem no Ensino Superior

Quanto à avaliação do desempenho dos estudantes no Ensino Superior, na *Ratio Studiorum* estavam prescritos, de um lado, dois exames com caráter seletivo a serem praticados para subsidiar o ingresso e a manutenção do estudante nesse nível de ensino e, de outro, variadas determinações a serem praticadas no decurso e ao final de cada ano letivo.

Desse modo, na sequência dos tópicos do referido documento, as prescrições que configuravam os atos avaliativos a respeito do *acesso* e da *permanência* dos estudantes no âmbito do Ensino Superior encontravam-se nas rubricas relativas às Responsabilidades do Provincial como administrador eclesiástico de uma região geográfica coberta pela Ordem Religiosa denominada Província[24], com poderes para decidir sobre os encaminhamentos a serem dados tanto às atividades da Ordem Religiosa do ponto de vista institucional, como a repeito dos seus religiosos e dos seus estudantes. Já as prescrições para as práticas avaliativas da aprendizagem dos estudantes *ao longo* e *ao final do ano letivo* estavam incluídas nas rubricas das Responsabilidades do Prefeito de Estudos Superiores, como veremos.

3.1.1. Prescrições a respeito dos exames para o ingresso e para a pemanência do estudante no Ensino Superior

Os Estudos Superiores na Companhia de Jesus tinham por objetivo atender de modo predominante aos estudantes que, formados, iriam suprir as necessidades da Ordem no campo de suas atividades religiosas específicas, ainda que também houvesse possibilidade de atender a estudantes externos à instituição.

Esses estudos tinham seu início no Curso de Filosofia, cuja duração para os estudantes vinculados à Ordem Religiosa era de três anos; porém, para possíveis

---

24 As Ordens Religiosas, tendo por base a estrutura administrativa própria de cada uma delas, tem uma Sede Geral, usualmente em Roma, cujo administrador recebe a denominação de Superior Geral. A denominação "Província" refere-se a espaços geográficos delimitados nos variados países onde os religiosos se fazem presentes, cujo administrador recebe a denominação de Provincial, autoridade situada imediatamente abaixo do Administrador-Geral da Ordem Religiosa, com sede em Roma.

LIVRO I – AVALIAÇÃO DA APRENDIZAGEM ESCOLAR: DO PASSADO PARA O PRESENTE

estudantes externos à Instituição, a duração dependia de decisão do Provincial[25], como seu Administrador Regional. Os estudos filosóficos serviam de base para os subsequentes estudos de Teologia.

a) Primeiro e segundo exames e destino dos estudantes

No tocante à garantia de acesso e permanência nos estudos do Ensino Superior na Companhia de Jesus, em conformidade com as prescrições da *Ratio Studiorum*, os estudantes deveriam ser submetidos a dois exames escolares, cujos resultados seriam utilizados seletivamente: *o primeiro*, realizado um pouco antes da Quaresma ou das férias de Páscoa, tendo em vista decidir a respeito do ingresso dos candidatos aos Estudos Superiores da Companhia de Jesus[26]; *o segundo exame*, após o término dos estudos relativos à Lógica, ou seja, ao final do primeiro ano de estudos de Filosofia, para decidir sobre sua permanência nesse âmbito de estudos no contexto da formação jesuítica[27].

Esses dois exames deveriam ser administrados por uma Banca de Exames, indicada pelo Prefeito de Estudos do Ensino Superior, em consenso com os professores de Filosofia e de Teologia da instituição. Esses procedimentos avaliativos deveriam ser executados diante das autoridades hierarquicamente constituídas: no caso, diante do Reitor da Instituição de Ensino e de seus consultores; e ainda, se possível, diante do Provincial. Os resultados dos dois exames selavam os destinos do estudante no seio da Ordem Religiosa, em termos dos encaminhamentos de seus estudos.

Importa observar que os estudos de Filosofia constituíam a fase incial do Ensino Superior Jesuítico, tendo em vista a formação dos seus religiosos, cuja fase subsequente se dava por meio dos estudos da Teologia.

Como critério de julgamento, levava-se em conta tanto o desempenho dos estudantes em seu aspecto cognitivo como em seu desempenho nas virtudes[28]. Somando essas duas variáveis, os exames tinham como finalidade verificar os méritos dos estudantes no saber, na piedade, na doutrina e no comprometimento com a fé religiosa católica. Importava, pois, ter presente, ao mesmo tempo, os conhecimentos e

---

25   Regra 17 das Responsabilidades do Provincial.

26   Importa registrar que o ano letivo na Europa, em função do regime natural das estações climáticas, se encerra com o final da primavera, período no qual, segundo determinações da *Ratio Studiorum*, deveriam ocorrer os exames escolares, usualmente praticados de forma anual.

27   Regra 19 das Responsabilidades do Provincial, parágrafo 1.

28   Ainda na Regra 19 da *Ratio Studiorum*, relativa às Responsabilidades do Provincial, em seu parágrafo 2, abordando *Considerações da virtude*, estava exposto: "Este ponto é de grande importância para o Senhor e deverá ser tratado com toda a atenção para a maior glória de Deus; observe o Provincial, de modo particular, as regras 49 e 56 do seu ofício e, acima de tudo, leve em consideração a virtude do candidato".

PARTE A – AVALIAÇÃO DA APRENDIZAGEM ESCOLAR NAS PEDAGOGIAS TRADICIONAIS

as habilidades sob a ótica cognitiva como também sob a ótica das condutas afetivas, disciplinares, morais e de piedade.

A depender da qualidade do desempenho dos estudantes *no primeiro exame* – que ocorria no início do Curso de Filosofia, no período imediatamente anterior à Quaresma ou antes das férias da Páscoa –, eles poderiam ser destinados ao ingresso no próprio Curso de Filosofia ou encaminhados para o Curso de Estudo de Casos de Consciência.

Com base no desempenho apresentado nesse primeiro exame, os estudantes classificados como *incapazes para a Filosofia* poderiam ser destinados, por determinação do Provincial, ao Curso de Estudo de Casos de Consciência, instância de fomação que não tinha exigências teóricas específicas, fator que possibilitava destinar a ele os escolásticos que apresentassem menores habilidades cognitivas frente aos parâmetros probatórios adotados pela Ordem Religiosa.

Por outro lado, os estudantes que, nesse primeiro exame, se manifestassem *capazes para os estudos da Filosofi*a deveriam prosseguir até o *segundo exame*, que ocorria ao final do primeiro ano de estudos dessa área de conhecimento. O resultado obtido pelos estudantes nesse segundo exame subsidiaria seu encaminhamento na vida escolar posterior:

1. aqueles que obtivessem qualificações *superiores a mediania* (médio) permaneceriam no Curso de Filosofia;
2. aqueles que fossem clasificados *abaixo da mediania* deveriam ser, imediatamente, remetidos ao Estudo de Casos de Consciência;
3. finalmente, aqueles que atingissem *exclusivamente a mediania* tinham duas possibilidades:
   a. caso fossem medianos nas letras e não manifestassem a posse de outras qualidades, deveriam ser remetidos imediatamente ao Estudo de Casos de Consciência;
   b. caso, além de medianos, possuíssem virtude notável e talento para o governo e para a pregação, a fim de que a Ordem pudesse "com maior segurança e autoridade servir-se de seus préstimos" e a depender do julgamento do Provincial, poderiam continuar no Curso de Filosofia e, ainda, submeter-se a dois anos de Teologia.

Porém, os estudantes que se encontrassem na *mediania* e fossem prosseguir nos estudos de Filosofia deveriam ser advertidos "abertamente, que, só nesta medida", isto é, não por um mérito pessoal, mas em função de suas tênues qualidades frente aos interesses da Companhia Religiosa "iriam continuar os referidos estudos"[29].

---

29   Regra 19 das Responsabilidades do Provincial, parágrafos 4 e 5.

Vale observar ainda que aos estudantes classificados como *medianos* e que, por acaso, fossem encaminhados aos dois anos de Teologia, poder-se-ia, conceder-lhes um terceiro[30] e um quarto ano de estudos teológicos[31], a depender de decisão do Provincial.

Vale também lembrar que a hierarquia da Ordem Religiosa se fazia presente às sessões de exames, seja pela delegação dos poderes à Banca Examinadora, seja pela efetiva presença da hierarquia religiosa nesse ritual de avaliação com consequentes classificações e consequentes decisões relativas aos futuros membros da Ordem.

Nesse contexto, importa, ainda, registrar que o Provincial, independente e para além das decisões da Banca de Exames, poderia decidir a respeito dos encaminhamentos da vida de um estudante. Essa determinação revela que, em última instância, a decisão final de promoção, ou não, dos estudantes considerados *medianos* pertencia à autoridade superior do sistema jesuítico de ensino.

Há ainda que se registrar que os interessados em ingressar na Companhia de Jesus que tivessem feito estudos de Filosofia fora do espaço da instituição teriam que se submeter aos mesmos rituais avaliativos, anteriormente descritos, relativos às suas qualidades cognitivas, morais e religiosas[32].

A qualificação obtida em decorrência destes dois exames – para o ingresso no Curso de Filosofia e ao final dos estudos da Lógica –, por si, não era suficiente para garantir ao candidato o direito de permanência nos estudos subsequentes. Aqueles estudantes que, nesses exames, tivessem manifestado *"exceder a mediania"*, mas que,

---

30   Regra 19 das Responsabilidades do Provincial, parágrafo 6, define: *Quando se poderá conceder um terceiro ano de teologia*: "Mas, se por ventura aos que têm talento para a pregação não bastarem os dois [anos] para ouvir nas aulas matérias da teologia que se julguem necessárias ao desempenho de suas responsabilidades com segurança e sem erro, (...) poderá [,] para este fim, conceder-lhes um terceiro ano de teologia (...).

31   Regra 19 das Responsabilidades do Provincial, parágrafo 7, que trata da questão *A quem se poderá conceder um quarto ano de teologia*, diz: "Por fim, se não houver alguém, ainda que não dotado de talento notável, mas eminente em dons de governo e pregação, e de virtude singular que parece atingir o conhecimento completo de teologia exigido pelas Constituições, e que se [julgue] de vantagem para a Companhia e que [termine] o curso de teologia, poderá o Provincial, ouvidos previamente os consultores, conceder-lhe um quarto ano de teologia".

32   Regra 19 das Responsabilidades do Provincial, parágrafo 8, define que *Deverão ser examinados os que estudaram fora da Companhia*, afirmando: "Ao mesmo exame deverão ser submetidos os que, antes de entrar na Companhia, estudaram todo o curso de filosofia ou parte dele, ou ainda parte da teologia, a fim de que sobre ele se possa fazer idêntico julgamento".

PARTE A – AVALIAÇÃO DA APRENDIZAGEM ESCOLAR NAS PEDAGOGIAS TRADICIONAIS

posteriormente, no desenvolvimento de novos estudos, não correspondessem aos parâmetros da Ordem Religiosa, deveriam de imediato ser enviados aos Estudos de Casos de Consciência[33].

b) A respeito do conceito mediania (médio)

Para que não houvesse dúvidas a respeito dos estudantes considerados *médios* em termos da qualidade de sua aprendizagem no contexto das Normas prescritas, os autores da *Ratio Studiorum* estabeleceram uma definição do que deveria ser compreendido por "qualidade média", de tal forma que tanto os membros da Banca de Exames, como também o Provincial tivessem um parâmetro seguro para não ter dúvidas em suas decisões. Nesse sentido, a *Ratio Studiorum* definiu que a *mediania*:

> deve [ser entendida][34] no sentido em que vulgarmente se entende quando se diz que alguém [...] é de talento mediano, a saber, quando percebe e compreende o que ouve e o que estuda e é capaz de dar razão suficiente a quem lha pede, ainda que[,] em filosofia e teologia, não atinja o grau de doutrina que as Constituições designam com a expressão 'haver nela feito bastante progresso', [como também que] seja capaz de defender as teses aí mencionadas com o saber e com a facilidade com que as defenderia quem fosse dotado de talento para ensinar Filosofia e Teologia[35].

Ainda que o critério apresentado não ofereça delimitações conceituais precisas para o significado da qualificação *mediania*, o que importa é observar que os autores da *Ratio Studiorum* estavam atentos à necessidade de definir essa qualidade, de tal forma que se pudesse, a partir de sua configuração conceitual, garantir a possibilidade de decisões funcionais e administrativas em relação aos estudantes submetidos ao crivo dos procedimentos seletivos, tanto para o ingresso quanto para a permanência nos Estudos Filosóficos mantidos pela Companhia de Jesus.

---

33 Regra 19 das Responsabilidades do Provincial, no seu parágrafo 10, *Os que deverão ser afastados no meio dos estudos*, diz: "Se algum talvez dos que foram aplicados à filosofia ou à teologia, no decurso dos estudos, mostrar que não excede a mediania como a princípio se julgara, também ele, após exame idêntico, deverá ser enviado aos Casos".

34 Nas citações da *Ratio Studiorum*, o leitor encontrará, ao longo deste texto parênteses ( ) e colchetes [ ]. Os parênteses encontram-se na própria tradução do documento realizada pelo padre Leonel Franca, já os colchetes foram acrescentados pelo autor deste escrito para facilitar sua leitura e sua compreensão.

35 Regra 19 das Responsabilidades do Provincial, parágrafo 11.

LIVRO I – AVALIAÇÃO DA APRENDIZAGEM ESCOLAR: DO PASSADO PARA O PRESENTE

Não podemos, contudo, nos esquecer de que, mesmo com a definição da qualidade *mediana* acima reproduzida, o texto da *Ratio Studiorum* deixou claro que, por decisão do Provincial, em função dos interesses da Ordem Religiosa, havia duas possibilidades de encaminhamento de um estudante ao qual era atribuído o conceito *mediano*: podia ser alocado nos Estudos de Casos de Consciência, como um Curso de menores exigências intelectuais, ou podia ser-lhe garantida a continuidade no Curso de Filosofia e, subsequentemente, de Teologia. Em síntese, o conceito *mediano*, no contexto da *Ratio Studiorum*, era assumido como uma qualidade imprecisa, merecendo decisões da autoridade responsável pelo ensino; no caso, da autoridade maior em uma Província Religiosa Jesuítica, o Provincial[36].

c) A respeito dos estudantes com talento especial

Diversa da questão do aproveitamento considerado *mediano*, estava a promoção dos estudantes para estudos mais avançados, *por mérito relativo ao talento pessoal*, que também, em última instância, dependia das decisões do Provincial, que, para tanto, deveria ouvir as ponderações de seus Consultores. Nessa circunstância, aos estudantes considerados talentosos para o bem da Ordem Religiosa, dever-se-ia conceder-lhes o terceiro e o quarto anos de Teologia, com o objetivo de refinar suas qualidades pessoais[37]. E em caso de divergências entre os Consultores a respeito da apreciação dos estudantes com talentos específicos, a decisão final a respeito da concessão dos estudos em um terceiro e em um quarto ano de Teologia pertencia ao Provincial. Diz a norma:

---

36   Observa-se que, hoje, em nossas escolas, não se tem dúvidas sobre a validade do conceito "médio", pois ele é de uso comum e constante em nossas escolas, registrado com a expressão numérica nota 5,0 (cinco), ou um pouco acima dela, em uma escala de 0 (zero) a 10 (dez). Uma grande maioria dos estudantes em nossas atuais escolas é aprovada pelo conceito "médio" e, usualmente, sem que se tenha uma delimitação precisa do que significa esse "médio". No caso do cotidiano escolar em nosso país, o conceito médio emerge de "uma média de notas"; todavia, no que se refere à *Ratio Studiorum*, o médio emergia da posse, ou não, pelo estudante de determinadas qualidades. O médio, no presente momento de nossas escolas, está vinculado a uma operação aritmética entre os registros numéricos da qualidade da aprendizagem por parte dos estudantes; o médio, lá, estava vinculado às manifestações de conhecimentos, habilidades e condutas afetivas assumidas como mínimas necessárias, assim como de qualidades necessárias relativas à piedade e à moral, desde que se estava num contexto religioso; o conceito "mediano" expressava uma aprendizagem "média", não a aprendizagem "plena" de um determinado conteúdo.

37   Regra 19, parágrafo 12, das Responsabilidades do Provincial, a respeito dos estudantes portadores de *talentos pessoais*, determinava que "sobre a capacidade do talento para pregação e governo[,] que devem possuir os que vão estudar teologia por dois anos e bem assim acerca do talento extraordinário daqueles aos quais dissemos se podem conceder quatro anos [de Teologia], pondere [o Provincial] seriamente com os seus Consultores e outros varões eminentes que os conheçam e sejam capazes de ajuizar em semelhantes matérias".

PARTE A – AVALIAÇÃO DA APRENDIZAGEM ESCOLAR NAS PEDAGOGIAS TRADICIONAIS

Mas, como neste exame e [na] apreciação dos talentos, frequentes vezes divergem as opiniões, ficará nas mãos do Provincial, depois de bem ponderada a questão, examinar os votos e ouvir os Consultores, decidir o que no Senhor melhor lhe parecer para a maior glória de Deus e bem geral da Companhia. E, se julgar que nenhum deles deverá ser aplicado àqueles estudos, consigne-o no livro [de Registros][38].

d) A respeito do modo de praticar os exames para o ingresso e para a permanência nos Estudos da Filosofia

A respeito dos exames que subsidiariam as decisões a respeito do ingresso e/ou da permanência de estudantes nos Estudos de Filosfia, estava definido que eles seriam realizados "logo depois das férias de Páscoa, ou mesmo antes, se exigisse o número de examinandos". Quanto à realização desses exames, a norma definia que "processar-se-ão nos dias e na ordem que o Reitor, ouvidos o Prefeito e o Professor, julgar conveniente". Além disso, quanto ao conteúdo a ser examinado, estava definido que ele "estender-se-á sobre as matérias mais importantes, que, com antecedência e em segredo, aos examinadores, assinalará o Prefeito"[39]. E ainda especificava que:

1. cada exame oral terá a duração mínima de uma hora, espaço de tempo suficiente para que o estudante seja arguido;
2. os conteúdos a serem levados em conta referem-se às matérias mais importantes do currículo relativas ao nível de estudos em consideração;
3. os conteúdos específicos dos exames deverão ser indicados em segredo aos membros da Banca Examinadora.

A última determinação – a de número 3 – obrigava o estudante a rever *todo o conteúdo estudado*, seja para o ingresso nos estudos filosóficos, seja para o estudante demonstrar que adquirira domínio sobre os conteúdos abordados durante o primeiro ano letivo relativo a esses estudos. Para essa ocasião, o estudante deveria preparar-se tendo presente *todos* os conteúdos abordados, mesmo que a Banca Examinadora não viesse a levar em conta a totalidade desses conteúdos na avaliação de seu desempenho.

---

38   Regra 19, parágrafo 13, das Responsabilidades do Provincial.

39   Regra 23 das Reponsabilidades do Prefeito de Estudos Superiores.

e) O papel do Provincial a respeito das decisões frente aos resultados dos procedimentos avaliativos

Vale ainda uma observação final a respeito das determinações contidas na *Ratio Studiorum* em torno do papel do Provincial, como autoridade regional da Ordem, a respeito das decisões com base nos resultados dos procedimentos avaliativos. Ao mesmo tempo em que as normas, acima indicadas, tivessem por objetivo garantir a isenção e a objetividade por parte da Banca Examinadora nos juízos sobre a qualidade do desempenho dos estudantes, encontra-se definido, de modo constante, o papel do Provincial como árbitro nos procedimentos de promoção.

Admitia-se, então, nesse contexto, que o Superior hierárquico deveria cumprir as normas estabelecidas, mas que, em variadas ocasiões dos procedimentos avaliativos, suas decisões poderiam estar acima dos limites regulamentares estabelecidos, podendo servir-se de seu arbítrio pessoal. Ou seja, haviam normas definidas para as práticas avaliativas que subsidiavam decisões sobre a vida dos estudantes, porém, acima delas, pairava a autoridade do Provincial como gestor de uma determinada região geográfica.

3.1.2. Prescrições para o acompanhamento dos estudantes no decurso e ao final do ano letivo nos cursos de Filosofia e de Teologia

a) Papéis do Reitor e do Prefeito de Estudos no acompanhamento dos estudantes no âmbito da Instituição de Ensino Superior

No que se refere à avaliação do desempenho dos estudantes no Ensino Superior, importa registrar que, na *Ratio Studiorum,* estavam presentes tanto as determinações para os exames estabelecidos para ingresso e permanência nesse nível de ensino – como vimos no tópico anterior deste capítulo –, quanto as determinações para o acompanhamento dos estudantes durante o ano letivo, como veremos a seguir.

As especificações para os atos avaliativos *no decurso* e *ao final* dos períodos letivos no âmbito do Ensino Superior encontravam-se, na *Ratio Studiorum,* dentro das Regras relativas aos poderes do Prefeito de Estudos desse âmbito de ensino.

Em função disso, no presente texto, o leitor encontrará, nos parágrafos que se seguem, citações das Regras relativas a essa autoridade, que contêm prescrições para o acompanhamento da aprendizagem dos estudantes durante os períodos letivos e, consequentemente, para sua promoção de uma classe para a outra nesse espaço formativo. No presente tópico, o leitor encontrará referências às variadas atividades que não necessariamente são nominadas como ocasiões para práticas avaliativas, mas que, de fato, têm esse caráter e esse destino.

PARTE A – AVALIAÇÃO DA APRENDIZAGEM ESCOLAR NAS PEDAGOGIAS TRADICIONAIS

As principais determinações contidas na *Ratio Studiorum* e comprometidas com os atos de acompanhamentos dos estudantes de Nível Superior em seus estudos e aprendizagens estavam expostas nas Regras do Prefeito de Estudos desse nível de ensino, que, nesse lugar administrativo, assumia o papel de representante do Reitor, que ocupava o lugar de uma autoridade imediatamente superior na hierarquia administrativa dos Colégios. A seguir, acompanharemos as prescrições contidas nesse documento que configuravam o papel dessa autoridade pedagógico-administrativa.

Ao Prefeito de Estudos no Ensino Superior era atribuído o papel de mediador entre o Reitor e a execução de suas decisões administrativas. Nos Colégios Jesuíticos, nos quais, entre outras atividades pedagógicas, ocorriam também as atividades do Ensino Superior, cabia ao seu Reitor gerir todas as atividades da instituição, inclusive aquelas relativas ao ensino.

O Reitor era, pois, a autoridade máxima nos Colégios e, desse modo, o responsável pela instituição escolar. Então, cabia a ele "cuidar para que se formem os [...] estudantes no saber e em tudo quanto pode contribuir para o auxílio das almas e por sua vez comuniquem ao próximo o que aprenderam"[40]. E, para auxiliá-lo em sua gestão administrativa da instituição escolar, contaria com um Prefeito de Estudos, "ao qual – segundo a *Ratio Sudiorum* – dará toda a autoridade que julgar conveniente para o desempenho cabal de seu ofício"[41]. Porém, ainda que devesse delegar poderes ao Prefeito de Estudos, o Reitor não poderia ser um ausente naquilo que se refere às atividades pedagógicas propriamente ditas. Daí a Regra 3 de seus poderes tratar de sua *presença nos exercícios escolares*, de tal modo que:

> regule e distribua as ocupações de maneira que possa estimular e desenvolver os exercícios literários; [que] visite por vezes as aulas, mesmo inferiores; [que] esteja quase sempre presente às disputas, privadas e públicas, dos filósofos e teólogos; [que] observe se – e por quê – estes exercícios não dão os resultados desejados.

---

40 A Regra 1 relativa ao Reitor dos Colégios, que trata do *Zelo pelos estudos*, aborda o papel dessa autoridade e diz que: "A Companhia dedica-se à obra dos colégios e universidades, a fim de que nestes estabelecimentos melhor se formem os nossos estudantes no saber e em tudo quanto pode contribuir para o auxílio das almas e por sua vez comuniquem ao próximo o que aprenderam. Abaixo, portanto, do zelo pela formação das sólidas virtudes religiosas, que é o principal, procure o Reitor, como ponto de máxima importância, que com a graça de Deus se alcance o fim que teve em mira a Companhia ao aceitar colégios".

41 A Regra 2 relativa ao Reitor dos Colégios, afirma que: "Na direção dos estudos, [o Reitor] terá como assistente um Prefeito de Estudos ao qual dará toda a autoridade que julgar conveniente para o desempenho cabal de seu ofício".

LIVRO I – AVALIAÇÃO DA APRENDIZAGEM ESCOLAR: DO PASSADO PARA O PRESENTE

E, ainda, a Regra 4, dos poderes do Reitor, no que se refere às disputas e repetições escolares, definia que ele não deveria fazer concessões que permitissem a um estudante faltar "às disputas ou [às] repetições", a fim de que "todos se persuadam da grande importância desses exercícios; e corte todas as ocupações que aos escolásticos possam ser[vir] de obstáculo [a esses] estudos"[42].

b) Disputas como oportunidade de práticas avaliativas do desempenho dos estudantes de Nível Superior

A Regra 6, relativa à autoridade do Prefeito de Estudos Superiores, com características ao mesmo tempo administrativa e pedagógica, definia os cuidados que essa autoridade deveria ter por ocasião das *disputas*, que, para os autores da *Ratio Studiorum*, significavam momentos em que os estudantes expunham seus entendimentos e, pois, suas aprendizagens a respeito dos conteúdos abordados nas aulas. Essa Regra tratava do modo como o Prefeito de Estudos deveria dirigir as disputas, praticadas pela exposição de conteúdos por parte dos estudantes e pelos subsequentes debates, assim como definia os cuidados necessários que essa autoridade deveria ter no que se refere à qualidade dos conteúdos assimilados pelos estudantes. Ainda que pudesse parecer que essa atividade tivesse mais características de ensino do que de investigação avaliativa, ela subsidiava os dois atos.

Metodologicamente, a Regra 6 determinava como deveriam dar-se as disputas no espaço do Ensino Superior:

- que "em todas as disputas a que comparecem os professores de teologia ou de filosofia, ocupará a presidência o Prefeito [de Estudos]; [ele] dará aos que disputam o sinal de terminar; e distribuirá o tempo de tal modo que a todos toque a sua vez de falar";
- que "não [se] permita que nenhuma dificuldade[,] sobre a qual se discute, fique, terminada a discussão, tão escura como antes, mas procure que, uma vez ventilado um assunto, seja ele cuidadosamente explicado por quem preside [a disputa]";
- que o "Prefeito de Estudos não deverá resolver as objeções, mas [sim] os arguentes e os defendentes; e [,] deste ofício, se desempenhará com mais dignidade se conseguir, não argumentando (ainda que uma vez ou outra convenha fazê-lo), mas interrogando [para] que melhor se esclareça a dificuldade"[43].

---

42   A Regra 4 relativa ao Reitor dos Colégios, diz: "Não permita que nenhum estudante falte às disputas ou repetições, para que todos se persuadam da grande importância desses exercícios; e corte todas as ocupações que aos escolásticos possam ser[vir] de obstáculo aos estudos".

43   (N. A.) A inserção de *colchetes* no texto não pertence ao original.

PARTE A – AVALIAÇÃO DA APRENDIZAGEM ESCOLAR NAS PEDAGOGIAS TRADICIONAIS

Ou seja, as *disputas teóricas* entre os estudantes foram assumidas na *Ratio Studiorum* como oportunidades para tornar público aquilo que cada um havia aprendido, como também oportunidade para se corrigir possíveis desvios na aprendizagem dos conteúdos abordados; e ainda tornar explícitas as habilidades de cada estudante ao expor e justificar seus pontos de vista.

Para os autores do Ordenamento dos Estudos nos Colégios Jesuíticos, havia várias possibilidades de disputas que o documento tratou de defini-las e que, a seguir, encontram-se expostas. Afinal, momentos avaliativos.

As *disputas gerais*, em conformidade com a Regra 9 das Responsabilidades do Prefeito de Estudos Superiores, nas quais os estudantes de todas as classes da instituição estavam incluídos, assim como estavam incluídos os conteúdos de quase toda a Teologia, deveriam estender-se pela manhã e pela tarde, ou, onde fosse costume realizar a sessão de disputa somente antes ou somente depois do meio-dia, elas deveriam prolongar-se, pelo menos, por quatro ou cinco horas[44].

As *disputas particulares*, isto é, próprias de cada classe, estavam configuradas na Regra 8 relativa ao Prefeito de Estudos Superiores. Nela estava definido que, para as disputas particulares de cada classe, o Prefeito de Estudos, junto com os professores da instituição, deveria escolher a matéria das quatro partes da Teologia. Essas disputas não deveriam ser muito frequentes, mas realizadas com intervalos entre elas e cada uma com a duração mínima de duas horas e meia, só pela manhã ou só pela tarde. Deveriam participar pelo menos três arguentes, dos quais, sempre que possível, um doutor[45].

A Regra 16 relativa ao Prefeito de Estudos Superiores, tratando das *disputas semanais e mensais*, exigia que se tivesse presente as responsabilidades estabelecidas para os professores de Filosofia e de Teologia. Essa Regra exigia um cuidado constante e, desse modo, processual com a aprendizagem dos estudantes[46].

---

44 Regra 9 das Responsabilidades do Prefeito de Estudos Superiores, se expressa da seguinte forma: "*Disputas gerais*. As disputas gerais abracem quase toda a teologia, estendam-se pela manhã e pela tarde, ou, onde for costume disputar só antes ou só depois do meio dia, prolonguem-se pelo menos por quatro ou cinco horas".

45 Regra 8 das Responsabilidades do Prefeito de Estudos Superiores, a respeito das *Disputas particulares*, definia que: "Para as disputas particulares cada de classe, o Prefeito com os professores escolha a matéria das quatro partes da teologia; estes atos não devem ser muito frequentes mas a intervalos; durem no mínimo duas horas e meia, só pela manhã ou pela tarde, e de regra, não sejam menos de três os arguentes, dos quais, sempre que possível, um doutor".

46 Na Regra 16 das Responsabilidades do Prefeito de Estudos Superiores, está definido: "*Disputas mensais e semanais*. Nas disputas mensais ou semanais procure que se observe com cuidado quanto se prescreve nas regras dos professores de filosofia e teologia".

LIVRO I – AVALIAÇÃO DA APRENDIZAGEM ESCOLAR: DO PASSADO PARA O PRESENTE

A Regra 24 das Responsabilidades dessa mesma autoridade, tratando da *duração e forma das disputas filosóficas*, definia que as disputas na área da Filosofia tivessem a duração das aulas, ocorressem elas pela manhã ou pela tarde, cujos arguentes fossem professores da Filosofia ou Teologia da própria instituição ou doutores externos à instituição. Quanto ao número de teses a serem abordados nas disputas filosóficas e quanto aos seus conteúdos, importava seguir regras, tais como: cobrir todo conteúdo estudado, serem realizadas em turnos seguidos – manhã e tarde – ou em um único turno, com duração entre quatro ou cinco horas[47].

A Regra 25 relativa ao Prefeito de Estudos, no que se referia às disputas *teológicas*, definia que ele deveria cuidar para que estivessem presentes tanto os estudantes como também os professores de Teologia; e, no que se referia às disputas *filosóficas*, deveriam estar presentes os estudantes e professores de Filosofia. Os professores, com suas objeções, deveriam dar mais vida à solenidade.

Em conformidade com a Regra 12 das Rubricas do Prefeito de Estudos, essas disputas deviam *assumir um caráter solene* e, para elas, poderiam ser convidados alunos externos[48].

Quanto *aos responsáveis* pelas sessões de disputas, a Regra 13 relativa ao Prefeito de Estudos Superiores definia que os professores, de modo alternado ou simultâneo, seriam os responsáveis pela arguição relativa à sua matéria, ainda que a presidência dessas sessões pudesse ser ocupada por outros acadêmicos jesuítas, com a condição de que fossem doutores[49].

Em síntese, as *disputas teóricas* prescritas na *Ratio Studiorum* que deveriam ser praticadas pelos estudantes no âmbito do Ensino Superior Jesuítico, com a orientação

---

47   Regra 24 das Responsabilidades do Prefeito de Estudos Superiores: *"Tempo e forma das disputas filosóficas*. As disputas filosóficas durem pelo menos todo o tempo das aulas, pela manhã ou pela tarde. Regularmente sejam três os arguentes, dos quais, sempre que possível, um se escolha entre os nossos professores de teologia ou de filosofia, ou entre os doutores de outra Ordem ou dentre os externos. O número e a natureza das teses obedecem ao que foi acima prescrito para as disputas gerais de teologia nas regras 9ª, 10ª, 11ª e 12ª".

48   Regra 12 das Responsabilidades do Prefeito de Estudos Superiores, define: "Todos os anos, convidem-se para estas disputas gerais alguns alunos externos que em nossas escolas completaram, com distinção, o currículo de teologia. Estes atos deverão ser mais solenes que os outros e celebrar-se-ão na presença do maior número possível de doutores nossos e externos e ainda de homens eminentes".

49   Regra 13 das Responsabilidades do Prefeito de Estudos Superiores, afirma: "A todas as disputas presidam os professores alternada ou simultaneamente, de modo que cada um responda às objeções relativas à sua matéria; poderão ocupar a presidência também outros dos nossos, que sejam doutores".

PARTE A – AVALIAÇÃO DA APRENDIZAGEM ESCOLAR NAS PEDAGOGIAS TRADICIONAIS

e assistência de suas autoridades pedagógicas, expressavam, de um lado, oportunidades para que os estudantes se exercitassem na arte de argumentar e, de outro, oportunidade para que revelassem o quanto se dedicaram à apropriação dos conteúdos propostos e praticados segundo o Currículo estabelecido para os estudos de Filosofia e de Teologia no Ensino Superior; ou seja, tratava-se de um recurso metodológico para obter dados que pudessem subsidiar um ajuizamento sobre a qualidade da dedicação de cada estudante aos estudos, assim como sobre a aprendizagem de cada um.

c) Defesa de tese como mais uma manifestação da aprendizagem dos estudantes de Teologia

A Regra 7 relativa ao Prefeito de Estudos Superiores trata na *Ratio Studiorum* da *Defesa de tese* em torno de estudos realizados no âmbito da Teologia. "Defender uma tese" significava expor aprendizagens decorrentes dos estudos realizados[50]. Quanto às teses a serem apresentadas pelos estudantes *no decurso de uma sessão*, que podia se estender por uma manhã ou por uma tarde inteira, a Regra 14 relativa à mesma autoridade afirmava que:

1. as teses não deverão ser muito longas [em termos de duração];

2. nem [ter] mais de cinquenta [participantes];

3. poderão ser menos [que cinquenta], se assim o exigirem os costumes públicos da Academia;

4. [nos] atos particulares [de Defesa de tese,] não mais de vinte participantes;

5. nem mais de doze ou quinze[,] nas disputas mensais;

6. e[,] nas semanais[,] oito ou nove.

Como regra comum para o agir e para o ajuizamento da qualidade das teses avaliadas, na apresentação das posições pessoais a respeito de temas em abordagem,

---

50   Regra 7 das Responsabilidades do Prefeito de Estudos Superiores a respeito "dos atos de teologia" diz: "Lembre a seu tempo ao Superior, ouvidos os professores, designe os alunos que deverão defender teses de toda a teologia ou de uma parte dela; esta defesa será feita pelos que não obtiveram o biênio de revisão da teologia, no quarto ano do curso teológico, ou (se forem muito poucos os alunos do quarto ano) pelos do terceiro, mesmo onde os nossos escolásticos assistem as aulas de teologia em casa. Dar-se-á ao ato certa solenidade e convidar-se-ão pessoas de fora. Para as disputas gerais não é necessário que se admitam todos os que tomaram parte nas particulares, mas poderão escolher-se os de talento e habilidade. Quanto aos destinados ao biênio, poderão fazer as suas disputas durante o biênio, como se dirá adiante".

o estudante deveria expor seu entendimento em torno do conteúdo em apresentação, tendo como critério a consistência, somada à elegância[51].

Em síntese, a *Ratio Studiorum* continha regras claras a respeito da apresentação assim como do padrão de qualidade que deveria estar presente nas teses apresentadas pelos estudantes, decorrentes, no caso, dos estudos teológicos realizados.

d) Quanto aos exames no âmbito do Ensino Superior

A respeito dos cuidados e responsabilidades relativos aos exames no âmbito do Ensino Superior, eram variadas as regras que prescreviam suas possibilidades, assim como as responsabilidades das autoridades pedagógicas.

A Regra 19 relativa à autoridade do Prefeito de Estudos Superiores configura o modo como deveria agir essa autoridade no que se referia aos *exames ao final de três anos de estudos de Filosofia*, expressando que, no final dos "três anos do curso filosófico[,] realizem-se as disputas de toda a filosofia; para esses atos escolham-se poucos escolásticos, bem preparados, capazes de desempenhar-se com dignidade desta incumbência, isto é, aqueles que fizeram progressos superiores à mediania".

E, a Regra 20 da mesma autoridade acadêmica descreve com detalhes, o ritual do *Exame dos estudantes de Metafísica*, área de conhecimentos que aborda um campo dos estudos filosóficos[52].

Ainda, no que se refere aos exames no âmbito do Ensino Superior, os autores da *Ratio Studiorum* não deixaram de dar uma atenção específica aos estudantes internos da Companhia de Jesus, através da Regra 21 relativa à mesma autoridade intitulada *Exame dos alunos internos*. Essa Regra definia que, "quanto aos alunos internos, basta

---

51   Regra 15 das Responsabilidades do Prefeito de Estudos Superiores a respeito da "prova de teses pelo defendente", afirma: "Antes de começar a disputa, o defendente prove uma ou outra das teses, com brevidade, mas também com certa elegância, de conformidade, porém, com o uso teológico". Lembrar que o termo *defendente* se referia ao estudante que, no contexto do debate, deveria expor previamente seu ponto de vista e as justificativas para tanto, de tal forma que seus pares pudessem dialogar com ele sobre o tratamento dado ao tema abordado, assim como seu ponto de vista pessoal a respeito do mesmo.

52   Regra 20 Relativa ao Prefeito dos Estudos Superiores – *"Exame dos estudantes de metafísica.* Serão eles escolhidos por três ou mais examinadores. Entre estes deverá sempre se achar o Prefeito [de Estudos] e o próprio professor, aos quais o Reitor acrescentará um terceiro escolhido entre pessoas que se possam bem desincumbir do ofício. Com estes três deverão assistir ao exame, pelo menos, os dois outros professores, designados pelo Reitor, e que poderão por sua vez ser substituídos. Se isto não se puder fazer, escolha o Reitor outras pessoas competentes que, juntamente com os três examinadores, deem o seu voto por escrito, de modo que sejam cinco no mínimo os votos secretos. Sobre o exame deverão todos observar o mais rigoroso segredo".

que sejam examinados pelo seu Prefeito [de Estudos Superiores] e [por] dois repetidores de filosofia, ou, na falta destes, por dois dos melhores estudantes de teologia, escolhidos entre os nossos escolásticos pelo Prefeito Geral. Os que, porém, forem julgados idôneos por estes examinadores não se preparem para o ato público antes de ser[em] aprovados pelo próprio professor e pelo Prefeito geral".

Quando aos *exames públicos*, vale ainda citar a Regra 22 relativa ao próprio Prefeito de Estudos Superiores que especificava quais estudantes deveriam se apresentar ao *Exame público*. "Este exame, do qual, com rigor, não se deverá dispensar quase nenhum dos nossos estudantes e, se possível, também dos alunos internos, será público, se a isto se não oponha algum obstáculo, [e ocorrerá] do seguinte modo: se se tratar dos nossos, na presença de todos os nossos estudantes de filosofia; se dos alunos internos, na presença de todos os filósofos de seu colégio; se dos externos (que não deverão, porém, ser constrangidos a prestar este exame), na de todos os filósofos externos, ao menos de sua classe".

A respeito de quando e onde realizar os *exames do final do ano letivo*, a Regra 23 relativa ao Prefeito de Estudos Superiores determinava sua duração e forma, definindo que esses "exames começarão logo depois das férias de Páscoa, ou, mesmo antes, se o exigir o número de examinandos; processar-se-ão nos dias e na ordem que o Reitor, ouvidos o Prefeito [de Estudos Superiores] e o Professor, julgar mais conveniente. O exame de cada aluno durará, ao menos, uma hora, e estender-se-á sobre as matérias mais importantes, que, com antecedência e em segredo, aos examinadores, assinalará o Prefeito".

Na *Ratio Studiorum*, havia, pois, regras específicas para o acompanhamento e reorientação do estudante no decurso do ano letivo mediante apresentações e defesas de teses, em conformidade com a exposição anterior. E havia também regras para a realização dos exames escolares, que seriam utilizados como recursos de promoção entre um ano escolar e o outro no âmbito do Ensino Superior. Enfim, estavam prescritos variados momentos em que o estudante de Nível Superior passaria por experiências de avaliação de seu desempenho em função dos estudos já realizados ou em realização.

e) Cuidados necessários por parte do Prefeito de Estudos com o ensino no âmbito dos Cursos Superiores

A Regra 17 das Responsabilidades do Prefeito de Estudos Superiores estabelecia cuidados que essa autoridade pedagógica deveria ter no sentido de cumprir seu papel. Essa regra estava nominada pela expressão *Ouvir e observar os professores*, no decurso do

LIVRO I – AVALIAÇÃO DA APRENDIZAGEM ESCOLAR: DO PASSADO PARA O PRESENTE

ano letivo. Seu conteúdo estava expresso da seguinte forma: "De quando em quando, ao menos uma vez por mês, [o Prefeito de Estudos Superiores] assista às aulas dos professores; leia também, por vezes, os apontamentos dos alunos. Se observar ou ouvir de outrem alguma cousa que mereça advertência, uma vez averiguada, chame a atenção do professor com delicadeza e afabilidade, e, se for mister, leve tudo ao conhecimento do Reitor". Afinal, um cuidado para que as atividades de ensino corressem a contento, tanto cognitiva, afetiva, quanto eticamente.

f) Encerrando as proposições para a avaliação no Ensino Superior

Em síntese, a *Ratio Studiorum*, no que se refere ao Ensino Superior no âmbito da Companhia de Jesus, trazia regras explícitas para os dois exames iniciais, tendo em vista o ingresso e a permanência nos estudos de Filosofia, assim como para as atividades avaliativas ao longo da escolaridade e ainda para os exames regulares ao final de cada um dos anos de estudos acadêmicos. Com a abordagem acima, registra-se tanto o conceito como as modalidades de condutas avaliativas que estavam prescritas no Ordenamento dos Estudos para o Ensino Superior, no seio da educação jesuítica. Importa ter presente que as determinações estabelecidas para a avaliação da aprendizagem e para o acompanhamento dos estudantes ao longo de sua escolaridade no âmbito do Ensino Superior fundamentalmente estavam voltadas para os cuidados com uma aprendizagem eficiente por parte dos estudantes.

Vale, porém, observar que, no seio da compreensão e das proposições para os atos avaliativos definidos na *Ratio Studiorum*, anteriormente identificados, havia um dispositivo, entre as Regras relativas ao Prefeito de Estudos Superiores, que fugia da visão do uso dos resultados da investigação avaliativa a serviço de um ensino e de uma aprendizagem que fossem eficientes.

A quinta Regra relativa ao Prefeito de Estudos Superiores destoa das proposições de que *todos* devem aprender e, para tanto, o professor deveria trabalhar. Essa regra expressa o modo de agir que essa autoridade deveria ter junto aos professores no que se refere aos estudantes mais vagarosos em sua aprendizagem. Essa referência se encontra sob o título *Os Professores expliquem toda a matéria*, na qual se encontra a seguinte expressão: "Lembre a cada um dos professores de teologia, filosofia ou casuística, especialmente quando nota algum [estudante] mais retardatário, que deverá adiantar de tal modo a explicação que, cada ano, esgote a matéria que lhe foi assinada".

Estranha essa recomendação, uma vez que está voltada para afirmar a necessidade do cumprimento do programa acadêmico, ainda que existam retardatários no que se refere a aprendizagem. Enfim, vale notar que o Ordenamento dos

PARTE A – AVALIAÇÃO DA APRENDIZAGEM ESCOLAR NAS PEDAGOGIAS TRADICIONAIS

Estudos na Companhia de Jesus, que, no seu todo, propôs a eficiência do ensino com a consequente formação dos seus estudantes, estranhamente tenha registrado o princípio de que, em primeiro lugar, deve-se cumprir o programa de conteúdos[53].

É interessante observar que esse ditame passou a ser regra constante na educação nos países do Ocidente, atingindo em nosso país um modelo praticamente universal em nossas escolas; isto é, em primeiro lugar está o cumprimento do programa, diverso da compreensão: "em primeiro lugar, está a aprendizagem dos estudantes".

Mais uma observação: é interessante ter presente que, entre tantas outras recomendações para uma aprendizagem construtiva e satisfatória por parte dos estudantes contidas na *Ratio Studiorum*, essa foi a regra que permaneceu no dia a dia de nossas escolas; as outras, as proposições construtivas, vagarosamente, ao longo da história, foram sendo "esquecidas". Afinal, para o modelo da sociedade do capital, não importa que *todos* aprendam. E, infelizmente, nós educadores, de modo inconsciente, vagarosamente fomos assumindo esse ditame. Nesse contexto, vale reafimar que importa, sim, *que todos os nossos estudantes aprendam* adequadamente aquilo que ensinamos e se desenvolvam como seres humanos e como cidadãos.

3.2. Prescrições para avaliação da aprendizagem nas classes de Estudos Inferiores

No que se refere às Classes de Estudos Inferiores, os autores da *Ratio Studiorum* definiram com precisão e detalhe as normas que deveriam orientar as práticas pedagógicas relativas a esse nível de ensino, incluindo nesse contexto a avaliação da aprendizagem.

Importa sinalizar que no âmbito do ensino destinado a atender crianças e adolescentes, as determinações para a avaliação se encontram descritas entre as competências do Prefeito de Estudos desse nível de escolaridade, assim como entre as competências dos professores responsáveis pelas diversas disciplinas curriculares.

Nesse contexto, as prescrições estabelecidas que envolviam atos avaliativos atendiam aos seguintes campos de ação pedagógica: 1. selecionar candidatos para ingresso na escolaridade jesuítica; 2. acompanhar os estudantes durante o ano letivo; 3. cuidar da promoção de uma classe escolar para a outra mediante exames gerais.

---

53 Vale sinalizar que, em nossas escolas, hoje, repetimos essa preocupação com "cumprimento do programa", mesmo que os estudantes não aprendam aquilo que deveriam aprender. No cotidiano de nossas escolas, praticamos essa recomendação, de forma quase inconsciente, cinco séculos depois, sem nos atentarmos para a ineficácia dessa prática do ponto de vista da efetiva aprendizagem. Afinal, qual a utilidade de acelerar um programa de estudos sem que as aprendizagens estejam sendo efetivamente realizadas?

3.2.1. Prescrições para a seleção dos candidatos e admissão de estudantes em um Colégio Jesuítico

a) Quanto à presença de um adulto como condição para o acolhimento de um novo estudante e a respeito das suas condições financeiras

Para ser admitido nas Classes de Estudos Inferiores, havia, na *Ratio Studiorum*, a exigência de um processo seletivo que, antes de mais nada, implicava na presença do responsável pelo candidato junto às autoridades do Colégio; não havia exigências financeiras para que um estudante pudesse ingressar na escolaridade da instituição.

Em relação à presença de um adulto responsável como condição para a admissão de um novo estudante na vida escolar de um Colégio Jesuítico, estava definido que ele deveria estar acompanhado dos pais ou de pessoas responsáveis por ele; ou ser conhecido das autoridades do Colégio; ou, ainda, se possível e com facilidade, serem colhidas informações sobre ele junto a pessoas conhecidas. Enfim, o Colégio, para receber um novo estudante, exigia o testemunho de pessoas adultas que tivessem um conhecimento prévio do candidato e pudessem testemunhar sua origem, assim como suas qualidades.

Já quanto às condições financeiras do candidato, estava definido na *Ratio Studiorum* que "por pobre ou de condição modesta[,] ninguém deverá ser excluído" da possibilidade de ingressar na instituição escolar; ou seja, a condição financeira não era um critério a ser levado em conta na avaliação e na consequente autorização para ingresso de um jovem em uma instituição de ensino gerida pela Ordem dos Padres Jesuítas[54].

b) A respeito das habilidades cognitivas do candidato a serem levadas em conta no processo seletivo

Com relação ao domínio de conteúdos cognitivos e das respectivas habilidades, os candidatos a uma vaga nos Colégios Jesuíticos deveriam ser submetidos aos Exames de Admissão. Segundo a Regra 10 das Responsabilidades do Prefeito de Estudos das Classes de Estudos Inferiores, tais exames seriam seletivos e deveriam dar-se em conformidade com o seguinte ritual:

1. pergunte [aos candidatos] que estudos fizeram e até que ponto;

---

54 Na Regra 9 das Responsabilidades do Prefeito de Estudos das Classes de Estudos Inferiores, está definido: "Não receba, quanto possível, entre os alunos, quem não seja acompanhado pelos pais ou pessoas por eles responsáveis, ou quem não conheça pessoalmente ou sobre o qual não possa com facilidade colher informações de pessoas conhecidas. Por pobre ou de condição modesta[,] ninguém deverá ser excluído".

PARTE A – AVALIAÇÃO DA APRENDIZAGEM ESCOLAR NAS PEDAGOGIAS TRADICIONAIS

2. passe, em seguida, para cada um separadamente um trabalho escrito[55] sobre um assunto dado;

3. interrogue algumas regras das classes que estudaram;

4. proponha algumas frases ou para se verterem em latim, ou, se for mister, para se traduzirem[56] de algum autor clássico[57].

c) A respeito das condições gerais para a admissão do candidato

Com relação aos aspectos gerais a serem levados em conta nos procedimentos de seleção e admissão de um novo estudante em um Colégio Jesuítico, só deveriam ser admitidos os candidatos que manifestassem qualidades satisfatórias, tanto a respeito de aspectos pessoais de conduta, como também intelectuais. No caso, para a admissão de novos estudantes, segundo a Regra 11 das Responsabilidades do Prefeito de Estudos Inferiores, dever-se-ia ter presente os seguintes cuidados:

1. verificar [se] estão bem instruídos e [se] são de bons costumes e [de] boa índole;

2. dê-lhes a conhecer as regras dos nossos estudantes para que saibam como deverão [se] comportar;

3. aponte [anote] em livro especial o nome, o cognome, pátria, idade, pais ou responsáveis [de cada um];

4. se algum dos condiscípulos lhe[s] conhece [por] acaso;

5. e [a]note ainda o dia e ano em que foram admitidos;

6. por último, determine-lhe[s] a classe e o professor que lhe[s] convém"[58].

---

55   "Trabalho escrito" significa a redação de um texto.

56   "Verter", aqui, significa traduzir um texto escrito na língua pátria do estudante para o latim; e "traduzir" significa tomar um texto escrito, no caso em latim, e transformá-lo em um texto escrito na língua pátria do estudante.

57   A expressão "classes que estudaram" utilizada nessa Regra 10 das Responsabilidades do Prefeito de Estudos das Classes de Estudos Inferiores refere-se ao fato de que os Estudos Inferiores estavam divididos em "classes", que hoje denominamos de "séries escolares". As classes tinham a duração de um ano para cada uma. No âmbito dos "Estudos Inferiores", eram três classes de Gramática – por vezes, cinco –, somando-se a elas uma de Humanidades e uma de Retórica.

58   Regra 11 das Responsabilidades do Prefeito de Estudos Inferiores: "Os que verificar que estão bem instruídos e são de bons costumes e boa índole, admita; dê-lhes a conhecer as regras dos nossos estudantes para que saibam como se deverão comportar. Aponte em livro especial o nome, cognome, pátria, idade, pais ou responsáveis; se algum dos condiscípulos lhe conhece acaso; e note ainda o dia e ano em que foram admitidos. Por último, determine-lhe a classe e o professor que lhe convém, de modo que lhe pareça mais haver merecido uma classe mais elevada do que se achar abaixo daquela em que foi colocado".

d) A respeito da alocação do estudante selecionado em uma classe de escolaridade

Os estudantes admitidos, frente as suas qualidades, deveriam ser matriculados na classe e com o professor que lhes conviessem. Para tanto, o Prefeito de Estudos deveria alocar os novos estudantes em uma classe, na qual eles pudessem sentir que haviam sido matriculados em um nível de escolaridade mais elevado do que aquela que mereciam, em termos de seleção.

Essa prescrição tinha por base a compreensão de que os estudantes deveriam ser estimulados sempre pelo nível mais avançado de conhecimentos, de tal modo que deveriam esforçar-se para permanecer nele. Segundo essa visão, permanecer em uma classe, da qual já se detinha os conhecimentos, era um fator pouco estimulante para os estudos e para o consequente desenvolvimento do estudante. Importava, pois, haver circunstâncias novas que estimulassem o investimento nos estudos.

Com base nessa compreensão, havia também a possibilidade de promover estudantes, em qualquer época do ano, para a classe imediatamente superior àquela na qual se encontravam matriculados, caso demonstrassem, mediante exames, a capacidade de acompanhar proveitosamente os estudos mais avançados, evitando que permanecessem em uma classe anterior à medida que já poderiam estar matriculados em uma posterior[59]. Segundo essa compreensão, um estudante, desde que admitido no Colégio, não deveria permanecer aprisionado em uma determinada classe (nível de escolaridade), quando já poderia estar em outra mais adiantada em termos de estudos.

e) A respeito dos estudantes que não deveriam ser admitidos

A respeito daqueles que não deveriam ser admitidos nos Colégios administrados pela Ordem Religiosa estava prescrito na Regra 12 das Responsabilidades do Prefeito de Estudos das Classes Inferiores que "não se admiti[sse] rapazes já crescidos nem crianças muito novas, a menos que [fossem] notavelmente bem dotadas, mesmo se os pais os houvessem enviado para terem uma boa educação". Nessa prescrição, estavam presentes também os critérios tanto para a inclusão como para a exclusão de candidatos. No caso, seriam excluídos de admissão aos

---

59 Regra 13 das Responsabilidades do Prefeito de Estudos das Classes Inferiores.

PARTE A – AVALIAÇÃO DA APRENDIZAGEM ESCOLAR NAS PEDAGOGIAS TRADICIONAIS

Estudos das Classes Inferiores aqueles candidatos que já eram "crescidos" ou "os muito novos"; e, ainda, só deveriam ser admitidos "os bem dotados"[60].

Em síntese, quanto à avaliação dos candidatos para admissão em um Colégio Jesuítico, as prescrições da *Ratio Studiorum* propunham recursos subsidiários às decisões tanto a respeito da seleção como da efetiva admissão de novos estudantes às instituições escolares mantidas pela Ordem Religiosa. Claramente, nas situações acima expostas, o ato avaliativo emergia como subsidiário de decisões a favor dos objetivos que se tinha para a ação.

3.2.2. Prescrições para a avaliação da aprendizagem a serviço do acompanhamento do estudante nas Classes de Estudos Inferiores

Desde que admitido à vida escolar nas Classes de Estudos Inferiores em um Colégio Jesuítico, a avaliação da aprendizagem do estudante deveria dar-se de duas formas: *uma*, realizada pelo professor, mediante os exercícios cotidianos, que subsidiavam seu acompanhamento ao longo do ano letivo; *outra*, realizada por meio dos Exames Escolares, ao final de cada ano letivo, para sua promoção de uma classe para a outra. Enquanto o acompanhamento do estudante era responsabilidade do seu respectivo professor, os Exames eram de responsabilidade de uma Banca Examinadora constituída para realizá-los.

a) A respeito do acompanhamento do estudante durante o ano letivo nas Classes de Estudos Inferiores

A atividade de avaliação do rendimento escolar, subsidiária ao acompanhamento do estudante no decurso do ano letivo, estava prescrita de modo difuso e intermitente no texto da *Ratio Studiorum* relativo às Classes de Estudos Inferiores, em especial no detalhamento das atividades de exercitação, exigidas como recurso de ensino-aprendizagem.

Ao professor, nesse nível de ensino, não cabia aprovar ou reprovar os estudantes, em termos de promoção de uma classe para outra; tinha, sim, o dever de ensiná-los no percurso do ano letivo por meio das preleções, como também no tocante ao estudo dos conteúdos ensinados, através de exercícios de repetição, de debate, de

---

60   Regra 12 das Responsabilidades do Prefeito de Estudos das Classes Inferiores: *"Os que se não devem admitir*. Na última classe, de regra, não admita rapazes já crescidos nem crianças muito novas, a menos que sejam notavelmente bem dotados mesmo se os pais os houvessem enviado só para terem uma boa educação".

desafio, de lições públicas, de defesa de teses, cujo objetivo era garantir uma aprendizagem eficiente e satisfatória.

Presente na formação dos estudantes durante o ano letivo, o professor deveria estar ausente nos procedimentos dos Exames Escolares praticados por uma Banca de Exames, por uma única vez ao final de cada ano letivo, subsidiando a promoção de uma classe para a subsequente. O professor que havia acompanhado os estudantes durante o ano letivo não podia fazer parte da Banca de Exames.

Nos atos de ensinar e aprender, no âmbito das Classes de Estudos Inferiores, segundo a *Ratio Studiorum*, o professor deveria estar junto aos seus estudantes no decurso do ano letivo, uma vez que era o responsável por subsidiar sua aprendizagem. E, para tanto, nesse contexto, deveria verificar se, de fato, seus estudantes haviam estudado e aprendido os conteútos abordados em sala de aula, assim como tinha por responsabilidade corrigi-los e reorientá-los de imediato, no decurso das próprias aulas, se necessário.

Durante o ano letivo, o professor tinha por obrigação trabalhar com os estudantes sob sua responsabilidade para que efetivamente aprendessem as lições. Os resultados positivos obtidos nos Exames anuais eram de glória tanto para o professor quanto para os estudantes; afinal, um era responsável por ensinar e os outros por aprender.

Estava prescrito na *Ratio Studiorum* que o professor, durante o ano letivo, deveria ser uma presença permanente nos desafios e nas sabatinas[61]. Tanto as sabatinas, quanto os desafios, ofereciam ao professor condições para distinguir aqueles que haviam aprendido os conteúdos ensinados daqueles que não os haviam aprendido; assim como, também, subsidiavam decisões e oportunidades para corrigir (reorientar) aqueles que manifestassem fragilidades na apropriação dos conteúdos ensinados ou dificuldades em sua aprendizagem.

Tanto as *sabatinas* – que ocorriam aos sábados, conforme a denominação bem expressa –, como os exercícios diários em sala de aula eram oportunidades constantes que o professor tinha para proceder o acompanhamento e a formação dos estudantes no que se referia aos conteúdos escolares ensinados, cujo objetivo era proporcionar-lhes a aquisição de informações, a formação de habilidades, assim como a formação ética e religiosa.

---

61   As sabatinas eram práticas pedagógicas realizadas junto aos estudantes mediante aguições orais ou escritas que ocorriam aos sábados, decorrendo desse fato a denominação de *sabatina*. Hoje, a denominação "sabatina" está em desuso, porém, quando utilizada, refere-se, de modo genérico, às práticas avaliativas escolares.

As repetições e exercitações cotidianas subsidiavam ativamente os estudantes em sua aprendizagem como, ao mesmo tempo, subsidiavam o professor a ter ciência da qualidade da aprendizagem dos escolásticos, fator que permitia tomar decisões relativas à sua reorientação, se necessária.

b) A respeito da Pauta do Professor

Para garantir o acompanhamento dos estudantes durante o ano letivo, estava definido na *Ratio Studiorum* que o professor, nesse nível de escolaridade, deveria manter uma Pauta (Caderneta), na qual registraria os resultados individuais obtidos por cada estudante nas diversas atividades de ensino durante o ano letivo; uma prática que tinha por objetivo subsidiar constantemente decisões do professor em sua prática de ensinar com a melhor qualidade possível[62].

Nas prescrições da *Ratio Studiorum*, a Pauta do Professor tinha duas funções: de um lado, registrar e reter a memória da vida escolar do estudante em termos de sua aprendizagem na classe na qual se encontrava matriculado e, desse modo, poder acompanhá-lo em sua trajetória de estudos; e, de outro, expor sua situação aos membros da Banca de Exames Gerais, que ocorriam por uma única vez no decurso do ano letivo no período imediatamente anterior à Páscoa, final do ano escolar na Europa.

O uso da Pauta do Professor revela que, na Pedagogia Jesuítica, estava prescrito um cuidado constante com a aprendizagem dos estudantes que se encontravam matriculados nas variadas classes [hoje, séries escolares], fator que os preparava para os Exames Gerais. Importa, pois, ficarmos cientes de que nessa Pauta registravam-se os atos avaliativos e o uso dos seus resultados nos procedimentos de ensino, inclusive como base para um dos procedimentos de promoção entre os níveis de escolaridade, ou seja, o uso diagnóstico dos resultados da investigação avaliativa para, de um lado, garantir a aprendizagem satisfatória dos estudantes e, de outro, subsidiar os procedimentos de sua promoção de uma classe para outra[63].

---

62   Regra 38, comum a todos os professores das Classes de Estudos Inferiores, define: "No começo do ano, entregue ao Prefeito [de Estudos] uma pauta [Caderneta] dos alunos, dispostos em ordem alfabética; no decorrer do ano, seja ela revista para que se introduzam as modificações necessárias; e, com especial cuidado, um pouco antes do exame geral. Nesta pauta, classifique os alunos em categorias, a saber, ótimos, bons, medíocres, duvidosos, insuficientes (para repetir o ano) etc.; categorias que se poderão indicar através do números 1, 2, 3, 4, 5, 6".

63   A respeito dos usos dos resultados das práticas avaliativas escolares, o leitor poderá ver essa temática, de modo aprofundado, no livro de minha autoria, *Avaliação em educação: questões epistemológicas e práticas*, Cortez Editora, São Paulo, 2018, de modo especial nos capítulos 1, 2 e 7.

LIVRO I – AVALIAÇÃO DA APRENDIZAGEM ESCOLAR: DO PASSADO PARA O PRESENTE

Essa proposição do acompanhamento dos estudantes durante o ano letivo - objetivando garantir sua aprendizagem de tal forma que pudessem se submeter aos Exames Gerais com a possibilidade de sucesso – revela o cuidado que o professor deveria ter, no decurso das atividades letivas, com os estudantes matriculados e frequentando o Sistema de Ensino, visando seu sucesso em termos de aprendizagem satisfatória.

No caso, compreendia-se que o sucesso do estudante nos Exames Gerais, praticados ao final de cada ano letivo para promovê-lo de uma classe de estudos para a subsequente, dependia do investimento do Sistema de Ensino em sua aprendizagem no decurso o ano letivo. Em síntese, tanto a necessidade como a responsabilidade desse investimento, conjuntamente, estavam expressas na *Ratio Studiorum*, na exigência do uso da Pauta do Professor, na qual se deveria registrar o andamento de cada estudante no cotidiano de sua vida escolar.

3.2.3. Prescrições para os exames gerais a serviço da promoção do estudante entre as Classes dos Estudos Inferiores

Ao lado das prescrições estabelecidas para orientar o investimento na aprendizagem do estudante no decurso do ano letivo, tendo como base os resultados obtidos em decorrência do uso dos procedimentos avaliativos descritos no tópico anterior, a *Ratio Studiorum* prescreveu também a submissão dos estudantes aos Exames Gerais, realizados por uma única vez ao final de cada ano letivo, para sua promoção entre as classes (séries) escolares.

A responsabilidade de julgar se o estudante deveria ser promovido para uma classe subsequente, no âmbito das Classes de Estudos Inferiores, era responsabilidade atribuída à uma Banca Examinadora constituída por três componentes, sendo um deles o próprio Prefeito de Estudos das Classes Inferiores do Colégio no qual o estudante estava matriculado, e mais dois examinadores nomeados pelo Reitor do Colégio, em combinação com o próprio Prefeito de Estudos, entre pessoas "versadas nas boas letras e, possivelmente, não professores". Caso fossem muitos os estudantes a serem examinados, poder-se-ia constituir várias Bancas ternárias[64].

A expressão "possivelmente não professores", na definição dos componenes da Banca de Exames, parece indicar que, além do Prefeito de Estudos do próprio Colégio, os outros dois membros seriam professores *de outro Colégio*, diverso daquele no qual estava matriculado o estudante examinado, ou seja, esses "dois outros membros" da Banca de Exames seriam *professores* originários de outro ou de outros Colégios.

---

64 Regra 18 das Responsabilidades do Prefeito dos Estudos Inferiores.

PARTE A – AVALIAÇÃO DA APRENDIZAGEM ESCOLAR NAS PEDAGOGIAS TRADICIONAIS

Na atividade de julgar a qualidade das aprendizagens dos estudantes ao final do ano letivo, considerando sua promoção à classe subsequente, a Banca de Exames deveria levar em conta três elementos: os registros efetuados na Pauta do Professor a respeito do estudante que estava sendo avaliado; e suas provas escrita e oral, ambas realizadas sob a responsabilidade da própria Banca de Exames.

a) As prescrições para a administração da prova escrita

Em torno da realização das provas escritas, havia um título inteiro na *Ratio Studiorum* com prescrições específicas para sua administração. Estava definido, então:

1. *quanto à forma das provas*, recomendava-se que elas fossem "adaptada[s] ao nível de cada classe, escrita com clareza, de acordo com as palavras do ditado e de acordo com o modo prescrito"[65].

2. *quanto à administração das provas escritas*, estavam estabelecidas as seguintes recomendações:

a) todos os estudantes deveriam estar presentes, a não ser que um motivo grave justificasse sua ausência[66];

b) todos deveriam chegar e sair da sala de aula no horário previamente estabelecido[67];

c) a nenhum estudante era permitido ultrapassar o horário preestabelecido. A norma dizia: "se alguém não terminar a prova no tempo previsto, entregue o que escreveu. Convém, por isto, que todos saibam exatamente o tempo que lhes é dado para escrever, para copiar e para rever"[68];

d) após o sinal para o início da prova não era permitida a conversa, pois que dizia a Regra: "dado o sinal de silêncio, a ninguém será permitido falar com os outros nem mesmo com o Prefeito [de Estudos] ou com quem o substituir"[69];

e) cada estudante deveria trazer para a sala aquilo que viria necessitar para responder a prova, tais como livros e tudo que fosse "necessário para escrever, a fim de que não seja necessário pedir cousa alguma a quem quer que seja durante a prova"[70];

---

65   Regra 4 das Normas para Provas Escritas.

66   Regra 1 das Normas para Provas Escritas.

67   Regra 2 das Normas para Provas Escritas.

68   Regra 10 das Normas para Provas Escritas.

69   Regra 2 das Normas para Provas Escritas.

70   Regra 3 das Normas para Provas Escritas.

LIVRO I – AVALIAÇÃO DA APRENDIZAGEM ESCOLAR: DO PASSADO PARA O PRESENTE

f) dever-se-ia tomar cuidado com os estudantes que se sentassem juntos, desde que, segundo a prescrição: "se, por ventura, duas composições se apresentarem semelhantes ou idênticas, tenham-se ambas como suspeitas por não ser possível averiguar qual o que copiou do outro"[71].

g) no caso de algum estudante necessitar, por força maior, sair da sala de aula onde estiver ocorrendo a aplicação da prova, para evitar fraudes, deverá deixar "tudo o que escreveu com o Prefeito [de Estudos] ou com quem no momento estiver encarregado da aula"[72];

h) cada estudante deverá ter cuidado com sua prova até que a mesma seja entregue ao Prefeito de Estudos, presente à sala onde a mesma estiver ocorrendo;

i) feita a entrega da prova, o estudante não poderá mais modificá-la. A respeito disso, na Regra 7, relativa às Provas Escritas, está definido: "Terminada a composição, poderá cada um, em seu lugar, rever, corrigir e aperfeiçoar, quanto quiser, o que escreveu; porque, uma vez entregue a prova ao Prefeito [de Estudos], se, depois, quiser fazer alguma correção, já não lhe poderá mais ser restituída";

j) prescrevia-se que o estudante saísse imediatamente do local após ter realizado a entrega de sua prova, levando todos os seus pertences. O estudante não podia nem mesmo voltar ao seu lugar para tomar objetos pessoais, por isso, ao levantar-se, deveria levá-los consigo. Sobre isso diz o texto da *Ratio Studiorum* na Regra 9 a respeito das Provas Escritas: "os que se aproximarem do Prefeito [de Estudos], para entregar a prova, levem consigo os próprios livros, a fim de que, uma vez entregue, se retirem logo da sala de aula em silêncio";

k) os estudantes que continuassem na sala de aula fazendo sua prova, enquanto outros tivessem saído, deveriam permanecer sentados em seus respectivos lugares. O texto da Regra 9 relativa às Provas Escritas completava essa determinação definindo que, "enquanto saem alguns, não mudem os outros de lugar, mas terminem a composição onde começaram".

Desse modo, a *Ratio Studiorum* definiu um ritual para a realização das provas escritas, no qual estavam definidas as regras que deveriam ser obedecidas por todos, educadores e estudantes, e em todos os Colégios implantados nos mais variados espaços geográficos do mundo, sempre sob a vigilância da autoridade, que deveria intervir caso as prescrições não estivessem sendo cumpridas.

---

71   Regra 5 das Normas para Provas Escritas.

72   Regra 6 das Normas para Provas Escritas.

PARTE A – AVALIAÇÃO DA APRENDIZAGEM ESCOLAR NAS PEDAGOGIAS TRADICIONAIS

Como podemos observar, várias das prescrições a respeito da administração das Provas Escritas tinham a ver com a coibição de possíveis fraudes; intenção esta que estava baseada na compreensão de que os Exames Gerais eram oportunidades para os estudantes demonstrarem aquilo que aprenderam e, em consequência, obterem uma aprovação em função dos efetivos conhecimentos e habilidades adquiridos. Frente a isso, segundo a compreensão dos autores do Ordenamento dos Estudos no âmbito dos Colégios Jesuíticos, haveria que se ter um efetivo controle em torno da conduta dos estudantes no decurso da realização das provas, tendo em vista garantir que cada um pudesse revelar aquilo que efetivamente aprendera.

b) Os conteúdos a serem levados em conta na prova escrita e sobre a decisão de promoção do estudante

Os exames escritos tinham, como base e abrangência, os mesmos conteúdos trabalhados durante o ano letivo. Entre as regras para a realização desses Exames, estava prescrito que:

1. a prova escrita deveria compor-se de uma ou duas atividades de prosa[73];

2. no caso das Classes de Gramática e de Humanidades, deveria também ser incluída uma atividade de poesia; e ainda, após um intervalo, poder-se-ia submeter o estudante a uma prova de grego[74].

3. os conteúdos das provas deveriam ser anunciados aos estudantes dois ou três dias antes da data do exame[75];

4. a realização das provas escritas deveria ser presidida pelo próprio Prefeito de Estudos ou por um substituto seu por ele mesmo designado[76];

5. o professor, que acompanhara o estudante durante o ano letivo, deveria ficar ausente dos procedimentos relativos aos Exames Gerais, como já sinalizamos anteriormente;

6. as provas escritas, após serem respondidas pelos estudantes, deveriam ser organizadas segundo a ordem alfabética dos respectivos nomes e guardadas

---

73   Regra 14 das Responsabilidades do Prefeito de Estudos das Classes Inferiores.

74   Regra 14 das Responsabilidades do Prefeito de Estudos das Classes Inferiores. "*Exame escrito*: Para o exame em todas as classes haja um, ou se for mister, dois trabalhos de prosa; na classe superior de Gramática e na de Humanidades[,] também um de poesia, e, se parecer melhor, após intervalo de alguns dias, uma prova de grego".

75   Regra 15 das Responsabilidades do Prefeito de Estudos das Classes Inferiores.

76   Regra 16 das Responsabilidades do Prefeito de Estudos das Classes Inferiores.

LIVRO I – AVALIAÇÃO DA APRENDIZAGEM ESCOLAR: DO PASSADO PARA O PRESENTE

pelo Prefeito de Estudos, para que, posteriormente, fossem encaminhadas aos membros da Banca Examinadora que deveriam corrigi-las, anotando os erros à margem[77];

A decisão sobre a promoção do estudante adviria do consenso entre os membros da Banca de Exames, desde que a decisão seria tomada "por maioria dos três sufrágios"[78], ou seja, pela totalidade dos votos possíveis, no caso, do Prefeito de Estudos e dos dois outros professores componentes da Banca.

c) A respeito dos exames orais

Para os Exames Orais, os rigores prescritos não eram menores que os indicados para as provas escritas.

Quando se apresentassem para o Exame Oral, os estudantes deveriam levar consigo os livros estudados durante o ano letivo, a respeito dos quais seriam interrogados. Enquanto um estudante fosse examinado, os demais deveriam prestar atenção e não deveriam, de forma alguma, fazer sinais ao colega que se encontrava em procedimento de exame, nem deveriam corrigi-lo, a menos que fossem solicitados pelas autoridades presentes na Banca de Exames[79].

Após a correção da prova escrita, os escolásticos, em grupos de três, ou mais, apresentavam-se diante da Banca de Exames para os procedimentos da prova oral[80], quando os examinadores, antes de estabelecer uma interlocução com cada um dos estudantes, tinham por obrigação tomar conhecimento da sua vida escolar pregressa, mediante a Pauta do Professor[81]. Exigia-se da Banca de Exames cuidados no manuseio das informações sobre a vida do estudante, de tal forma que, considerando necessário, os membros da Banca de Exames deveriam recorrer não só à Pauta do Professor mais recente, mas também, se necessário, àquelas de anos letivos anteriores.

O ritual operacional do Exame Oral, definido na *Ratio Studiorum*, deveria dar-se da seguinte forma:

1. leitura da própria composição – cada estudante deveria ler "uma parte de sua composição";

---

77   Regra 17 das Responsabilidades do Prefeito de Estudos das Classes Inferiores

78   Regra 1 das Responsabilidades do Prefeito de Estudos das Classes Inferiores.

79   Regra 11 das Normas para Provas Escritas.

80   Regra 19 das Responsabilidades do Prefeito de Estudos das Classes Inferiores.

81   Regra 20 das Responsabilidades do Prefeito de Estudos das Classes Inferiores.

PARTE A – AVALIAÇÃO DA APRENDIZAGEM ESCOLAR NAS PEDAGOGIAS TRADICIONAIS

2. identificação dos erros e sua correção; no caso, se a Banca de Exames julgasse conveniente, deveria ordenar ao estudante corrigir os erros, "dando a razão de cada um [deles] e indicando a regra violada";

3. no caso dos Gramáticos, a Banca de Exames deveria propor, ainda, a "versão imediata para o latim de um trecho vernáculo";

4. a todos, definiu a *Ratio Studiorum,* que "se interroguem as regras e outros assuntos estudados nas classes respectivas";

5. por último, "se for necessário, exija-se uma explicação breve de um trecho dos livros explanados em aula"[82].

Os votos finais de aprovação, ou não, do estudante deveriam ser atribuídos e registrados imediatamente após a realização da prova oral, "quando est[aria] fresca ainda na memória dos examinadores" a qualidade do desempenho de cada estudante nas arguições, levando-se em conta três elementos: "a composição escrita, a nota do professor, e a prova oral"[83].

No momento imediatamente anterior ao Exame Oral de cada um dos estudantes, a Banca Examinadora deveria tomar ciência de como fora o seu desempenho no decurso do ano letivo que estava findando, dai a prescrição de se levar em conta os registros contidos na Pauta do Professor relativa a turma de estudantes, da qual o examinando fazia parte[84].

A exigência do uso da Pauta do Professor, no âmbito dos procedimentos dos Exames Gerais, revela que o professor, ainda que não fosse um dos membros da Banca de Exames no final do ano letivo, era o responsável por acompanhar o estudante no decurso do período de seu aprendizado, avaliando, reorientando e registrando seu desempenho na aprendizagem; registro que, obrigatoriamente, deveria ser levado em consideração pelos membros da Banca Examinadora por ocasião dos exames probatórios do final do ano letivo. No caso, o professor tinha uma participação indireta nos procedimentos de promoção do estudante, pois era o responsável pelo seu ensino e por sua aprendizagem no decurso do ano letivo; contudo, em última instância, o direito de promovê-lo pertencia à autoridade hierarquicamente constituída, que delegava esse poder à Banca dos Exames.

---

82   Regra 21 das Responsabilidades do Prefeito de Estudos das Classes Inferiores.

83   Regra 22 das Responsabilidades do Prefeito de Estudos das Classes Inferiores.

84   A Regra 20 das Responsabilidades do Prefeito de Estudos das Classes Inferiores diz: "Os examinadores, antes de tudo, percorram a Pauta do Professor e nela verifiquem as notas atribuídas a cada aluno que se aproxima do exame (oral) e, se for mister, compare com as pautas anteriores do mesmo aluno para que melhor se veja o progresso que cada qual fez ou poderá fazer".

LIVRO I – AVALIAÇÃO DA APRENDIZAGEM ESCOLAR: DO PASSADO PARA O PRESENTE

d) A respeito das menções atribuídas aos estudantes

Frente à qualidade da aprendizagem dos estudantes, identificada pela Pauta do Professor e pelos Exames escritos e orais, havia três possibilidades para classificá-los: os bons, os medianos e os ineptos [inaptos]. A respeito dos estudantes considerados "bons", a *Ratio Studiorum* não registrou comentários; eles seriam usualmente promovidos.

Porém, a respeito a respeito dos considerados "medianos" e a respeito dos considerados "ineptos" [inaptos], ela continha prescrições específicas. A decisão a respeito dos "medianos" exigia cuidados. Havia as seguintes possibilidades para aqueles considerados medianos:

1. necessidade do acompanhamento da vida escolar do estudante por mais um tempo. A respeito disso, prescrevia a *Ratio Studiorum*: "examine o Prefeito os trabalhos escritos (do aluno), cada dia, durante alguns períodos de tempo";
2. necessidade de novos exames. Nas prescrições da *Ratio Studiorum* a esse respeito estava registrado: "consulte os mesmos examinadores, se convém submetê-los a novas provas escritas e orais";
3. necessidade de considerar outros elementos, caso permanecesse a dúvida. Na expressão da *Ratio Studiorum*: "tenha-se ainda presente a idade, o tempo passado na mesma classe, o talento e a aplicação". Essa prescrição propunha a promoção do estudante independente das qualidades admitidas como necessárias[85].

Essas considerações sobre os medianos mostram que a reprovação no seio da Pedagogia Jesuítica não era imediata no caso de um estudante receber conceito "mediano". Havia, nessa situação, um cuidado que deveria ser posto em prática para possibilitar o aproveitamento dos estudos realizados pelo jovem estudante. Antes de uma decisão final, era preciso dirimir as dúvidas possíveis. Nesse ponto, parece que as prescrições da *Ratio Studiorum* foram guiadas pelo princípio do Direito Romano, que afirma: *In dubio pro reo* (na dúvida, a favor do réu). Afinal, na dúvida – expressa pelo conceito médio –, seriam necessários cuidados redobrados nos julgamentos e consequentes decisões; ou seja, um cuidado com o estudante em si.

---

85 Segundo a Regra 23 das Responsabilidades do Prefeito de Estudos das Classes Inferiores: *"Sobre os duvidosos.* Para decidir acerca dos alunos duvidosos, examine o Prefeito os trabalhos escritos, cada dia, durante alguns períodos de tempo, consulte os mesmos examinadores se convém submetê-los a novas provas escritas e orais. Em casos de dúvida tenha-se ainda presente a idade, o tempo passado na mesma classe, o talento e aplicação".

PARTE A – AVALIAÇÃO DA APRENDIZAGEM ESCOLAR NAS PEDAGOGIAS TRADICIONAIS

Sobre os estudantes que fossem considerados com aproveitamento insatisfatório[86], a *Ratio Studiorum* previu três possibilidades ajustadas às condições e ao modo de compreender da época:

1. reprovação imediata. A respeito disso, dizia o texto: "se se verificar que alguém é de todo [...] [inapto] para ser promovido, não se atendam a pedidos".

2. aprovação com condições. Segundo os termos da *Ratio Studiorum*: "se alguém for apenas apto, mas por causa da idade, do tempo passado na mesma classe ou por outro motivo, se julgar que deve ser promovido, promova-se com a condição, se nada a isto se opuser, de que, no caso em que a sua aplicação [aos estudos] não corresponda às exigências do mestre, seja de novo enviado à classe inferior e o seu nome não deverá ser incluído na Pauta do Professor".

3. eliminação do Colégio: "Se alguns, finalmente, forem [considerados tão inaptos] que não possam decentemente ser promovidos e deles nenhum aproveitamento se possa esperar na própria classe, entenda-se com o Reitor para que, avisados delicadamente os pais ou tutores, não continuem inutilmente no Colégio".

e) A respeito da comunicação dos resultados e da premiação

Os resultados finais relativos ao ano letivo deveriam ser comunicados de forma pública em cada turma ou para todos os estudantes do Colégio, reunidos ao mesmo tempo. Até esse momento, os resultados estabelecidos pela Banca de Exames deveriam permanecer em segredo, menos para o professor responsável pela turma de estudantes e menos para o registro na Pauta do Professor, documento no qual se registrava a vida escolar do estudante no decurso do ano letivo.

Um estudante que obtivesse classificação nos primeiros lugares de sua turma deveria ter seu desempenho premiado e anunciado publicamente em momento assumido como apropriado para esse fato. Essa premiação e a respectiva publicidade, segundo a visão dos autores da *Ratio Studiorum*, serviriam de estímulo tanto para o próprio estudante, como para os seus colegas. A respeito dessa situação, na Regra 26 das Responsabilidades do Prefeito das Classes de Estudos Inferiores[87], estava definido que a

---

86 Na tradução da *Ratio Studiorum*, para adjetivar estudantes com aprendizagem insatisfatória, foi utilizado o termo "inepto", expressão que não tem lugar nos dias atuais; hoje, usamos simplesmente o termo "reprovado".

87 Regra 26 das Responsabilidades do Prefeito de estudos das Classes Inferiores: "*Promulgação*. A lista dos promovidos deverá ser lida publicamente ou em cada classe, ou, numa só sala, a todos reunidos. Os que muito se distinguiram, entre os colegas, leia-se em primeiro lugar como uma honra, na leitura dos outros, observe-se a ordem alfabética ou a promoção".

LIVRO I – AVALIAÇÃO DA APRENDIZAGEM ESCOLAR: DO PASSADO PARA O PRESENTE

lista dos promovidos deveria ser lida publicamente diante de uma classe reunida, ou, no decurso de uma aula.

A respeito da publicidade relativa à obtenção dos primeiros lugares no desempenho escolar, o documento dizia: "Aqueles que muito se distinguiram, entre os colegas, leiam-se em primeiro[,] como lugar de uma honra; na leitura dos outros, observe-se a ordem alfabética ou a de promoção"

3.3. Concluindo sobre avaliação da aprendizagem na *Ratio Studiorum*

A Pedagogia Jesuítica, formulada entre os inícios da criação da Sociedade de Jesus, em 1534, e a publicação da *Ratio Studiorum*, em 1599, estabeleceu, entre suas prescrições pedagógicas, o modo como deveria ser praticada a avaliação da aprendizagem tanto no Ensino Superior como no Ensino das Classes Inferiores. Tanto em uma como em outra instância de ensino, foram prescritas condutas a serem praticadas, de um lado, para o acompanhamento e reorientação da aprendizagem dos estudantes, e, de outro lado, para sua aprovação ou reprovação, tendo por base a qualidade identificada em seu desempenho somando os resultados dos exames escolares probatórios, praticados ao final dos anos letivos, com os resultados obtidos ao longo do ano escolar, registrados na Pauta do Professor. No estudo realizado até essa altura do presente capítulo, o leitor encontra um mapa relativo ao modo de agir prescrito para a prática da avaliação da aprendizagem no âmbito dos Colégios Jesuíticos, implantados em variadas localidades do mundo.

Os encaminhamentos do processo de qualificação dos méritos do estudante, assim como sua promoção ou reprovação na passagem entre as classes, anteriormente descritas, traduzem coerentemente tanto a concepção quanto a prática pedagógica jesuíticas, expostas ou sinalizadas na *Ratio Studiorum*, como veremos a seguir, inserindo as determinações relativas às práticas avaliativas prescritas no contexto da Proposta Pedagógica assumida como válida.

4. Concepção pedagógico-didática jesuítica como contexto às prescrições para a avaliação da aprendizagem escolar anteriormente expostas

Os procedimentos avaliativos prescritos na *Ratio Studiorum* tornam-se mais compreensíveis quando articulados com a proposta pedagógica e com as práticas didáticas estabelecidas para as atividades de ensino em seus Colégios. As orientações

PARTE A – AVALIAÇÃO DA APRENDIZAGEM ESCOLAR NAS PEDAGOGIAS TRADICIONAIS

para a avaliação da aprendizagem – conteúdo que nos interessa diretamente neste estudo – respondiam à concepção pedagógica e à proposta didática no contexto da prática educativa acadêmica e escolar formulada pelos padres jesuítas no decurso da segunda metade do século XVI e tornadas públicas em 1599. A *Ratio Studiorum*, como já explicitado anteriormente, tinha como destino orientar a prática do ensino em todos os Colégios mantidos pela Ordem Religiosa nas mais variadas regiões geográficas do mundo.

Esse documento continha as propostas pedagógico-didáticas que os jesuítas formularam e praticaram tanto no período da emergência da Ordem Religiosa como ao longo do tempo. Os atos avaliativos propostos e praticados visavam subsidiar um ensino eficiente frente ao entendimento de que a educação escolar era um recurso mediador fundamental para o assentamento e para a expansão da fé católica na vida social, uma vez que esse objetivo fazia parte dos propósitos da Ordem Religiosa desde seu início.

A Pedagogia Jesuítica, exposta no seu Ordenamento dos Estudos, tinha suas bases na doutrina católica do final da Idade Média[88] e do alvorecer da Idade Moderna, como já sinalizamos anteriormente. Uma concepção pedagógica articulada com o modelo católico de compreensão do ser humano, da vida e, consequentemente, da educação.

A *Ratio Studiorum,* em suas proposições para a prática do ensino e, nesse contexto, para a prática da avaliação da aprendizagem, traduziu coerentemente a concepção pedagógica assumida como válida no seio da Ordem Religiosa. Daí, valer a pena compreender a proposta pedagógica e didática jesuítica como pano de fundo para suas proposições para a avaliação da aprendizagem como recurso subsidiário das ações educativas, postas em prática nos seus Colégios.

No que se segue, neste capítulo, vamos nos dedicar a expor a configuração da Pedagogia Jesuítica que oferece base para as práticas avaliativas apresentadas anteriormente. Veremos que há um intercâmbio entre as prescrições para a prática do ensino e as prescrições para prática da avaliação da aprendizagem; afinal, prática do ensino e avaliação da aprendizagem são atos pedagógicos articulados, o segundo a serviço do primeiro.

---

88   De fato, a Pedagogia Jesuítica se assentava na doutrina teológica católica do final da Idade Média e início da Modernidade. Importa estarmos cientes de que a Igreja Católica, no período, era portadora de uma concepção religiosa constituída ao longo do tempo através de suas formulações doutrinárias assumidas sob a ótica de dogmas e, pois, invioláveis.

LIVRO I – AVALIAÇÃO DA APRENDIZAGEM ESCOLAR: DO PASSADO PARA O PRESENTE

4.1. A Pedagogia Jesuítica

4.1.1. Base católica da proposta pedagógica contida na *Ratio Studiorum*

A *Ratio Sudiorum* estabeleceu um ordenamento normativo para a ação pedagógica nas instituições escolares implantadas e geridas pela Ordem Religiosa jesuítica nos mais variados espaços geográficos do mundo, assim como ao longo do tempo. Nas entrelinhas do documento básico da educação jesuítica, aparentemente só normativo, podemos, como já sinalizamos na Introdução deste capítulo, identificar uma proposta pedagógica, como também podemos identificar o currículo e os recursos didáticos para a prática do ensino. Princípios pedagógicos, currículo e recursos didáticos – utilizados nas Instituições educativas criadas e administradas pela Ordem – com os quais estão comprometidas as definições e orientações para o exercício da avaliação da aprendizagem escolar.

A compreensão pedagógica jesuítica estava difusa nas definições doutrinárias eclesiásticas católicas do século XVI, ainda vinculadas à experiência medieval, como também, de modo somativo, às definições teológicas e administrativas católicas estabelecidas no decurso do Concílio de Trento, ocorrido entre os anos de 1545 a 1563.

Nesse contexto, os autores da *Ratio Studiorum* não sentiram necessidade de explicitar o ideário pedagógico norteador da prática de ensino a ser realizada pelos membros da Companhia de Jesus, fator que conduziu a elaboração desse documento contendo, de modo exclusivo, como já sinalizamos anteriormente, um conjunto de orientações práticas para o cotidiano educativo e do ensino em suas instituições escolares.

Tanto os Reitores dos Colégios criados a partir de meados do século XVI, como também sua equipe pedagógica e administrativa, careciam de normas práticas que orientassem sua ação cotidiana como um "modo de fazer as coisas", já que a teoria pedagógica a ser seguida, por si, era consensual e expressa pela doutrina católica já estabelecida, assim como sistematizada ou ressistematizada no decurso do Concílio de Trento[89]. Esse evento – ocorrido após a Reforma Protestante, iniciada em 1517, com a publicação das *95 Teses*, de autoria de Martinho Lutero que questionava as indulgências – teve por objetivo um alinhamento doutrinário da Igreja Católica, incluindo dogmas, práticas religiosas e a educação cristã.

---

89   O Concílio de Trento deu-se entre 1545 e 1563, em três sessões ou três períodos, o primeiro deles entre 1545 e 1548, o segundo entre 1551 e 1552 e o terceiro entre 1562 e 1563.

PARTE A – AVALIAÇÃO DA APRENDIZAGEM ESCOLAR NAS PEDAGOGIAS TRADICIONAIS

Importa sinalizar que as definições estabelecidas no Concílio de Trento praticamente tiveram vigência, sem reformulação em suas definições essenciais, até nossos dias, desde que, após esse Concílio, só tivemos os Concílios Vaticano I (1869-1870), que debruçou-se com exclusividade sobre a questão da "infalibilidade papal", e o Vaticano II (1962-1965), que trouxe inúmeras renovações teológicas e administrativas para a Igreja Católica[90]. A *Ratio Studiorum*, do ponto de vista do seu contexto religioso católico, nasceu sob a égide das doutrinas do Concílio de Trento.

Esses dados históricos mostram que o pano de fundo filosófico e pedagógico necessário para a normatização contida na *Ratio Studiorum* estava comprometido com a doutrina católica vigente à época de sua elaboração. Em função desse fato, os autores do documento definidor da Pedagogia Jesuítica sentiram-se livres para dedicar-se com exclusividade à normatização dos modos de agir nas atividades de ensino no âmbito da Companhia de Jesus. Verificando as permissões e as proibições presentes na *Ratio Studiorum*, podemos desvendar a concepção teórica que sustentou sua elaboração e sua promulgação.

O padre Leonel Franca, no seu livro *O método pedagógico dos jesuítas*, deixou explícito que a *Ratio Studiorum* não continha uma proposta pedagógica, mas sim um ordenamento prático para o ensino. A respeito dessa característica do documento que configurou a ação pedagógica a ser praticada pelos jesuítas em suas variadas e múltiplas escolas implantadas no mundo conhecido, o autor afirmou que "para quem, pela primeira vez, se põe em rápido contato com a *Ratio [Studiorum]*, a expressão espontânea é quase a de uma decepção. Em vez de um tratado bem sistematizado de pedagogia, que talvez esperava, depara[-se] com uma coleção de regras positivas e uma série de prescrições práticas e minuciosas"[91].

Porém, nesse mesmo livro, frente à ausência de uma proposta pedagógica explícita na *Ratio Studiorum*, Leonel Franca reconheceu que o documento *supunha* uma pedagogia, que estava difusa nos ensinamentos da Igreja Católica sobre o ser humano, a sociedade, a vida moral, a vida religiosa e a educação.

Pierre Mesnard, citado por Jean Chateau no livro *Os Grandes Pedagogistas*, a respeito da característica prática da *Ratio Studiorum*, confirma a percepção de Leonel

---

90   Após o Concílio de Trento, a Igreja Católica fez realizar somente mais dois Concílios, o Vaticano I (1869-1870) e Vaticano II (1962-1965). O Concílio Vaticano I centrou sua atenção na definição da "infalibilidade papal", o II procedeu uma revisão geral das posições doutrinárias da Igreja Católica.

91   FRANCA,Leonel, S.J. *O método pedagógico dos jesuítas:o Ratium Studiorum. Introdução e Tradução.*, Rio de Janeiro. Livraria Agir Editora, 1952: p. 43.

Franca ao dizer que "esse documento confunde um pouco os leitores modernos, habituados a frequentar obras pedagógicas de feição sistemática e visivelmente inspiradas em princípios filosóficos. Trata-se, aqui, ao contrário, de um documento de emprego, código simplificado para uso de executores, menos semelhante ao *Traité de Pédagogie Générale,* do Reitor Hubert, [também menos semelhante] (...) ao *Manuel du Gradé d'Artillerie.* [A] *Ratio [Studiorum]* se propõe, antes de tudo, instruir rapidamente o jesuíta docente sobre a natureza, extensão e as obrigações do seu cargo. Estamos, pois, em presença de uma série de regras práticas"[92].

Leonel Franca nos informa ainda que o modo prescritivo adotado na *Ratio Studiorum* fora uma opção consciente dos autores do documento e que seu suporte filosófico era conhecido e admitido de modo unânime e consensual no seio da Igreja Católica, fator que não exigia novas exposições teóricas além daquelas já existentes[93]. Do ponto de vista desse autor, havia uma hegemonia doutrinária, cimentada pelo consenso em torno das determinações eclesiásticas católicas[94].

De fato, a concepção pedagógica que serve de pano de fundo teórico para a *Ratio Studiorum* encontra-se delineada em variados documentos, seja da Ordem Religiosa dos padres jesuítas, seja da Igreja Católica; uma doutrina pedagógica de tal forma configurada que possibilitou a indicação de recursos didáticos coerentes e consistentes para que os fins educativos desejados pudessem ser buscados.

---

92   Pierre Mesnard é citado por Jean Chateau no capítulo "A Pedagogia dos Jesuítas", no livro *Os Grandes Pedagogistas.* Companhia Editora Nacional: Rio de Janeiro, 1978. p. 73,

93   FRANÇA, S. J., Leonel., *O método pedagógico dos jesuítas.* Introdução e Tradução. Rio de Janeiro: Livraria Agir Editora, 1952. p. 44, "De fato" – afirmou o autor – "[a] *Ratio [Studiorum]* não é um tratado de pedagogia, não expõe sistemas nem discute princípios. A edição de 1580 enveredava por este rumo; foi criticada e substituída pela de 1599. Ao tratado sucedeu o programa. [Afinal], sobre os fins e ideais educativos, discutia-se menos no século XVI que no século XX. A unanimidade era, então, quase perfeita. Os nacionalismos ainda não se haviam ouriçado uns contra os outros, nem os estados se esforçavam por converter a educação das massas em instrumento político. O alvo, então, visado era universal, a formação do homem perfeito, do bom cristão. Não se mirava com a ação da escola dar a consciência de cidadão de tal ou tal império ou de representante desta ou daquela [etnia] predestinada. Os professores do Renascimento percorriam a Europa sem se sentir estrangeiros em nenhuma parte".

94   FRANCA, Leonel, S.J. op. cit., p. 44, diz que: "Convém (...) a quem inicia o estudo d[a] *Ratio [Studiorum]* não esquecer a sua finalidade eminentemente prática nem a moldura histórica que lhe enquadra as origens. Tais princípios pedagógicos que [a] animam são mais supostos do que enunciados. Deste manual prático[,] que preconiza métodos de ensino e orienta o professor na organização de sua aula, convém, por inferência, reconstruir linhas mestras de uma pedagogia, que, além d[a] *Ratio [Studiorum]* tem outrossim – convém lembrá-lo – a sua expressão em outros documentos".

PARTE A – AVALIAÇÃO DA APRENDIZAGEM ESCOLAR NAS PEDAGOGIAS TRADICIONAIS

4.1.2. Princípios da Pedagogia Jesuítica subjacentes à *Ratio Studiorum*

Como princípio geral, o ensino proposto e praticado pela Companhia de Jesus estava voltado para o conhecimento e o amor de Deus, Criador e Redentor, segundo a Teologia Católica, desde que tudo deveria ser feito para a sua Maior Glória. Nesse sentido, a Regra 1 das Responsabilidades do Provincial, registrada na *Ratio Studiorum*, definia que ele era o responsável pelo zelo, pela doutrina e pelas atividades da Ordem Religiosa no campo da educação escolar[95].

Não só o Provincial deveria manter o zelo pela doutrina estabelecida e assumida como fundamento para a prática educativa da instituição, como também era tarefa a ser assumida e realizada por todos os administradores e educadores que viessem a atuar nos Colégios mantidos pela Ordem Religiosa. Nesse sentido, recomendação semelhante àquela feita para o Provincial está presente no início de cada conjunto de Regras relativas aos professores das diversas disciplinas do currículo escolar estabelecido. O ensino jesuítico, com seus conteúdos curriculares e respectivos recursos didáticos, estava configurado pela doutrina religiosa católica.

O fundamento teórico recomendado para o desenvolvimento dos estudos teológicos e, por extensão, para todo o ordenamento educacional jesuítico, assentava-se na doutrina escolástica medieval, transformada pelo Concílio de Trento em um conjunto de dogmas. A normatização não deixava dúvidas a respeito da obrigação de que todos os envolvidos no sistema de ensino jesuítico estavam obrigados a seguir as prescrições doutrinárias da Igreja Católica.

Basta ver que a Regra 9 das Responsabilidades do Provincial, no seu segundo parágrafo, exigia o alinhamento doutrinário do candidato a professor com o pensamento de Tomás de Aquino, epígono da Teologia católica medieval. "Lembre-se", diz o parágrafo, "de modo muito especial que às cadeiras de teologia não devem ser promovidos senão os que são bem afeiçoados a São Tomás; os que lhe são adversos ou menos zelosos da doutrina deverão ser afastados do magistério". E, relativamente à prática do ensino de Teologia, a Regra 2 das Responsabilidades do Provincial, prescrevia a necessidade do professor dessa área de conhecimentos "seguir Tomás

---

95   Regra 1 das Responsabilidades do Provincial registra: *"Objetivo dos estudos na Companhia* – Como um dos ministérios mais importantes da nossa Companhia é ensinar ao próximo todas as disciplinas convenientes ao nosso Instituto, de modo a levá-lo ao conhecimento e amor do Criador e Redentor nosso, tenha o Provincial como dever seu zelar com todo empenho para que aos nossos esforços tão multiformes no campo escolar corresponda plenamente o fruto que exige a graça da nossa vocação".

LIVRO I – AVALIAÇÃO DA APRENDIZAGEM ESCOLAR: DO PASSADO PARA O PRESENTE

de Aquino", afirmando que, "em teologia escolástica, sigam os nossos religiosos a doutrina de Santo Tomás; considerem-no como o seu doutor próprio e concentrem todos os esforços para que os alunos lhe cobrem a maior estima".

Nesse contexto, somente poderiam ser admitidos como professores de Teologia aqueles que se manifestassem filiados às doutrinas formuladas e expostas por esse teólogo e fossem zelosos no que se referia à doutrina da Igreja. Sobre isso, a Regra 9, relativa ao Provincial, deixava claro e definido que ele, como autoridade no seio da Ordem Religiosa, deveria lembrar-se, "de modo muito especial[,] que às cadeiras de Teologia não devem ser promovidos senão [os professores] que são bem afeiçoados a Santo Tomás" e que aqueles "que lhe são adversos, ou menos zelosos da doutrina, deverão ser afastados do magistério".

Por seu turno, para o professor de Filosofia, a exigência de uma posição ortodoxa não era menor. Para compor os conteúdos do ensino de Filosofia, centrados, em primeiro lugar, em Tomás de Aquino, acrescentou-se o pensamento filosófico de Aristóteles[96], admitindo, porém, que, em caso de necessidade, dele, podia-se divergir com vigor, à medida que seu posicionamento teórico estivesse em desacordo com a fé católica. Vale observar que Aristóteles era um pagão, desde que vivera 400 anos antes da era cristã, e, como tal, ainda que recomendado, poderia sofrer divergências vigorosas, quando suas posições não se adequassem às posições da fé religiosa católica.

A respeito dessa prescrição, estava estabelecido na *Ratio Studiorum* que, de Aristóteles, era permitido divergir "com vigor", mas, de Tomás de Aquino, se isso viesse a ser necessário, que se o fizesse "com pesar e reverência"[97].

---

96 Aristóteles fora assumido por Tomás de Aquino como seu mestre. O pensamento filosófico, denominado "Escolástico", cujo ponto de partida foi Tomás de Aquino, tem como fundamento as teses filosóficas aristotélicas.

97 Como doutrina, as posições de Tomás de Aquino estavam em primeiro lugar. A Regra 2, relativa ao professor de Filosofia, dizia: "Quando for duvidosa a opinião de Santo Tomás, ou nas questões que talvez ele não tratou, e divergirem os autores católicos, assiste-lhe [ao professor] o direito de opção". Após a reverência a Tomás de Aquino, dever-se-ia seguir Aristóteles; e, ainda, em caso de dúvida, dever-se-ia buscar a doutrina oficial da Igreja. Posicionamento que está expresso na mesma referida regra: "Em questões de alguma importância, não se afaste de Aristóteles, a menos que se trate de doutrina oposta à unanimidade recebida pelas escolas, ou, mais ainda, em contradição com a verdadeira fé. Semelhantes argumentos de Aristóteles, ou de outros filósofos, contra a fé, procure, de acordo com as prescrições do Concílio de Latrão, refutar com todo vigor". Contudo, não se deve discordar de Tomás de Aquino, a não ser com muita reverência, como dispõe a Regra 6, relativa ao professor de Filosofia: "De Santo Tomás, pelo contrário, fale sempre com muito respeito, seguindo-o de boa vontade todas as vezes que possível; dele divergindo com pesar e reverência, quando não for plausível a sua opinião".

PARTE A – AVALIAÇÃO DA APRENDIZAGEM ESCOLAR NAS PEDAGOGIAS TRADICIONAIS

Ainda que Aristóteles fosse o suporte filosófico do tomismo, Tomás de Aquino deveria ser prioritariamente seguido com ortodoxia. Afinal, ele fora assumido como santo católico e como Doutor da Igreja, tendo recebido o título de Doutor Angélico.

No tocante à formação dos professores de Filosofia, a *Ratio Studiorum* exigia o máximo de ortodoxia e, nesse contexto, como preparação prévia para o ingresso na carreira docente, exigia-se do canditato uma revisão do curso de Teologia e prescrevia-se que aqueles professores que tivessem tendência a afastar-se da ortodoxia católica deveriam ser afastados do magistério, sem nenhuma dúvida. Não havia possibilidade de tergiversar no que se referia ao rigor a ser levado em conta no controle da doutrina católica assumida e a ser praticada[98].

O controle doutrinário se manifestava também no que se referia às leituras permitidas aos estudantes. Na Regra 34 das Responsabilidades do Provincial, estava definida a conduta a ser assumida por essa autoridade no que se referia aos cuidados com a questão das leituras no cotidiano dos escolásticos. Essa Regra descrevia que "[o Provincial] tome todo cuidado, e considere este ponto como da maior importância, que de modo algum se sirvam os nossos, nas aulas, de livros de poetas e outros que possam ser prejudiciais à honestidade e aos bons costumes, enquanto não forem expurgados dos fatos e palavras inconvenientes; e se, de todo não puderem ser expurgados, como Terêncio, é preferível que não se leiam para que a natureza do conteúdo não ofenda a pureza da alma".

Não menor era a responsabilidade imputada ao Prefeito de Estudos dos Cursos Superiores no que se referia ao controle das leituras por parte dos estudantes. A Regra 30, que tratava de suas Responsabilidades relativas aos cuidados com as condutas dos estudantes, também mantinha prescrições a repeito dos livros que poderiam ser-lhes oferecidos para a leitura, o que, de um lado, demonstra que estes não tinham opção de escolha e que, de outro, havia um controle doutrinário mediante a interdição de determinados autores ou assuntos.

Nessa situação, não era o leitor quem detinha o poder de escolher aquilo que desejasse ler, mas sim a autoridade educativa. Vale observar que essa determinação da *Ratio Studiorum* referia-se aos estudantes do Nível Superior e, portanto, adultos.

---

98   A Regra 16 das Responsabilidades do Provincial não deixava dúvidas sobre a necessidade da ortodoxia: "Os professores de filosofia (exceto o caso de gravíssima necessidade) não só deverão ter concluído o curso de Teologia, senão ainda consagrado dois anos à sua revisão, a fim de que a doutrina lhes seja mais segura e mais útil à Teologia. Os que forem inclinados a novidades, ou demasiado livres nas suas opiniões, deverão, sem hesitações, ser afastados do magistério".

LIVRO I – AVALIAÇÃO DA APRENDIZAGEM ESCOLAR: DO PASSADO PARA O PRESENTE

Na Regra 30 das Responsabilidades do Prefeito de Estudos Superiores, estavam determinadas as leituras permitidas aos estudantes desse nível de escolaridade: para os teólogos, a Suma Teológica da autoria de Tomás de Aquino, o Documento do Concílio de Trento e a Bíblia; para os estudantes de Filosofia, Aristóteles; e para todos os estudantes de Teologia e Filosofia, alguma leitura edificante[99].

Esse controle dos conteúdos das leituras disciplinava tanto o pensamento como o discurso dos professores e dos estudantes de Filosofia e Teologia. Nesse sentido, estava definida até mesmo a necessidade de uma censura prévia àquilo que os estudantes desse nível de escolaridade poderiam expressar em seus discursos públicos, fora ou dentro da instituição. Nessa perspectiva, uma das obrigações do Prefeito de Estudos Superiores era fazer o controle do conteúdo dos discursos que os estudantes pronunciariam em espaços públicos, por meio de uma censura antes de serem proferidos.

A respeito dessa determinação, a Regra 28 das Reponsabilidades do Prefeito de Estudos Superiores, tratando da *Revisão do que se apresenta em público,* especificava que não se deveria permitir que um estudante expressasse livremente o que tivesse o desejo de expor. Seu discurso deveria passar por uma censura prévia da autoridade pedagógico-religiosa[100].

Em síntese, a partir das prescrições da *Ratio Studiorum,* fica claro que os fundamentos da pedagogia jesuítica estavam cimentados na doutrina católica, sistematizada por Tomás de Aquino e reassentada nas sessões do Concílio de Trento. As determinações práticas e disciplinares, contidas no Ordenamento dos Estudos, tinham como pano de fundo a doutrina a ser seguida, previamente estabelecida.

Nesse contexto, as configurações doutrinárias a respeito do ser humano que determinariam a direção pedagógica nos Colégios administrados pelos jesuítas estavam assentadas na concepção clássica da Teologia Católica, que definia que a

---

99   A Regra 30 das Responsabilidades do Prefeito de Estudos Superiores diz: "Nas mãos dos estudantes de filosofia e de teologia não se ponham todos os livros, mas alguns, aconselhados pelos professores, com o conhecimento do Reitor, a saber: além da Suma de Santo Tomás para os teólogos e de Aristóteles para os filósofos, um comentário para consulta particular. Todos os Teólogos devem ter o Concílio Tridentino e um exemplar da Bíblia, cuja leitura lhes deve ser familiar. Consulta ao Reitor (para saber) se convém que se lhes dê algum Santo Padre. Além disso, dê a todos os estudantes de filosofia e teologia algum livro de estudos clássicos e advirta-lhes que não descuidem a leitura, em hora fixa, que parecer mais conveniente".

100   Regra 28 das Reponsabilidades do Prefeito de Estudos Superiores: "*Revisão do que se apresenta em público.* Não permita que em casa ou fora se recite cousa alguma em público pelos que hão de colar grau, tomar parte nas disputas gerais ou particulares, ou pelos estudantes de retórica, que não tenha sido, a tempo, revisto e aprovado".

PARTE A – AVALIAÇÃO DA APRENDIZAGEM ESCOLAR NAS PEDAGOGIAS TRADICIONAIS

sociedade existe, constitutivamente, de forma corrompida devido ao fato de que o ser humano é, por natureza, corrompido desde a sua origem pelo pecado original. E, por essa razão, necessitou da remissão dos pecados, com fundamento na graça, trazida ao mundo pela pessoa de Jesus Cristo, Homem-Deus, que teve, por missão, sofrer e morrer para que o mal fosse suprimido do meio dos homens e da sociedade.

Com isso, religiosa e teologicamente, assumia-se que o ser humano nasce naturalmente no pecado e que é preciso trabalhar para que saia desse espaço e construa um mundo sadio com base na virtude e no amor a Deus. Para isso, segundo essa doutrina, contava-se com o auxílio da graça divina, concedida por Deus-Pai, através de Jesus Cristo Redentor. Admitia-se, então, o ser humano, ainda que concebido no pecado, como educável e portador das possibilidades da virtude, o que implicava que deveria trabalhar para fortalecer o espírito, sobrepondo-se à carne e ao pecado.

Ainda que não tenha tornado explícito esse corpo doutrinário, a *Ratio Studiorum* se estruturou assentada sobre ele. Foi com essa base teórica que seus autores estabeleceram as regras para a educação dos jovens, de tal forma que eles pudessem sair do mundo de pecado, em conformidade com a compreensão católica, sendo redirecionados para os verdadeiros caminhos da salvação[101].

Afinal, os conteúdos dos currículos da educação jesuítica, em última instância, destinavam-se a formar um ser humano hábil nas variadas artes próprias da vida humana e, ao mesmo tempo, de modo religioso, vinculado a Deus, seu criador e redentor, à sua Igreja e aos seus representantes na terra; isto é, um cidadão capaz de testemunhar, divulgar e defender a fé católica e suas instituições.

Disciplina e ordem se apresentavam como dois fatores fundamentais, que, articulados, deveriam formar a personalidade dos estudantes. O Colégio tinha por missão substituir a família no que se referia à aquisição dessas duas virtudes. Quando um pai ou tutor entregava o filho ou o tutelado para um Colégio jesuítico, assumia a responsabilidade de aceitar tanto a concepção teórica como a disciplina da instituição, uma vez que esses fatores constituíam a base do seu sistema educativo.

A organização da vida escolar nos Colégios era de tal forma estruturada, que, se cumprida, possibilitaria a formação do estudante segundo as configurações pedagógicas estabelecidas. A vida no interior do Colégio era ordenada no que se

---

101 A expressão "retirados do mundo" tem tanto um significado metafórico-religioso de afastamento do "pecado", quanto um sentido material de retirada do jovem do seio da família e da sociedade mediante o regime de internato, forma assumida pela educação jesuítica no século XVI.

LIVRO I – AVALIAÇÃO DA APRENDIZAGEM ESCOLAR: DO PASSADO PARA O PRESENTE

referia ao espaço, ao tempo, à hierarquia, às condutas religiosas católicas, assim como no que se referia ao processo didático do ensino e da aprendizagem dos variados conteúdos curriculares. A disciplina e a ordem eram adquiridas por suas práticas diuturnas.

A administração hierarquizada dos Colégios facilitava o processo disciplinar, que, por si, era vivenciado pelo ordenamento de todas as atividades diárias da instituição. Não foi por mero acaso que os jesuítas reduziram o uso do castigo físico, insistindo na disciplina diuturna das condutas, assim como no uso da emulação por meio da competição e dos prêmios. A disciplina e as determinações pedagógicas deveriam ser conduzidas de modo consistente, a fim de que todos aprendessem e se formassem segundo os parâmetros estabelecidos para as condutas.

Como veremos a seguir, foram estabelecidas mediações didáticas ativas e eficientes a serem praticadas cotidianamente nas atividades educativas dentro dos Colégios, com o objetivo de traduzir as concepções pedagógicas teóricas em atos na vida cotidiana e garantir a formação dos estudantes segundo os parâmetros assumidos como significativos para a vida individual, institucional e coletiva. A Proposta Pedagógica Jesuítica, ao lado da formação religiosa, incluía amplos investimentos na formação eficiente em conhecimentos teóricos e em habilidades práticas necessárias à vida cotidiana de um religioso, como também de um cidadão leigo. Importava formar eficientes cidadãos defensores da fé religiosa católica em pensamento e ação.

4.2. O currículo da formação nos Colégios Jesuíticos

A formação jesuítica tinha seu início nas Classes de Estudos Inferiores mediante estudos da Gramática, das Humanidades e da Retórica e chegava às Classes de Nível Superior com os estudos da Filosofia e da Teologia. A prática formativa seguia uma linha ascendente tendo em vista a formação acadêmica pessoal dos estudantes, assim como a formação religiosa, que seguia das Classes de Estudos Inferiores para as Classes de Nível Superior[102]. O caminho formativo

---

102 Vale registrar que o texto da *Ratio Studiorum* expôs, em primeiro lugar, o nível dos Estudos Superiores (Filosofia e Teologia) e, a seguir, as definições relativas às Classes de Estudos Inferiores (Gramática, Humanidades e Retórica). Contudo, as práticas pedagógicas propostas para o ensino e a aprendizagem nos Colégios jesuíticos, no seu percurso formativo, seguiam a trajetória natural do crescimento dos estudantes, ou seja, das Classes de Estudos Inferiores para os Estudos de Nível Superior. No caso, para a abordagem realizada neste capítulo, seguiremos das Classes de Estudos Inferiores para os Estudos Superiores.

PARTE A – AVALIAÇÃO DA APRENDIZAGEM ESCOLAR NAS PEDAGOGIAS TRADICIONAIS

que era seguido nas instituições de ensino jesuítico, proposto na *Ratio Studiorum*, compunha-se:

1. das Classes dos Estudos Inferiores: nível de estudos composto por classes destinadas aos estudantes que se iniciavam nos estudos em um Colégio Jesuítico[103], abordando os conteúdos da Gramática Inferior, Gramática Média, Gramática Superior, das Humanidades e da Retórica.

2. do Curso de Filosofia: segmento de estudos pós-Classes de Estudos Inferiores, composto por três anos de escolaridade, com duas horas diárias de aulas relativas a cada disciplina[104]: 1º ano – Lógica e Introdução aos elementos básicos da Filosofia; 2º ano – Cosmologia, Psicologia Racional[105], Física e Matemática; 3º ano – Psicologia Racional, Metafísica, Filosofia Moral.

3. do Curso de Teologia: segmento de estudos pós-Curso de Filosofia, com duração de 4 anos[106], abarcava: 1) Teologia Escolástica, com duração de quatro anos, dois professores, quatro horas/aulas por semana sob a responsabilidade de cada um deles; 2) Teologia Moral, com duração de dois anos, com um único professor, duas horas diárias de aula, ou dois professores, com uma hora diária de aula cada um; 3) Sagrada Escritura, com duração de dois anos, uma hora diária de aula; 4) Hebraico, um ano, com duas horas diárias.

As Classes dos Estudos Inferiores que tratavam da Gramática, das Humanidades e da Retórica estavam divididas em cinco segmentos (classes) que, em si, não representavam anos de escolaridade, mas sim conteúdos escolares específicos. De modo usual, os Colégios jesuíticos cumpriam esse currículo em sete classes, correspondendo, em princípio, a sete anos de escolaridade: primeiro ano, Gramática Inferior A; segundo ano, Gramática Inferior B; terceiro ano, Gramática Média A; quarto ano, Gramática Média B; quinto ano, Gramática Superior; sexto ano, Humanidades; sétimo ano, Retórica. Porém, esse currículo, a depender da

---

103   Regra 21 relativa ao Provincial.

104   Regras 7, 9, 11 e 12 relativas ao Professor de Filosofia; e Regra 2 relativa ao Provincial.

105   A disciplina Psicologia Racional, no âmbito dos estudos de formação dos religiosos católicos, tratava dos recursos lógico-mentais e não dos processos emocionais constitutivos do ser humano da forma como compreendemos, hoje, no âmbito da Psicologia.

106   Regras 7, 8, 9 e 12 relativas ao Provincial; Regra 3 relativa ao Professor de Teologia.

decisão que se tomasse para um determinado Colégio, podia ser cumprido em cinco classes, três de Gramática (Inferior, Média e Superior), uma de Humanidades e uma de Retórica.

As classes de Gramática se iniciavam com conhecimentos mínimos, atingindo os conhecimentos mais complexos dessa área de estudos na classe da Gramática Superior[107]. A classe das Humanidades tinha por finalidade "preparar, nos que terminaram a [G]ramática, o terreno à eloquência"[108]. Nessa área, o estudante adquiria conhecimentos de grego e erudição, que incluíam conhecimentos de história, cultura, um pouco de ciência e iniciação nos preceitos da retórica, cujo destino final era a prática da eloquência. No âmbito da Retórica, o estudante aprendia a poética e a oratória, campos de conhecimentos importantes para a concepção e para a prática jesuítica da arte de falar com estilo brilhante e convincente[109]. O cristão formado deveria defender a fé católica em palavras e atos; deveria, pois, ser um polemizador ímpar. Em decorrência dessa prescrição, um ano de escolaridade era dedicado aos estudos e exercícios da retórica.

Ao final das Classes de Estudos Inferiores, o estudante deveria conhecer bem as gramáticas latina e grega, assim como ter a posse da erudição em Humanidades e na arte de expressar os conteúdos de modo eloquente, com lógica, beleza e elegância[110]. Esses estudos deveriam garantir aos estudantes variados conhecimentos e variadas habilidades, preparando-os para a vida como também para as Classes de Nível Superior, que tinham como temática os estudos de Filosofia e de Teologia.

O Curso de Filosofia iniciava-se logo após a conclusão da Classe de Retórica e, fundamentalmente, tinha por objetivo preparar o estudante para o Curso de Teologia, sequência de estudos comprometida com a visão teórica de Tomás de Aquino

---

107   Ver no texto da *Ratio Studiorum* a Regra de número 1 relativa a cada um dos professores de Gramática Superior, Média, Inferior.

108   Regra 1 relativa ao Professor de Humanidades.

109   A Regra 1 relativa ao Professor de Retórica diz que: "a Retórica compreende a formação perfeita para a eloquência, que abraça as duas mais altas faculdades, a oratória e a poética (e, entre as duas, se deve sempre dar preferência à primeira); e atende não só o que é útil senão também a beleza da expressão".

110   Pierre Mesnard, op. cit., p. 76, expõe a finalidade dessa formação, afirmando que o "fim proposto é o de entregar, à saída do colégio, jovens cultos que possuam aquilo que Montaigne e Pascal chamam [a] arte de discorrer (*art de conférer*), isto é, capazes de sustentar na sociedade uma discussão brilhante e cerrada sobre todos os assuntos referentes à condição humana, tudo isto para o maior proveito da vida social e para a defesa da ilustração da religião cristã".

que compreendia a Filosofia como um recurso da razão a serviço da fé[111]. Nesse sentido, vale lembrar que, no Curso de Filosofia, eram estudadas as obras de Aristóteles mediante os comentários de Tomás de Aquino[112]. Nas obras de Tomás de Aquino, as teorias e práticas filosóficas aristotélicas estavam postas como base para os estudos teológicos, daí a proposição dos estudos e formação em Filosofia antecederem os estudos e formação em Teologia.

O Curso de Teologia visava à formação cristã dos estudantes, segundo os conteúdos vigentes na Igreja Católica pós-Concílio de Trento. No caso, a erudição, a capacidade de pensar e debater de forma brilhante só faziam sentido se estivessem a serviço da piedade cristã. Os estudos teológicos destinavam-se à formação do cristão piedoso e temente a Deus na perspectiva católica e, no âmbito específico da Ordem Jesuítica, destinavam-se, em primeiro lugar, à formação de um religioso para a Companhia de Jesus.

O currículo exposto acima registra a proposta do ensino jesuítico, cujo objetivo era criar um modo consensual de pensar e agir por parte daqueles que passassem pelos anos e pela estrutura de sua escolaridade. Além da formação intelectual, os educadores jesuítas trabalhavam a piedade, a moralidade e a fé. Para ser promovido de uma classe para a subsequente, era preciso que o estudante crescesse em saber, em moralidade e em piedade.

4.3. Recursos didáticos para o ensino no contexto da *Ratio Studiorum*

A pedagogia jesuítica propôs recursos didáticos que conduzissem os estudantes tanto à assimilação dos conteúdos ensinados, como à formação das habilidades decorrentes desse processo. Foram dois os recursos didáticos básicos propostos para o ensino-aprendizagem: a *preleção* e os *exercícios*. Pelo primeiro recurso, os conteúdos eram expostos e indicadas as práticas para sua assimilação; os exercícios eram os meios de construção e aperfeiçoamento das habilidades relativas ao conhecer, ao argumentar, ao discutir e ao polemizar.

---

111   A Regra 1 relativa ao Professor de Filosofia expressa que esse professor deve tratar as artes e as ciências "com a diligência devida, de modo que prepare os seus alunos, sobretudo os nossos ("os nossos" = destinados ao serviço religioso), para a teologia e, acima de tudo, os estimule ao conhecimento do Criador".

112   A Regra 12 relativa ao Professor de Filosofia diz: "ponha toda diligência em interpretar bem o texto de Aristóteles; e não dedique menos esforço à interpretação do que às próprias questões".

LIVRO I – AVALIAÇÃO DA APRENDIZAGEM ESCOLAR: DO PASSADO PARA O PRESENTE

No que se refere ao conteúdo central deste capítulo – avaliação da aprendizagem na Pedagogia Jesuítica –, importa o leitor observar que, nas prescrições didáticas, a seguir descritas, em especial no âmbito dos Estudos nas Classes Inferiores, a investigação avaliativa está permanentemente presente, em conformidade com o papel a ser exercido pelo professor por meio da Pauta do Professor.

Segundo as recomendações estabelecidas na *Ratio Studiorum*, o professor, como responsável pelo ensino em sala de aula, deveria estar sempre atento aos acertos e aos erros dos estudantes, elogiando e reforçando os acertos e corrigindo os erros, objetivando sua superação. Afinal, um uso adequado da investigação avaliativa, seguida do uso diagnóstico dos seus resultados subsidiando novas decisões com foco no sucesso dos resultados desejados, segundo os planos de ensino estabelecidos.

4.3.1. As atividades didáticas da preleção e dos exercícios acompanhadas da avaliação da aprendizagem

A *preleção* compunha-se de uma apresentação oral do assunto a ser apropriado pelos estudantes; esse era o momento no qual o professor expunha os conceitos da lição, que deveriam ser compreendidos e assimilados. A preleção ocupava uma parte importante do ato de ensinar, uma vez que, por meio dela, o professor expunha e facilitava aos estudantes a compreensão do assunto novo a ser aprendido, assim como controlava suas características qualitativas e doutrinárias.

Dentro da *Ratio Studiorum*, a indicação e a descrição da preleção, como ponto de partida dos atos de ensinar e aprender, estavam expostas nas Regras Comuns a Todos os Professores das Classes de Estudos Inferiores; porém, a preleção era um recurso didático a ser utilizado em todos os níveis de ensino, desde que ela possibilitava – e possibilita – a transmissão dos conteúdos de modo homogêneo a todos os estudantes aos quais estavam destinados[113].

A *preleção* deveria seguir, em geral, quatro passos: *primeiro*, leitura de todo o trecho do texto a ser estudado, cujo conteúdo deveria ser aprendido; *segundo*, exposição sucinta dos argumentos do autor, ligando-os com aquilo que já havia sido estudado

---

113   Em cada conjunto de regras relativas a cada tipo de professor – de Gramática, de Humanidades e de Retórica – existem, no texto da *Ratio Studiorum*, prescrições de como proceder a preleção específica. Essas prescrições se fazem presentes nas Regras 5 e 9, do Professor de Humanidades; 5 e 9, do Professor de Gramática Superior ; 6, 8 e 9, do Professor de Gramática Média; 6 e 8, do Professor de Gramática Inferior; Regra 7 da Academia dos Filósofos e Teólogos; Regra 4 do Professor de Casos de Consciência.

PARTE A – AVALIAÇÃO DA APRENDIZAGEM ESCOLAR NAS PEDAGOGIAS TRADICIONAIS

anteriormente; *terceiro*, leitura de cada período, explicando os seus elementos menos compreensíveis e mais obscuros; *quarto*, retomada do trecho lido, desde o princípio, com observações, sempre adaptadas ao nível da classe com a qual se estava trabalhando pedagogicamente, de tal forma que subsidiassem sua apropriação.

Esses passos, didaticamente ordenados, revelam a orientação para uma prática de ensino que se desejava eficiente, à medida que configuram uma lição com início, meio e fim, orientando o estudante para a apropriação dos conteúdos sob a forma de aprendizagem. Cada estudante, para aprender, necessitava, no ver dos autores da *Ratio Studiorum*, compreender e, consequentemente, assimilar a lição, apossando-se do seu conteúdo como um todo.

A preleção, então, deveria propiciar a todos e a cada um dos estudantes, em seus respectivos níveis de escolaridade, a possibilidade de compreender aquilo que estava sendo lido e/ou exposto, já que a compreensão dos conteúdos expostos era – e continua sendo – a base para o passo didático subsequente no processo de aprender, que é a *exercitação*. Sem a posse compreendida do conteúdo exposto, não há possibilidade de servir-se dele para praticar exercícios que subsidiem a formação de habilidades.

A *exercitação*, como segundo recurso do ensino-aprendizagem, exigia, de um lado, orientação do professor e, de outro, atividade pessoal do estudante, cuja consequência direta era a formação e a posse de habilidades vinculadas aos conteúdos expostos.

No contexto das diversas possibilidades de exercitação, na *Ratio Studiorum*, estavam propostos exercícios em sala de aula e fora dela, desafios em sala de aula e fora dela, assim como disputas semanais, mensais e anuais entre os estudantes; e, ainda, sabatinas em todos os finais de semanas.

O Ordenamento jesuítico do ensino multiplicou as oportunidades de exercitação pelas quais os estudantes, além de aprofundar *de modo ativo* a assimilação dos conteúdos ensinados, construiriam suas próprias habilidades, tanto para seu agir pessoal, como para formular e expor entendimentos, ideias e argumentos para outras pessoas, habilidade essencial para todo pregador; afinal, um dos destinos fundamentais das atividades religiosas e culturais de um futuro jesuíta.

Para formar um argumentador, como pretendia a proposta pedagógica jesuítica, era preciso exercitá-lo o mais possível, uma vez que a posse das informações e das habilidades se dava – e se dá – à medida que, ativamente, os conteúdos do ensino são assimilados e as habilidades construídas.

LIVRO I – AVALIAÇÃO DA APRENDIZAGEM ESCOLAR: DO PASSADO PARA O PRESENTE

Enquanto a preleção era a forma de apresentação estruturada dos conteúdos a serem aprendidos, atividade típica do professor, ainda que não exclusiva, a exercitação era a atividade característica dos estudantes, ainda que também não lhes pertencesse – nem pertence – com exclusivividade. A exercitação permitia – e permite – ao aprendiz apropriar-se dos conhecimentos expostos, formando suas habilidades.

Os jesuítas, ainda que não detivessem os conhecimentos que temos hoje a repeito do funcionamento do sistema nervoso do ser humano, já haviam compreendido, no século XVI, que conhecimentos e habilidades só seriam adquiridos por uma atividade do sujeito que aprende, orientada por quem ensina[114]. Em decorrência dessa compreensão, nascida da experiência, as práticas de ensino acima expostas foram propostas e praticadas, de modo eficiente, em suas instituições de ensino.

As prescrições sobre exercitação eram muitas, tanto para os estudantes das Classes de Estudos Inferiores como para os estudantes das Classes de Estudos Superiores.

Quanto ao Ensino Superior, as exercitações cobriam um espectro que ia desde a simples repetição de conteúdos em sala de aula[115], passando pelos exercícios pessoais[116] e chegando até aos debates públicos e às defesas de tese. No final de cada ano letívo, deveriam ocorrer as repetições gerais sobre todas as lições passadas[117], contudo, deveriam ocorrer também disputas semanais[118], assim como as disputas mensais[119], acrescentando-se as disputas reservadas aos selecionados identificados como os mais brilhantes intelectualmente.

A última proposta compunha-se de debates públicos, dos quais deveriam participar somente os estudantes com os desempenhos mais satisfatórios, aqueles que fossem considerados os mais competentes para a exposição, para a argumentação

---

114   Aliás, vale sinalizar que Aristóteles, no século IV a.C., já havia compreendido que a aquisição de conhecimentos (aprendizagem) se dá de forma ativa. Em seus estudos da Lógica, ele registrou que um conhecimento novo se dá pela (1) percepção sensível do objeto a ser conhecido; a seguir (2) pela formação da imagem desse objeto; (3) pela desmaterialização da imagem (supressão de suas características individuais); (4) pela formação do conceito mediante o intelecto agente; e (5) pelo armazenamento do conceito no intelecto passivo (memória), que, quando necessário, (6) poderá ser acessado e utilizado.

115   A Regra 11 Comum ao Professores das Faculdades Superiores diz: "Terminada a lição, fique [o professor] na aula ou perto da aula, ao menos durante um quarto de hora, para que os alunos possam interrogá-lo, para que possam, às vezes, perguntar-lhe sobre a lição ou repeti-la".

116   A Regra 12 Comum aos Professores das Faculdades Superiores determina: "Todos os dias, exceto aos sábados, os dias feriados e festivos, designe uma hora de repetição aos nossos escolásticos para que assim se exercitem as inteligências e melhor se esclareçam as dificuldades correntes".

117   Regra 13 dos professores das Faculdades Superiores.

118   Regra 14, *idem*.

119   Regra 15, *idem*.

PARTE A – AVALIAÇÃO DA APRENDIZAGEM ESCOLAR NAS PEDAGOGIAS TRADICIONAIS

e para o debate, tendo por base os conteúdos das doutrinas ensinadas e aprendidas. Para os estudantes, esta era, além de uma oportunidade de exercitação, uma situação onde poderiam tornar públicas suas habilidades, assim como, para o Colégio, uma oportunidade de apresentação pública dos seus mais competentes estudantes.

A *Ratio Studiorum* considerava os exercícios de disputa tão importantes quanto as aulas para a aprendizagem dos estudantes. A respeito disso, a Regra 18 relativa aos Professores das Faculdades Superiores dizia: "Persuada-se [o professor] que o dia da disputa não é menos trabalhoso nem menos útil que o de aula e que a vantagem e o fervor [nesse tipo de atividade] dele depende"[120].

Afinal, na *Ratio Studiorum*, eram múltiplas as indicações sobre exercícios, disputas, debates e exposições por parte dos escolásticos dos Estudos Superiores; e existiam normas específicas para cada tipo de professor, de Filosofia, de Teologia, de Estudo de Casos de Consciência. Todos os professores tinham por obrigação orientar, encaminhar e admistrar as exercitações dos estudantes.

As regras relativas aos professores das Classes de Estudos Inferiores, também eram ricas em indicações sobre a exercitação. Concebia-se que os exercícios eram vantajosos, uma vez que sedimentavam os conhecimentos e criavam as habilidades, assim como ofereciam ocasião para que os melhores avançassem mais rapidamente[121].

A importância atribuída aos exercícios no âmbito das Classes Inferiores pode ser aquilatada pelas inúmeras vezes em que foram recomendados nesse nível de escolaridade. Vejamos a minuciosa proposta do seu uso na prática de ensinar:

a) todos os dias, o professor deve tomar lição de cor;

b) nas lições de gramática, todos os dias devem ser feitos trabalhos escritos, com exceção do sábado;

c) em prosa, todos os dias, exceto nos sábados e feriados;

d) em poesia, duas vezes por semana; em grego, uma vez por semana[122];

e) em todas as aulas, deve ocorrer duas repetições: a repetição da lição anterior, no começo, e a repetição da lição do dia, no final[123];

---

120   Regra 18, *idem*.

121   Regra 8, parágrafo 4, Comum a Todos os Professores das Classes Inferiores, expressa: "A repetição apresenta duas vantagens: a primeira, a de fixar mais profundamente o que foi percorrido várias vezes; a outra, a de permitir, aos bem dotados, que terminem o curso mais rapidamente que os outros, possibilitando-lhes a promoção a cada semestre".

122   Regra 20 Comum a todos os Professores das Classes Inferiores.

123   Regra 25 Comum a todos os Professores das Classes Inferiores.

f) aos sábados, deve ocorrer a sabatina como uma revisão dos conteúdos aprendidos durante a semana[124].

A exercitação deveria ser encerrada com a correção dos exercícios, a ser realizada em sala de aula pelo professor, junto com seus estudantes de modo individual. Enquanto o professor atendia um estudante na correção dos seus exercícios, os outros deveriam estar praticando novos exercícios.

Na correção, importava ter presente as regras violadas e indicar ao estudante a forma carreta e o modo de emendar os desvios cometidos. No caso, a correção dos exercícios era tanto uma oportunidade de aferir o aprendizado realizado pelo estudante, como também verificar os desvios cometidos, com consequentes correções, para a reorientação do estudante e a aprendizagem correta do conteúdo que estava sendo trabalhado; ou seja, a correção também tinha seu aspecto ativo tendo em vista a aprendizagem e a formação dos estudantes.

A correção dos exercícios era realizada individualmente, porém recomendava-se que, ao final da aula, fossem lidos publicamente alguns textos escritos pelos escolásticos para que os rivais[125] pudessem identificar os erros, tornando-os públicos entre os companheiros, ao tempo em que se poderia realizar correções que orientariam a todos os estudantes da classe. A tarefa que estivesse perfeita deveria ser elogiada e aquela que contivesse erros deveria ser corrigida; tanto o elogio quanto a correção dos erros serviriam de estímulo, caracterizando o elogio como estímulo positivo e a correção também como um estimulo positivo, porém em busca da aprendizagem satisfatória [126].

A correção dos exercícios era tão importante, como forma de administração da aprendizagem, que eles deveriam ser corrigidos todos os dias, desde que, dessa prática, segundo a *Ratio Studiorum*, "resulta[ria] muito e grande fruto"[127].

---

124   Regra 26 Comum a todos os Professores das Classes Inferiores, diz: "No sábado, recorde-se tudo o que foi ensinado durante a semana". Contudo, a sabatina poderia ser incrementada com uma novidade: "se, de quando em quando, se se oferecem alguns para responder sobre todas estas lições ou sobre um livro inteiro, escolha, o professor, os melhores e os demais o ataquem, cada qual com duas ou três perguntas e não fique isso sem recompensa".

125   Todo estudante poderia ser considerado um rival de qualquer um dos companheiros, desde que a competição fosse assumida como um estímulo necessário no processo de ensino. A expressão "rival" não queria dizer "inimigo".

126   Regra 21 e 22 Comum a todos os Professores das Classes Inferiores.

127   Regra 23 Comum a todos os Professores das Classes Inferiores. Observar a consciência que os jesuítas tinham da eficiência dos exercícios na formação das condutas dos estudantes.

Essa importância dada à correção dos exercícios se manifestava no fato de que, se não fosse possível ao professor fazer uma correção individual diária em função do grande número de estudantes, deveria fazê-lo por meio dos próprios estudantes. Neste caso, cada estudante entregava sua tarefa realizada a um colega para corrigi-la; ou seja, ninguém poderia fazer a correção de seu próprio exercício. O importante era que a correção estivesse presente a fim de garantir uma aprendizagem satisfatória dos conteúdos ensinados, uma aprendizagem coletiva, uma vez que o ensino era coletivo.

Como se pode verificar, a didática jesuítica fora estruturada para que a aprendizagem ocorresse de modo eficiente. As repetições e exercitações eram formas pelas quais os estudantes, *ativamente*, deveriam apropriar-se dos conhecimentos expostos, assim, como construir suas correspondentes habilidades. A exercitação tinha por objetivo garantir a sedimentação ativa das condutas consideradas satisfatórias, fosse na vida, fosse na prática de cada um dos estudantes, transformando-as em habilidades.

Importa observar ainda que, nessas práticas, a investigação avaliativa aparecia como parceira constante do professor em sua atividade de ensinar, subsidiando suas decisões na perspectiva do sucesso da aprendizagem e consequente formação dos estudantes; e também como parceira do estudante, revelando-lhe se aprendera, ou não, os conteúdos ensinados.

4.3.2. Castigos físicos, estímulos e avaliação da aprendizagem

O castigo físico não era recomendado pelos autores da *Ratio Studiorum*, ainda que não fosse de todo eliminado. Em vez da coerção mediante a experiência física, dava-se preferência aos estímulos psicológicos. No caso, preferia-se insistir mais na ação ordenada e disciplinada como forma de estimular os investimentos na aprendizagem que praticar o castigo de modo comum. Em função disso, todos os atos educativos deveriam ter a ordem como seu recurso básico, de preferência, admitida de modo consensual entre professor e estudante.

Porém, havendo necessidade, o castigo físico não estava de todo eliminado; poderia ser utilizado, ainda que com parcimônia[128]. Se os estímulos psicológicos não fossem suficientes e houvesse necessidade estrita do castigo físico, ele deveria ser

---

128   A Regra 40 dos Professores das Classes Inferiores recomenda que o professor "não seja precipitado no castigar nem demasiado no inquirir; dissimule, de preferência, sem prejuízo de ninguém; não só não inflija nenhum castigo físico (este é ofício do corretor), mas abstenha-se de qualquer injúria, por palavras ou atos; (...) por vezes, é útil, em vez dos castigos físicos, acrescentar algum trabalho literário além do exercício de cada dia".

LIVRO I – AVALIAÇÃO DA APRENDIZAGEM ESCOLAR: DO PASSADO PARA O PRESENTE

aplicado, porém, não pelo professor ou por algum membro da Ordem Religiosa. No caso, dever-se-ia servir-se dos serviços de um corretor externo[129]. O professor ou os membros da Ordem Religiosa não deveriam envolver-se com o castigo físico, ainda que pudessem prescrevê-lo.

A conformação do estudante aos padrões religiosos e morais preestabelecidos era exigida. Esse desígnio era tão importante que, caso um estudante, após admoestações, assim como após o uso do castigo físico, não se ajustasse aos padrões estabelecidos e desejados, deveria ser afastado do Colégio. Os autores da *Ratio Studiorum* foram taxativos nesse ponto. No caso, se o recurso aos castigos físicos não fosse suficiente para garantir o ajuste de conduta por parte de um ou outro estudante, estava determinado que ele fosse afastado do Colégio[130].

Para a boa formação dos estudantes, os autores da proposta educativa jesuítica preferiam os estímulos psicológicos aos castigos físicos. A emulação, segundo seu ver, exercida pela competição, era o principal meio de estímulo para que os estudantes se dedicassem às suas tarefas de estudo e de formação pessoal[131].

Para a aprendizagem satisfatória, a didática jesuítica previa os estímulos pedagógicos como meios pelos quais os estudantes se envolveriam mais e mais nos estudos. Os estímulos, no caso, eram premiações propostas e praticadas com a intenção de conduzir os estudantes a investir mais do que as práticas pedagógicas diárias já propunham e exigiam. Os estímulos exigiam um sobre-esforço para se obter uma classificação satisfatória entre os considerados "melhores estudantes" da instituição. Esses estímulos eram: a emulação, a participação nas Academias e os prêmios.

Quanto à emulação, propunha-se, no contexto da *Ratio Studiorum*, uma competição, assemelhada a uma guerra entre soldados de nações diferentes, em que cada um tinha seu posto e seu lugar definido, podendo modificá-los sempre para melhor a partir da sua dedicação pessoal.

---

129 A Regra 38 relativa ao Prefeito de Estudos das Classes Inferiores diz: "Por causa dos que faltarem ou na aplicação ou em pontos relativos aos bons costumes e aos quais não bastarem as boas palavras e exortações, nomeie-se um Corretor, que não seja da Companhia. Onde não for possível, excogite-se de um modo que permita castigá-los por meio de algum estudante. Por faltas, porém, cometidas em casa, não sejam punidos em aula a não ser raras vezes e por motivo bem grave".

130 A Regra 40 relativa ao Prefeito de Estudos das Classes Inferiores afirma ser melhor afastar do Colégio o estudante para o qual nem as palavras nem os castigos fossem suficientes, desde que sua permanência na instituição seria de pouco proveito para si próprio, assim como prejudicial para os colegas.

131 "A emulação" – diz Leonel Franca em *O Método pedagógico dos jesuítas*, p. 64 – "constitui no seu sistema [sistema educativo estruturado pela *Ratio Studiorum*] uma das forças psicológicas mais ativas e eficientes. Os meninos experimentavam a cada passo os estímulos poderosos".

A competição entre os estudantes poderia ser orientada como se segue. Em sala de aula, um grupo de estudantes seria dividido em dois subgrupos, usualmente denominados romanos e cartaginenses; dois exércitos, pois. Os subgrupos deveriam praticar a disputa por meio de perguntas e respostas. As respostas corretas mereceriam pontos e as incorretas mereceriam a correção. Decorrente do desempenho individual de cada um, os membros de cada subgrupo seriam ordenados pelos títulos do exército romano. Ter um título romano dentro do grupo era uma honra conquistada e, por isso, buscada com dedicação, o que exigia preparo prévio daqueles que entravam na disputa; fator que, acreditava-se, estimularia a atenção constante aos estudos, pois, estimulados pela competição, os escolásticos se obrigariam a estudar mais.

A competição poderia ser realizada também entre *turmas* diferentes de estudantes. Por exemplo, entre uma classe inferior e uma superior ou entre duas classes de mesmo nível escolar. Quando a disputa ocorria entre turmas de classes diferentes, o processo de disputa dava-se de forma idêntica à forma de competição dentro de uma mesma turma de estudantes.

Outro estímulo para que os estudantes se dedicassem aos estudos e à formação pessoal era a participação nas Academias. As Academias eram instituições internas aos Colégios, onde os estudantes treinavam o estudo, o debate e a oratória. Um estudante só poderia entrar para a Academia por mérito pessoal[132].

Eram três Academias: Academia dos Filósofos e Teólogos, Academia dos Humanistas e Retóricos e Academia dos Gramáticos. Na Academia dos Filósofos e Teólogos, diariamente, deveriam ocorrer repetições das preleções; semanalmente, disputas; de tempos em tempos, preleções ou disputas científicas; e, ainda, quando propostos, atos solenes de defesa pública de tese[133].

A Academia dos Humanistas e Retóricos tinha por função praticar exercícios cujo objetivo era formar para a eloquência, através de esclarecimentos de pontos obscuros do ensino e de exercícios práticos, tendo em vista as artes de discursar, declamar, realizar improvisos, proceder debates sob a forma de acusação e defesa, assim como de outras possíveis modalidades de repetição[134].

---

132   A Regra 1 das Regras da Academia expressa: "Sob o nome de Academia, entendemos a união de estudantes (distintos pelo talento e pela piedade), escolhidos entre todos os alunos, que, sob a presidência de um dos membros da Companhia, se congregam para entregar-se a certos exercícios relacionados aos assuntos". E sobre as qualidades dos membros da Academia, a Regra 3 diz: "Nas virtudes cristãs e na piedade, na aplicação aos estudos e na observância da disciplina escolar, deverão os membros da Academia avantajar-se a todos os outros estudantes e servir-lhes de modelo".

133   Proposições que se encontram nas Regras da Academia dos Filósofos e Teólogos.

134   Regra 3 da Academia dos Humanistas e Retóricos.

LIVRO I – AVALIAÇÃO DA APRENDIZAGEM ESCOLAR: DO PASSADO PARA O PRESENTE

A Academia dos Gramáticos tinha por objetivo proceder exercícios de gramática relativos a um autor ou àquilo que havia sido estudado em sala de aula. Nessa Academia, deviam realizar-se, também, disputas que poderiam envolver memória, estilo de oratória e de expressão oral, variação de frases, traduções de uma língua para outra, gramática grega, entre outros assuntos[135].

Em síntese, a participação nas Academias era um privilégio e uma honra devido ao fato de que à elas só tinham acesso os estudantes com os melhores desempenhos escolares; além disso, era uma instância pedagógica, onde esses "melhores estudantes" tornavam-se mais refinados na doutrina e nas habilidades de debater e polemizar.

Por último, os prêmios. Ainda, no contexto de estimular aqueles que manifestassem os melhores desempenhos escolares, os autores da Ratio Studiorum criaram os prêmios, destinando a eles um capítulo especial, denominado "Normas para a Distribuição de Prêmios".

A definição dos prêmios estava inserida nas prescrições relativas às Classes de Estudos Inferiores, isto é, Gramática, Humanidades e Retórica. Seriam sempre premiados os dois estudantes que manifestassem os melhores desempenhos em prosa, poesia latina e poesia grega, assim como para os dois que "melhor tivessem aprendido a doutrina cristã"[136].

Para a distribuição dos prêmios, os estudantes deveriam se submeter a provas escritas realizadas especificamente com essa finalidade. Para a realização dessas provas, havia necessidade de data e tempo determinados, com todos os rigores necessários para impedir possíveis fraudes, tais como proibição de conversa com vizinho durante a prova, evitar o uso das habilidades do vizinho. Além disso, haviam regras para o recebimento e guarda das provas depois de realizadas, Banca de Julgamento, critérios de julgamento, sigilo[137].

---

135 Regras 1, 2, 3 da Academia dos Gramáticos.

136 Regra 1 das Normas de Distribuição de Prêmios.

137 Os cuidados com a objetividade eram tantos que vale a pena citar a Regra relativa aos critérios de julgamento, tendo em vista verificar o quanto havia de busca para a delimitação da conduta. A Regra 9 das Normas de Distribuição de Prêmios diz: "No julgamento deverá ser preferido o que escreveu com melhor estilo, ainda que outros tenham escrito mais. Se alguns forem iguais na qualidade e no estilo, preferir-se-á o que escreveu mais. Se ainda nisto forem iguais, seja vencedor o que se avantage na ortografia. Se na ortografia e no mais empatarem, dê-se o prêmio ao de melhor caligrafia. Se em tudo forem iguais, os prêmios poderão ser divididos, multiplicados ou tirados em sorte. Se algum levar aos outros a palma em todas as espécies de composição, receberá também os prêmios de todas".

PARTE A – AVALIAÇÃO DA APRENDIZAGEM ESCOLAR NAS PEDAGOGIAS TRADICIONAIS

Para distinguir os vencedores e servir de emulação para si mesmos e para os pares, a distribuição dos prêmios deveria ser feita com o máximo de solenidade. A respeito disso, a Regra 11 das Normas de Distribuição de Prêmios definia que, "no dia marcado, com a maior solenidade e assistência possível, leiam-se publicamente os nomes dos vencedores e cada um dos chamados levantar-se-á no meio da assembleia e receberá com toda honra os seus prêmios".

A solenidade de distribuição dos prêmios, do ponto de vista da emulação, era assumida como mais importante do que a própria obtenção do prêmio. Aquilo que valia mais era a divulgação do prêmio a fim de que a condecoração de um estudante servisse de estímulo aos outros. A premiação em público era valorizada a tal ponto que, se um estudante, merecedor do prêmio, não se apresentasse à solenidade e não justificasse sua ausência, que deveria ser anteriormente comunicada e acolhida pelos Superiores, perdia o direito de recebê-la[138]. No caso, a publicidade da recepção do prêmio era, praticamente, mais importante que a sua obtenção, desde que, no ver dos autores da *Ratio Studiorum*, multiplicava os efeitos do estímulo sobre outros estudantes.

A solenidade de premiação assumia tal importância que fora descrita com minúcias, estabelecendo inclusive as expressões verbais que deveriam ser utilizadas no momento da premiação, assim como estabelecendo que, a cada prêmio distribuído, um coral deveria cantar uma breve estrofe, própria para a situação[139].

Devido ao fato da emulação ser muito importante na educação jesuítica, não se deveria perder a ocasião de mencionar também aqueles que haviam se aproximado da qualidade do desempenho dos premiados, razão pela qual seus nomes deveriam ser declinados[140] imediatamente após a premiação daqueles que obtiveram os primeiros lugares na classificação.

---

138   A Regra 11 das Normas para Distribuição de Prêmios diz: "Se faltar alguém, sem licença dada pelo Prefeito, por justas causas reconhecidas pelo Reitor, perderá o direito ao prêmio, ainda que bem merecido".

139   Regra 12 das Normas para a Distribuição dos Prêmios, expressa: "O Leitor chamará um dos premiados, mais ou menos com esta fórmula: 'Para maior glória e progresso das letras e de todos os alunos deste ginásio, mereceu o primeiro, o segundo, o terceiro etc. prêmio em prosa latina, poesia grega, N..'. Entregue, então, o prêmio ao vencedor, acompanhando geralmente com uma brevíssima estrofe adaptada à circunstância e que, se possível, será logo entoada pelos cantores".

140   Regra 12 das Normas para Distribuição de Prêmios diz: "Por último, leia também os nomes dos que mais se aproximaram dos vencedores, aos quais se poderá também atribuir alguma distinção".

LIVRO I – AVALIAÇÃO DA APRENDIZAGEM ESCOLAR: DO PASSADO PARA O PRESENTE

Além dos prêmios entregues com solenidade em decorrência da classificação do estudante na competição geral da qual participara, cada professor, em suas turmas regulares de ensino, deveria utilizá-los para estimular os pares daqueles que viessem a ser premiados[141].

Quanto aos estímulos por reconhecimento de méritos, os jesuítas previam ainda a colaboração de estudantes na atividade pedagógica. Só os considerados melhores nos desempenhos escolares poderiam vir a ser escolhidos para esse processo de colaboração. No caso, entre os considerados melhores estudantes de uma turma, eram selecionados o *decurião* e o *censor*; o primeiro deveria auxiliar o professor na correção de exercícios, assim como na tomada de lições dos seus pares; o segundo deveria exercer seu papel, cuidando da disciplina no âmbito das condutas dos seus pares.

Merecia ser *decurião* o estudante que tivesse atingido o nível cognitivo e emocional mais satisfatório entre os colegas, segundo os critérios estabelecidos na época, razão pela qual poderia ser o auxiliar do professor no acompanhamento e na ajuda aos colegas. O título de *decurião* era um prêmio concedido aos estudantes que manifestassem os desempenhos mais satisfatórios nos estudos. A possibilidade de exercer a função, por si, acreditava-se, estimularia investimentos na sua conquista. Exigia-se preparação para que o estudante pudesse assumir esse papel como auxiliar do professor.

O *censor* ou *pretor* era uma função atribuída a um dos estudantes, que tinha por finalidade servir ao processo disciplinar do Colégio, chegando a ser responsável pela denúncia de falhas de companheiros. Nessa função, o estudante passava a atuar como uma autoridade[142].

---

141   Regra 36 do Prefeito de Estudos das Classes Inferiores dispõe: "Procure, também, que, além dos prêmios públicos, os professores estimulem em suas aulas os alunos com prêmios particulares, ou outros estímulos dados pelo Reitor do Colégio e que sejam merecidos por quem venceu o adversário, repetiu ou aprendeu de cor um livro inteiro, ou realizou algum outro esforço notável".

142   Regra 37 do Prefeito de Estudos das Classes Inferiores diz: "Segundo o costume de diversas regiões, nomeie em cada classe um censor público, ou, se não soar bem o nome de censor, um decurião chefe ou pretor, e para que seja mais respeitado pelos condiscípulos deverá ser distinguido com algum privilégio e terá o direito de impor, com a aprovação do mestre, algumas penas menores aos companheiros. Será ainda seu ofício observar se algum discípulo passeia pelo pátio antes do sinal, se entra em outra aula, ou deixa a própria aula ou lugar. Leve também ao conhecimento do Prefeito os que faltam cada dia; se alguém, que não é estudante, entrou em aula; enfim, qualquer falta cometida em aula, na ausência ou na presença do professor".

PARTE A – AVALIAÇÃO DA APRENDIZAGEM ESCOLAR NAS PEDAGOGIAS TRADICIONAIS

Todavia, os próprios autores da *Ratio Studiorum* manifestaram dúvidas sobre a aceitação dessa função por parte dos pares do estudante que a assumisse. Nesse contexto, definiram que: "se não soar bem o nome de censor, [nomeie] um decurião chefe ou pretor...". Prescreveram a função, porém, tinham dúvidas de sua aceitação pública pelos colegas.

Em sua didática, os jesuítas lançaram mão de todos os recursos administrativos e pedagógicos disponíveis na época para formar os estudantes segundo o seu modelo de educação. Para tanto, buscaram as múltiplas e eficientes mediações acima relatadas. Em todas elas, a avaliação, como parceira do gestor da ação, tinha o seu lugar, à medida que, em todas as decisões acima descritas, o ato de avaliar como investigação da qualidade da realidade estava presente e seu resultado subsidiava as múltiplas decisões tomadas em relação aos estudantes como um todo, assim como em relação a cada estudante individual.

5. Concluindo este estudo a respeito da avaliação da aprendizagem na Pedagogia Jesuítica

As proposições da *Ratio Studiorum* para a administração da avaliação da aprendizagem no ensino foram estabelecidas de forma comprometida com a filosofia norteadora da instituição religiosa Companhia de Jesus, assim como com seus encaminhamentos para uma prática pedagógica eficiente. Os jesuítas se propunham a ensinar para que os estudantes efetivamente aprendessem. Parece óbvia essa afirmação, contudo, hoje, em nosso cotidiano escolar nem sempre "ensina-se para que *todos aprendam*".

A proposta pedagógica, exposta na *Ratio Studiorum,* tinha como filosofia seu comprometimento com a doutrina católica, ao lado da eficiência na prática cotidiana de ensino. Essa proposta visava formar, de um lado, os religiosos para a própria Ordem e, de outro, cristãos leigos competentes e defensores da fé católica. Esse era o desejo do fundador da Ordem dos Padres Jesuítas, cuja proposta foi assumida por educadores vinculados aos variados Colégios implantados em múltiplas localidades do mundo.

A Pedagogia Jesuítica foi estruturada para responder, *de modo eficiente,* às necessidades religiosas católicas presentes no século XVI. Nesse período, a Igreja Católica, do ponto de vista religioso, sofria de modo direto os impactos da Reforma Protestante, sob a liderança de Martinho Lutero, e sofria socialmente, de modo mais abrangente, os impactos da emergência da sociedade moderna, tanto sob a ótica de uma nova

LIVRO I – AVALIAÇÃO DA APRENDIZAGEM ESCOLAR: DO PASSADO PARA O PRESENTE

dimensão a respeito da liberdade individual de pensar, escolher e agir, como sob a ótica da acumulação primitiva do capital[143].

Do ponto de vista religioso, a realização do Concílio de Trento, entre 1545 e 1563, representou um testemunho claro da reação da Igreja Católica às forças religiosas emergentes do Protestantismo. Então, a Ordem Religiosa Jesuítica nasceu no contexto da Contra-Reforma, dedicada à formação cognitiva, moral e religiosa dos seus estudantes, mas também dos cidadãos em geral.

Como podemos concluir daquilo que estudamos ao longo do presente capítulo, o desejo expresso nas linhas da *Ratio Studiorum* era garantir a eficiência no ensino e na aprendizagem dos estudantes que comporiam os diversos quadros de profissionais necessários para atender, em primeiro lugar, às atividades da Ordem Religiosa no seio da Igreja Católica e, depois, à sociedade como um todo.

No que nos interessa no Livro I desta publicação – compreender a avalição da aprendizagem na prática educativa ao longo do tempo –, recordamos que a *Ratio Studiorum* definiu para as Classes de Estudos Inferiores três recursos: a seleção dos estudantes para ingresso nesse nível de escolaridade; a Pauta do Professor como meio de acompanhamento e reorientação constante dos estudantes no decurso do ano letivo com foco na eficiência de sua aprendizagem; e os Exames Gerais, que deveriam ocorrer ao final de cada ano letivo, como recurso de promoção dos estudantes de uma classe para a subsequente. Para o Ensino Superior, por seu turno, a *Ratio Sudiorum* estabeleceu os exames seletivos tendo em vista tanto o ingresso como a permanência nesse nível de escolaridade, assim como definiu as atividades de seu acompanhamento ao longo desse período de estudos acadêmicos e, por fim, definiu os exames que deveriam ocorrer ao final de cada ano letivo.

Hoje, em nosso presente Sistema de Ensino, para o ingresso na escolaridade básica, de maneira comum, usa-se como critério o fator idade da criança; a Pauta do Professor, como expressão do cuidado com a aprendizagem dos estudantes no decurso do ano letivo, praticamente desapareceu; e o número de vezes em que os estudantes são submetidos às provas/exames multiplicou-se. Em consequência, nos

---

143   O desenvolvimento da sociedade capitalista se deu em três fases: da acumulação primitiva do capital, que vai do início da Idade Moderna até o início da industrialização; do capitalismo industrial, que atravessa a fase da implantação da indústria; e do capitalismo financeiro, momento em que vivemos, desde finais do século XIX, quando se supõe que dinheiro gera dinheiro e se esquece das múltiplas exclusões sociais em âmbito nacional e internacional, que estão na base do capitalismo.

PARTE A – AVALIAÇÃO DA APRENDIZAGEM ESCOLAR NAS PEDAGOGIAS TRADICIONAIS

encontramos, neste momento da história, diante de uma exacerbada exclusão social, via escola, por meio de múltiplas e, por vezes, sucessivas reprovações.

Na realidade educacional brasileira, distando pouco mais de quatro séculos da publicação da *Ratio Studiorum*, entre a primeira série do Ensino Fundamental e a conclusão do Ensino Superior, a perda de estudantes chega, estatisticamente, em torno de oitenta por cento, um pouco mais ou um pouco menos a depender do ano, ou seja, de cada 100 (cem) estudantes que ingressam na primeira série do Ensino Fundamental, dezesseis ou dezessete anos depois, a depender do curso universitário, aproximadamente 20 (vinte) estudantes, ou menos que isso, chegam ao fim do percurso escolar regular, obtendo um diploma universitário. Um dado devastador do ponto de vista da inclusão social via a escola.

Frente a esse dado, importa ter presente que o modelo de sociedade – o capitalista –, no qual vivemos, não tem a igualdade social como seu projeto. Nesse contexto, nem todos os cidadãos podem ou devem atingir o padrão social de forma semelhante; como também não podem ou não devem atingir o mesmo padrão de formação escolar. Então, somente alguns chegarão ao diploma universitário, patamar básico da formação no Ensino Superior[144].

A eficiência, representada pela Pauta do Professor na *Ratio Studiorum*, ao longo do tempo, desapareceu e sobraram os exames múltiplos e sucessivos, denominados, hoje, em nossas escolas, de provas. A Pauta do Professor tinha uma *filosofia inclusiva*, cujo princípio foi se perdendo ao longo do tempo e cedendo lugar ao predomínio dos exames e provas. A filosofia inclusiva – à época da publicação da *Ratio Studiorum*, representada pela Pauta do Professor – cedeu lugar à seletividade mediante múltiplas e sucessivas reprovações escolares.

A Pedagogia Jesuítica definida e estruturada para atender eficientemente às necessidades e aos objetivos da Igreja Católica, no século XVI e na posteridade, não se deu – nem poderia se dar – em um vazio histórico-social, como afinal nada se dá na sociedade humana. No caso, vagarosamente, suas proposições foram sendo tragadas e modificadas pela sociedade do capital e, desse modo, passaram a servir aos seus interesses. Então, alguns estudantes, no limite das necessidades da manutenção do modelo de sociedade, atingirão sua formação final; outros ficarão pelo caminho.

---

144 Após a obtenção do diploma de graduação no Ensino Superior, ainda existem as possibilidades dos Cursos de Especialização, Mestrado e Doutorado. Contudo, a meta mínima é a obtenção de um Diploma de Graduação no Ensino Superior.

Para esse modelo de sociedade, são, pois, úteis as silenciosas e múltiplas reprovações daqueles que têm acesso à escola.

Nesse contexto, a Pauta do Professor e aquilo que ela significava, como mediação para um ensino-aprendizagem qualitativamente significativo, desapareceu; ficaram os exames, acrescentando as "médias de notas", que não significam, de forma alguma, "aprendizagens significativas minimamente necessárias"; simplesmente significam "médias de notas"[145].

Valeria a pena que nós educadores que atuamos no ensino, da Creche à Universidade, fizéssemos a opção por trabalhar para que todos os nossos estudantes aprendam e, por isso, se desenvolvam; com tal expediente, poderíamos viver em uma sociedade minimamente mais saudável, desde que propiciando – a todos – recursos para a busca da igualdade de condições de vida.

Nesse contexto, o ato de avaliar a aprendizagem na prática educativa – se executado de modo adequado tanto do ponto de vista epistemológico como metodológico – será o parceiro de todos e de cada um de nós educadores e educadoras deste país, seja nos sinalizando que nossa ação pedagógica já produziu a qualidade desejada no que se refere à aprendizagem de todos os nossos estudantes, seja nos sinalizando que ela ainda não produziu a qualidade desejada. Diante de resultados negativos obtidos, se for do nosso desejo, a avaliação nos sinalizará a necessidade de investir mais e mais no ensino-aprendizagem tendo em vista a qualificação satisfatória por parte de *todos os nossos estudantes*; não somente de alguns.

O ato avaliativo, epistemologicamente, tem por objetivo revelar a qualidade da realidade, no caso, da aprendizagem dos estudantes; já a tomada de decisão, em decorrência dos dados revelados, está nas mãos dos gestores do ensino, sendo um deles nós professores ou professoras em sala de aula. Importa, pois, ter presente que

---

145 Importa ter presente que "média de notas" não significa "aprendizagem *medianamente* satisfatória", mas simplesmente "média de notas". Para exemplificar, um estudante que, no conteúdo aritmético "adição", obteve nota 10.0 (dez) e , no conteúdo "subtração", obteve nota 2,00 (dois), terá como "média de notas" o valor 6,0 (seis). No caso, essa "nota escolar 6,0" revela que esse estudante teria aprendido os dois conteúdos um pouco acima da média. Todavia, a nota 6,0 (seis), obtida dessa forma, do ponto de vista da efetiva aprendizagem dos dois conteúdos, é enganosa, à medida que ela, como "média de notas", contém os dados relativos à aprendizagem *satisfatória* em adição, assim como os dados relativos à aprendizagem *insatisfatória* em subtração. O estudante que vier a se encontrar nessa situação, ainda que não tenha aprendido subtração, estará aprovado também nesse conteúdo pela "média de notas" e não pelos conhecimentos e habilidades adquiridos.

PARTE A – AVALIAÇÃO DA APRENDIZAGEM ESCOLAR NAS PEDAGOGIAS TRADICIONAIS

nós, educadores e educadoras em sala de aula, podemos fazer a diferença, mesmo diante de condições adversas. Vale a pena insistir.

A avaliação da aprendizagem *contínua* – representada na Pedagogia Jesuítica pela Pauta do Professor – é um recurso essencial para o diagnóstico e para a reorientação do desempenho dos estudantes. A Pauta do Professor expressa um convite a todos os educadores e a todas as educadoras para que invistamos mais, e mais, na aprendizagem de nossos estudantes, sempre em busca da sua plena satisfatoriedade. Esse, afinal, é o destino da avaliação: subsidiar, mediante uma prática investigativa da qualidade da realidade, decisões em busca do sucesso de nossas ações; aqui, no caso, ações pedagógicas escolares.

Ao lado da Pauta do Professor, havia, na Pedagogia Jesuítica, os exames escolares escritos e orais, *realizados por uma única vez no decurso do ano letivo,* ao seu final, tendo em vista os procedimentos de promoção, ou não, do estudante para a classe (série) subsequente. Historicamente, pós-século XVI, em nossa prática escolar cotidiana, sobraram exclusivamente os exames sucessivos, que podiam ser utilizados – e usualmente o são – de maneira excludente. Reprovações sucessivas excluem os estudantes da escolaridade, como, afinal, registramos na introdução do presente livro.

Encerrando o presente estudo que abordou a Pedagogia Jesuítica, importa lembrar que a *Ratio Studiorum,* documento que subsidiou o estudo realizado e exposto no capítulo, foi elaborado no decurso da segunda metade do século XVI e tornado público no último ano desse século, ano de 1599. Com sua riqueza, vem subsidiando práticas educativas significativas já por um pouco mais de quatrocentos anos.

Acreditamos que importa aprender com o estudo desse documento o uso construtivo da prática pedagógica, seja em suas proposições gerais para o ensino-aprendizagem, seja para as práticas da avaliação da aprendizagem, foco de atenção do presente livro. Ensino-aprendizagem ativos e uma prática avaliava subsidiária de decisões construtivas, como tivemos oportunidade de constatar ao longo das páginas dedicadas a essa proposta pedagógica.

Abordar a Pedagogia Jesuítica, presente na *Ratio Studiorum* represente um estudo e, ao mesmo tempo, um convite para todos nós educadores a nos servirmos dos atos avaliativos como atos-parceiros a nos sinalizar a importância do nosso investimento na efetiva aprendizagem de todos os nossos estudantes, recurso do seu desenvolvimento e, em consequência disso, de cidadania para todos nós.

Como autor deste escrito e como educador, cremos que vale a pena aprender a lição da Pauta do Professor, isto é, usar o ano letivo como recurso de ensino e de aprendizagem satisfatórios para *todos* os estudantes.

PARTE A – AVALIAÇÃO DA APRENDIZAGEM ESCOLAR NAS PEDAGOGIAS TRADICIONAIS

CAPÍTULO **2**

AVALIAÇÃO DA APRENDIZAGEM ESCOLAR NA PEDAGOGIA DE JOÃO AMÓS COMÊNIO

Conteúdo do capítulo – Introdução, p. 116; **1.** Avaliação da aprendizagem escolar em Comênio, p. 121; **1.1.** Avaliação da aprendizagem no Ensino Superior, p. 121; **1.2.** Avaliação da aprendizagem nas Classes da puerícia e da adolescência, p. 125; **1.2.1.** Na obra *Didática Magna*, p. 125; **1.2.2.** Na obra *Leis para a boa ordenação da escola*, p. 133; **2.** Concepção pedagógica de Comênio como contexto de sua proposta para a avaliação da aprendizagem escolar, p. 136; **2.1.** Concepção pedagógica de Comênio, p. 136; **2.2.** Organização escolar e curricular, p. 143; **2.3.** Recursos metodológicos para o ensino, p. 146; **2.3.1.** A ordem como recurso fundamental para ensinar e aprender, p. 146; **2.3.2.** Proposições pedagógicas para o ensino-aprendizagem eficientes, p. 149; **2.3.3.** O uso da emulação e dos castigos, p. 152; **2.3.4.** Sobre monitores, livros didáticos e leituras, p. 154; **2.3.5.** Observações gerais sobre a proposta comeniana para a prática educativa escolar, p. 155; **3.** Avaliação da aprendizagem e proposta pedagógico-didática de Comênio, p. 156.

Introdução

A segunda configuração pedagógica importante no contexto das Pedagogias Tradicionais e que tem um tratamento sobre avaliação da aprendizagem, tema que nos interessa neste estudo, foi sistematizada pelo bispo protestante João Amós Comênio[146], nascido em 1592 e falecido em 1670. Tchecoslovaco, pertencente à comunidade dos Irmãos Morávios[147], formulou uma sistematização da Pedagogia no momento da emergência da Modernidade. Entre suas compreensões fundamentais para as práticas educativas escolares no seio desse período histórico estava a avaliação da aprendizagem, que nos interessa diretamente nesta publicação.

Vale ressaltar que Comênio, talvez, tenha sido o primeiro educador a considerar que, para além da aprendizagem individual dos estudantes, era importante também a eficiência do Sistema de Ensino. Em função disso, estabeleceu prescrições para a avaliação da aprendizagem como também para a avaliação do Sistema de Ensino[148].

Formulou uma concepção pedagógica e propôs encaminhamentos didáticos para o ensino, cuja importância foi – e ainda é – reconhecida por todos os teóricos da educação, assim como por todos os historiadores da Pedagogia. Foi um homem do seu século, viveu suas contradições, pensou e propôs modos de ser, que, estavam, simultaneamente, vinculados ao passado e abertos ao futuro.

Na época em que Comênio viveu, a burguesia emergente, através das viagens marítimas, descobrira novas fontes de especiarias e novos mercados consumidores,

---

146   O nome original desse educador, na Língua Tcheca, sua língua materna, é Jan Amos Komenský, que aportuguesado tornou-se João Amós Comênio.

147   Comênio nasceu em 28 de março de 1592, na cidade de Uherský Brod (ou Nivnitz), na Morávia, região da Europa Central que pertencia ao antigo Reino da Boêmia, correspondendo, hoje, à parte oriental da República Tcheca. Viveu e estudou na Alemanha e na Polônia. Foi um dos primeiros defensores da universalidade da educação, conceito defendido em seu livro mais conhecido, *Didática Magna*. Aconselhava o aprendizado contínuo, por toda a vida, e o desenvolvimento do pensamento lógico, em vez da simples memorização dos conteúdos escolares. Introduziu, no ensino, livros e textos escritos na língua nativa dos estudantes, em vez de latim. Viveu em diversos países, incluindo a Suécia, a comunidade Polaco-Lituana, a Transilvânia, o Sacro Império, a Inglaterra, os Países Baixos e o Reino da Hungria. Perdeu os pais e as irmãs aos 12 anos e foi educado por uma família de seguidores da Igreja Morávia. Sua educação não fugiu aos padrões da época: aprendeu a ler, a escrever e a contar em um ambiente rígido, onde predominava a figura do professor. Na Academia Herborn, na Alemanha, cursou teologia, adquirindo uma vasta cultura enciclopédica. Faleceu em 15 de novembro de 1670, em Amsterdã, Holanda. (Dados obtidos em: (https://pt.wikipedia.org/wiki/Comenius).

148   Só viemos a estar atentos à qualidade do Sistema de Ensino no último quartel do século XX, com as denominadas avaliações de larga escala; e, no Brasil, a partir dos anos 1980.

PARTE A – AVALIAÇÃO DA APRENDIZAGEM ESCOLAR NAS PEDAGOGIAS TRADICIONAIS

assim como, em terras europeias, inventara uma nova forma de produzir bens com a utilização de novos instrumentos de trabalho. No caso, a roca fora substituída pela máquina de fiar e o tear manual substituído pelo tear mecânico; acontecimentos que se deram no seio de novas relações de produção, as relações capitalistas. Vivia-se, então, a Era Industrial nascente. Por sobre tudo isso, um vento novo varria as velhas formas de pensar e produzir conhecimentos, abrindo caminhos à ciência emergente.

No tempo em que Comênio viveu e expôs suas compreensões pedagógicas, também viveram e expuseram seus modos de pensar e suas descobertas personagens do porte de *Galileu Galilei* (1564-1642), que, entre outros inventos, desenvolveu os primeiros estudos sistemáticos sobre o movimento uniformemente acelerado e melhorou significativamente o telescópio refrator, contribuindo, de modo especial, para a constituição do método científico, daí ser considerado o "pai da ciência moderna"; do porte de *William Harvey* (1578-1657), que descobriu a circulação do sangue; do porte de *Francis Bacon* (1561-1626), que publicou a obra *Novum Organum*, em 1620, na qual tratou da importância do conhecimento científico na vida prática, rompendo com a metafísica antiga e medieval, como modos abstratos de compreender o mundo e a vida; do porte de *René Descartes* (1596-1650), que publicou o *Discurso do método*, em 1637, criando um novo ponto de partida para a construção do conhecimento seguro, abrindo, desse modo, novas possibilidades à prática da investigação; do porte de *Blaise Pascal* (1623-1662), que insistiu no uso da experimentação como recurso seguro para a construção da ciência. Comênio, afinal, viveu em um momento histórico no qual portas novas se abriam tanto para o conhecimento como para o agir.

A *Didática Magna*, sua principal obra, publicada em 1632, expressa, de um lado, os novos ventos que sopravam nas diversas áreas do conhecimento, da ação e da vida humana, e, de outro, as possibilidades de um ensino eficiente *para todos* no âmbito da instituição escolar nascente.

Nessa obra, Comênio, do ponto de vista epistemológico, revelou-se um realista, desde que, sob a influência das compreensões expostas por Francis Bacon, considerava que a aprendizagem das crianças e dos jovens deveria se dar a partir das "coisas mesmas", das "coisas reais", por meio da percepção direta e imediata. Essa compreensão rompia pedagogicamente com a visão metafísica clássica, em especial, a platônica e a aristotélica. Tinha, ainda, como meta trabalhar para que *todos* aprendessem a ler e a escrever, tendo em vista atender às necessidades religiosas nas quais estava inserido. Como um bispo protestante, desejava que todos os cidadãos aprendessem a ler para aproximar-se de Deus por meio da leitura da Bíblia e da apropriação dos seus ensinamentos.

Como herdeiro dos saberes epistemológicos emergentes no momento histórico em que viveu, importava para ele, do ponto de vista do conhecimento, estar atento aos "fatos reais" ou às "coisas mesmas". Em consequência dessa postura, ao se referir aos atos de ensinar e aprender, mantinha a pergunta: No ensino, "ao invés de usar livros mortos, por que não abrir o livro da natureza?". A seu ver, a juventude não deveria ser ensinada por meio das "sombras das coisas" (os livros), mas sim por meio das coisas mesmas (a realidade). O mestre de ofício, em vez de fazer uma exposição oral a seus discípulos sobre o que iriam aprender, deveria colocar em suas mãos ferramentas de trabalho e ensiná-los a usá-las. Desse modo, assumia o princípio de que "só fazendo se pode aprender a fazer"; "só escrevendo se pode aprender a escrever"; "só pintando se pode aprender a pintar"... Afinal, seria necessário voltar-se para as coisas mesmas. Aprender praticando.

Com essa compreensão, Comênio representou uma ruptura com o pensamento metafísico abstrato ainda vigente e socialmente predominante no momento em que a sociedade moderna emergia.

Então, de um lado, estava aberto aos novos tempos e ao seu modo de ser e, de outro, atinha-se ligado às ideias teológicas e educativas de Martinho Lutero, ex-religioso católico que entendia que a educação deveria salvar o gênero humano de suas mazelas, de seus erros e de sua escuridão. Nesse contexto histórico-social e religioso, Comênio assumiu que a educação deveria formar o cidadão sábio, virtuoso e piedoso, que, segundo seu modo de ver, seria o cidadão da sociedade dos novos tempos.

A visão cristã ocidental era a doutrina de fundo do seu pensamento religioso, moral e educativo. Mantinha-se fiel aos fins teológicos e religiosos cristãos da formação humana e, entre as expressões que revelam esse posicionamento, estão afirmações tais como: "O fim último do homem é a sua felicidade eterna"; "Os primeiros olhares da criança se elevarão ao céu; os primeiros movimentos das [suas] mãos tenderão ao alto; seus primeiros balbucios proferirão o nome de Deus e de Cristo"; "A Santa Escritura é para todas as escolas cristãs o alfa e ômega das coisas".

Em matéria de saber e ciência, Comênio era um homem do seu tempo; em matéria religiosa, estava vinculado às heranças bíblico-cristãs. Daí que propunha uma prática educativa aberta aos modos de ser dos tempos novos, porém, ainda tradicional do ponto de vista que valorizava a doutrina, a ordem e a disciplina historicamente constituídas.

Os escritos de Comênio são múltiplos e podem ser divididos entre conteúdos práticos e teóricos, assim como religiosos. Entre os escritos que trazem abordagens práticas, estão os manuais de ensino, e, entre os escritos com abordagens teóricas, do ponto de vista pedagógico, a mais importante é a *Didática Magna* – cujo subtítulo é *ou da arte universal de ensinar tudo a todos* –, publicada na língua tcheca no ano de 1632 e traduzida para o latim no ano de 1657. Além de sua atenção voltada para a educação, o autor foi um fecundo pensador teológico, publicando meditações, discursos e estudos[149].

Comênio é considerado um pedagogo tradicional em função de pensar a educação centrada na ordem e na disciplina[150], ainda que estivesse aberto ao momento histórico em que vivia, a emergência da Modernidade.

No presente capítulo, iremos nos ater, de modo predominante, aos conteúdos do livro *Didática Magna* pelo seu significado na construção do pensamento pedagógico do autor, como na construção de um pensamento pedagógico mundial[151]. Essa obra contém a exposição dos fundamentos de sua compreensão pedagógica, assim como a configuração dos recursos metodológicos que propôs para o ensino.

A obra está constituída de uma introdução e mais trinta e três capítulos sequenciados, que podem ser divididos em cinco partes, a partir dos seus conteúdos:

1) a concepção do ser humano e sua educabilidade (capítulos de I a VII);

2) a escola, sua necessidade e sua significação (capítulos VIII a XII);

3) a didática com seus princípios e recursos metodológicos (capítulos XIII a XIX);

4) o modo de ensinar conteúdos específicos (capítulos XX a XXIV);

5) o plano de ordenação da vida escolar (capítulos XXV a XXXIII).

---

149   Joaquim Ferreira Gomes – tradutor e apresentador da edição da *Didática Magna* feita pela Calouste Goulbenkian, em 1957, na comemoração dos trezentos anos de sua primeira edição em latim – fez uma longa lista das obras de Comênio. Poder-se-ia dizer que são inumeráveis. Caso o leitor possa ter interesse nesse registro, buscar João Amós Comênio, *Didáctica Magna*, Fundação Calouste Gulbenkian, Lisboa, 1957, páginas 5-41.

150   Jesús Palacios, em seu livro *La Cuestión Escolar,* p. 18, não tem nenhuma dúvida em classificar Comênio como um pedagogo tradicional. Diz ele: "Dentro del mismo siglo XVII, Comênio pone los cimientos de una reforma pedagógica, publicando, em 1657, *su Didactica Magna o tratado del arte universal de enseñar todo a todos.* Detengámonos un momento en el análisis del ideario pedagógico de Comenio y Ratichius, a los que se suele considerar como fundadores de la pedagogía tradicional que persistirá durante siglos".

151   João Piobeta, em um capítulo intitulado "João Amós Comênio", publicado na coletânea *Grandes Pedagogistas,* de autoria de Jean Chateau, p. 118, diz que a *Didática Magna* é "o primeiro ensaio importante de sistematização da pedagogia". Joaquim Ferreira Gomes, citado em nota anterior, na Introdução à tradução da *Didática Magna*, edição de 1957, p. 32-33, diz que esta obra "é, sem dúvida, o primeiro tratado sistemático de pedagogia, de didática e de sociologia escolar".

Na apresentação do livro, Comênio, além de anunciar a obra, faz uma síntese de sua compreensão a respeito da educação. O seu objetivo principal era formar o cristão sábio, virtuoso e piedoso através de um saber universal. Para tanto, propôs recursos didáticos que, segundo ele, eram conformes à natureza e suficientes para proceder um ensino seguro com redução de tempo e fadiga, tanto para quem se dedicava a ensinar, quanto para quem se dedicava a aprender.

Do seu ponto de vista, era importante formar o ser humano sábio pela aquisição do saber universal, virtuoso pela aquisição das condutas moralmente corretas e piedoso pela aprendizagem da temência a Deus. Em síntese, Comênio tinha uma proposta de formação do estudante pelo saber, pela virtude e pela piedade; em sua linguagem, propriamente uma *pansofia*, isto é, um saber universal integrado.

A confiança na efetividade de suas proposições estava assentada nos recursos metodológicos que propunha para o ensino e para a aprendizagem. Nesse contexto, acreditava que todos poderiam aprender todas as coisas com alegria, sem fadiga e no menor espaço de tempo possível, sendo que alguns aprenderiam mais que outros. Pela educação, segundo sua compreensão, todos se transformariam em cidadãos que dirigiriam suas vidas e suas ações com entendimento e razão.

Também faremos uso – ainda que com menos intensidade – da obra publicada em 1653, sob o título *Leis para a boa ordenação da escola* (em latim: *Leges scholae bene ordenatae*), exposição direta, uma pauta para as condutas pedagógicas, dirigida aos educadores da Escola de Saron Patak, Tchecoslováquia, na qual definiu, de modo sucinto e específico, as questões relativas ao ordenamento escolar, incluindo o tema que nos interessa diretamente: a avaliação da aprendizagem[152].

No presente capítulo, daremos atenção, em primeiro lugar, às compreensões de Comênio a respeito da avaliação da aprendizagem e da avaliação do Sistema de Ensino, presentes na obra *Didática Magna*, e, subsequentemente, daremos atenção à exposição dos entendimentos sobre avaliação da aprendizagem presentes na obra *Leis para a boa ordenação da escola*, acima citada.

Como veremos, ele assumiu a avaliação como parceira do educador em seus atos de ensinar e parceira do estudante em seus atos de aprender.

---

152   Em 1653, Comênio publicou as *Leges scholae bene ordenatae (Leis para a boa ordenação da escola)*, contendo normas para a administração da Escola de Saron Patak, obra que, na sua forma sucinta e direta, se assemelha à *Ratio Studiorum,* como uma normatização para a vida escolar. São normas para um correto funcionamento da escola, segundo o olhar do autor.

PARTE A – AVALIAÇÃO DA APRENDIZAGEM ESCOLAR NAS PEDAGOGIAS TRADICIONAIS

1. Avaliação da aprendizagem escolar em Comênio

Na *Didática Magna* não se encontram tópicos com prescrições específicas a respeito da avaliação da aprendizagem escolar, assim como sobre a avaliação em educação como um sistema. Na obra *Leis para a boa ordenação da escola* (*Leges scholae bene ordenatae*), encontra-se um tópico denominado "Disposições sobre os exames" no qual o autor definiu os momentos em que os exames deveriam ser utilizados na prática escolar, assim como os seus objetivos. Vale observar que, no presente estudo, não faremos uso sistemático dessa segunda publicação; no caso, nos serviremos exclusivamente da abordagem referente à avaliação da aprendizagem.

Nas entrelinhas da *Didática Magna*, encontramos múltiplas indicações de como Comênio concebia a prática da avaliação na vida escolar; por outro lado, importa estarmos cientes de que ele não se serviu da expressão "avaliação". O uso desse termo é recente no espaço teórico-prático da educação escolar, como sinalizamos na Introdução deste livro. Juntamente com a exposição dos recursos metodológicos para o ensino satisfatório, o autor configurou também as atividades que, hoje, denominamos de avaliação da aprendizagem e de avaliação do Sistema de Ensino.

A promoção do estudante entre as séries escolares, no ver de Comênio, deveria ser uma consequência direta da sua aprendizagem satisfatória. Contudo, mesmo nesse contexto pedagógico positivo, podemos verificar que, aqui e acolá, os atos avaliativos (no caso, exames) foram propostos como recursos de disciplinamento do estudante.

A atenção do autor estava, em primeiro lugar, centrada na aprendizagem dos estudantes como recurso de sua formação e, consequentemente, de sua promoção entre as classes escolares. Os atos avaliativos, segundo seu ver, do lado do professor, deveriam subsidiar a correção dos erros e viabilizar os atos de ensinar; do lado do estudante, deveriam auxiliá-lo a aprender, sem fadiga e com eficiência. Também propôs a avaliação como subsídio para aprovar/reprovar os estudantes em sua vida escolar, como veremos.

Para Comênio, não importava, prioritariamente, selecionar os melhores estudantes, mas *atender a todos* mediante um ensino eficiente. Todos os cidadãos deveriam aprender com eficiência os conteúdos curriculares estabelecidos como necessários, a fim de que pudessem viver como cidadãos sábios, virtuosos e piedosos, segundo os preceitos do segmento religioso ao qual pertencia.

O capítulo XXXII da *Didática Magna* é, segundo o próprio autor, um resumo de suas proposições para a organização da escola[153], e nele se encontram indicações a

---

153   No início desse referido capítulo, *Didática Magna,* p. 455, Comênio diz: "Discorremos largamente acerca da necessidade e do modo de reformar as escolas. Não será fora de propósito que façamos o resumo, quer dos nossos votos, quer dos nossos conselhos, é o que vamos fazer".

LIVRO I – AVALIAÇÃO DA APRENDIZAGEM ESCOLAR: DO PASSADO PARA O PRESENTE

respeito do uso da avaliação da aprendizagem – dos "exames", em conformidade com a denominação da qual se servia o autor – como auxiliar de decisões para a efetiva aprendizagem dos estudantes e sua consequente promoção entre as classes escolares.

O autor insistiu na questão de que o estudante deveria aprender bem aquilo que era ensinado, advindo dessa compreensão a necessidade de o professor servir-se de um método satisfatório para o ensino, chegando mesmo a afirmar que, caso o estudante não viesse a aprender, a responsabilidade seria do professor. No que se refere à *promoção* entre as classes (séries) escolares, Comênio transferiu essa responsabilidade para os exames públicos, tanto nos níveis iniciais da escolaridade como no nível superior, portanto, externos à sala de aula.

Iniciaremos o tratamento da fenomenologia da avaliação em Comênio pelas considerações relativas ao Ensino Superior e, a seguir, as considerações relativas à Escola da Puerícia e da Adolescência.

1.1. Avaliação da aprendizagem no Ensino Superior

No que se refere ao Ensino Superior, denominado por Comênio de "Academia", ele não abordou propriamente o acompanhamento dos estudantes no decurso do ano letivo, mas por duas vezes discorreu sobre a questão dos exames: uma vez, tratando da seleção dos candidatos à Academia; em outra, tratando da conclusão dos cursos desse nível de escolaridade.

Importa ter presente que Comênio não centrou sua atenção no Ensino Superior, ainda que tenha formulado a pergunta: "Que mal há em se abordar esse tema [a Academia], para dizer quais são os nossos votos a seu respeito?". Deixou claro que sua proposta metodológica, prioritariamente, "não se estend[ia] até a Academia". Foi nesse contexto que escreveu um pequeno capítulo sobre esse segmento de formação do estudante, no qual apresentou indicações a respeito da verificação de seus méritos tanto para o ingresso como para a conclusão dos estudos.

Na primeira vez em que abordou a questão dos exames para o Ensino Superior tomou como referência a *seleção dos candidatos* para ingresso nesse âmbito de estudos, considerando que deveriam ingressar na Academia somente aqueles que efetivamente tivessem destinação para os estudos mais avançados, pois, a seu ver, nem todos podiam ter acesso a esse nível de escolaridade. No seu entendimento, só alguns estudantes se destinariam a ele; destinação que, de certa forma, segundo seu ver, seguia a natureza. Para Comênio, os seres humanos já nasciam destinados;

PARTE A – AVALIAÇÃO DA APRENDIZAGEM ESCOLAR NAS PEDAGOGIAS TRADICIONAIS

alguns tinham como meta as atividades culturais superiores, outros destinavam-se aos serviços simples do cotidiano[154].

Observar que, com essa compreensão, consciente ou inconscientemente, Comênio respondia ao modelo emergente de sociedade do capital no momento em que vivia. Ainda que propusesse a educação para todos, apresentou, no que se refere aos Estudos Superiores, as reservas próprias do modelo de sociedade do capital, que se constituiu *pari passu* com a Modernidade. No contexto da sociedade do capital, em conformidade com seu modelo teórico próprio, nem todos podem ou devem atingir os níveis mais sofisticados da escolaridade e do conhecimento, no caso, os Estudos Superiores. Nisso, Comênio foi um homem de sua época; na verdade, de nossa época, à medida que, se a sociedade contemporânea capitalista não faz discurso semelhante, o pratica de forma idêntica, excluindo muitos estudantes, uma maioria ao longo da escolaridade, de tal forma que não vivenciem a experiência do Ensino Superior; daí não podendo obter uma diplomação própria desse nível de ensino.

Em sua compreensão do Ensino Superior, havia a exigência de uma seleção prévia dos estudantes que manifestassem o desejo de ingressar nesse nível de ensino e, então, propôs que, ao final da Escola Clássica, que se destinava a atender aos estudantes dos doze aos dezoito anos de idade, se fizesse um exame que selecionasse aqueles que deveriam seguir para a Academia; processo seletivo para ingresso no Ensino Superior que, hoje, denominamos de vestibular. A esse respeito, Comênio expressou que:

> Seria (...) de aconselhar que[,] no tempo da escola clássica, fosse feito, pelos Diretores das escolas, um exame público às capacidades dos alunos, para que pudessem deliberar quais os jovens que deviam ser enviados para a Universidade, e quais os outros que deviam destinar-se aos outros gêneros de vida; e, igualmente, de entre aqueles que fossem destinados a prosseguir nos estudos, quais os que deveriam se dedicar à Teologia, ou à Política, ou à Medicina etc..., tendo em conta as suas inclinações naturais e ainda as necessidades da Igreja e do Estado[155].

---

154 A página 448 da *Didática Magna* diz: "Os trabalhos da Academia prosseguirão mais facilmente e com maior sucesso, se, em primeiro lugar, para lá forem enviados só os engenhos mais selectos, a flor dos homens; os outros enviar-se-ão para a charrua, para as profissões manuais, para o comércio, para o que, aliás, nasceram".

155 *Idem.*, p. 449. Esse exame, destinado a selecionar os estudantes que iriam para o nível Superior de Ensino, assemelhava-se ao nosso vestibular. Ou seja, desde o alvorecer da Modernidade, há um comprometimento, no campo da atividade educativa, com a seletividade; situação que vivemos hoje de forma exacerbada.

No contexto do uso do ato avaliativo, ainda que tivesse como meta a educação para todos, Comênio defendia a seletividade no acesso ao Ensino Superior mediante provas. Em conformidade com o texto da *Didática Magna*, o acesso à Academia seria uma forma de estimular os estudantes engenhosos para as diversas áreas necessárias da ação humana na vida social[156]. A prescrição dessa seleção era uma forma, segundo seu ver, de disciplinar a entrada dos estudantes nos níveis superiores da escolaridade.

De alguma forma, esse encaminhamento teórico respondia ao modelo de distribuição da população pelos segmentos sociais socialmente estratificados, ou seja, poucos completariam a formação acadêmica com sua culminância no Ensino Superior. Por si, certamente que Comênio, no contexto de sua formação religiosa e dos princípios filosóficos que o guiavam, não era um *defensor consciente* da sociedade do capital, porém a seletividade era – e continua sendo – uma posição típica desse modelo social.

Além do exame para o acesso à Academia, Comênio propunha que se submetesse o estudante do Nível Superior *a um exame geral, ao final dos seus estudos,* por meio de uma "disputa" para verificar sua efetiva formação, tanto na teoria como na prática, e, dessa forma, verificar se detinha as condições mínimas necessárias para receber o título que aspirava. Expressou, na *Didática Magna*, o rigor a ser levado em conta nesse exame da seguinte forma:

> Se não se quer apenas uma paródia, mas autênticas disputas, para a colação de graus acadêmicos, será convenientíssimo que o candidato (ou vários ao mesmo tempo) se coloque, sem o seu moderador, no meio da sala. E, então, os mais doutos e os mais versados na prática proponham-lhe [ao candidato] que faça tudo o que julgarem melhor para verificar o seu progresso teórico e prático.
>
> Por exemplo, questões várias, tiradas de um texto (da Sagrada Escritura, de Hipócrates, do Código de Direito etc.), perguntando-lhe: onde vem escrita esta, ou aquela, ou aqueloutra coisa? Como pode estar de acordo com isto ou com aquilo? Conhece algum autor que está em acordo com isto ou com aquilo? Conhece algum que está em desacordo? Qual e que argumentos apresenta? E como resolver a questão? E outras coisas semelhantes. Quanto à prática, proponham-se ao candidato vários casos: de consciência, de doença, de processos. E pergunte-lhe como procederia neste ou naquele caso? E por que procederia assim?

---

156   *Idem.*, p. 449: "Convém estimular os engenhos heroicos para tudo, para que não faltem homens que saibam muito (polimateis) ou que saibam tudo (pamateis) ou que sejam sábios em tudo (pansofoi)".

PARTE A – AVALIAÇÃO DA APRENDIZAGEM ESCOLAR NAS PEDAGOGIAS TRADICIONAIS

Insista-se [continua Comênio] com novas perguntas e com novos casos, até que se torne evidente que ele [o estudante] é capaz de emitir juízo acerca das coisas, sabiamente e com verdadeiro fundamento[157].

Acreditava Comênio que a expectativa desse exame final – cuja forma de realização seria de conhecimento público – motivaria os estudantes a se dedicarem aos estudos e a se prepararem para ele. No seu ver, a existência objetiva desse exame geraria nos estudantes a expectativa antecipada dos seus resultados e os levaria a se preparar para ele. Segundo sua compreensão, a perspectiva de resultados negativos geraria, pelo temor, a busca de resultados positivos. A pergunta formulada na exposição a respeito desse exame revela como Comênio o compreendia de forma ameaçadora: "Quem não esperaria que os alunos poriam toda a diligência no estudo, se soubessem que teriam de enfrentar um exame tão público, tão sério e tão severo?"[158].

Revela-se, nessa pergunta, que Comênio, um pedagogo preocupado com a efetividade da ação educativa – desde que propôs a "arte universal de ensinar tudo a todos" –, de modo contraditório, pintou esse exame com um ar de ameaça, fator que supostamente conduziria os estudantes a se dedicarem mais e mais aos estudos e à aprendizagem. Aqui, parece que ele seguia um padrão de conduta comum à época em que viveu, um disciplinamento externo ao indivíduo.

1.2. Avaliação da aprendizagem nas Classes da puerícia e da adolescência

1.2.1. Na obra *Didática Magna*

Quanto à promoção de uma classe para a outra, nos níveis de ensino da *puerícia e da adolescência*, no capítulo "Da Organização Universal e Perfeita das Escolas", abordando a questão do ano letivo, Comênio deixou clara a necessidade da promoção dos estudantes de uma classe para a imediatamente superior *por meio de exames finais*. Contudo, vale também sinalizar que ele deixou explícito seu desejo, em primeiro lugar, de que todos os estudantes *aprendessem e fossem promovidos*[159].

---

157   *Idem.*, p. 452. (N. A.) A paragrafação da citação foi alterada pelo autor deste livro.

158   *Idem.*, 453.

159   *Idem.*, p. 462: "Seria necessário, portanto, que todas as escolas públicas se abram e se encerrem uma vez por ano, para que [,] em cada ano, o programa de cada classe possa ser desenvolvido e *todos os alunos* (a não ser que a deficiência mental de cada um o impeça) *[serem] conduzidos em conjunto para a meta, sejam promovidos à classe superior*" (grifo nosso).

LIVRO I – AVALIAÇÃO DA APRENDIZAGEM ESCOLAR: DO PASSADO PARA O PRESENTE

Os procedimentos indicados para o processo de *promoção escolar entre as classes* foram os exames públicos, realizados pelos Inspetores Escolares, portanto, por uma autoridade externa à sala de aula e, pois, externa à relação professor-estudante, inclusive à própria escola. Nesse contexto, o autor admitia o Inspetor Público como o responsável por esses procedimentos. Não podemos nos esquecer, aqui, que os protestantes atuaram na perspectiva de que o poder público tomasse a educação popular em suas mãos, daí decorrendo também sua responsabilidade na realização dos exames.

Os exames administrados por um poder externo à relação pedagógica, além de possibilitar a promoção do estudante de uma classe para a subsequente, no ver de Comênio, eram uma oportunidade de sagração do professor e do estudante, desde que podiam, mediante essa prática, demonstrar a qualidade dos resultados obtidos em decorrência de suas respectivas atuações. Os exames oficiais, para Comênio, demonstrariam publicamente que "tudo o que devia ser aprendido foi, de fato, bem aprendido".

A prática dos exames finais, segundo essa normatização, definida institucional e regimentalmente, disciplinaria as condutas tanto dos professores como dos estudantes, desde que exigiria investimentos na ação pedagógica, de ambas as partes, para a obtenção da qualidade desejada nos resultados da aprendizagem em decorrência de uma consistente prática educativa escolar cotidiana.

O texto-síntese sobre a organização da escola, do qual vimos nos servindo, foi elaborado por Comênio através de uma comparação entre o modo de imprimir um livro e o modo de formar um estudante. Por isso, ao abordar esses referidos exames finais como ato de verificação geral da aprendizagem do estudante em sua vida escolar, ele comparou o estudante formado com o livro pronto; segundo sua expressão, ambos ao nível de serem "expedidos". O livro pronto demonstraria, no caso, a composição gráfica, o estudante pronto, por seu turno, demonstraria que aprendera aquilo que deveria ter aprendido e, por isso, pronto para atuar na vida social. Nesse contexto, a compreensão de Comênio foi expressa da forma como se segue:

> Por último, terminada a tiragem do livro, recolhem-se todas as folhas impressas e põem-se em ordem, para que possa ver-se claramente se os exemplares estão completos e íntegros, sem defeitos e em estado de serem expedidos e postos à venda, de serem lidos e utilizados. Isto mesmo farão os exames públicos, no fim do ano, quando os inspetores das escolas verificarem o aproveitamento dos alunos, para constatarem a sua solidez e a sua coesão, que são a prova de que tudo o que devia ser aprendido foi, de fato, completamente aprendido[160].

---

160   *Idem.*, p. 464-465.

PARTE A – AVALIAÇÃO DA APRENDIZAGEM ESCOLAR NAS PEDAGOGIAS TRADICIONAIS

Quanto à avaliação da aprendizagem *no decorrer do processo de ensino e aprendizagem* durante o ano letivo nas Classes de Estudos Inferiores, o autor insistiu, em diversas ocasiões, que o professor deveria ser o auxiliar do estudante.

Após demonstrar por meio de exemplos cotidianos que a natureza constrói os resultados de que necessitava, ajudando-se "a si mesma de todas as maneiras", Comênio assumiu que o professor que não seguisse esse caminho não seria um bom professor. Para ele, o professor deveria estar atento e cuidar para que os estudantes efetivamente aprendessem. O ofício do professor, no seu ver, era o de trabalhar para que os resultados da aprendizagem fossem produzidos de modo efetivo; tarefa da qual – para sustentar o título de professor – não podia se eximir.

Nesse contexto, o autor expressou sua compreensão a respeito dos cuidados que o professor deveria ter com a aprendizagem dos estudantes servindo-se de uma alegoria, assim como das considerações que se seguem. Disse ele:

> Por exemplo, ao ovo não falta o seu calor vital, mas, apesar disso, o pai da natureza, Deus, providencia que ele seja ajudado tanto pelo calor do sol como pelas penas da ave que o choca. Mesmo depois da avezinha sair do ovo, e até que disso tenha necessidade, a mãe conserva-a aquecida, forma-a e fortalece-a, de vários modos para a função da vida. E, a esse propósito, podemos ver de que modo as cegonhas vão em ajuda às cegonhinhas, deixando que elas lhe subam para cima e transportando-as de regresso ao ninho, ainda que tenham de agitar as asas. (...)

> É, por isso, cruel o professor que, tendo marcado aos alunos um trabalho, não os esclarece bem no que ele consiste, nem mostra como ele deve ser feito, e, muito menos, os ajuda enquanto tentam fazê-lo, mas os obriga a estar ali a suar em sofrer sozinhos, e, se fazem qualquer coisa menos bem, torna-se furioso. Mas que é isto senão a verdadeira natureza da juventude? Seria o mesmo que se uma ama obrigasse o bebê, que ainda vacila, a manter-se em pé, a caminhar expeditamente, e, se o não fizesse, o obrigasse a andar a força de bastonadas. *A natureza ensina-nos outra coisa, a saber, que se deve tolerar a fraqueza, enquanto não vem a força*[161].

O que importava no ensino, segundo o autor, era subsidiar o estudante para

---

161   *Idem.*, p. 244-245. (N. A.) O grifo é nosso. Vale observar, nesse texto de Comênio, que, em sua época também nem sempre os docentes estavam disponíveis para efetivamente cuidar dos estudantes, uma vez que ele convida os professores a não atuarem de forma impositiva e autoritária, porém sim cuidadosa.

LIVRO I – AVALIAÇÃO DA APRENDIZAGEM ESCOLAR: DO PASSADO PARA O PRESENTE

que ele próprio construísse sua aprendizagem. O professor, ao seu ver, deveria agir em conformidade com a natureza e circundar o estudante de condições para que cumprisse seu destino de aprendiz. Não bastava expor um assunto e uma habilidade a serem aprendidos; era preciso cuidar para que efetivamente fossem adquiridos, tanto o assunto quanto a habilidade. Nesse contexto, em sua obra, continuou Comênio fazendo recomendações que deveriam ser tomadas a sério, caso o desejo fosse de que os estudantes efetivamente aprendessem. Ele deixou claro que se deveria evitar os castigos no que se refere à aprendizagem dos conhecimentos ensinados. Então, afirmou ele:

> Daqui para o futuro, portanto:
>
> I. Por causa da instrução, não se inflija nenhum açoite. (Efetivamente se não se aprende, de quem é a culpa senão do professor, que não sabe ou não se preocupa em tornar o aluno dócil?).
>
> II. Tudo aquilo que deve ser aprendido pelos alunos deve ser-lhes apresentado e explicado tão claramente, que os tenham presente como os cinco dedos das próprias mãos.
>
> III. A fim de que todas essas coisas se imprimam mais facilmente, utilize-se o mais que puder os sentidos[162].

Afirmou ainda o autor que, do lado do estudante, seria importante que manifestasse aquilo que aprendera para que nada ficasse *como se tivesse sido aprendido, sem que isso tivesse ocorrido*. Neste sentido, acenava ser a avaliação um suporte ao controle da qualidade da aprendizagem e uma possibilidade de reorientação imediata: "Os estudantes, por sua vez, devem aprender, ao mesmo tempo, a expor as ideias com a língua e a exprimi-las por meio de gestos, de modo que não se dê por terminado o estudo de nenhuma matéria, senão depois de ela *estar suficientemente impressa nos ouvidos, nos olhos, na inteligência e na memória*"[163].

Para o autor, segundo as páginas de *Didática Magna*, era preciso que os ensinamentos no saber, na virtude e na piedade penetrassem no ser dos estudantes. Ao professor caberia, pois, de um lado, a tarefa de efetivamente ensinar para que eles aprendessem, e, de outro, a tarefa de investigar, mediante manifestações objetivas,

---

162 *Idem.*, p. 245.

163 *Idem.*, p. 245.

PARTE A – AVALIAÇÃO DA APRENDIZAGEM ESCOLAR NAS PEDAGOGIAS TRADICIONAIS

se eles aprenderam. Ao professor, então, cabia ensinar, avaliar, decidir e insistir na aprendizagem até que ela se apresentasse como uma conduta permanente no modo de ser do estudante.

A consequência disso tudo era que o professor deveria servir-se dos atos avaliativos para que o estudante pudesse manifestar se aprendera, ou não, aquilo que lhe fora ensinado; caso não tivesse aprendido, seria preciso corrigi-lo e reorientá-lo, até que pudesse manifestar que aprendera os conteúdos ensinados.

No capítulo XVIII da *Didática Magna*, sob o título "Fundamentos para ensinar e aprender solidamente", Comênio abordou a prática do ensino com implicações para a avaliação e a correção dos desvios da aprendizagem.

Ao discutir nesse capítulo o tema "A natureza vivifica-se e robustece-se a si mesma com movimento constante", tratou da questão dos exercícios necessários à aprendizagem, emergindo a importância de se proceder a investigação da qualidade daquilo que fora aprendido por parte dos estudantes. Numa de suas múltiplas indicações, o autor teceu o comentário que transcrevemos a seguir, no qual se encontra presente a necessidade da identificação e da consequente correção dos desvios por meio da repetição.

> Mas isto far-se-á comodamente e, sem dúvida, com utilidade para um maior número de pessoas, se o professor de cada classe instituir, entre os seus alunos, este maravilhoso gênero de exercício, do modo seguinte: em qualquer aula, depois de brevemente apresentada a matéria a aprender, e de explicado claramente o sentido das palavras, e mostrada abertamente a aplicação da matéria, mande-se levantar qualquer um dos alunos, o qual (como se fosse já professor dos outros) repita, pela mesma ordem, tudo o que foi dito pelo professor; explique as regras com as mesmas palavras; mostre a sua aplicação por meio dos mesmos exemplos. Se acaso erra, o professor deve corrigi-lo.
>
> Depois, mande-se levantar outro para fazer o mesmo, enquanto todos os outros estão a ouvir; e, depois, um terceiro e um quarto, e, quando for necessário, *até que se veja que todos compreenderam bem a lição e já são capazes de a repetir e de a ensinar* (grifo nosso)[164].

Nesse texto, Comênio abordou a questão da exercitação reiterativa necessária à aprendizagem, todavia, aí também se fez presente a investigação e o controle da qualidade da aprendizagem, à medida que esses exercícios revelariam ao professor

---

164   *Idem.*, p. 268-269. (N. A.) A paragrafação foi introduzida no texto original do autor.

LIVRO I – AVALIAÇÃO DA APRENDIZAGEM ESCOLAR: DO PASSADO PARA O PRESENTE

a dimensão da qualidade da aprendizagem do estudante, dado que subsidiaria sua reorientação, caso fosse necessária.

Os exercícios indicados, no texto acima, possibilitariam ao estudante a internalização e a formação de condutas devido ao fato de que a avaliação, como investigação da qualidade da aprendizagem, subsidiaria a decisão de uma insistência na mesma atividade caso se constatasse essa necessidade. Então, ainda que o autor não tenha falado diretamente em avaliação, insistia nela como recurso que possibilitaria a prática de um ensino em busca da qualidade satisfatória.

A forma de exercício proposta servia, segundo o próprio Comênio, para variados objetivos, entre os quais, dois tocavam diretamente o tema da avaliação da aprendizagem: a) gerar o processo de atenção permanente nos estudantes; b) possibilitar a verificação dos erros e a consequente correção.

Vale, aqui, sinalizar que o autor, em seus tratamentos da prática de ensino, insistia na necessidade da espontaneidade por parte do estudante e no seu prazer no ato de aprender, todavia, também sugeria práticas de ensino e de avaliação que incluíam a utilização de uma ameaça como recurso para criar o hábito da atenção no estudante enquanto era submetido ao processo de ensino e aprendizagem; hábito este que deveria acompanhar o estudante pela vida como um todo.

Nesse contexto, para disciplinar a atenção e a personalidade do estudante, Comênio não teve dúvida de lançar mão *do medo* e *da ansiedade* como recursos pedagógicos úteis. O que importava, no caso, era disciplinar. Comentando a proposta de ensino contida na citação anterior, o autor acrescentou observações sobre a validade do temor que essas condutas gerariam nos estudantes, trazendo, a seu ver, como consequência uma aprendizagem satisfatória.

Essa espécie de exercício – acrescentou ele – trará notável utilidade:

I. O professor tornará os alunos sempre atentos às suas palavras. Com efeito, uma vez que, logo a seguir, qualquer deles deverá levantar-se e repetir toda a lição e, por isso, cada um temerá tanto por si como pelos outros e, de boa ou de má vontade, terá os ouvidos atentos para não deixar que nada lhe escape. Esse treino da atenção, reforçado pelo exercício de alguns anos, tornará o jovem desperto para todas as ocupações da vida.

II. O professor poderá verificar melhor se todas as regras expostas foram bem entendidas por todos; se assim não aconteceu, fará as devidas correções, com grande vantagem para si e para os alunos[165].

---

165   *Idem.*, p. 269.

PARTE A – AVALIAÇÃO DA APRENDIZAGEM ESCOLAR NAS PEDAGOGIAS TRADICIONAIS

Observar que no item I da citação anterior, Comênio revela, de um lado, ter clareza sobre a necessidade da exercitação e sobre a criação de hábitos a partir da exercitação contínua; porém, de outro lado, vale a pena observar também que ele não teve dúvidas em recomendar recursos de ensino que gerassem o medo habitual na criança e no jovem, supondo que o medo seria um recurso educativo.

Criar o medo era – e continua sendo ainda hoje – um recurso comum utilizado na educação escolar, familiar e social, para conseguir a submissão da criança ou do jovem às determinações do adulto. Segundo Comênio, ocorreria a atenção e a aprendizagem em decorrência do temor por possíveis sanções.

Vale observar ainda que o item II da citação acima, por seu turno, positivamente sinaliza o aspecto saudável da exercitação sob a orientação de um professor cuidadoso e desejoso de que seus estudantes aprendam os conteúdos ensinados. Uma vez que constate uma aprendizagem insatisfatória e que tenha o desejo de garanti-la com a qualidade satisfatória por parte do estudante, o professor deverá fazer "as devidas correções, com grande vantagem para si e para os alunos".

Recomendação semelhante estava exposta na oitava regra, que o autor estabeleceu para o ensino de ciências. Afirmou ele, então: "Insista-se sobre cada matéria até que ela seja perfeitamente compreendida. Nada acontece num instante, pois tudo o que acontece, acontece graças ao movimento e o movimento implica sucessão. Deve, portanto, demorar-se com o aluno em qualquer parte do saber, até que a tenha aprendido bem e saiba que a sabe. Conseguir-se-á isso inculcando, examinando e repetindo, até que as coisas estejam bem fixas na mente"[166].

Comênio assumiu compreensão equivalente quando tratou do *método para ensinar as artes*. Demonstrou, novamente, que a avaliação e a subsequente correção ocorrem no próprio processo de ensino-aprendizagem. Afirmou ele que o ensino da arte – tema que estava tratando em determinado momento de sua obra – requeria:

I – [a] utilização devida destas três coisas (modelo, matéria sobre a qual se imprime a forma, instrumentos para a execução do trabalho);

II – a sua direção prudente;

III – [os] exercícios frequentes.

Isto é, que se ensine o aluno onde e cada uma destas três coisas deve ser utilizada. E, enquanto as utiliza, a dirigi-las bem, para que não cometa erros; e, se acaso os comete, para que os corrija.

---

166   *Idem.*, p. 316-317.

Finalmente, para que deixe de errar, ensine-lhe a afastar-se dos erros, até que tenha aprendido a trabalhar com segurança, com rapidez e sem cometer erros[167].

Esse texto demonstra o quanto, para o autor, a avaliação da aprendizagem como investigação de sua qualidade tinha o papel de subsidiar o próprio processo de ensino, um suporte necessário para as tomadas de decisão por parte do educador na busca da construção do resultado que deseja produzir no estudante. A avaliação da aprendizagem, no contexto em que Comênio expôs seu método de ensino, foi assumida como um recurso subsidiário às decisões do professor na construção da aprendizagem satisfatória por parte do aprendiz.

A aprendizagem efetiva foi posta pelo autor como condição necessária à promoção do estudante de uma classe para outra. Ocorrendo a aprendizagem, a promoção adviria como uma decorrência imediata. Comênio estava predominantemente interessado na aprendizagem e, para isso, o professor deveria servir-se de todos os recursos disponíveis, até mesmo do medo, como vimos.

Retomando suas proposições sobre avaliação da aprendizagem, percebemos que o autor estava interessado na aprendizagem efetiva do estudante; daí a avaliação aparecer mais atrelada ao processo de ensino-aprendizagem propriamente dito do que aos exames, com caráter probatório. Os exames gerais se faziam necessários para promoção do estudante de uma classe a outra e não seriam nada ameaçadores se o ensino fosse efetivamente desenvolvido conforme suas proposições. Contudo, não podemos obscurecer o fato de que o autor não passou imune à polarização entre aprendizagem e exames, quando também entendeu que estes poderiam constituir um recurso que, por si, estimularia os estudantes à dedicação ao ato de aprender.

Em Comênio, é claro, estava presente o desejo de que os estudantes aprendessem, porém também estavam presentes os resquícios autoritários do seu tempo e das condições objetivas de vida na sociedade em que vivia. Por isso, a indicação do uso do medo e da ansiedade como mecanismos úteis para que os estudantes pudessem adquirir hábitos de atenção, inclusive a partir de imposições externas, através de ameaças explícitas ou veladas.

Afinal, a ameaça para que os estudantes se mantivessem atentos era uma forma de castigo antecipado, que, afinal, todos nós conhecemos por experiência própria quando estudantes. No contexto da ameaça, o estudante permaneceria atento por

---

167   *Idem.*, p. 319– 320

PARTE A – AVALIAÇÃO DA APRENDIZAGEM ESCOLAR NAS PEDAGOGIAS TRADICIONAIS

medo de, no espaço da aula, vir a ser chamado para responder questões ou para repetir a lição, o que significa a aquisição de um modo de ser e de agir a partir do exterior e não a partir do interior. Importa observar que, nesse ponto, Comênio estava compatibilizado com o meio social, religioso e educativo do seu tempo[168].

1.2.2. Na obra *Leis para a boa ordenação da escola*

Em 1657, Comênio publicou a obra *Leis para a boa ordenação da escola*[169], um ordenamento da prática educativa escolar estruturado como uma orientação para as atividades escolares cotidianas, no qual estão propostos os exames escolares como recursos de ensino-aprendizagem. Eles deveriam, segundo essas prescrições, ocorrer de modos múltiplos: por hora, diários, semanais, mensais, trimestrais e anuais. Porém, o autor também deixou claro que vários desses exames deveriam ser praticados na sala de aula mais como recurso para orientar a aprendizagem dos estudantes do que para praticar a promoção de uma classe a outra.

Os *exames realizados* a *cada hora* de aula seriam de responsabilidade do professor, que deveria estar focado no desempenho dos estudantes na sala de aula, de tal forma que permanecessem sempre atentos.

Os *exames diários* seriam da responsabilidade do decurião, que era um estudante mais avançado e que deveria cuidar dos seus pares, fazendo uma revisão dos conteúdos ensinados no decurso do deteminado dia letivo no qual estivesse atuando. Deveria praticar interrogações a todos, "a fim de que", nos termos de Comênio, "os conceitos aprendidos [ganhassem] raízes profundas nas mentes".

Os *exames semanais* seriam de responsabilidade de todos os estudantes, sendo realizados no último dia útil da semana sob a forma de competição entre todos; o estudante vencedor deveria ocupar o lugar de "vencedor" e o perdedor deveria ser rebaixado.

Já os *exames mensais* seriam realizados sob o comando do *Reitor da escola*, acompanhado do Pastor local e de algum Escolarca[170], para, mediante exame rigoroso, inspecionar, por meio da verificação da aprendizagem dos estudantes, se os programas de ensino estavam sendo realizados a contento.

---

168   Vale lembrar que estamos a quase quatrocentos anos depois de Comênio, contudo, esse recurso do medo, aqui e acolá, continua presente em nossas práticas escolares cotidianas.

169   Usamos a tradução da obra *Leges scholae bene ordenatae* realizada por de Giuliana Limiti, Studi i Testi Comeniani, Roma, Edizioni dell'Ateneo, 1965.

170   O Escolarca era um membro do Conselho Administrativo da escola.

LIVRO I – AVALIAÇÃO DA APRENDIZAGEM ESCOLAR: DO PASSADO PARA O PRESENTE

Os *exames trimestrais,* por seu turno, seriam realizados por dois Escolarcas e pelo Reitor para descobrir os estudantes com melhores desempenhos em suas aprendizagens e os mais brilhantes, assim como escolher aqueles que se destinariam às atividades teatrais. Situação na qual o professor da turma de estudantes estaria ausente.

Por último, os *exames anuais* seriam realizados ao final do ano letivo, no período do outono, sob a responsabilidade do Colegiado Pleno dos Escolarcas, para verificar, pelo desempenho dos estudantes nas provas, se o Programa de Ensino Anual fora cumprido e se essa atividade fora acompanhada, de modo satisfatório, por cada estudante individualmente, assim como pela coletividade dos estudantes da unidade escolar como um todo.

Quando fossem muitos os estudantes e não houvesse possibilidade de examiná-los todos, um a um, individualmente, Comênio recomendava que a esse exame fosse submetido um conjunto de estudantes escolhidos ao acaso. Se manifestassem bom desempenho, presumir-se-ia que os outros estariam em igual nível de aprendizagem; o que revelaria que o Programa fora praticado e bem cumprido.

Dessas colocações, o que podemos observar é que os exames denominados *por hora, diários, semanais* referiam-se propriamente à aprendizagem cotidiana dos estudantes, assim como ao seu desenvolvimento propriamente dito; os exames trimestrais e anuais estavam mais voltados para a verificação do cumprimento do Programa da escola; já os exames mensais estariam a meio caminho, ou seja, para verificar se os estudantes se apropriaram dos conteúdos ensinados e se os Programas foram cumpridos.

Em síntese, os exames propostos em períodos de tempo menos extensos estavam voltados fundamentalmente para a construção da aprendizagem; os exames realizados em espaços de tempo maiores estavam destinados, de modo predominante, à verificação do cumprimento dos programas, ainda que também para a promoção dos estudantes em sua escolaridade.

Comênio, na *Didática Magna,* se manifestou pedagogicamente mais preocupado com a aprendizagem dos estudantes que com a questão da promoção de uma classe para outra. Todavia, vale observar que a prática dos exames em conformidade com as variadas modalidades propostas, seguindo da modalidade diária à modalidade dos exames ao final do ano letivo, seguia na direção que vai do professor individual em sala de aula para as autoridades educacionais constituídas.

PARTE A – AVALIAÇÃO DA APRENDIZAGEM ESCOLAR NAS PEDAGOGIAS TRADICIONAIS

No que se refere aos responsáveis pelos exames, os *exames finais* deveriam ser realizados pelo Colégio Pleno dos Escolarcas, o que significava que esses exames eram da responsabilidade dos representantes da cidade, que formavam uma espécie de Conselho Curador do estabelecimento de ensino. Os *exames trimestrais* eram de responsabilidade do Reitor do estabelecimento de ensino e mais dois Escolarcas e os *exames mensais* eram de responsabilidade do Reitor e do Pastor local. Aos professores e estudantes, personagens diretamente interessados no processo ensino-aprendizagem, cabiam os *exames diários* e *semanais,* propriamente atividades de avaliação cotidiana da aprendizagem, tendo em vista sua reorientação, se necessária.

Observar que os exames, *propriamente ditos,* eram da responsabilidade da autoridade externa à sala de aula, tanto para promover os estudantes entre as classes de ensino, como para controlar a qualidade das atividades dos professores.

Retomar esse texto de Comênio nos conduz a reafirmar que, segundo a Filosofia Protestante, assumida por Lutero como por Comênio, *todo cristão* deveria aprender a ler de modo fluente e adequado, para entrar em contato direto com Deus mediante a leitura e o entendimento da Bíblia. Daí ser importante ter presente que os exames definidos para a promoção de uma classe à outra tinham por objetivo tanto auxiliar a aprendizagem como subsidiar o controle da qualidade do ensino; a exemplo dessa compreensão, podemos relembrar os exames do final do ano letivo, realizados pelo Colégio Pleno dos Escolarcas que deveria subsidiar decisões a respeito da qualidade do ensino praticado. Por meio dos exames, poder-se-ia saber se os Programas de Ensino teriam sido cumpridos, assim como a qualidade com a qual teriam sido praticados.

Em síntese, os exames realizados de modo intermitente, no entendimento de Comênio, seviriam para os objetivos da verificação de aprendizagem de cada estudante, tendo como consequência sua reorientação, se necessário; já os exames que ocorriam em períodos mais longos subsidiariam as autoridades educacionais a ter ciência do cumprimento, ou não, dos Programas de ensino.

A obra de 1657, *Leges scholae bene ordenatae* (Leis para o bom ordenamento da escola), definiu com mais especificidade os exames escolares, contudo, não perdeu a perspectiva filosófica estabelecida na obra anterior, *Didática Magna,* publicada em 1632, de privilegiar o ensino e a aprendizagem como perspectiva básica da escola, ainda que, aqui e acolá, a questão da ameaça e do medo tenham se feito presentes como recursos a serem utilizados na prática pedagógica.

2. Concepção pedagógica de Comênio como contexto de sua proposta para a avaliação da aprendizagem escolar

2.1. Concepção pedagógica de Comênio

A *Didática Magna* é um tratado de Didática que inclui, explicitamente, uma concepção pedagógica, assim como seus desdobramentos práticos para o ensino. Desse modo, os primeiros capítulos desse livro, de caráter teórico, foram destinados a definir o ser humano e sua educabilidade numa perspectiva universalizante, ainda que religiosa. Nos capítulos subsequentes, o autor introduziu as questões da prática pedagógica.

Comênio, nessa obra, manifestou sua preocupação com a doutrina religiosa como um meio de salvar o ser humano das mazelas do mundo. Para formar um ser humano sábio, virtuoso e piedoso, não admitia o uso de uma literatura que não servisse para a aquisição dos bons costumes. A prática educativa deveria, então, atuar na perspectiva de salvar o ser humano das mazelas do mundo tendo em vista a eternidade; desse modo, deveria subsidiar o ser humano na busca de uma vida melhor e mais saudável no presente, vivendo como um cidadão "iluminado pela razão".

Lourenço Luzuriaga afirma que Comênio, com sua proposta pedagógica, sintetizou os elementos básicos da sociedade e da cultura dos séculos XVI e XVII. Na *Didática Magna*, nas palavras desse autor, Comênio expressou e conjugou ao mesmo tempo "ideias religiosas e ideias realistas", o que implica, no ver desse autor, que ele "continu[ou], de certo modo, a corrente religiosa da Reforma e a empirista da Renascença", sendo que "a parte religiosa se refer[ia] mais aos fins da educação e a realista aos meios"[171].

Do ponto de vista religioso e moral, como pano de fundo filosófico de sua concepção de educação, Comênio tomou a visão judaico-cristã da vida; já do ponto de vista didático, ensaiou fundar os recursos metodológicos para o ensino no seio do nascente método experimental de construção da ciência. Neste último aspecto, parece ter sido influenciado por Francis Bacon, seu contemporâneo, quando insistiu, como este, que o conhecimento deveria dar-se a partir das coisas reais, através dos sentidos.

O objetivo de Comênio, ao produzir a *Didática Magna*, segundo suas palavras, foi constituir uma forma de ensinar e, consequentemente, de aprender, de modo seguro, sem fadigas e de maneira rápida, para a salvação do gênero humano. Referindo-se à

---

171 LUZURIAGA, Lourenço. *História da educação e da poesia*, p. 139.

PARTE A – AVALIAÇÃO DA APRENDIZAGEM ESCOLAR NAS PEDAGOGIAS TRADICIONAIS

importância de sua própria obra e, em especial, do tema que tratou – a educação –, considerava que todos deveriam dar a atenção necessária a esse assunto, "pois dele – no seu ver – depende a salvação de todo o gênero humano"[172].

Sua concepção pedagógica tinha – e tem – como pano de fundo a doutrina bíblica do homem que afirma que ele foi criado à "imagem d'Aquele que teve origem desde o princípio, desde os dias da eternidade"[173]. Porém, repetindo o entendimento comum sobre o pecado original, entendia que o ser humano, tendo sido criado à imagem do seu Criador e colocado no Paraíso cheio de delícias, pecou e, por isso, foi subtraído de seus benefícios[174].

Uma vez que, segundo a visão bíblica, o pecado foi cometido na origem da humanidade, no ver de Comênio, assim como de outros religiosos, todos trazem a marca desse pecado e são responsáveis por esse fato. No contexto desse entendimento, cada ser humano individual seria herdeiro do pecado denominado de "original", e, por isso, deveria carregar sua culpa pela vida afora. Porém, Deus, no ver do autor, na sua infinita bondade, segundo o relato bíblico, não recusou oferecer à humanidade a oportunidade de libertação desse pecado e sua consequente salvação. Então, de forma enfática, expressou seu pensamento salvacionista, dizendo:

> Seja glorificado e louvado e honrado e bendito para sempre o nosso misericordioso Deus que, embora nos tenha abandonado por um certo tempo, todavia, não nos deixou na solidão eterna; pelo contrário, manifestando a sua sabedoria, mediante a qual delineou o céu e a terra e todas as outras coisas, com a sua misericórdia fortificou, de novo, o seu abandonado paraíso, ou seja, o gênero humano; e assim, com o machado e a serra e a foice de sua lei, cortadas pelo pé e podadas as árvores meio mortas e secas do nosso coração, aí plantou novos rebentos escolhidos no paraíso celeste.

---

172   João Amós Comênio, *Didática Magna,* p. 40: "O assunto é realmente da mais séria importância e, assim como todos devem augurar que ele se concretize, assim também todos devem examiná-lo com bom senso e todos, unindo as suas próprias forças, o devem impulsionar, pois dele depende a salvação de todo gênero humano".

173   *Idem.*, p. 55.

174   *Idem.*, p. 56-57: "Mas que desventura foi a nossa! Estávamos no paraíso das delícias corporais e perdemo-lo, ao mesmo tempo, perdemos o paraíso das delícias espirituais, que éramos nós mesmos. Fomos expulsos para as solidões da terra, e tornamo-nos nós próprios uma solidão e um autêntico deserto escuro e esquálido. Com efeito, fomos ingratos para com aqueles bens, dos quais, no paraíso, Deus nos havia cumulado em abundância relativamente à alma e ao corpo; merecidamente, portanto, fomos despojados de uns e de outros, e a nossa alma e o nosso corpo tornaram-se o alvo da desgraça".

[E], para que esses pudessem pegar e crescer, irrigou-os com o seu próprio sangue e nunca mais deixou de os regar com vários dons do seu Espírito Santo, que são como que arroios de água viva e mandou também os seus operários, jardineiros espirituais, a tratar com cuidado fiel a nova plantação de Deus[175].

Para Comênio, como para a doutrina protestante em geral e também para a católica, nós carregamos a culpa original, mas, do ponto de vista protestante, como também católico, fomos redimidos pela ação do Redentor, Jesus Cristo. Redenção esta que necessita, segundo o ponto de vista comeniano, ser cultivada para que dê frutos. Segundo seu modo de compreender, o sacrifício de Jesus e a constituição de sua Igreja não foram suficientes para implantar definitivamente a salvação do gênero humano; então, seria necessário construí-la com nossa ação. Segundo sua expressão, o resgate do gênero humano, praticado pelo sacrifício de Jesus, exige também nossa ação pessoal.

Desse modo, no ver do autor, os homens não se reintegraram à sua verdadeira vida, nem mesmo com a ação da redenção e expressou esse entendimento com a seguinte afirmação: "Eis que Deus se lamenta, dizendo que também esta nova geração se abastardou"[176]. Em consequência disso, seria preciso agir para que a redenção pudesse se realizar, desde que as mazelas do mundo e da sociedade estão sempre presentes. Em conformidade com seu entendimento, tudo estava estragado e destruído. A pergunta feita por ele e sua imediata resposta revelam o entendimento catastrófico que mantinha a respeito do ser humano: "Na verdade, do que existe em nós ou do que a nós pertence, haverá algo que esteja no seu devido lugar ou no seu estado? Nada, em parte alguma. Invertido e estragado, tudo está destruído e arruinado"[177].

---

175   *Idem.*, p. 58. (N. A.) Paragrafação original modificada.

176   *Idem.*, p. 59.

177   Na sequência do texto acima citado da *Didática Magna*, p. 61, Comênio elenca as mazelas do mundo: "No lugar da inteligência, pela qual deveríamos nos igualar aos anjos, está, na maior parte de nós, uma estupidez tão grande que, precisamente como os animais brutos, ignoramos as outras coisas que mais necessidade temos de saber. No lugar da prudência, pela qual, sendo nós destinados à eternidade, deveremos preparar-nos para a eternidade, está um tão grande esquecimento não só da eternidade, mas até da morte, que a maior parte dos homens é presa de coisas terrenas e passageiras e até de iminentíssima morte. No lugar da sabedoria celeste, pela qual nos fora concedido reconhecer e venerar os aspectos ótimos das coisas ótimas e saborear, por isso, os seus frutos dulcíssimos, está uma repugnantíssima aversão àquele Deus que nos dá a vida, o movimento e o ser e uma estultíssima irritação contra a sua divina potência. No lugar do amor mútuo e da mansidão, estão ódios recíprocos, inimizades, guerras e carnificinas. No lugar da justiça, está a iniquidade, as injustiças, as opressões, os furtos e as rapinas. No lugar da castidade, está a impureza e a obscenidade dos pensamentos, das palavras e das ações. No lugar da simplicidade e da veracidade, estão as mentiras, as fraudes e os enganos. No lugar da humildade, está o fausto e a soberba de uns para com os outros".

PARTE A – AVALIAÇÃO DA APRENDIZAGEM ESCOLAR NAS PEDAGOGIAS TRADICIONAIS

Contudo, em suas palavras, apesar dessa infeliz geração que destruiu a si mesma em tal proporção, Deus garantiu ainda um duplo conforto para todos: primeiro, "prepar[ou], para os seus eleitos o paraíso eterno, onde readquirirão a perfeição e até uma perfeição plena mais sólida que aquela primeira perfeição, agora (...) perdida"[178]; e, segundo, "Deus costuma renovar, de tempos em tempos, mesmo aqui na terra, a sua Igreja, e transformar os desertos em jardim de delícias"[179].

Para que esse jardim de delícias fosse construído na passagem do ser humano pela terra, no ver do autor, seria necessário o concurso da nossa ação, e esta, por sua vez, deveria estar comprometida com a educação da juventude. Nesse sentido, afirmou Comênio: "sobre o solo, não há nenhum outro caminho mais eficaz para corrigir as corrupções humanas que a reta educação da juventude"[180]. E, para iniciar a construção desse novo mundo mediante a educação da juventude, para ele, não havia outro caminho a não ser voltar-se para a educação das crianças, porque "delas é o reino dos céus"[181].

Por serem as crianças os seres mais dóceis para receber os ensinamentos de Deus, segundo Comênio, haveria que se voltar para elas. Depois da redenção de Jesus Cristo, cada um poderia ser incluído na salvação, "[caso] não se exclu[a] a si mesmo pela incredulidade". A prioridade, porém, será voltar-se às crianças mediante a educação, devido ao fato de que elas ainda não teriam tempo suficiente de vida para serem atacadas pela incredulidade. Nesse sentido, disse o autor: "Resulta que as criancinhas, não estando ainda novamente manchadas, nem pelos pecados, nem pela incredulidade, são proclamadas herdeiras da herança patrimonial do reino de Deus, desde que saibam conservar a graça de Deus já recebida e manter-se limpas do mundo"[182].

Essa concepção da criança, como fonte da salvação, era nova no contexto da concepção pedagógica dominante à época histórica em que Comênio viveu. A criança –

---

178   *Idem.*, p. 61-62.

179   *Idem.*, p. 62.

180   *Idem.*, p. 62.

181   *Idem.*, p. 63.

182   *Idem.*, p. 64.

como todo e qualquer ser humano – era considerada corrompida desde sempre pelo pecado original. O autor não deixou de ter esse entendimento, porém introduziu uma compreensão nova à medida que admitiu voltar-se para as crianças devido sua inocência, não constitutiva, mas "histórica", desde que *ainda não teriam tido tempo de vida suficiente* para macular-se pela incredulidade que atinge os adultos. Esse entendimento revela uma abertura para tratar a "criança como criança", compreensão diversa da comum concepção de sua época, segundo a qual, a criança era assumida como um "adulto em miniatura", entendimento característico predominante nos séculos XVI, XVII e XVIII.

Regenerar um adulto habituado ao mal, segundo Comênio, seria difícil devido ao fato de que o hábito, como uma "segunda natureza", marca o ser humano, e "não há coisa mais difícil que voltar a educar um homem que foi mal-educado"[183]. Daí se infere a conclusão de que, para Comênio, só havia educabilidade plenamente viável na infância e na juventude. A sociedade adulta dificilmente teria alguma possibilidade de melhora em suas condutas e em seu modo de ser. Os educadores, pois, deveriam, então, projetar sua ação para as crianças; aqueles que projetarem trabalhar com adultos, no seu ver, perderão o seu tempo[184], justificou Comênio. O autor propôs a ação educativa, em especial, para a formação das crianças e dos jovens, uma vez que os adultos já teriam um modo de ser formado, fator que implicaria em dificuldade para a mudança de condutas.

Todavia, perguntou o autor, como executar essa educação da juventude, se vivemos em um "dilúvio de confusão mundial"? No passado, respondeu ele, os patriarcas serviam de pais, sacerdotes e professores, que, isolando seus filhos do mundo, dirigiam-nos ao bom caminho. Porém, "hoje" – ele viveu no século XVII –, "habitamos promiscuamente, os bons misturados com os maus, e o número de maus é infinitamente maior que dos bons". Então, no seu ver, haveria uma única solução viável para o gênero humano: criar escolas para educar a juventude. Nesse sentido, sua expressão foi:

---

183   *Idem.*, p. 65.

184   *Idem.*, p. 129. São múltiplas as alusões a esse entendimento. "Se se deve aplicar remédios às corruptelas do gênero humano, importa fazê-lo de modo especial por meio de uma educação sensata e prudente da juventude" (*Didática Magna*, p. 65); "Os mais jovens, ainda não subjugados pelo mundo, estão mais aptos para se habituarem ao jugo de Cristo que aqueles a quem o mundo já estragou e viciou, mantendo-os sob os seus graves tributos" (*Idem*, p. 66).

PARTE A – AVALIAÇÃO DA APRENDIZAGEM ESCOLAR NAS PEDAGOGIAS TRADICIONAIS

Se, portanto, queremos Igrejas e Estados bem ordenados e florescentes e boas administrações, primeiro que tudo, ordenemos as escolas e façamo-las florescer, a fim de que sejam verdadeiras e vivas oficinas de homens e viveiros eclesiásticos, políticos e econômicos. *Assim facilmente atingiremos o nosso objetivo*[;] *doutro modo, nunca o atingiremos*[185].

Para cumprir essa finalidade, a escola deveria estar atenta a três aspectos: instrução, moral e piedade. Esses elementos constituem os pontos basilares da proposta do autor para a prática educativa: pela instrução, se conhece o mundo; pela moral, se constrói a virtude; e, pela piedade, se aprende a amar e a venerar a Deus.

A natureza do ser humano, depois de regenerada por Jesus Cristo, estava pronta para voltar-se para o bem, mas era preciso, para tal, que fosse afastada do mal e, desde cedo, orientada para o bem. O ser humano, no ver do autor, por natureza é bom; mas essa bondade, como uma semente, precisa ser cuidada[186].

De inato, o ser humano só tem as sementes, o mais deverá ser construído; sentar-se, andar, ficar em pé, fazer as coisas, ser virtuoso... Tudo isso poderá ser aprendido. O ser humano sábio, virtuoso, piedoso poderá ser construído pela prática educativa. A natureza criada e regenerada por Deus, no caso, só oferece a base; o edifício deverá ser construído[187].

Ninguém escapa a esse caminho, no ver de Comênio. Ele assumiu que a educação era – e será – necessária para todos, tanto para aqueles que comandam – tais como reis, príncipes, magistrados, párocos, doutores da Igreja –, quanto para seus súditos. Aqueles que comandam deveriam aprender a comandar e aqueles que

---

185 *Idem.*, p. 71. (N. A.) Grifo do autor.

186 *Didática Magna,* p. 119. "A natureza dá as sementes do saber, da honestidade e da religião, mas não dá propriamente o saber, a virtude e a religião; estas adquirem-se orando, aprendendo, agindo. Por isso, e não sem razão, alguém definiu o homem como "animal educável", pois não pode tornar-se homem a não ser que se eduque".

187 *Idem.*, p. 121-122: "Se se quer alguma coisa, é necessário aprendê-la, porque realmente viemos ao mundo com a mente nua como uma tábua rasa, sem saber fazer nada, sem saber falar, nem entender; mas é necessário edificar tudo a partir dos fundamentos (...)". À página 123, diz o autor: "O homem é um animal cheio de mansidão e de essência divina, se é tornado manso por meio de uma verdadeira educação; se, pelo contrário, não recebe nenhuma ou recebe falsa, torna-se o mais feroz de todos os animais que a terra produz".

LIVRO I – AVALIAÇÃO DA APRENDIZAGEM ESCOLAR: DO PASSADO PARA O PRESENTE

obedecem deveriam aprender a obedecer "pela razão"[188]. Ninguém poderia nem deveria viver sob a égide das "bastonadas". No seu ver, só a educação pode garantir a vida sob o comando da razão[189]; só a educação detém o poder de formar o cidadão.

Uma vez que todos devem ser educados, Comênio definiu a necessidade de que todos fossem admitidos na escola, incluindo as mulheres[190], que, na sua época, eram discriminadas do processo educativo escolar: ninguém, por conseguinte, deveria ser excluído desse caminho, a não ser a quem Deus negara a inteligência e a sensibilidade[191]. Nesse contexto, Comênio, vivendo na primeira metade do século XVII, já preanunciava o "Século das Luzes" (Século XVIII), que manifestava seus primeiros raios de "luz".

Em síntese, Comênio concebia que o ser humano – pós-queda de Adão e Eva – nascia no pecado, mas trazia em si, para além da marca do pecado original, a semente da bondade e, por isso, educável, podendo construir-se instruído, virtuoso e piedoso. Para tanto, havia necessidade da escola como mediação do seu processo de salvação e, em consequência, para a salvação do gênero humano. Para a escola, deveriam seguir *todos*, ricos e pobres, homens e mulheres, crianças, desde que, a seu ver, por meio dela, todos teriam sua salvação.

"Ensinar tudo a todos" foi o objetivo proposto por Comênio para a escola, que, em si, significava ensinar *a todos* tanto conhecimentos, como habilidades, que permitissem compreender todas as coisas e estar no mundo ciente do seu ser e do seu fazer. Nesse contexto, ele afirmou:

> Conhecer os fundamentos, as razões e os objetivos de todas as coisas principais; das que existem na natureza como das que se fabricam, pois somos colocados no mundo não para que nos façamos de expectadores, mas também de atores. Deve, portanto, providenciar-se e fazer-se um esforço para que a ninguém, enquanto está neste mundo, surja qualquer coisa que lhe seja

---

188   *Idem.*, p. 124-125.

189   *Idem.*, p. 125: "Fique, portanto, assente que a todos aqueles que nasceram homens é necessária a educação, porque é necessário que sejam homens e não animais ferozes, nem animais brutos, nem troncos inertes, daí se segue também que quanto mais alguém é educado, mais se eleva acima dos outros".

190   Comênio não tinha dúvidas de que as mulheres deveriam frequentar a escola, porém também não deixou de expressar os preconceitos da época, quando indicou "no quê" e "para quê" as mulheres deveriam ser educadas; no caso, para atender melhor às atividades familiares. Ver página 143 da *Didática Magna*. Vale, então, pergunta: E para outras atividades?

191   *Idem.*, p. 141.

de tal modo desconhecida, que sobre ela não possa dar modestamente o seu juízo e dela se não possa servir prudentemente para um determinado uso, sem cair em erros nocivos[192].

O ser humano educado deveria, pois, ser o mais universal possível, tanto no que se refere ao saber quanto no que se refere aos costumes e ao culto ao sagrado. Daí as indicações:

I. que se cultivem as inteligências com as ciências e as artes;

II. [que] se aperfeiçoem as línguas;

III. [que] se formem os costumes para toda espécie de honestidade;

IV. [que] se preste sinceramente culto a Deus[193].

A escola do seu tempo, como instituição educativa, a seu ver, necessitava de reforma, em função da qual fez suas proposições de uma escola organizada de tal maneira que seria o meio de salvação para o gênero humano.

2.2. Organização escolar e curricular

Pretendendo formar a sociedade adulta do futuro, Comênio propôs a organização escolar e seus respectivos conteúdos em quatro níveis: maternal, puerícia, adolescência, juventude. A escola deveria, pois, fazer-se presente na fase de formação do cidadão.

Na *escola maternal* – que hoje denominamos de "educação infantil", de zero aos seis anos de idade –, segundo as palavras do autor, "devem-se exercitar sobretudo os sentidos externos, para que [as crianças] se habituem a aplicar-se bem aos próprios objetos e conhecê-los distintamente"[194]. Comênio entendia que, nesse período, se dá o contato inicial da criança com o mundo dos objetos, cujo meio básico de interação são os sentidos. À época, início do século XVII, as crianças viviam quase que exclusivamente em contato com os pais.

Previu, então, que a criança, nessa fase, deveria entrar em contato, de forma genérica e rudimentar, com todos os conteúdos da cultura humana, tais como metafísica, ciências físicas, ótica, astronomia, geografia, cronologia, história, aritmética, geometria, estética, artes mecânicas, dialética, gramática, retórica, poesia, música,

---

192   *Idem.*, p. 146.

193   *Idem.*, p. 146.

194   *Idem.*, p. 411.

LIVRO I – AVALIAÇÃO DA APRENDIZAGEM ESCOLAR: DO PASSADO PARA O PRESENTE

economia, política, moral, religião, piedade. Propôs que a criança tivesse contato com a totalidade das possíveis experiências humanas, sempre em forma de rudimentos, para saber lidar com aprofundamentos em momentos subsequentes da vida. Esses conteúdos seriam aprendidos sem ordem e sem programas específicos, uma vez que os pais teriam dificuldades em seguir programas ordenados devido se encontrarem envolvidos com muitos outros afazeres diários[195].

A *escola da puerícia*, ou escola primária, se estenderia dos sete aos doze anos de idade, cuidando da língua vernácula. Neste nível de escola, os estudantes deveriam exercitar "os sentidos internos, a imaginação e a memória, juntamente com os seus órgãos executores, as mãos e a língua, lendo, escrevendo, pintando, cantando, contando, medindo, pensando, imprimindo várias coisas na memória"[196]. Ocorreria, então, na criança um desenvolvimento do seu interior articulado com seu exterior; segundo a linguagem comeniana, um desenvolvimento dos "sentidos internos" e "dos órgãos executores".

A *escola da adolescência*, também, denominada de escola latina ou ginásio, se estenderia dos doze aos dezoito anos de idade, tendo por objetivo formar a inteligência e o juízo, tomando por suporte todas as coisas recolhidas através dos sentidos[197].

Eram seis as classes da *escola da adolescência*, segundo proposta de Comênio, equivalentes a seis anos de escolaridade. Nesse espaço de tempo, seriam tratados os seguintes conteúdos: gramática, física, matemática, ética, dialética, retórica. Esse período da vida escolar deveria estar centrado no ensino-aprendizagem do latim, porém deveria trabalhar também com os variados conteúdos acima assinalados, para que, ao final desses estudos, os jovens se tornassem: gramáticos, retóricos, dialéticos, matemáticos, geômetras, músicos, astrônomos, naturalistas, geógrafos, cronologistas, historiadores, moralistas e teólogos. Com essas expressões, Comênio não estava esperando denominar especialistas nesses diversos

---

195   *Idem.*, p. 421. É interessante observar que Comênio, ainda que sem a linguagem contemporânea, manifestava ter senso da possibilidade de uma aprendizagem de condutas seguindo das mais abertas para as mais estruturadas. Em Piaget, por exemplo, as fases de desenvolvimento seguem compreensão semelhante: do Sensório-motor (0 a 2 anos); para o Pré-operatório (2 a 7 anos); a seguir, para o período das Operações concretas (7 a 11 ou 12 anos); e, por fim, para o período das Operações formais (11 ou 12 anos em diante).

196   *Idem.*, p. 411.

197   *Idem.*, p. 411: "No ginásio, com o estudo da dialética, da gramática, da retórica e das outras ciências positivas e artes, ensaiadas teórica e praticamente, formar-se-á a inteligência e o juízo de todas as coisas recolhidas através dos sentidos".

PARTE A – AVALIAÇÃO DA APRENDIZAGEM ESCOLAR NAS PEDAGOGIAS TRADICIONAIS

âmbitos de conhecimentos e de habilidades humanos, mas sim uma formação básica sólida para a vida[198]. Muitos dos estudantes encerrariam suas carreiras de estudos nesse nível de escolaridade, daí a necessidade de que sua formação fosse sólida; poucos, segundo o autor, se encaminhariam para os Estudos Superiores, onde teriam oportunidade de aprofundamentos. A escola da adolescência conteria, então, uma terminalidade.

À escola da adolescência se seguiria a *escola da juventude* que se estenderia dos dezenove aos vinte e quatro anos de idade. Ela seria dedicada aos Estudos Superiores (à Academia), que, por si, deveriam ser "verdadeiramente universais, de tal maneira que nada exista nas letras e nas ciências humanas que lá não se ministre"[199]. Os conteúdos deveriam ser sempre teóricos e práticos, voltados para garantir o bem-estar do ser humano.

"As Academias – afirmou o autor – formarão [os estudantes] sobretudo naquelas coisas que dizem respeito à vontade, ou seja, às faculdades que ensinam a conservar a harmonia (e, quando está perturbada, a refazê-la), servindo-se da teologia para a alma, da filosofia para a mente, da medicina para as funções vitais do corpo, e da jurisprudência para os bens exteriores"[200].

Ao final dos estudos superiores, e só nessa condição, Comênio recomendou que os jovens pudessem se dedicar às viagens para alargar conhecimentos, mas, sobretudo, devido ao fato de que, a essa altura da vida e da formação, já saberiam o que deveriam e o que não deveriam assimilar. No seu entendimento, seriam capazes de distinguir o bem do mal[201]. A razão para colocar as viagens a essa altura da formação tinha mais a ver com a formação moral que com a formação científico-cultural. À essa altura da vida, segundo o autor, os jovens já saberiam "distinguir o bem do mal".

Na estrutura da educação escolar, Comênio propôs ainda uma "escola das escolas", *Collegium Didacticum,* cujo objetivo seria a preparação de professores. Propriamente, seria uma sociedade de estudiosos do pensamento pedagógico e dos recursos didáticos para o ensino. Seria um Centro de investigação e divulgação de conhecimentos que

---

198 *Idem.,* p. 439: "Desejamos que, terminado este curso de seis anos, os adolescentes sejam, em todas as coisas, senão perfeitos (com efeito, nem a idade juvenil pode atingir a perfeição, nem é possível em seis anos de instrução esgotar o oceano), pelo menos possuidores de sólidos fundamentos, onde poderá assentar uma cultura mais perfeita".

199 *Idem* p. 447.

200 *Idem.,* p. 411-412.

201 *Idem.,* p. 453.

145

LIVRO I – AVALIAÇÃO DA APRENDIZAGEM ESCOLAR: DO PASSADO PARA O PRESENTE

alimentariam a renovação da ação pedagógica nas escolas, mas também alimentariam a formação de mestres. Formular e divulgar conhecimentos, para Comênio, era um modo de formar novas gerações de mestres. A respeito disso, afirmou: "como, para isto, não basta nem um homem só, nem apenas a vida de um homem, é necessário que muitos homens, juntamente e sucessivamente, continuem a obra começada. Este Colégio Universal [*Collegium Didacticum*] seria para as outras escolas o que o estômago é para os outros membros do corpo, ou seja, a oficina vital que a todos forneceria alimento para a alma, para vida e para a força"[202].

Cabe observar que a organização escolar e curricular proposta pelo autor era coerente e consistente com o seu objetivo de formar o ser humano sábio, virtuoso e piedoso a partir da infância.

Foi dentro dessa perspectiva que os procedimentos de avaliação estudados anteriormente faziam sentido no seio da proposta comeniana para a prática educativa. Tudo – inclusive a avaliação – deveria subsidiar o atendimento dos objetivos propostos em sua teoria pedagógica, isto é, a formação de *todos* os cidadãos. O ordenamento curricular proposto pelo autor tinha por objetivo a formação do cidadão, desde sua mais tenra idade até a vida adulta. Já não interessava ao autor projetar uma atividade educativa exclusivamente para o adulto, desde que, a seu ver, ele já estava formado de modo definido, sem possibilidades de mudanças[203]. Seria preciso, então, disciplinar a criança desde cedo e durante a adolescência e juventude. Só então, a sociedade com base na sua compreensão filosófica e religiosa da vida, poderia ser salva, e, para tanto, deveria servir a escola.

2.3. Recursos metodológicos para o ensino

Uma organização escolar que desejasse formar os cidadãos necessitaria praticar um ensino sólido, que, por sua vez, pressuporia um método consistente, tanto para ensinar como para aprender, o que, para Comênio, deveria se constituir "conforme a natureza".

2.3.1. A ordem como recurso fundamental para ensinar e aprender

A *ordem*, na sua compreensão, era o elemento básico necessário para garantir uma escola eficiente. Ela possibilitaria que todas as coisas seguissem seu curso

---

202   *Idem.*, p. 453-454.

203   Importa, aqui, compreender que Comênio foi um homem da primeira metade do século XVII. Então, a compreensão que temos hoje de que o ser humano pode aprender até os últimos momentos de sua vida não estava disponível à época em que viveu o autor.

PARTE A – AVALIAÇÃO DA APRENDIZAGEM ESCOLAR NAS PEDAGOGIAS TRADICIONAIS

natural. "A ordem é a alma das coisas"[204] – afirmou Comênio – "tudo depende apenas da ordem"[205], seja na vida, na ação moral, seja inclusive na organização e na realização do ensino.

Na sua compreensão, a arte de ensinar era a arte de dominar pela ordem. Em suas palavras, "a arte de ensinar nada mais exige, portanto, que uma habilidosa repartição do tempo, das matérias e do método. Se conseguirmos estabelecer e executar com exatidão [esses recursos], não será mais difícil ensinar tudo à juventude escolar, por mais numerosa que ela seja"[206].

O processo de ensino deveria, então, fundar-se na própria natureza. Na ação pedagógica, nada mais haveria a fazer do que seguir o caminho que a própria natureza seguiu e segue; a natureza, no ver do autor, encontrou os meios para superar as dificuldades e os desvios com os quais se deparou. O ser humano, ao agir, deveria imitá-la; e, se isso fizer, dar-se-á bem.[207].

O aforismo de Hipócrates – "a vida é breve e a arte é longa, os momentos oportunos passam depressa; as experiências não são muito seguras; e o juízo acerca dos fatos é difícil"[208] – despertou em Comênio o entendimento do que fazer para proceder uma educação eficiente. Desse aforismo, deduziu cinco pontos que o ser humano deveria levar em conta à medida que tivesse o desejo de viver bem e de maneira culta. Comênio compreendeu esse aforismo da seguinte maneira:

1. a vida é breve para se aprender tudo o que se tem que aprender;

2. a arte é longa, pois que há muita coisa para ser aprendida no pouco tempo da existência;

3. as oportunidades de aprender as artes e as ciências são raras e quando aparecem tendem a desaparecer rapidamente;

4. as nossas fragilidades não permitem termos conhecimentos (experiências) aprofundados;

---

204   *Idem.*, p. 181.

205   *Idem.*, p. 182.

206   *Idem.*, p. 186.

207   *Idem.*, p. 187. Então, diz Comênio: "Os remédios contra os defeitos da natureza não devem procurar-se a não ser na natureza; mas, se este princípio é verdadeiro, como efetivamente é, a arte nada pode fazer, a não ser imitando a natureza".

208   *Idem.*, p. 190.

5. o trabalho de conhecer, por vezes, é muito longo e penoso.

Para atingir uma vida culta e educada, seria preciso, com o auxílio da natureza, encontrar os meios para superar as dificuldades acima identificadas. Respectivamente, aos cinco diagnósticos anteriores, Comênio, de modo consequente, apresentou cinco guias para a ação, nos quais estava assentado seu projeto didático:

1. prolongar a vida, a fim de que, no seu espaço, seja possível aprender tudo o que é necessário aprender;

2. abreviar os estudos, aprendendo-se o mais rapidamente possível tudo o que se tem para aprender no tempo disponível;

3. aproveitar as ocasiões, a fim de aprender em profundidade o que se tem que aprender;

4. despertar os engenhos, a fim de que se aprenda facilmente;

5. no lugar de observações vagas, colocar um fundamento seguro e estável, a fim de que se aprenda solidamente.

Quanto ao item 1, prolongar a vida, Comênio recomendava: a) o controle da alimentação, que devia ser sadia e sóbria; b) recomendava ainda o exercício do corpo; c) a ajuda à própria natureza nos seus caminhos. Afirmou ele, na *Didática Magna*, que "se alguém observa estes três cuidados, é impossível que não conserve durante muitíssimo tempo saúde e vida, salvo caso de força maior"[209].

Tornava-se necessária, ainda, no seu ver, uma repartição do tempo entre trabalho e repouso, se se tivesse o desejo de uma vida sadia e de uma escola satisfatória. Para se ter uma longa vida, a repartição do tempo, no ver do autor, deveria ser ordenada e disciplinada.

Para proceder a aprendizagem e superar as dificuldades estabelecidas nos itens 2 (abreviar os estudos), 3 (aproveitar as ocasiões), 4 (despertar os engenhosos) e 5 (substituir observações vagas por fundamentos), deduzidas do aforismo de Hipócrates, Comênio desenvolveu quatro capítulos sequenciados na *Didática Magna*, tratando de:

• Requisitos gerais para ensinar e aprender com segurança[210];

---

209   *Idem.*, p. 201.

210   *Idem.*, p. 205-227.

PARTE A – AVALIAÇÃO DA APRENDIZAGEM ESCOLAR NAS PEDAGOGIAS TRADICIONAIS

- Fundamentos para ensinar e aprender com facilidade[211];
- Fundamentos para ensinar e aprender solidamente[212];
- Fundamentos para ensinar e aprender com vantajosa rapidez[213].

Sob esses quatro títulos, praticamente definiu como um educador deveria agir, segundo seu ver, para que o ensino fluísse e o estudante aprendesse, de forma natural e agradável. A base de todas as suas recomendações decorria de uma "leitura" que ele fazia da natureza. A seu ver, ela produz as condições para que os resultados se implantem, se desenvolvam e se concluam, sem saltos e sem esforços demasiados, sem violência e sem agressão. Comênio entendia a ordem natural das coisas como fundamento de todos os princípios. Não havia razão para fugir dela. Sendo a natureza a mestra em todas as coisas, também no ensino era preciso simplesmente observá-la e segui-la.

2.3.2. Proposições pedagógicas para o ensino-aprendizagem eficientes

Para justificar suas considerações, em função dos reduzidos desenvolvimentos da ciência psicológica em sua época, Comênio serviu-se da observação empírica do que ocorria na natureza e ilustrou seus conceitos com fatos selecionados dessa observação.

Não vamos retomar aqui todos os elementos expostos por ele para que se pudesse proceder um ensino eficiente[214]. Contudo, em síntese, podemos dizer que sua proposta exigia, em primeiro lugar, que o professor expusesse aos estudantes os conteúdos a serem aprendidos e, em segundo lugar, que esses conteúdos fossem compreendidos e exercitados. Para isso, seriam necessários materiais de ensino e disciplina. Segundo sua compreensão, para um ensino eficiente, o professor deveria:

---

211 *Idem.*, p. 229-248.

212 *Idem.*, p. 249-271.

213 *Idem.*, p. 273-303.

214 Caso o leitor tenha o desejo de entrar em contato com o conteúdo dos capítulos acima indicados, bastará entrar em contato com a obra *Didática Magna*, traduzida e publicada pela Fundação Calouste Gulbenkian, Lisboa-PT, 1957.

LIVRO I – AVALIAÇÃO DA APRENDIZAGEM ESCOLAR: DO PASSADO PARA O PRESENTE

1. levar aos estudantes os conteúdos com a maior clareza possível;

2. evitar, a todo custo, que permanecessem assuntos que não fossem completamente compreendidos;

3. fazer sua exposição sempre a partir do fundamento das coisas; de maneira sequenciada e por partes; seguindo do mais genérico para o mais específico; do conhecido para o desconhecido; expressando tudo em linguagem compreensível para os estudantes;

4. ensinar só aquilo que o estudante fosse capaz de aprender;

5. ter à mão e utilizar-se de todo material necessário, tais como livros e reálias, desde que a aprendizagem se dá a partir das coisas mesmas[215].

Contudo, em seus estudos, o autor assumiu que a aprendizagem não se dava exclusivamente pelo concurso do professor; havia necessidade do investimento do estudante; daí sua proposição dos exercícios orais e escritos em todos os níveis de escolaridade. A respeito disso, afirmou "que a instrução não pode chegar a ser sólida, senão à força de repetições e exercícios; feitos quanto mais vezes e quanto melhor possível"[216]. Sabia, pois, o quanto a exercitação era necessária para a aquisição de condutas habituais por parte dos estudantes, daí decorrendo sua ênfase nesse tipo de atividade.

No capítulo sobre o "Método para ensinar artes", deixou clara a necessidade de exercícios de aplicação[217], praticados múltiplas vezes, até que se pudesse

---

215 *Didática Magna*, p. 259: "Tanto quanto possível, os homens devem ser ensinados, não a ir buscar a ciência nos livros, mas ao céu, à terra, aos carvalhos e às faias; isto é, a conhecer e a perscrutar as próprias coisas, e não apenas as observações e os testemunhos alheios acerca das coisas". Comênio, aqui, manifesta bem a força do sensualismo baconiano do qual estava embebido.

216 *Idem.*, p. 267.

217 *Idem.*, p. 329: Após ter ensinado a um estudante a forma de fazer alguma coisa, "deem-se, depois, ao aluno outros e outros exemplos, os quais ele adapte, um a um, aos modelos; e, por imitação, faça outros semelhantes. Finalmente, examinem-se as obras alheias (mas de artistas de valor) e julguem-se em conformidade com os modelos e com as regras atrás referidas, quer para que se ponha mais em evidência a aplicação das mesmas regras, quer para que aprendam a arte de esconder artifícios".

PARTE A – AVALIAÇÃO DA APRENDIZAGEM ESCOLAR NAS PEDAGOGIAS TRADICIONAIS

chegar à *invenção*[218], *assim como ao hábito de criar*[219]. Ele sabia que o conhecimento e as habilidades só se tornariam propriamente do estudante à medida que este os praticasse e, dessa forma, transformasse conhecimentos em condutas habituais.

Para garantir o ensino e a aprendizagem eficientes, insistiu que uma das coisas fundamentais era *manter a atenção* do estudante. Sem a atenção, conteúdos e exercícios permaneceriam sem sua força fundamental. No ver do autor, a atenção é a luz que ilumina conteúdos e exercícios no processo de ensinar e apreender[220].

Para a eficiência do trabalho didático, a atenção, segundo Comênio, era tão importante, que deveria ser buscada por todos os meios possíveis, inclusive pelo medo[221]. Uma das técnicas de ensino sugeridas pelo autor para manter os estudantes atentos era chamar um estudante após o outro, para que muitos, ou todos, repetissem a lição. Após um estudante ser arguido, importava exigir que o estudante subsequente retomasse a palavra no ponto em que o anterior havia parado. Recomendava, ainda, fazer uma pergunta e, se o primeiro estudante interrogado não conseguisse respondê-la, dever-se-ia prosseguir passando aos subsequentes, sem repetir a pergunta, deixando todos perplexos diante da possibilidade de ter que respondê-la, de tal forma que se obrigassem a permanecer atentos. Em todas essas proposições, para manter o estudante atento, havia um apelo ao inesperado, à perplexidade e, de certa forma, ao medo de "ser o próximo a ser chamado". Na expressão do próprio Comênio: "O professor tornará os alunos sempre atentos às suas palavras. Com efeito, uma vez que, logo a seguir, qualquer um deles deverá levantar-se e repetir toda a lição, e, por isso, cada um temerá tanto por si mesmo como pelos outros; de boa ou de má vontade, terá os ouvidos atentos para não deixar que nada lhe escape"[222].

---

218   Seguindo o texto da nota anterior, Comênio diz: "com a continuação deste exercício poderá, finalmente, julgar-se com sensatez acerca das invenções e acerca da elegância das invenções, próprias e alheias".

219   E conclui sobre os exercícios de aplicação da seguinte forma: "Estes exercícios devem ser continuados, até que tenham criado o hábito da arte".

220   *Idem.*, p. 311: "Falemos agora da luz, pois se ela falta, é em vão que se colocam os objetos diante dos olhos. A luz do saber é a atenção, graças a qual o aluno, com a inteligência presente e, por assim dizer, aberta, recebe todas as coisas (...). A primeira coisa que se tem que fazer é despertar nele [no estudante] a atenção, a fim de que a mente, sedenta das coisas, beba aquilo que se lhe ensina".

221   Essa questão já apareceu quando tratamos da avaliação, mas vale retomá-la neste novo contexto.

222   *Idem.*, p. 269.

2.3.3. O uso da emulação e dos castigos

Nesse contexto, para obter a atenção dos estudantes à aprendizagem, Comênio, como um educador da época histórica em que viveu, admitia o castigo para os estudantes desatentos; ato que, no seu ver, serviria de exemplo para que os outros estudantes, seus pares, se comportassem de forma atenta. Nas palavras do autor: "Se, a determinada altura da lição, interrompendo a lição, disser: Fulano ou Sicrano, que é que acabei de dizer? Repete o último período. Fulano, diz a que propósito estamos a falar 'disso', e, coisas semelhantes para proveito de toda a classe. E, se verificar que algum não estava atento, repreenda-o ou castigue-o. Assim, todos farão todo o esforço possível por estar atentos"[223].

O fim visado por Comênio era excelente, porém, o meio era descabido, ainda que funcional e próprio à modalidade de vida no momento histórico em que viveu. A ameaça como meio de submeter os estudantes ao estado de atenção, hoje, é descabido, porém, à época, para o autor, essa conduta não era descabida, fazia parte do repertório de ações pedagógicas. Ele viveu no período da constituição do modo disciplinar de ser[224], tendo em vista, no caso, a formação do cristão e, de modo mais abrangente, do cidadão.

A *emulação* também foi admitida por Comênio como um recurso pedagógico importante para manter a atenção dos estudantes e estimulá-los à aprendizagem. Aconselhando possíveis modos de manter os estudantes atentos, relembrou a possibilidade de servir-se do estímulo externo, como se pode verificar na seguinte proposição didática: "Pode também proceder-se do seguinte modo: se um ou dois [estudantes] não respondem determinada coisa, pergunte-se a toda a classe; e, então, aquele que responder em primeiro lugar ou que responder melhor seja louvado diante de todos, para que sirva de exemplo e emulação"[225].

Quanto ao *castigo*, Comênio se mostrou mais benigno com aquilo que era considerado erro relativo ao conhecimento que com aquilo que era considerado erro na conduta moral ou na conduta disciplinar. Por exemplo, na questão de disciplina, como no que se refere ao cuidado com as próprias tarefas escolares, recomendava que o estudante

---

223 *Idem.*, p. 283.

224 A respeito dessa questão, ver o livro *Vigiar e punir*, da autoria de Michel Foucault, múltiplas edições.

225 *Idem.*, p. 284.

PARTE A – AVALIAÇÃO DA APRENDIZAGEM ESCOLAR NAS PEDAGOGIAS TRADICIONAIS

fosse castigado[226], caso fosse encontrado negligente com seus cadernos e apontamentos. Contudo, do ponto de *vista da moral*, considerava que só a disciplina possibilitaria uma barreira aos maus costumes e, por isso, recomendava severidade naquilo que se referia às condutas que se desviassem dos bons costumes[227]. Insistiu ainda no cuidado que o professor deveria ter com o estudante e o ensino, uma vez que nenhum profissional maltrata o seu objeto de trabalho, mas, ao contrário, cuida dele[228]. Não descartou, porém, o castigo como um instrumento a ser utilizado pelo professor, admitindo que, se os remédios suaves não fossem suficientes, que se usassem os mais pesados.[229].

A aplicação de recursos que corrigissem as condutas – como da moral, da piedade... – deveriam, no ver de Comênio, seguir em um processo crescente, da simples chamada de atenção até o castigo propriamente dito. Para ele, os graus do disciplinamento eram os seguintes:

1. primeiro, uma *atenção contínua*. Efetivamente como a diligência e a inocência das crianças nunca nos oferecem uma confiança segura (são filhos de Adão), é necessário acompanhá-las com os olhos, para qualquer outra parte que se voltem;

2. e, em segundo lugar, a repreensão, com a qual se chamam ao caminho da razão e da obediência aqueles que exorbitam;

3. finalmente, o castigo, se recusam a obedecer aos sinais da repreensão e as advertências[230].

---

226   *Idem.*, p. 286.

227   *Idem.*, p. 351: "Impede-se a passagem do mal com a disciplina, isto é, com repreensões e castigos, com palavras e vergastadas, segundo os casos, mas sempre quando o fato ainda está fresco, a fim de que a planta do vício seja sufocada imediatamente, apenas desponte; ou melhor, se possível, seja arrancada. Portanto, nas escolas, a disciplina deve ser severa, não tanto por causa das letras (as quais, ensinadas com um bom método, são delícias e atrativos para a inteligência humana) como por causa dos costumes". Esse entendimento aparece em outro texto da *Didática Magna*, p. 402: "Não deve empregar-se uma disciplina severa no que se refere aos estudos e às letras, mas apenas nos aspectos ligados aos costumes ".

228   *Idem.*, p. 403: "O músico, se a guitarra ou a harpa, ou o violino, está desafinado, não bate nas cordas com o punho ou com um pau, nem o atira contra a parede, mas procede com arte até que as tenha afinadas".

229   *Idem.*, p. 405-406: "Talvez, acerca de alguns, ainda hoje seja verdadeiro o provérbio: o frígido não se corrige a não ser à força de pancada. Ao menos esta disciplina, se não se aproveitar àquele a quem é aplicada, aproveitará, todavia, aos outros pelo medo que lhes incute, desde que se tenha o cuidado de não recorrer, por qualquer motivo, como frequentemente acontece, a remédios extremos, para que os remédios extremos se não esgotem antes dos casos extremos.

230   *Idem.*, p. 461.

LIVRO I – AVALIAÇÃO DA APRENDIZAGEM ESCOLAR: DO PASSADO PARA O PRESENTE

Aqui, vemos o quanto Comênio estava comprometido com a moral e a piedade, próprias dos séculos XVII e XVIII. Os erros no ato de conhecer poderiam ser relevados e reorientados, porém, nos âmbito da moral e dos costumes deveriam ser castigados. A moral, os costumes, a piedade e a disciplina não poderiam sofrer transgressões. Nesse contexto, até mesmo os castigos físicos, no ver do autor, poderiam ser utilizados. Modo pedagógico de se conduzir compatível com a cultura e com o senso comum da época em que viveu.

2.3.4. Sobre monitores, livros didáticos e leituras

Para um melhor desempenho de sua função, Comênio propôs que os professores fossem auxiliados por *monitores*, que seriam nomeados entre os próprios estudantes. Eles teriam por tarefa auxiliar o professor na correção dos exercícios de seus pares, assim como no esclarecimento de elementos obscuros presentes nas lições. Para que um professor pudesse trabalhar com uma turma grande de estudantes, importava dividi-la em turmas menores sob o comando de um estudante que cuidasse de seus pares[231].

Para o processamento do ensino, recomendava o uso de livros didáticos, cujo objetivo era trazer aos estudantes exclusivamente os assuntos necessários e metodologicamente organizados, assim como bem ilustrados. Segundo ele, o livro didático poderia e deveria ser utilizado em todos os níveis de ensino, inclusive no Ensino Superior (Academia). Prescrevia que dever-se-ia dar aos estudantes *somente* o livro relativo ao assunto ao qual estava se dedicando, uma vez que a multiplicidade de materiais, no ver do autor, desviaria a atenção e quebraria uma das leis fundamentais da natureza: estar atento e resolver um problema de cada vez. No caso, o uso de um único livro impediria a dispersão da atenção.

Comênio propôs ainda a censura aos livros de autores pagãos, estabelecendo desse modo um círculo doutrinário assumido como válido; para tanto, recomendava a leitura dos textos bíblicos, desde que, na palavra de Deus, estava a fonte de toda a sabedoria. Não impedia que os adultos usassem, com cuidado, os autores pagãos, porém condenava a colocação de suas obras nas mãos das crianças e dos jovens. Frente ao argumento de que, ao menos por causa do estilo, deveriam ser lidos autores clássicos da latinidade, tais como Plauto e Terêncio, ele respondeu com perguntas, que, por si, estavam a dizer "não" à leitura das obras desses autores, como as que se seguem: "Porventura, para que

---

231 *Idem.*, p. 281.

PARTE A – AVALIAÇÃO DA APRENDIZAGEM ESCOLAR NAS PEDAGOGIAS TRADICIONAIS

aprendam a falar, havemos de levar nossos filhos pelas tascas, baiucas, tabernas, lupana-res, e outras cloacas semelhantes? Com efeito, para onde conduzem a juventude Terêncio, Plauto, Catulo, Ovídio e outros semelhantes, senão para lugares sórdidos como aqueles?"[232]

2.3.5. Observações gerais sobre a proposta comeniana para a prática educativa escolar

A proposta pedagógica comeniana era bastante precisa e ordenada, partindo de uma proposta filosófica e chegando aos elementos técnicos, que ele supunha satis-fatórios para atingir os fins que se desejava. Em suas proposições, há uma estrutura consistente integrando objetivos e meios.

As proposições para a avaliação da aprendizagem – polarizada predominante-mente pela aprendizagem eficiente – estavam coerentes com todos os encaminha-mentos pedagógicos propostos; articulados, pois, com sua utopia de que todos os seres humanos – homens, mulheres, príncipes e súditos, pobres e ricos, crianças e jovens – fossem educados para que pudessem conduzir suas vidas em conformi-dade com a razão.

Comênio, simultaneamente, era um homem do seu século, voltado para "as Luzes" (séc. XVIII), e um homem voltado para as doutrinas religiosas vinculadas à sua his-tória de vida. No que se refere à ciência emergente, estava voltado para o futuro; no que se refere à doutrina religiosa, estava comprometido com seu caminho pessoal pela vida. Aberto ao futuro e, ao mesmo tempo, vinculado à história pessoal de vida.

No que se refere à avaliação da aprendizagem, propriamente dita, a proposta pedagógica de Comênio continha as proposições essenciais a respeito da compreen-são epistemológica do ato avaliativo, entendido como uma investigação da qualidade da realidade, com o uso de seus resultados como subsidiários de decisões a favor do sucesso da prática educativa escolar.

Ainda que não tenha feito uso da terminologia, hoje adotada para os atos avalia-tivos na prática pedagógica, como vimos anteriormente, desde que usava o termo "exame", importa ter presente a compreensão que ele tinha dos exames e do uso dos seus resultados, já sinalizada anteriormente.

Afinal, para Comênio, era preciso garantir a aprendizagem eficiente por parte dos estudantes, à medida que, no seu modo de entendimento, havia necessidade de que "todos aprendessem para a salvação da humanidade".

---

232   *Idem.*, p. 389.

LIVRO I – AVALIAÇÃO DA APRENDIZAGEM ESCOLAR: DO PASSADO PARA O PRESENTE

Certamente que, no caso de Comênio, importa mais a descritiva de suas compreensões que a terminologia utilizada por ele, em especial o termo "exame", desde que as denominações ganharam novas conotações semânticas ao longo do tempo. Contudo, também não podemos obscurecer o fato de que ele propôs o uso de variados recursos sob a perspectiva da autoridade, como disciplinamentos e castigos, práticas comumente presentes nas atividades educativas da época em que viveu.

3. Avaliação da aprendizagem e proposta pedagógico-didática de Comênio

O que ressalta na abordagem que fizemos a respeito das compreensões e práticas pedagógicas na concepção de Comênio e, mais especificamente, no que se refere à avaliação da aprendizagem, tema deste livro, é o fato de que ele estava mais preocupado com o processo de formação da criança e do adolescente que com as questões relativas à sua promoção de uma classe para a subsequente na estrutura escolar.

No geral, Comênio propôs procedimentos de avaliação da aprendizagem em função do objetivo que tinha com sua pedagogia, que era subsidiar os educadores em sua tarefa de formar cidadãos sábios, virtuosos e piedosos. Vale sinalizar que não deixou de incorporar, em suas compreensões e proposições, recursos vigentes na época em que viveu relativos aos controles externos dos estudantes, tais como os castigos. Todavia, também vale sinalizar que predomina em seus entendimentos e proposições a orientação para construções positivas, tanto da aprendizagem como da personalidade dos estudantes.

No decurso do presente capítulo, tivemos oportunidade de abordar, ainda que de forma sucinta, sua pedagogia, sua proposição para a organização escolar, assim como os recursos didáticos considerados necessários ao atendimento dos objetivos a que propunha sua compreensão e sua proposta pedagógica para o ensino escolar. Todos os seus encaminhamentos metodológicos estavam postos na perspectiva de praticar a educação de modo eficiente no espaço escolar. Desejava a eficiência pedagógica. As crianças e os adolescentes que se dirigissem à escola deveriam aprender satisfatoriamente os conteúdos curriculares ensinados.

Nesse contexto, a avaliação da aprendizagem estava posta, sobretudo, para subsidiar a identificação e a correção de fragilidades na aprendizagem e de possíveis erros no desempenho relativo aos conteúdos ensinados, assim como estimular os

PARTE A – AVALIAÇÃO DA APRENDIZAGEM ESCOLAR NAS PEDAGOGIAS TRADICIONAIS

estudantes a aprender, com o objetivo de formar um cidadão competente e saudável segundo sua concepção.

Os procedimentos de avaliação educacional propostos – aprendizagem e Sistema de Ensino –, em momento algum, destoam ou desvinculam-se da proposta pedagógica estabelecida pelo autor. Afinal, foram colocados como auxiliares do processo de ensino e não como recursos a serem utilizados exclusivamente nos procedimentos de promoção dos estudantes de uma classe para outra, embora também existissem vínculos com a questão da promoção, em especial no que se referia à Academia (Ensino Superior).

A pedagogia comeniana – ainda que tenha mantido a denominação de "exames" e proposto variados usos para os seus resultados – deu atenção, prioritariamente, à avaliação como recurso subsidiário da construção da aprendizagem satisfatória. Priorizou o processo, pois dele dependia a construção dos conhecimentos e dos hábitos que tornavam os estudantes mais sábios, virtuosos e piedosos.

Vale lembrar que Comênio não descartou o uso dos atos avaliativos com outras finalidades para além dos cuidados com a aprendizagem escolar propriamente dita. Citamos, ao longo do capítulo, o seu entendimento de que, se os estudantes da Academia tivessem consciência de como seriam os exames finais para a sua colação de grau, fariam todo o possível para se preparar da melhor forma possível para esse episódio da vida escolar. No caso, é fácil compreender que, frente a essa proposição, segundo o autor, os estudantes iriam se dedicar aos estudos, de um lado, pelo valor dos conteúdos e de sua aprendizagem, mas também, de outro lado, pelo possível sucesso ou fracasso nos exames finais.

Não podemos nos esquecer, ainda, que Comênio era um religioso do século XVII e, como tal, também estava comprometido com as possibilidades do uso do castigo como meio de educar, daí as várias vezes que vinculou os exames a um recurso disciplinar.

Além disso, vale observar que o autor, em suas proposições, alocou a responsabilidade dos exames mais abrangentes para atores externos ao processo ensino--aprendizagem, seja ao Reitor do estabelecimento de ensino, seja aos Escolarcas, seja à autoridade pública. Tais determinações expressam um modo de transferir a responsabilidade do professor para variadas autoridades externas à sala de aula e à escola em nome do controle da qualidade da aprendizagem, assim como em nome da objetividade.

LIVRO I – AVALIAÇÃO DA APRENDIZAGEM ESCOLAR: DO PASSADO PARA O PRESENTE

A concepção pedagógica comeniana estava comprometida com sua visão religiosa, assim como, ao mesmo tempo, com a Modernidade emergente que teve seu alvorecer nos séculos XVI e XVII. Seu tratamento da prática pedagógica, suas indicações de recursos metodológicos para o ensino, como também suas propostas para a avaliação da aprendizagem e do Sistema de Ensino, deixam claro o quanto ele estava comprometido, de um lado, com a emergência dos novos tempos, e, de outro, com as compreensões religiosas e éticas do segmento religioso do qual fazia parte.

As propostas pedagógicas e metodológicas para o ensino formuladas por Comênio, teoricamente, estavam comprometidas com uma prática educativa eficiente para todos, desde que, para a compreensão protestante – também emergente no período histórico em que viveu –, o que importava era que todos aprendessem a ler e escrever (e, evidentemente, ter a posse de uma cultura necessária ao cidadão) frente à necessidade de contato com os textos bíblicos, visando uma vida saudável aqui na terra, com os olhos voltados para o além.

Finalizando este capítulo, não podemos deixar de ter presente que uma proposta e uma prática educativas não se dão no vazio social, mas sim dentro de um modelo social vigente, o qual, na época de atuação de Comênio, se expressava pela era do capital emergente, que dava seus passos de estabelecimento, ampliação e vigência.

Do ponto de vista que interessa diretamente a este livro – a avaliação da aprendizagem escolar –, Comênio se expressou, de um lado, como um homem de seu tempo, e, de outro, como um educador desejoso de que a prática educativa escolar produzisse os efeitos desejados: a efetiva aprendizagem por parte de *todos* os estudantes. Para tanto, serviu-se dos recursos teóricos e práticos disponíveis no seu entorno socio-cultural, tendo em vista seus sonhos comprometidos com a formação de cidadãos educados.

PARTE A – AVALIAÇÃO DA APRENDIZAGEM ESCOLAR NAS PEDAGOGIAS TRADICIONAIS

CAPÍTULO **3**

AVALIAÇÃO DA APRENDIZAGEM EM JOHANN FRIEDRICH HERBART

Conteúdo do capítulo – Introdução, p. 160; **1.** Avaliação da aprendizagem escolar em Herbart, p. 162; **2.** A proposta pedagógica de Herbart como contexto de seu entendimento a respeito dos procedimentos avaliativos, p. 165; **2.1.** A proposta pedagógica de Herbart, p. 165; **2.1.1.** A Psicologia como fundamento para a ação educativa, p. 166; **2.1.2.** A instrução como recurso mediador da prática educativa, p. 167; **2.1.3.** Os três pilares da prática educativa, p. 167; **2.1.4.** Prêmios e castigos, p. 170; **2.1.5.** O educador, p. 171; **2.1.6.** A questão metodológica na prática educativa, p. 172; **2.1.7.** A questão do currículo para formação do estudante, p. 173; **2.2.** Passos metodológicos para ensinar e aprender segundo Herbart, p. 174; **3.** Avaliação da aprendizagem e concepção pedagógica em Herbart, p. 178.

LIVRO I – AVALIAÇÃO DA APRENDIZAGEM ESCOLAR: DO PASSADO PARA O PRESENTE

Introdução

Johann Friedrich Herbart foi um educador de fins do século XVIII e primeira metade do século XIX. Nasceu em 1776 e faleceu em 1841[233]. Está situado entre os principais teóricos da educação no decurso da Idade Moderna, seja pela pujança de suas compreensões e proposições, seja pela influência que exerceu nos caminhos da prática pedagógica. Ainda hoje somos tributários de sua concepção pedagógica assim como dos recursos metodológicos que propôs.

Historicamente, situa-se no contexto da cristalização da sociedade burguesa, com o episódio da Revolução Francesa, no ano de 1789. À época, Herbart era um jovem educador, que se iniciava nas lides de preceptor de crianças[234].

Politicamente, a sociedade europeia vivia, nesse período, a cristalização de um processo histórico que viera se constituindo desde a formação dos burgos, na Europa do século XIII, intensificando-se nos séculos XVI, XVII e XVIII e constituindo a sociedade com as características da sociedade burguesa que conhecemos hoje. O movimento social que fora revolucionário no período anterior à Revolução Francesa, quando vitorioso e no poder, cristalizou-se com repercussões até nossos dias, através do modelo social no qual vivemos, com suas virtudes e mazelas.

Herbart, filho de seu tempo, vinculou-se filosoficamente a Kant no que se refere à valorização do ser humano como o fim último de todas as ações. Pedagogicamente, foi herdeiro do "Século das Luzes", admitindo a necessidade da cultura para formar o cidadão, assim como foi herdeiro tanto do pensamento como da prática pedagógica propostos por Henri Pestalozzi[235], segundo o qual era importante que o ser humano crescesse de dentro de si mesmo, ou seja, os valores significativos seriam aqueles que estariam centrados no interior do ser humano educado.

A verdadeira disciplina, para Herbart, é aquela que tem seu assento dentro do sujeito. A disciplina externa foi admitida por ele, mas não como um recurso

---

233   Johann Friedrich Herbart nasceu em Oldenburg, noroeste da Alemanha, em 1776. Entre 12 e 18 anos de idade, frequentou a escolaridade básica em sua cidade natal. Entre 1794 e 1797, frequentou a Universidade, fazendo o curso de Direito, porém esta não era a sua vocação. No final do século XVIII, conheceu Pestalozzi e assistiu a uma de suas lições, ficando impressionado com seu método de ensino. Essa experiência teve importância capital em sua formação, orientando sua vida para a educação. Faleceu em Göttingen em 1841.

234   No caso, foi preceptor dos filhos do governador de Interlaken, Suiça, em 1797.

235   Johann Heinrich Pestalozzi, pedagogo suíço, nasceu em Zurique, em 12 de janeiro de 1746, e faleceu em Brugg, na data de 17 de fevereiro de 1827.

PARTE A – AVALIAÇÃO DA APRENDIZAGEM ESCOLAR NAS PEDAGOGIAS TRADICIONAIS

essencial para a formação do cidadão. Pensador da área educacional, Herbart está situado, historicamente, na abertura de um novo modo de praticar o exercício pedagógico com base na Psicologia, que iniciava seus primeiros passos como ciência.

Entre suas múltiplas obras, os especialistas destacam duas, que seriam sínteses de suas experiências na atividade educativa: *Pedagogia Geral*, publicada em 1806, e *Esboço para um curso de pedagogia*, publicada em 1835[236]. Investira no estabelecimento de fundamentos científicos para a prática educativa, sempre desejoso de que a instrução garantisse o desenvolvimento moral do ser humano.

Fazendo jus ao seu tempo, foi o primeiro pedagogo a desejar e tentar estabelecer a pedagogia como uma *ciência da educação*, no desejo teórico e prático de estabelecer fundamentos seguros para o exercício consciente e consistente da prática educativa. Segundo seu ver, a educação não poderia continuar sendo praticada com base em um modo "empírico" de agir; havia a necessidade de assumir uma base científica para tanto. Nesse contexto, deixou registrado que seus entendimentos sobre a prática educativa estavam vinculados à ciência. "Nossa esfera é a ciência", afirmou ele. "Por isso, temos que refletir sobre a relação entre a teoria e a prática"[237].

A ciência, contudo, não poderia ser, segundo sua compreensão, o único fundamento para a educação, uma vez que esta lida também com fins e costumes, além da instrução propriamente dita. Fins e costumes são fatores que ultrapassam os limites da ciência. No livro *Pedagogia Geral*, traçou os fundamentos da educação a partir de três pilares básicos: a Filosofia, a Ética e a Psicologia.

Para ele, a Filosofia, como suporte geral, oferece base para a compreensão do ser humano e da teoria do conhecimento; a Ética fornece elementos para a fundamentação da educação moral; e a Psicologia, como ciência, oferece as bases para o método de ensino e da aprendizagem. Interessava a Herbart não só o ser humano instruído, mas o cidadão instruído e, ao mesmo tempo, de caráter moralmente consistente.

---

236 Lorenzo Luzuriaga, na "Nota do tradutor" referente à tradução espanhola do livro *Pedagogia Geral*, diz o seguinte: "La publicación de las obras pedagógicas de Herbart ocurre entre los años 1797 y 1841. En este espácio de tiempo resultan dos momentos culminantes, determinados por la publicación de *Pedagogía General*, em 1806, y por la del *Bosquejo de um Curso de Pedagogía*, 1836-1841". Não tivemos acesso à segunda obra citada, por isso, para a exposição do pensamento pedagógico de Herbart no presente capítulo, faremos uso somente da obra *Pedagogia geral*, como também de estudiosos e comentadores de sua obra.

237 J. Herbart, "Lições Preliminares de Pedagogia", citado por Francisco Larroyo em *História Geral da Pedagogia*, op. cit, vol. II, p. 632.

LIVRO I – AVALIAÇÃO DA APRENDIZAGEM ESCOLAR: DO PASSADO PARA O PRESENTE

O pensamento pedagógico de Herbart teve reelaborações, aprofundamentos e desdobramentos por meio de seus discípulos mais próximos, assim como pela larga prática dos educadores que ao longo do tempo fizeram uso de suas concepções, chegando até nós. Francisco Larroyo, no livro *História Geral da Pedagogia,* distinguiu três grupos de discípulos de Herbart: os *herbartianos imediatos,* aqueles que se uniram imediatamente às ideias do mestre; os *neo-herbartianos,* aqueles que complementaram e introduziram modificações nos entendimentos e nas propostas do educador; os *herbartianos independentes,* aqueles que se vincularam a Johann Herbart com base em uma relação livre[238].

No presente capítulo, inicialmente, dedicar-nos-emos a compreender as proposições de Herbart para a avaliação da aprendizagem e, em momento subsequente, a articulá-las com sua proposta pedagógica para o ensino.

1. Avaliação da aprendizagem escolar em Herbart

Na obra *Pedagogia Geral,* Herbart não expôs, diretamente, modos específicos de atuar na prática docente; todavia, essa obra, mais do que um tratado a respeito de prática docente, contém um tratado teórico de pedagogia que estabelece fundamentos básicos para a prática educativa. O próprio autor, em um prólogo ao livro, publicado em um periódico de seu tempo dando notícias de sua obra, definiu-a como de caráter científico e geral. Afirmou ele: "Tem-se que observar brevemente uma coisa, a saber: que o título (da obra) promete unicamente uma Pedagogia Geral. Por essa razão, o livro oferece só conceitos gerais e os enlaces também gerais em relação a eles"[239].

Em função dessa característica, na *Pedagogia Geral* não encontramos indicações específicas a respeito da prática da avaliação da aprendizagem. Todavia, em dado momento desse texto, dentro da perspectiva de que a educação tem por objetivo gerar uma internalização das condutas ensinadas, Herbart manifestou uma atitude

---

238 Francisco Larroyo, em *História Geral da Pedagogia,* vol. II, p. 649 e ss., registra os três grupos de discípulos de Herbart; os *herbartianos imediatos,* como aqueles que se uniram imediatamente às ideias do mestre: Karl Wolkmar, 1815-1885; Theodor Waitz, 1821-1864; Ludwig von Strümpell, 1812-1899; os *neo-herbartianos,* como aqueles que complementaram e introduziram modificações nos entendimentos e nas propostas do mestre: Tuiskon Ziller, 1817-1882; Frederico Guilherme Dörpfeld, 1824-1893; Wilhem Rien, 1847-1929; os *herbartianos independentes,* aqueles que se vincularam a Herbart a partir de uma livre relação: Ernest Von Sallwurk, 1839-1926; Friedrich Paulsen, 1846-1908.

239 Johann Friedrich Herbart, *Pedagogia General Derivada del Fin de la Educación,* Ediciones de La Lectura, s/d, tradução para o espanhol de Lourenzo Luzuriaga. Daqui para a frente citaremos esta obra sob o título de *Pedagogia Geral,* com textos traduzidos livremente para o português.

PARTE A – AVALIAÇÃO DA APRENDIZAGEM ESCOLAR NAS PEDAGOGIAS TRADICIONAIS

de desconfiança em relação à validade da prática dos exames escolares, à medida que eles, segundo sua compreensão, expressavam um caráter ritualístico ou formalístico no processo de ensino.

Abordando a questão da formação do caráter dos jovens, o autor expressou o entendimento de que as atividades definidas como do "mundo externo" teriam sua importância à medida que interferissem no "mundo interno" do estudante; expressou ter dúvidas sobre a eficiência dessas atividades caso elas não se transformassem, no interior do aprendiz, em um desejo da sua própria vontade. Daí que, segundo seu ponto de vista, exames simplesmente impostos, vindos de fora do sujeito, podiam não servir para a formação do jovem. Para Herbart, não havia interesse no caráter formado por coação, mas sim no caráter decorrente de um consentimento interno.

No ver do autor, a força do caráter não poderia estar articulada a alguma coisa fora do sujeito humano; ao contrário, importava que tudo fosse assimilado interiormente, de tal forma que o caráter, delimitado pela boa vontade, direcionasse sua ação. Afinal, a força do sujeito está no seu interior, e essa força não poderia ser adquirida pelas atividades impostas de fora; deveria ser constituída de dentro de si mesmo.

Nesse caso, os exames escolares, à medida que fossem somente algo externo ao estudante, como uma imposição vinda de fora, não ajudariam na verdadeira educação, uma vez que o homem educado se guia por aquilo que existe dentro de si mesmo e isso depende do seu "círculo de ideias"[240], que, no entendimento de Herbart, se forma pela instrução educativa, que, por sua vez, depende de esforço e de dedicação.

O "círculo de ideias", segundo o autor, é um conceito fundamental para a compreensão do ser humano e sua educação, como veremos mais à frente. Para ele, a conduta moralmente correta depende de um conjunto de compreensões humanas que incide nas possibilidades de escolha, o que, no seu ver, depende de uma mente instruída à base de compreensões assentadas no interior de cada um. Os exames, por seu turno, hoje, são externos e ameaçadores; na época em que viveu Herbart, também deveriam manifestar característica semelhante. Ele mesmo, então, se perguntou a respeito do que poderia substituir esses exercícios externos na formação do caráter; e respondeu... não saber. Porém, acrescentou:

---

240 "Círculo de ideias" é um conceito fundamental em Herbart, como veremos mais à frente. Para ele, a conduta humana moralmente correta depende de um conjunto de compreensões que norteia suas possibilidades de escolha; algo que, segundo o autor, depende de uma mente instruída.

LIVRO I – AVALIAÇÃO DA APRENDIZAGEM ESCOLAR: DO PASSADO PARA O PRESENTE

Tudo isto nos conduz ao princípio anterior: *o assento principal da educação do caráter é a educação do círculo de ideias.*

Pois, em primeiro lugar, não se deve deixar agir, conforme a seu próprio parecer, àqueles que não conseguirão pôr em atividade nenhum desejo justo; com isso, só se aumentará o mal; a arte consiste, antes, em evitar o mal.

Em segundo lugar, *uma vez que se tenha educado o círculo de ideias,* tão plenamente que se domine em absoluto um gosto puro da atividade, da fantasia, não será necessário quase cuidar-se, no decorrer da vida, da educação do caráter; *o emancipado escolherá as ocasiões para a ação exterior ou tratará as que se lhe imponha, de tal modo, que só o justo poderá firmar-se em seu desejo*[241].

Seria, pois, preciso construir esse "círculo de ideias" no estudante, de tal forma que ele pudesse comandar suas próprias escolhas e, pois, dirigir sua ação. Então, é possível supor que Herbart não recusara os exames escolares em si, porém, admitia-os com a condição de que eles, sendo exercícios externos ao sujeito, fossem realizados de forma consentida pelo estudante e, desse modo, significassem uma internalização de condutas na perspectiva da formação do seu caráter.

Compreendidos dessa maneira, exames e exercícios seriam recursos importantes para a construção do "círculo de ideias", que, por sua vez, teria o papel de comandar o caráter e a ação do sujeito. O que Herbart recusava, de fato, era o formalismo dos exames, ou seja, a ausência de um significado vital no processo de formação do "círculo de ideias" no interior do estudante.

Na obra *Pedagogia Geral,* não existem indicações práticas para os procedimentos pedagógicos em geral; muito menos para qualquer procedimento de investigação avaliativa. Ao contrário, há uma crítica ao uso dos exames como uma prática externa ao estudante enquanto sujeito em crescimento; exames, pois, com as características de uma prática formalista e coercitiva.

A crítica herbartiana à prática da avaliação da aprendizagem escolar – vigente em sua época sob a modalidade de exames escolares – é coerente com sua compreensão pedagógica. Desejou uma prática educativa que conduzisse os estudantes à formação do caráter moral por meio de convicções internas; contudo, os exames praticados de modo formal nas escolas, como uma atividade externa aos estudantes, teriam até

---

241 *Pedagogia Geral,* p. 289. A paragrafação foi introduzida no texto de Herbart, assim como o grifo em itálico.

PARTE A – AVALIAÇÃO DA APRENDIZAGEM ESCOLAR NAS PEDAGOGIAS TRADICIONAIS

mesmo um papel negativo em sua formação interior. De fato, Herbart se opôs ao uso externo e disciplinar dos exames escolares, presentes na educação institucionalizada no período histórico em que viveu.

2. A proposta pedagógica de Herbart como contexto de seu entendimento a respeito dos procedimentos avaliativos

2.1. A proposta pedagógica de Herbart

A proposta pedagógica de Herbart, do modo como está configurada, nos possibilita perceber a necessidade de procedimentos de avaliação, ainda que de modo sucinto por meio de sua crítica ao uso dos exames, de modo comum, como forma de pressão psicológica aos estudantes. O autor considerou essencial definir os rumos da prática educativa mediante a formação da vontade; e, nesse caso, os atos avaliativos seriam necessários, porém, como subsídios para novas decisões construtivas e não apenas sob a forma de exames que, por si, estariam a serviço de atos classificatórios e consequentemente probatórios. Podemos compreender essa posição ao tomarmos consciência dos passos para o ensino-aprendizagem propostos pelo autor.

Herbart propôs que a prática educativa fosse orientada para a construção de um "círculo de ideias" no interior de cada estudante, o qual expressaria o caráter que se pretendia formar durante o processo de ensino; seria, afinal, uma delimitação dos propósitos educativos e dos seus recursos metodológicos. No ver do autor, sem esse objetivo – o de formar no estudante o "círculo de ideias" –, a educação se desenvolveria de forma espontânea, aleatória e frágil[242].

O objetivo fundamental da educação, para Herbart, era a formação moral dos estudantes. A tarefa da educação consistiria, então, em formar o seu caráter. A educação moral adviria, no caso, da totalidade das experiências educativas e não de uma prática pedagógica específica. Em suas palavras, "a educação moral não é um fragmento da educação total, senão que guarda uma relação necessária e muito extensa com os demais cuidados que presta a educação"[243].

---

242 *Pedagogia Geral*, p. 60, Herbart afirma: "É bastante natural que, no lugar onde o acaso[,] mais que a arte humana, determine a dieta espiritual, uma alimentação frequentemente ligeira não faça florescer uma saúde robusta que, em caso de necessidade, pudesse desafiar o mau tempo".

243 Em 1814, portanto, seis anos após a publicação de sua obra básica, Herbart escreveu: "Qual é o verdadeiro ponto central, a partir do qual pode contemplar-se a pedagogia? O conceito de caráter moral, considerado segundo suas condições pedagógicas" (Apêndice à *Pedagogia Geral*, p. 378-379).

LIVRO I – AVALIAÇÃO DA APRENDIZAGEM ESCOLAR: DO PASSADO PARA O PRESENTE

Os fins da educação, segundo seu ver, estavam divididos em *possíveis* e *necessários*. Os fins *possíveis* referem-se às finalidades comprometidas com as futuras escolhas – pessoais e livres – do adulto, que dependerão dos cuidados que o sujeito venha a ter consigo mesmo; as finalidades *necessárias* da educação referem-se à moralidade e, por isso mesmo, presentes e funcionais no aqui e agora.

Frente a isso, no entendimento de Herbart, seria preciso desenvolver na criança, desde cedo, uma vontade esclarecida que lhe possibilitasse viver e desenvolver uma moralidade adequada. A moralidade, no entendimento do autor, necessita do concurso da inteligência ao lado do desenvolvimento de uma vontade iluminada pela razão[244].

Com tais características, a educação, do ponto de vista de Herbart, tinha por objetivo formar o caráter do jovem, que seria construído pelo esforço, uma vez que um caráter moralmente virtuoso não seria constituído espontaneamente. Nessa perspectiva, entendia o autor que são "desgraçados os que, querendo uma grande coisa, não possuem forças. O caminho da destruição assemelha-se ao o caminho da educação em sentido inverso. A indecisão, que chega a ser habitual, é a *tisis* do caráter"[245]. Seria importante, pois, formar no estudante a capacidade de decisão, o que implica, ao mesmo tempo, inteligência e vontade, constituindo o "círculo de ideias".

2.1.1. A Psicologia como fundamento para a ação educativa

Segundo o ver de Herbart, assumindo previamente a moral como meta e base para proceder a educação, seria de todo importante ao educador servir-se dos fundamentos da Psicologia como ciência necessária ao exercício da prática educativa. Compreensão que fora expressa da seguinte forma: "A primeira ciência do educador, ainda que não a única, haveria de ser a [P]sicologia na qual se determina *a priori* todas as possibilidades das emoções humanas"[246]. Entendia a Psicologia como a ciência que oferece os fundamentos para proceder a educação do ser humano como um todo.

Recusou compreender a educação como um modo de "aperfeiçoamento das faculdades da alma", conceito anterior a ele, mas também comum em sua época.

---

244 *Pedagogia Geral*, p. 115-116: "Como a moralidade reside única e exclusivamente na própria vontade, determinada por uma reta inteligência, é evidente, antes de tudo, que a educação moral não deve cuidar do aspecto exterior das ações, senão que deve desenvolver na alma da criança essa inteligência, juntamente com a vontade a ela acomodada".

245 *Idem.*, p. 277.

246 *Idem.*, p. 69.

PARTE A – AVALIAÇÃO DA APRENDIZAGEM ESCOLAR NAS PEDAGOGIAS TRADICIONAIS

Não admitia que o ser humano fosse um agregado de variadas faculdades, como era admitido na denominada Psicologia Racional, vinculada à Filosofia Clássica.

A seu ver, a vida psíquica se expressa como um conjunto de representações que compõem o "círculo de ideias" do sujeito, que, por sua vez, engloba a totalidade do seu ser, inclusive sentimentos e desejos. Nesse contexto, a psique fora assumida por ele como um todo, de tal forma que, se as representações mentais se modificassem, o ser humano se modificaria por inteiro.

Além de pautar-se pelos fundamentos gerais da ciência, Herbart exigia que o educador estivesse atento ao próprio estudante, à medida que ele é a real finalidade da prática educativa. As delimitações da ciência, a seu ver, não substituíam a observação direta e imediata do indivíduo. Em suas palavras, a ciência nunca deveria "substituir a observação do estudante; o indivíduo se encontra, não se deduz. A construção, *a priori,* do estudante é, pois, em si, uma expressão falsa e, por enquanto, um conceito vazio que a pedagogia não pode admitir por mais tempo"[247].

2.1.2. A instrução como recurso mediador da prática educativa

A educação, para Herbart, é realizada pela instrução. Através dela, "as massas de representações mentais" seriam formadas e desse modo constituiriam o fundamento do caráter de cada ser humano. A instrução, afinal, tem um papel constitutivo na formação do caráter do aprendiz. Daí que todos os conteúdos da instrução, no ver do autor, eram educativos, tais como os históricos, os literários, como também os provenientes da biologia, da física... Afinal, todos os conteúdos poderiam ser utilizados para a formação moral, via a instrução.

Na sua compreensão, educação moral e instrução eram dois elementos do mesmo processo. Em torno desse entendimento, afirmou Herbart: "Não posso conceber a educação sem instrução e, inversamente, ao menos nesta obra, não reconheço instrução alguma que não eduque"[248]. Em síntese, o autor tinha como objetivo formar moralmente o ser humano por meio da educação, servindo-se, para tanto, da instrução.

2.1.3. Os três pilares da prática educativa

A prática educativa, segundo Herbart, assenta-se em três bases principais: o governo das crianças, a instrução e a disciplina[249].

---

247   *Pedagogia Geral.* p. 69.

248   *Idem.,* p. 70.

249   *Idem.,* p. 386: "Governo, instrução e disciplina são, pois, os três conceitos primordiais em vista dos quais se há de tratar toda teoria da educação".

LIVRO I – AVALIAÇÃO DA APRENDIZAGEM ESCOLAR: DO PASSADO PARA O PRESENTE

Em primeiro lugar, *o governo das crianças*. Sua compreensão era de que: "O governo das crianças é uma necessidade para que possam praticar a sua vida sem os riscos, que desconhecem e que envolvem sua existência. A finalidade do governo das crianças é múltipla: trata-se de prevenir o mal, tanto para os demais como para as próprias crianças; tanto para [o] agora como para momentos posteriores; trata de evitar a luta, que, em si, é um estado doentio; trata, finalmente, de impedir a colisão, que obrigaria a sociedade à luta, sem que fosse absolutamente autorizada por ela"[250].

Para esse tipo de governo, segundo o ponto de vista do autor, usualmente, na vida social eram praticados os recursos da *ameaça* e da *vigilância*, que, por si, não eram adequados nem suficientes. A ameaça, no seu ver, não servia nem para os estudantes de personalidade forte nem para aqueles de personalidade fraca; ela poderia ser escarnecida pelos fortes e servir de grilhão para os fracos, submeten-do-os aos ditames externos. A vigilância permanente, por sua vez, faria com que vigilantes e vigiados criassem subterfúgios para fugir aos seus limites. A educação sob a vigilância permanente, no ver do autor, impediria que as que as crianças e os jovens construíssem um modo de vida comprometido com a existência de forma vibrante. Ao contrário, esse tipo de educação, no seu ver, produziria sujeitos lineares e amorfos em relação aos atos existenciais.

Então, como as crianças não poderiam permanecer ao léu em sua existência, e se a ameaça e a vigilância não eram procedimentos adequados, só a autoridade e o amor, conjuntamente, poderiam garantir a educação das crianças e dos jovens. A autoridade saudável fora, então, assumida pelo autor como uma forma de con-duzir a criança e o jovem à conduta educada, adquirida "pela superioridade do espírito" e não pela imposição do mando; a educação, desse modo, "não pode[ria] ser reduzida a preceitos"[251]. A autoridade deveria, então, ser exercida a serviço da formação do "círculo de ideias", a partir do qual, na compreensão do autor, mais tarde, o adulto se moveria livremente e, por meio do qual, o estudante se construiria a si mesmo[252].

O governo externo das crianças só poderia, pois, ser substituído por uma educa-ção que viesse a ter como centro de atenção algo mais avançado, como a construção do "círculo de ideias". A obediência, desse modo, não seria conseguida com ameaça,

---

250   *Pedagogia Geral*, p. 91.

251   *Idem.*, p. 94.

252   *Idem.*, p. 95.

PARTE A – AVALIAÇÃO DA APRENDIZAGEM ESCOLAR NAS PEDAGOGIAS TRADICIONAIS

vigilância e autoridade; poderia, sim, ser esperada "como produto de uma verdadeira educação"[253].

Em segundo lugar, Herbart compreendia que a verdadeira educação seria aquela que se fizesse pela *instrução*, pois que esta possibilita a formação do círculo de ideias[254], fundamental para a formação do caráter reto do jovem, diverso da simples firmeza, resistência ou invulnerabilidade[255]. Os conteúdos do "círculo de ideias" eram anteriores ao sujeito e lhe possibilitariam as melhores escolhas. No ver do autor, a ação depende do conhecimento, porém, o caráter depende da formação da criança e do jovem, desde que o ser humano, "sente e quer de acordo com seus pensamentos e representações"[256].

À semelhança de Tomás de Aquino, que defendia a compreensão de que era preciso primeiro conhecer para depois querer (amar), de certa forma, Herbart retomou esse modo medieval de pensar o ato moral ao assumir a posição de que, para amar, desejar e querer, seria necessário, em primeiro lugar, conhecer[257].

Por último, e em terceiro lugar, para proceder a formação do caráter mediante a instrução, Herbart considerava ser necessária a *disciplina*, algo que diferia do simples ato de governo das crianças.

O governo é uma atividade coercitiva externa ao sujeito, enquanto a disciplina é uma atividade interna. Pelo "governo", a criança sentiria "que é tratada como um membro da sociedade"; portanto, algo externo ao sujeito. A disciplina, por outro lado, é interior e deve ser aceita e assumida pelo estudante, com gosto[258]. A disciplina, nos termos de Herbart, quer fazer-se sentir como educativa.

---

253 *Idem.*, p. 99.

254 Francisco Larroyo, em *História Geral da Pedagogia,* op. cit. p. 634, diz: "Só é educativa a instrução que modifica os grupos de ideias que o espírito possui, impulsionando este a formar uma nova unidade de representações ou uma série harmônica de unidades, que, por sua vez, determinam o comportamento. Uma volição não é mais do que uma ideia que se desenvolveu cabalmente, realizando um círculo completo, que começa com o interesse e termina com a ação. Esta instrução educativa, que forma a vontade ou o querer e modela o caráter, é a verdadeira tarefa da escola".

255 *Pedagogia Geral*, p. 254: "Se compreenderá bastante claramente que, com o bom êxito da instrução, realmente múltiplo, se assegure também a retidão de caráter, do qual difere bastante a firmeza, a resistência e a invulnerabilidade do caráter".

256 Frederico Eby, op. cit., p. 419.

257 Essa posição da escolástica medieval já tivera sua versão contrária em Santo Agostinho, que vivera antes de Tomás de Aquino e seguia uma linha afetiva nos atos de pensar e decidir. Ele afirmava: primeiro crer e amar, para, depois, conhecer (*credo ut intelligam*).

258 *Idem.*, p. 311: "A disciplina, ao contrário, só intervém na medida em que o aluno, submetido a ela, se decide por uma experiência interior a aceitá-la com gosto".

Por isso, a disciplina "não é nem breve, nem rigorosa, (...) [é] extensa e contínua, de penetração lenta e de grande duração"[259]. A disciplina, para o autor, não se apresentava como um conjunto de atos e procedimentos seccionados e separados uns dos outros; mas, sim, um ato contínuo que, "de vez em quando, para sua maior eficácia, recorre[ria] aos prêmios e castigos e aos outros meios semelhantes"[260].

Herbart estava desejoso que se fizesse da disciplina um modo de conduzir a formação do ser humano interior. Para formar um ser humano convicto dentro de si mesmo, tornava-se fundamental, no seu modo de ver, que a disciplina fosse algo que lhe pertencesse. A respeito disso, expressou em seus escritos que "nada é mais [benéfico] que o esforço encaminhado a desviar todas as perturbações inoportunas, com a finalidade de que o homem interior se desenvolva pronto em toda a sua pureza"[261].

Em síntese, o governo das crianças, a instrução e a disciplina, no ver Herbart, eram recursos necessários para a educação e, pois, formação das crianças e dos jovens.

2.1.4. Prêmios e castigos

A respeito de prêmios e castigos na prática educativa, Herbart admitia que eles pudessem ser utilizados, contudo, sempre com a condição de que estivessem articulados com a construção do mundo interior da criança e do jovem.

A respeito dos *castigos*, definiu que são "indicados ali onde se manifesta, sem premeditação, uma tendência nova, pela primeira ou segunda vez, em forma de uma falta que, ao não ser reprimida, se repetiria e imprimiria no espírito um rasgo vicioso"[262]. O castigo poderia ser necessário para "desarraigar uma perversão profunda". Os *prêmios*, por seu turno, poderiam estimular a busca de modos novos de agir. Em todo caso, prêmios e castigos deveriam ocorrer de modo eventual e emergencial. O autor compreendia que o que forma o ser humano é a conduta intermitente e não a eventual, como poderiam ser os castigos e os prêmios.

Após o uso de prêmios e castigos, no seu ver, seriam necessários cuidados para que o estudante voltasse a adquirir sua serenidade interior de modo habitual. Em suas palavras: "Cuidar-se-á, pois, antes de tudo, de que a disciplina constante [como

---

259 *Pedagogia Geral,* p. 310.

260 *Idem.,* p. 312.

261 *Idem.,* p. 318-319.

262 *Idem.,* p. 320.

um modo de agir] entre e permaneça no bom caminho, e se aumentará este cuidado quando as medidas tomadas ocasionalmente tenham causado algum transtorno nas relações anteriormente ordenadas. Os procedimentos incomuns, com sucessos extraordinários, porém, sobretudo, os prêmios e castigos deixam facilmente impressões que não devem durar e, muito menos, acumular-se. Existe uma arte peculiar para volver ao seu estado anterior: perceber como se nada tivesse ocorrido [seja com prêmios, seja com castigos]"[263].

Prêmios e castigos, no caso, seriam situações eventuais na vida das pessoas em geral e dos estudantes também, já a disciplina seria algo constante e permanente, por isso, deveria ser o recurso e o objetivo da educação, mediante a instrução.

2.1.5. O educador

O professor, na visão de Herbart, é figura essencial no processo educativo como mediador entre a cultura universal existente e o estudante como sujeito individual. A ele cabe trabalhar a alma infantil para que a criança possa criar seu "círculo de ideias", como o núcleo de seu entendimento do mundo e das coisas, fator que lhe possibilitará uma conduta adequada na vida. A respeito disso expressou-se da seguinte maneira: "Não se domina a educação se não se estabelecer na alma infantil um grande círculo de ideias, cujas partes se achem enlaçadas intimamente e que tenha força suficiente para vencer os elementos desfavoráveis do meio, para observar os favoráveis e para incorporá-los"[264].

A autoridade do educador provém, no ver de Herbart, da autoridade que lhe é concedida pelos pais dos estudantes ou pelos próprios estudantes; e só com esse fundamento o educador pode e deve agir[265]. Na relação pedagógica, importa, no ver do autor, o equilíbrio do professor. Nesse contexto, afirmou Herbart: "Nada de longas demonstrações de enfado nem de gravidade estudada, nem de ar taciturno ou místico. Sobretudo nada de amabilidade afetada. A retidão há de ir unida a todas as emoções da alma infantil, por muito que varie sua direção"[266].

---

263 *Pedagogia Geral,* p. 339.

264 *Idem.,* p. 84.

265 *Idem.,* p. 100: "O educador se compromete em absoluto quando se atribui um domínio que não deriva do poder paterno ou que o discípulo mesmo não lhe tenha concedido".

266 *Idem.,* p. 110.

2.1.6. A questão metodológica na prática educativa

No que se refere aos fundamentos do ensinar e do aprender, o autor entendia que, metodologicamente, *o conhecimento humano se constitui de representações*, formadas por objetos, imagens, conceitos e julgamentos que se fazem presentes na mente. Essas representações, segundo seu ver, proviriam de duas fontes: da experiência pessoal e do trato social. A experiência pessoal está comprometida com o contato sensível do estudante com a realidade material que o cerca e o trato social está vinculado às representações recebidas pelo convívio (trato) social.

Por outro lado, no ver do autor, eram *três os níveis da mente*, que, em ordem crescente, se apresentavam numa sequência do mais simples ao mais complexo: a) o nível das sensações e percepções; b) o nível da imaginação e memória; c) o nível do pensamento conceitual e do julgamento.

A função da instrução, no ver de Herbart, era elevar a mente do seu nível mais simples para o mais complexo. Do resultado desse processo decorreria a distinção entre o homem inculto e o homem culto.

As representações que compunham o "círculo de ideias" tinham sua fonte *na experiência e no trato social*. As massas de representações poderiam ser mais, ou menos, ordenadas. No ser humano educado, segundo o ver do autor, as associações estavam mais ordenadas e consistentes que no ser humano inculto. Por isso, a instrução era importante para ordenar, da melhor forma possível, as representações que constituíam o círculo de ideias do sujeito e, consequentemente, seu caráter.

A assimilação de novas representações (e, pois, a aprendizagem) se daria, segundo Herbart, pelo processo de apercepção, que inclue, de um lado, um novo objeto, uma nova ideia ou um novo conceito que chega ao sujeito; e, de outro, pelo contato com a massa anterior de experiências, já organizada na consciência, denominada por ele de "massa aperceptiva". A massa aperceptiva – constituída pelo sujeito do conhecimento – toma o novo dado e o assimila[267] de tal forma que lhe possibilita um novo entendimento da realidade. Esse novo entendimento será tão diferenciado quanto é a massa aperceptiva do sujeito que está se apropriando do novo conteúdo.

Desse modo, um sujeito com pequena massa aperceptiva interpretará o novo fato que se apresenta à sua mente dentro do seu limite; assim como um sujeito culto interpretará esse mesmo fato com uma massa aperceptiva mais ampla. Segundo essa

---

267   Assimilar significa "tornar semelhante à". Então, no espaço da massa aperceptiva, a nova informação é tornada semelhante às existentes; desse modo, é, pois, compreendida e tornada própria.

compreensão, a amplitude da massa aperceptiva de cada ser humano individual possibilita interpretações diferentes do mundo e do estar no mundo; uma é a interpretação do sujeito que detém uma massa aperceptiva ampla, outra é a interpretação do sujeito que detém uma massa aperceptiva menos ampla.

Essa compreensão do processo de assimilação de fatos, conhecimentos e conceitos foi importante para Herbart. Ela serviu de base para a proposição de métodos para a prática do ensino e para o exercício da aprendizagem, em especial para os jovens submetidos à prática pedagógica, com os quais estava preocupado. Herbart desejava educá-los e, desse modo, subsidiar a formação do seu caráter por meio da instrução. Para tanto, necessitava compreender como as "massas aperceptivas" eram formadas para, então, descobrir como atuar tendo em vista sua construção.

2.1.7. A questão do currículo para formação do estudante

Para a *organização dos currículos*, Herbart e seus discípulos, especialmente Tuiskon Ziller (1817-1882) e Wilhelm Rein (1847-1929), trabalharam com o conceito de *época cultural* e com as espécies de *representações* que deveriam se fazer presentes na mente humana.

Por *época cultural*, Herbart entendia que o sujeito individual passa por estágios de desenvolvimento semelhantes aos estágios pelos quais passou a humanidade. No caso, reconheceu três estágios no processo de desenvolvimento do caráter do ser humano:

a) *estágio da sensação e da percepção*, durante o qual a emotividade é grande, período em que ocorre a necessidade da impulsividade e dos caprichos da criança e do jovem que necessitam ser administrados;

b) *estágio da memória e imaginação*, quando a criança e o jovem respondem à atividade de formação sistemática;

c) *estágio de julgamentos e pensamentos conceituais*, quando a vontade é formada pela instrução.

A humanidade, na sua sequência histórica, teria passado por essas diferentes experiências e foi nelas que Herbart encontrou a fonte para a educação social e moral. Em função dessa compreensão, o autor e seus seguidores deram atenção especial à História e à Literatura como fontes de conteúdos educativos, à medida que compreendiam que essas duas áreas de conhecimento continham mais conteúdos éticos e morais que aquelas vinculadas às ciências naturais.

LIVRO I – AVALIAÇÃO DA APRENDIZAGEM ESCOLAR: DO PASSADO PARA O PRESENTE

Nesse contexto, Herbart, de início, serviu-se da obra literária *Odisseia*, da autoria de Homero, como material educativo em suas atividades de ensino, assim como em suas indicações para a ação docente. Posteriormente, seus discípulos organizaram currículos, envolvendo, inclusive, a literatura moderna.

As *representações* da mente, por seu turno, como já sinalizamos anteriormente, segundo Herbart, provinham da *experiência das coisas* e *do intercâmbio social*, que se processam pelas relações entre as pessoas.

Compreendia ele, em primeiro lugar, que a *experiência das coisas* se dá pelo contato direto com os objetos, com as coisas, com o mundo exterior ao sujeito. Então, uma vez que a criança ia para a escola com sua massa aperceptiva ainda bastante frágil e cheia de lacunas, a instrução deveria trabalhar para suprir essas carências, colocando o estudante em contato com uma gama mais ampla de objetos, daí a importância da História e da Literatura. Além disso, compreendia ele ser importante que a mente da criança e do jovem reelaborasse suas representações pessoais, saindo do nível da *percepção* para atingir o nível da *elaboração de compreensões de caráter universal*.

Já o *intercâmbio social*, na compreensão de Herbart, era importante, uma vez que nele estava a fonte educativa para o desenvolvimento intelectual e moral. A História e a Literatura, no caso, eram as fontes principais desses conteúdos, à medida que a primeira retrata a conduta dos homens ao longo do tempo e a segunda retrata os resultados da imaginação, onde estão expressos os conflitos que se dão na vida humana. Tanto uma fonte, como a outra, ambas convidam, segundo Herbart, o estudante a desenvolver o sentimento e o julgamento moral a partir de situações concretas da vida cotidiana.

2.2. Passos metodológicos para ensinar e aprender segundo Herbart

Para processar a assimilação das novas representações (fatos, conceitos, procedimentos...) a serem adquiridas no processo educativo, Herbart propôs um caminho metodológico para o ensino-aprendizagem com quatro passos formais – clareza, associação, sistema e método[268] – que, posteriormente, foram reelaborados por seus discípulos em cinco, que são conhecidos como os "cinco passos formais de Herbart".

---

268   Em Lorenzo Luzuriaga, *Antologia de Herbart*, Buenos Aires, Editorial Losada, 1946, p. 72-76, encontra-se um texto do próprio Herbart, selecionado da obra *Esboço para um curso de pedagogia*, que traz uma exposição relativamente detalhada dos quatro passos elaborados pelo autor.

PARTE A – AVALIAÇÃO DA APRENDIZAGEM ESCOLAR NAS PEDAGOGIAS TRADICIONAIS

O primeiro passo proposto por Herbart, a *clareza*, na formulação de seus discípulos, foi dividido em dois, em especial pelos investimentos de Wilhelm Rein (1847-1929), que dividiu esse passo em "preparação" e "apresentação". Os outros passos permaneceram como propostos por Herbart, ainda que os dois últimos tenham recebido denominações novas, substitutivas das anteriores: "sistema" passou a ser chamado de "generalização" e "método" recebeu a denominação de "aplicação".

Então, os cinco passos metodológicos para ensinar-aprender passaram a ser: 1. *preparação*; 2. *apresentação*; 3. *associação*; 4. *generalização*; 5. *aplicação*.

Esses passos metodológicos tinham por objetivo – tomando por base a concepção herbartiana de educação pela instrução – possibilitar às crianças e aos jovens a assimilação de novas representações. Com isso, o professor tinha de modo preciso passos tanto para planejar como para executar a tarefa de ensinar, com o objetivo de subsidiar o estudante em sua aprendizagem. No caso, professor e estudante se beneficiariam da compreensão e do uso dos cinco passos propostos por Herbart e seus discípulos para ensinar e para aprender.

Segundo esse modelo, a *preparação* era o primeiro passo do ato ensinar-aprender pelo qual o professor deveria atuar para que as massas aperceptivas – já de posse do estudante e base para a apropriação do conteúdo novo a ser abordado – fossem trazidas à consciência de tal forma que pudessem ser utilizadas no processo de assimilação do novo conteúdo a ser aprendido. A denominação com a qual se definiu esse passo expressava bem seu significado: "preparação para a apropriação do novo conteúdo" por parte do estudante.

Nesse primeiro passo, na proposta de Herbert, o professor deveria estimular seus estudantes à retomada das massas aperceptivas necessárias à recepção do novo conteúdo a ser aprendido, de tal forma que elas possam servir-lhes de motivação e base tendo em vista voltar a atenção aos novos objetos, conceitos e juízos expostos, viabilizando serem apreendidos e assimilados.

O passo da *preparação* tem como destino avivar na consciência do aprendiz os elementos culturais que já possuí e que possibilitam a assimilação do novo conteúdo a ser aprendido, isto é, esse avivamento de elementos culturais já existentes na mente do estudante possibilita, no ver do autor, a compreensão e a apropriação de um novo ou de novos conteúdos.

No caso, trata-se de avivar as massas aperceptivas a fim de que possibilitem a assimilação do novo conteúdo, integrando-o às massas aperceptivas já existentes. O passo da *preparação*, como o termo bem expressa, criaria as condições para que o novo conteúdo pudesse ser assimilado; propriamente, referia-se à atividade de avivamento das massas aperceptivas. No contexto desse primeiro passo, o professor,

175

LIVRO I – AVALIAÇÃO DA APRENDIZAGEM ESCOLAR: DO PASSADO PARA O PRESENTE

como o responsável pelo ensino, deve estimular o avivamento das massas apercepti-vas já existentes na mente do estudante e adequá-las à assimilação do novo conteúdo cognitivo proposto para a aprendizagem[269].

O segundo passo proposto por Herbart para o ato de ensinar fora a *apresentação do novo conteúdo aos estudantes*; apresentação realizada com tal clareza que o con-teúdo pudesse ser compreendido e assimilado no seu todo. Nesse passo, o professor - em sua comunicação e interação com os estudantes - deveria servir-se de dados e experiências concretas pelas quais os novos conteúdos pudessem chegar ao enten-dimento dos estudantes e, assim, pudessem ser apreendidos de forma concreta. A clareza na apresentação do novo conteúdo seria, pois, condição fundamental para que os estudantes o compreendessem e o assimilassem, servindo-se, para tanto, de suas massas aperceptivas já constituídas.

Herbart, como vimos anteriormente, havia chamado de *clareza* esses dois primei-ros passos – preparação e apresentação – e insistido que aqui era importante o uso de objetos concretos para que os estudantes assimilassem (tornassem seus, integrassem) com precisão o conteúdo novo apresentado e, consequentemente, o aprendessem.

Associação foi o terceiro passo proposto por Herbart pelo qual as representações novas seriam associadas às anteriores, verificando-se as semelhanças e as diferen-ças de tal forma que a nova compreensão tomasse seu lugar e sua forma na mente do estudante. Esse passo exigia, como procedimento lógico, a comparação entre as massas aperceptivas existentes (representações existentes) com as novas informa-ções. Propriamente, o novo conteúdo passaria a ser assimilado – tornado semelhante, integrado – às massas aperceptivas já existentes.

O termo "assimilação" tem sua origem nos termos latinos *a+símile*, que significa "tornar semelhante a"; então, para Herbart, o novo conteúdo seria internalizado ao integrar-se no seio das massas aperceptivas (conhecimentos) já existentes na mente do estudante mediante processos comparativos e integrativos naturais. Nesse passo, o aprendiz operaria a integração entre as massas aperceptivas anteriores e o novo conteúdo, isto é, o assimilaria (tornaria semelhante), integrando o novo conheci-mento com os outros que já possuía, e tomando posse do novo conteúdo. Neuro-logicamente, a aquisição da compreensão de um fenômeno novo, que se coloca à nossa frente, depende dos recursos cognitivos que já temos para ao menos iniciar a compreensão daquilo que emerge à nossa frente como novo, e, pois, desconhecido.

---

269 Importa observar que, hoje, temos ciência de que os pré-requisitos necessários a uma nova apren-dizagem, como sua base funcional, encontram-se registrados na memória neurológica do estudante; e, quando somos os aprendizes, em nossa memória neurológica.

PARTE A – AVALIAÇÃO DA APRENDIZAGEM ESCOLAR NAS PEDAGOGIAS TRADICIONAIS

A *generalização,* como quarto passo formal do método de ensino-aprendizagem em Herbart, indica que permanecer com a representação individual do objeto concreto ajudaria pouco para sua formulação abstrata na mente. A generalização possibilita elevar a representação individualizada de um objeto para níveis conceituais mais complexos, abrangentes e integrados às massas aperceptivas já acumuladas na memória. Nesse processo de generalização, as representações de um novo objeto se articulam com as representações anteriores, dando lugar a entendimentos mais amplos e universais sobre os novos objetos em processo de assimilação. Os conceitos, quanto mais integrados aos já existentes na memória, se tornam mais consistentes e abrangentes. A generalização, propriamente, integra o novo objeto, pelo seu conceito, ao conjunto dos conhecimentos anteriormente acumulados pelo sujeito.

Por último, a *aplicação.* A aplicação é um passo da aprendizagem comprometido com os exercícios para a sedimentação do novo conhecimento adquirido mediante seu uso na solução de novos desafios. O uso, do qual aqui se fala, não se refere ao útil, mas sim a um modo ativo de incorporação do novo conhecimento à mente; exercícios que conduzem à formação de uma habilidade, fator que permite ao ser humano servir-se dele para múltiplas outras possibilidades. As habilidades sedimentadas – na forma de massas aperceptivas – por meio de exercícios de aplicação alargam as possibilidades de uso do conhecimento adquirido pelo aprendiz. As habilidades são modos de "fazer" alguma coisa, tais como operar com elementos abstratos e/ou teóricos, assim como operar com situações práticas com as quais o ser humano se depara no cotidiano.

Com esses cinco passos, no ver de Herbart e de seus discípulos, o professor teria um recurso teórico-prático que lhe possibilitaria dirigir a atividade de ensino de tal forma que os estudantes conseguissem receber e integrar a instrução em si mesmos, como sujeitos cultos e, por isso, com condutas moralmente corretas. A aprendizagem e o uso adequado do aprendido propiciaria, pois, a conduta moralmente adequada. Afinal, para Herbart, a educação tinha por objetivo garantir uma conduta moralmente satisfatória na vida social.

A avaliação, como investigação da qualidade da realidade, estava presente na dinâmica dos cincos passos metodológicos propostos por Herbart e seus discípulos para, de um lado, subsidiar decisões do professor, enquanto gestor do ensino na sala de aula, a tomar decisões necessárias para proceder o ensino e, de outro, subsidiar os estudantes na sua atividade de adquirir efetivamente os conhecimentos e consequentes habilidades desejadas.

Essa passagem pela concepção pedagógica de Herbart nos mostra que o autor estava centrado no desejo da efetiva aprendizagem e formação dos jovens. Importava para ele que os conhecimentos fossem interiorizados e, para isso, se fazia necessária a disciplina com consentimento interior do estudante, assim como a cultura como recurso de compreensão do mundo.

Herbart percebeu que conteúdos variados, desde que assimilados e efetivamente aprendidos, atuariam diretamente na formação do caráter da criança e do jovem. Daí seu largo investimento na Pedagogia.

3. Avaliação da aprendizagem e concepção pedagógica em Herbart

No contexto da concepção pedagógica de Herbart, tendo em vista a educação do ser humano mediante a instrução, é possível compreender que a avaliação da aprendizagem, ainda que não tenha sido diretamente tratada por ele, estava presente no contexto dos procedimentos propostos para o ensino, em especial no que se refere aos cinco passos a serem praticados no ensinar-aprender.

Todas as ações pedagógicas propostas por Herbart e, de modo conjunto, por seus pares, constitutivamente, exigiam atos avaliativos, mas não necessariamente examinativos. Não haveria como desenvolver um currículo junto aos estudantes, para formar o homem culto, segundo a proposta do autor, sem o subsídio do conhecimento a respeito da qualidade de sua aprendizagem para sua efetiva formação.

No caso, sem procedimentos de investigação avaliativa do desempenho do estudante, como saber se suas massas aperceptivas e seu círculo de ideias estariam se construindo satisfatoriamente? Importava, pois, que aquilo que ocorria no interior do estudante fosse expresso, a fim de que o educador pudesse ter ciência da situação e, consequentemente, tomar novas decisões a favor de uma aprendizagem satisfatória. Impossível pensar atos educativos sem avaliação; aliás, impossível pensar em quaisquer atos humanos sem a avaliação, como sinalizamos na Introdução deste livro.

Herbart não propôs uma concepção do desenvolvimento do estudante, uma vez que a teoria do desenvolvimento psicológico, em sua época, não havia ainda ganhado foros de cidadania; porém, ele formulou um entendimento a respeito da formação do ser humano culto por meio da integração de novas representações mediadas pelas massas aperceptivas já existentes no interior do estudante. Afinal, uma compreensão dinâmica do ensino-aprendizagem.

PARTE A – AVALIAÇÃO DA APRENDIZAGEM ESCOLAR NAS PEDAGOGIAS TRADICIONAIS

Essa compreensão leva a entender que aquilo que importava, para Herbart, era saber se as novas representações haviam sido incorporadas pelo estudante em seu processo de associação. Caso isso estivesse ocorrendo, estaria ocorrendo também as modificações do seu caráter, pois o processo educativo estaria se realizando. Os estudantes se encontrariam em processo de incorporação de novas representações e, consequentemente, novas formas de agir constituiriam seu caráter.

Nesse contexto, é possível imaginar e deduzir que a avaliação, na compreensão de Herbart, só faria sentido se posta a serviço dos fins educativos, subsidiando sua efetiva realização positiva. Aquilo que estamos assumindo como um possível signi-ficado da avaliação da aprendizagem no contexto dos entendimentos pedagógicos de Herbart refere-se à uma dedução decorrente de suas proposições pedagógicas, estudadas anteriormente. Em nossas considerações sobre a compreensão pedagógica do autor, observamos que pouco, ou quase nada, se referia diretamente à questão da avaliação, ainda que ela estivesse presente em todos os passos de sua proposta para a condução dos atos de ensino. De modo explícito, no que se refere ao âmbito da avaliação da aprendizagem, o autor tão somente estabeleceu críticas à prática dos exames escolares, como vimos.

Herbart desejava a formação da criança e do jovem pelo convencimento inte-rior. Na sua compreensão, só esse fator poderia ser parâmetro e fundamento para o exercício de escolhas posteriores na vida adulta.

Entre os denominados pedagogos tradicionais, Herbart revelou-se aberto ao uso de práticas pedagógicas não coercitivas. O governo externo, para ele, não era uma mediação significativa para a prática educativa, uma vez que ele não contribuía para a formação do caráter do estudante; a disciplina, esta sim, era importante, mas a disciplina com "consentimento interior", não como imposição externa. Seu objetivo era garantir aos estudantes as condições para formação do caráter pessoal, segundo um padrão cultural assumido como válido e importante. Uma disciplina, sim, porém, pelo convencimento e pelo consentimento. A disciplina tinha, nas proposições de Herbart, um sentido psicológico interno, e a avaliação seria um fator subsidiário de decisões a favor da formação do estudante.

CONCLUSÃO DA PARTE A

AVALIAÇÃO DA APRENDIZAGEM ESCOLAR NAS PEDAGOGIAS TRADICIONAIS

A avaliação da aprendizagem escolar, no contexto das Pedagogias Tradicionais, estava articulada com cada uma das propostas pedagógicas que compõem essa corrente teórica. Cada proposta pedagógica, a seu modo, articulou uma perspectiva para avaliação da aprendizagem como um recurso subsidiário na busca de seus objetivos. O fator que preside essas pedagogias é a assimilação ativa da cultura, a formação da mente, a ordem, a disciplina e o esforço necessário que professores e estudantes devem praticar para que a aprendizagem se faça a contento e, desse modo, contribua para a formação do cidadão.

Como vimos, ao longo dos capítulos que compõem a Parte A do Livro I desta obra, as Pedagogias formuladas nos séculos XVI, XVII, XVIII – aqui tratadas sob a denominação de *Tradicionais* – tinham como objetivo comum a formação do ser humano mediante a aprendizagem de conteúdos socioculturais disponíveis à época e também a formação de condutas sociais e éticas compatíveis com as concepções teóricas assumidas por cada uma delas. Porém, ainda que tenhamos tratado as três propostas pedagógicas sob a adjetivação de "tradicionais", importa estarmos cientes de que existem nuances e especificidades que caracterizam cada uma delas.

A escola e o currículo nas propostas pedagógicas jesuítica, comeniana e herbartiana foram organizados para que os estudantes aprendessem e incorporassem conteúdos socioculturais admitidos como necessários aos cidadãos e assumissem os entendimentos de ordem, disciplina e ética como características internas de suas personalidades e de seus modos de agir na vida pessoal e social.

Nas três propostas pedagógicas consideradas tradicionais, a cultura foi compreendida como importante veículo para a formação das condutas cotidianas do cidadão: os jesuítas pretendiam formar o cristão brilhante e polemizador da fé cristã; Comênio pretendia formar o cristão sábio, virtuoso e piedoso; e Herbart pretendia formar o cidadão moralmente correto dentro da sociedade civil por meio da instrução.

No período emergente da Era Moderna, o mercantilismo exigia as viagens marítimas e as conquistas; estas, por sua vez, exigiam ciência e tecnologia; e tudo isso só seria possível pela razão bem formada. Então, não é sem significado que, nesse período, muito se discutiu e se formulou a respeito de método para se obter um conhecimento certo e seguro tendo em vista garantir suporte aos atos humanos. Bacon, Galileu, Descartes, Hume, Newton, Rousseau, Kant são exemplos de autores que se fizeram presentes no ambiente sociocultural desse período, discutindo e formulando questões relativas às possibilidades de um conhecimento válido e seguro que garantisse ao ser humano realizar seus intentos.

Ainda que o tom geral das pedagogias que compõem a corrente pedagógica denominada Tradicional tenha muito de semelhante entre si no que se refere à ordem, à disciplina e aos conteúdos do ensino, como já sinalizamos anteriormente, elas apresentam nuances próprias que merecem ser destacadas.

Os jesuítas prescreveram e configuraram o uso de uma disciplina administrada pela autoridade hierarquicamente ordenada como recurso de sua formação. Do ponto de vista da avaliação da aprendizagem, além do acompanhamento permanente dos estudantes no decurso do ano letivo, por meio da Pauta do Professor, prescreveram também provas e exames, por uma única vez ao final do ano letivo, como parte de seu ritual pedagógico, fator que exigia dos estudantes atenção aos estudos.

Do ponto de vista da avaliação da aprendizagem na prática educativa, os jesuítas assumiram, de um lado, a necessidade do acompanhamento e da orientação dos estudantes em sua aprendizagem no decurso do ano letivo, cuidado pedagógico representado pela Pauta do Professor; de outro lado, a proposição dos exames ao final do ano letivo, como recurso utilizado para a promoção dos estudantes de uma classe escolar (série) para subsequente; tais exames eram realizados por uma Banca de Exames nomeada especificamente para essa atividade, da qual não fazia parte o professor dos estudantes examinados.

PARTE A – AVALIAÇÃO DA APRENDIZAGEM ESCOLAR NAS PEDAGOGIAS TRADICIONAIS

Comênio, por sua vez, no contexto de suas proposições, defendeu o ensino efetivo para a aprendizagem de *todos* os estudantes, com nuances próprias do segmento religioso ao qual estava vinculado. Do ponto de vista da avaliação da aprendizagem, propôs múltiplos momentos de atos avaliativos – denominados por ele, em conformidade com sua época histórica, de exames – mais com o objetivo de orientar os estudantes em sua vida acadêmica e formativa do que com o objetivo de aprová-los ou reprová-los na sequência das classes escolares. O autor tinha como objetivo a formação de todos como cidadãos e como cristãos sábios. A reprovação seria um modo de exclusão dos estudantes do ambiente de ensino-aprendizagem, portanto, de exclusão da escolaridade, fator indesejado por ele.

Herbart, por sua vez, pedagogicamente, centrou sua atenção na formação do homem culto e moralmente comprometido. No que se refere à avaliação da aprendizagem na prática educativa, chegou a questionar a validade dos exames caso não estivessem postos a serviço da formação interior do estudante, porque, a ele, não interessava o "governo externo" do ser humano, e sim seu "governo interno", fator que exigia capacitá-lo para a livre escolha dos valores moralmente corretos e necessários para a vida em sociedade. Contudo, mesmo tendo assumido essa compreensão, não propôs a supressão absoluta dos exames. Somente questionou-os à medida que podiam estar a serviço de um ritual externo e coercitivo sobre os estudantes, o que, a seu ver, seria inútil do ponto de vista educativo.

A disciplina, para Herbart, era necessária, mas deveria vir do interior do estudante, a fim de que pudesse ser eficaz. Os atos emergenciais de castigos e de premiação, para ele, não eram meios educativos significativos, devido ao fato de que não tinham a característica de atos permanentes e, por isso, não teriam o poder de criar hábitos – ou costumes, como ele expressava – entendidos como condutas duradouras.

Em síntese, podemos concluir que, no contexto da denominada Pedagogia Tradicional, a avaliação da aprendizagem fora concebida de forma variada em conformidade com a autoria de cada uma das três propostas abordadas.

Na Pedagogia Jesuítica, a Pauta do Professor deveria subsidiar o professor em suas decisões, em sala de aula, para a formação do cristão brilhante e defensor da fé católica; os exames gerais, realizados por uma única vez ao final de cada ano letivo, subsidiariam as autoridades educativas e religiosas a tomar a decisão de promover, ou não, os estudantes de uma classe para outra. Os exames, somados aos dados da Pauta do Professor, propiciavam as informações que deveriam ser utilizadas de modo classificatório e probatório em relação aos estudantes. Das propostas da Pedagogia

LIVRO I – AVALIAÇÃO DA APRENDIZAGEM ESCOLAR: DO PASSADO PARA O PRESENTE

Jesuítica, do ponto de vista da avaliação da aprendizagem, no decurso da História Moderna, sobreviveram para nós somente as atividades avaliativas de caráter classificatório-probatório. Infelizmente as proposições de acompanhamento e reorientação do estudante no decurso do ano letivo, representadas pela Pauta do Professor, não sobreviveram aos embates entre educação escolar e sociedade moderna.

Comênio, por sua vez, de modo positivo, desejava pedagogicamente a formação do homem sábio, virtuoso e piedoso, colocando os atos avaliativos a serviço da aprendizagem significativa dos conteúdos ensinados. Perspectiva visível em seus escritos. Porém, como um homem de seu tempo, também não teve dúvidas em assumir as práticas avaliativas como recursos de ameaça tendo em vista pressionar os estudantes para que se dedicassem aos estudos.

Em Herbart, que propôs o ensino como recurso de formação do caráter do estudante e, pois, do cidadão, os atos avaliativos estavam mesclados com os recursos metodológicos do ensino e a seu serviço. Ou seja, as proposições para a prática da avaliação apresentam nuances em conformidade com as configurações de sua proposta pedagógica de que, ao ensinar, se avalia; e, ao avaliar, se ensina.

A partir do estudo dessas três propostas pedagógicas, podemos observar que entre as pedagogias tradicionais, a jesuítica polariza a prática do ensino com a prática dos exames, permanecendo o ensino como campo de ação dos professores, e, os exames como campo de ação de uma Banca de Exames, independente da relação pedagógica professor-estudante. Já a proposta comeniana de avaliação da aprendizagem está comprometida com o desejo de que todos aprendam; porém, ainda traz a carga do castigo como uma ameaça a fim de que, supostamente, os estudantes se dediquem ao estudo e à aprendizagem.

Herbart, por sua vez, preocupou-se menos com os méritos no processo ensino-aprendizagem com vistas à aprovação/reprovação. Insistiu mais no consentimento interno do estudante do que na disciplina imposta de fora. Em sua obra *Pedagogia Geral*, deixou registrada sua confiança na possibilidade de uma aprendizagem satisfatória por parte de todos os estudantes, em função do que propôs recursos para isso por meio dos cinco passos necessários à prática de ensinar-aprender.

Encerrando essas considerações sobre a Pedagogia Tradicional, importa observar que nos anos que compõem a Modernidade, em especial pós-Revolução Francesa, centrar a atenção nos exames, tendo em vista a promoção dos estudantes de uma série para a outra, passou a ser um modo comum de agir na prática cotidiana escolar, inclusive obscurecendo propostas de investimentos na aprendizagem no

PARTE A – AVALIAÇÃO DA APRENDIZAGEM ESCOLAR NAS PEDAGOGIAS TRADICIONAIS

decurso do ano letivo, princípios vistos aqui nas proposições dos Jesuítas, de Comênio e de Herbart. Infelizmente, os aspectos positivos das três pedagogias estudadas, cada uma a seu modo no que se refere à avaliação da aprendizagem e à aprendizagem satisfatória por parte de todos os estudantes, foram se esfumando ao longo do tempo, sobrando quase que com exclusividade a filosofia do "preparar-se para as provas".

Contudo, importa registrar que as três pedagogias estudadas como tradicionais, ainda que tenham realizado propostas para exames escolares, como vimos, não deixaram de orientar atividades subsidiárias para a efetiva aprendizagem por parte dos estudantes. Parece que o modelo de uso predominante e quase que exclusivo das práticas avaliativas com ênfase na aprovação/reprovação dos estudantes pertence mais à moderna história da sociedade do capital do que às propostas pedagógicas denominadas tradicionais.

Nesse contexto, é importante observar que nenhuma das três propostas pedagógicas tratadas como tradicionais, no que se refere à investigação da qualidade dos resultados da aprendizagem, propôs o uso dos seus resultados *exclusivamente* para a aprovação/reprovação dos estudantes. Em todas elas, há uma sinalização para o seu acompanhamento e sua orientação tendo em vista o sucesso de sua aprendizagem. Contudo, essas três Pedagogias constituíram-se no seio da sociedade do capital; e, como tal, as compreensões sobre aprendizagem satisfatória por parte de *todos* os estudantes foram sendo obscurecidas frente ao modelo de que nem todos os estudantes podem ou conseguem aprender o necessário, havendo, então, a presença constante do fenômeno da exclusão, característica própria da sociedade do capital que concebe e estrutura a sociedade através de classes sociais.

No decurso da Parte A do Livro I desta obra, em nenhuma das Pedagogias denominadas tradicionais e abordadas emergiram loas às reprovações e, pois, à exclusão social via escola. Todavia, fora do âmbito de ensino, a exclusão social faz parte do modelo social no qual vivemos, com repercussões em nossas salas de aula.

AVALIAÇÃO DA APRENDIZAGEM
NAS PEDAGOGIAS
DA ESCOLA NOVA

INTRODUÇÃO À PARTE B

A denominação Escola *Nova* foi dada ao movimento pedagógico configurado no final do século XIX e início do XX, que emergiu como um conjunto de iniciativas e experiências educativas com a finalidade de oferecer nova direção às práticas escolares, diversa daquelas que receberam a denominação de Pedagogia Tradicional, cujo caminho lógico-metodológico utilizado para o ato de ensinar, ainda que ativo, era *dedutivo*, como sinalizamos na Introdução da Parte A deste livro.

A Escola Nova representou a busca de novas práticas educativas no seio da educação escolar, respondendo aos anseios emergentes na vida social no momento histórico acima assinalado, adotando recursos lógico-metodológicos *indutivos* para as atividades de ensino-aprendizagem, ou seja, metodologicamente, seguindo, em suas práticas de ensino, das experiências concretas e individuais para as compreensões teóricas gerais e universais[270]. Um caminho ativo para a aprendizagem, seguindo da prática para a compreensão teórica, um caminho indutivo.

O final do século XIX e o início do século XX, conjuntamente, estiveram marcados tanto pela maturação do processo de industrialização, como pelo uso predominante do meio financeiro como recurso de crescimento econômico, como ainda pela emergência de novas compreensões sobre o ser humano. Nesse período, a sociedade bur-

---

270   Lourenço Filho, na obra *Introdução ao Estudo da Escola Nova*, São Paulo, Edições Melhoramentos, 1933, 3. ed., p. 116, esclareceu o quanto a Escola Nova trazia de complexidade em sua formulação, à medida que pretendia mudanças tanto nos fins, como nos meios, da prática educativa. A respeito disso, afirmou ele: "O que complica, justamente, o problema da [E]scola [N]ova é a alteração, a um tempo, dos fins e dos meios, o problema de usar nova concepção de vida e o de um novo método".

PARTE B – AVALIAÇÃO DA APRENDIZAGEM NAS PEDAGOGIAS DA ESCOLA NOVA

guesa, vitoriosa na Revolução Francesa, já se encontrava assentada em seu modo de ser e, nesse contexto, ganhou nova faceta, caracterizada pelo capitalismo financeiro.

Enquanto, até o último quartel do século XIX, a sociedade capitalista obtinha seus lucros, de modo predominante, dos resultados da produção industrial, desse período em diante o processo de obtenção de lucros passou a depender, em especial, das operações financeiras, ao lado – e por sobre – a produção industrial. Antes, os bancos dependiam da indústria; desse momento histórico em diante, a indústria passou a depender dos bancos. O modelo capitalista de sociedade passou, então, do industrial para o financeiro.

Vale observar que essas mudanças trouxeram novos desafios e novas soluções para a vida social em geral, como também no redirecionamento da vida individual, fatores que repercutiram na educação como um todo, assim como nas práticas educativas escolares em específico. Foi nesse contexto que nasceu a Escola Nova, na qual, do ponto de vista teórico-metodológico, se propôs e se buscou o trânsito do modo dedutivo para o modo indutivo de ensinar.

Nesse contexto, não podemos nos esquecer o fato de que Maria Montessori e Ovídio Decroly, dois epígonos do escolanovismo, atuaram como médicos cuidando de crianças portadoras de carências neurológicas, portanto, uma ação profissional cujo foco era o seu *atendimento individualizado*. À medida que esses profissionais e pesquisadores ampliaram suas compreensões do âmbito de crianças portadoras de síndromes neurológicas para crianças saudáveis, emergiu a possibilidade de uma escola que atuasse a partir do individual e não mais a partir do coletivo, como ocorria na escola vigente em seu período de vida. Ao invés do ensinar-aprender dar-se pela exposição de novos conteúdos, seguida de exercitação, dar-se-ia, então, pela ação (exercitação), acompanhada de sua elaboração teórica.

Além do mais, assumiu-se que a educação escolar, que vinha sendo praticada para formar as denominadas faculdades da psique humana, com atenção especial vinculada à formação da mente, não atendia às necessidades da sociedade emergente que insistia na necessidade de ultrapassar a carência de indivíduos capazes de tomar decisões livres e autônomas; daí decorrendo a importância de se estabelecer uma nova perspectiva para a prática pedagógica, centrada na ação e na subjetividade, seguindo na direção da elaboração conceitual. Um caminho metodológico inverso do adotado pelas Pedagogias Tradicionais que propunham seguir dos conceitos já elaborados para sua compreensão e sua exercitação[271].

---

271   O leitor poderá inteirar-se com mais precisão desses dois caminhos metodológicos na Introdução deste livro.

LIVRO I – AVALIAÇÃO DA APRENDIZAGEM ESCOLAR: DO PASSADO PARA O PRESENTE

Nesse período histórico, final do século XIX e início do século XX, a Psicologia se assentava como ciência, possibilitando um olhar para a subjetividade humana, que, até o momento de sua emergência, não fora viável. Aliás, importa registrar que, no período em que as diretrizes da Escola Nova se estruturaram, variados autores já haviam publicado os resultados de seus estudos e de seus entendimentos teóricos frente às necessidades emergentes do ser humano individual e em sociedade, assim como já haviam proposto práticas pedagógicas novas, diversas daquelas que ocorriam cotidianamente em nossas escolas.

Nesse contexto, autores como Jean-Jacques Rousseau (1712-1778), Johann Heinrich Pestalozzi (1746-1827) e Friedrich Froebel (1782-1852) situam-se entre os teóricos que podem ser considerados precursores do movimento educacional da Escola Nova; também vale lembrar que, no momento histórico em que essa compreensão pedagógica ganhou contornos definidos, novos experimentos de educação já estavam sendo realizados na Inglaterra, França e Alemanha[272].

A Escola Nova emergiu como resposta às novas necessidades da vida social assim como em consequência dos novos tempos da civilização. Tornavam-se necessárias pessoas capazes de dar asas à sua criatividade, tendo em vista responder às necessidades emergentes, sociais, econômicas, culturais, psicológicas, de saúde e outras mais.

A atenção ao ser humano como ser ativo constituiu-se em um fator fundamental para a emergência da Escola Nova, centrada na formação da subjetividade, com propostas pedagógicas diversas das anteriores, centradas na formação da mente. O ensino denominado ativo ganhou corpo como recurso necessário à formação do estudante.

A Pedagogia da Escola Nova articulou-se, então, com os elementos socio-históricos do seu tempo e buscou abrir caminhos para a formação do ser humano, com foco na subjetividade articulada com os elementos do meio ambiente material e social no qual os estudantes viviam.

---

272   Só para registrar alguns episódios, vale lembrar, nesse contexto, a criação na Rússia da Escola de Yasnaia Poliana, por Leon Tolstoi; na Índia, a Escola de Shantiniketan, de Rabindranath Tagore (1889); na Inglaterra, a Escola de Rugby, de Thomas Arnold (1889); na Alemanha, foram criados por Herman Lietz os "Lares de Educação no Campo" (1889), mais tarde, a "Comunidade Escolar Livre", por Gustavo Wyneken, a "Livre Comunidade Escolar e de Trabalho", por M. Luzerke; na França, Edmond Demolins criou as "Écoles des Roches" (1899), seguindo-se a elas, criou a "École d'Ile-de-France" (1901) e o "Collège de Normandie" (1902); nos Estados Unidos da América, foi criada por John Dewey a "University Elementary School" (1904), assim como nesse país fora criada a "Horace Mann School", na Columbia University. E, ainda, vale lembrar a expansão das denominadas Escolas Novas em direção a outros países como Bélgica, Itália e Japão (dados coletados na Wikipédia a repeito da Escola Nova).

PARTE B – AVALIAÇÃO DA APRENDIZAGEM NAS PEDAGOGIAS DA ESCOLA NOVA

Em 1921, em uma reunião do *Bureau International des Écoles Nouvelles*[273], com sede em Genebra, foram aprovados os Princípios Diretores das Escolas Novas com 29 pontos, divididos em três áreas: organização geral, formação intelectual e educação moral, ética e religiosa. Os princípios estabelecidos, segundo Francisco Larroyo, em seu livro *História Geral da Pedagogia*, foram os seguintes:

– *princípios relativos à organização geral*: (1) são laboratórios de pedagogia prática; (2) internatos de tipo familiar; (3) estabelecem-se no campo; (4) aplica-se o sistema chamado *boarding-house*; (5) adota-se a coeducação; (6) são obrigatórios os trabalhos manuais, de preferência a carpintaria; (7) e as práticas agrícolas e avícolas; (8) ao lado dos trabalhos manuais, concede-se tempo para os trabalhos livres; (9) ginástica natural, jogos e desportos; (10) acampamentos e excursões;

– *princípios concernentes à formação intelectual*: (11) rejeita-se a escola memorista e se apoia na formação do espírito crítico pela aplicação do método científico de observação, hipótese, comprovação e lei; (12) respeita-se e cultiva-se a vocação dos alunos; (13) ensino ativo e objetivo, baseado nos fatos, na experiência assim como na atividade pessoal; (14) decidida importância ao desenho e às matérias expressivas; (15) o ensino se baseia nos interesses das crianças; (16) ensino individualizado; (17) socialização de todas as atividades da escola; (18) horário matutino de preferência para as atividades de ensino que sejam coletivas; (19) devem ser estudadas poucas matérias por dia, mas buscando as relações com as outras; (20) poucas matérias por mês ou por trimestre;

– *princípios relativos à educação moral, estética e religiosa*: (21) a autoridade externa é substituída por uma prática gradual do sentido moral, crítico e da liberdade; (22) autonomia escolar mediante organização de repúblicas escolares ou monarquias constitucionais; (23) as recompensas fortalecem o espírito criador e de iniciativa; (24) os castigos devem induzir racionalmente a criança à sua melhoria moral e cívica e atendimentos dos objetivos necessários; (25) a emulação é o resultado de comparar o trabalho anterior com o trabalho presente de cada criança; (26) a escola deve ser um ambiente agradável; a ordem e a higiene são as primeiras condições, o ponto de partida; (27) música

---

273   O *Bureau International des Écoles Nouvelles* fora criado por Adolphe Ferrière, em 1899, na cidade de Genebra, Suíça.

coletiva, canto coral e orquestra; (28) vinculação da educação moral com a intelectual, estética, e religiosa; (29) tolerância religiosa[274].

A Pedagogia da Escola Nova – junto com os acontecimentos emergentes dos finais do século XIX e inícios do século XX – trabalhou para que a disciplina passasse a ser uma experiência interna do ser humano.

A avaliação da aprendizagem, nesse contexto pedagógico, foi assumida como um recurso subsidiário do educador em sua ação de ensinar, de tal forma que o estudante pudesse aprender e, em consequência, pudesse desenvolver-se como sujeito individual e como cidadão.

Nos dois próximos capítulos, trabalharemos a questão da avaliação da aprendizagem escolar nas propostas pedagógicas de Maria Montessori e de John Dewey, dois ícones da Escola Nova, preocupados com a questão do desenvolvimento do estudante individual, mediante a ação.

---

274 Síntese produzida por Francisco Larroyo, *História Geral da Pedagogia*, vol. II, p. 720-721.

PARTE B – AVALIAÇÃO DA APRENDIZAGEM NAS PEDAGOGIAS DA ESCOLA NOVA

CAPÍTULO 4

AVALIAÇÃO DA APRENDIZAGEM NA PROPOSTA PEDAGÓGICA DE MARIA MONTESSORI

Conteúdo do capítulo – 1. Maria Montessori e a Escola Nova, p. 194; **2.** Avaliação da aprendizagem escolar em Maria Montessori, p. 197; **3.** Concepção pedagógico-didática de Maria Montessori, p. 203; **3.1.** Concepção pedagógica e avaliação da aprendizagem, p. 203; **3.1.1.** Supremacia do espírito, p. 203; **3.1.2.** Períodos sensíveis do desenvolvimento, p. 204; **3.1.3.** A questão da repressão, p. 206; **3.1.4.** Cuidados necessários para a aprendizagem da liberdade, p. 208; **3.1.5.** O movimento e a presença do adulto, p. 209; **3.1.6.** Da necessidade do uso de método ativo para uma aprendizagem ordenada, p. 211; **3.1.7.** Da necessidade de sustentar condutas para garantir a aprendizagem, p. 211; **3.1.8.** O papel do ambiente no processo educativo, p. 213; **3.1.9.** O respeito à personalidade infantil, p. 214; **3.2.** O educador na Pedagogia Montessoriana, p. 215; **3.3.** O método de ensino em Montessori, p. 218; **3.4.** Os conteúdos e materiais didáticos, p. 219; **3.5.** Finalmente, a escola montessoriana, p. 222; **4.** Avaliação da aprendizagem e concepção pedagógica em Maria Montessori, p. 223.

LIVRO I – AVALIAÇÃO DA APRENDIZAGEM ESCOLAR: DO PASSADO PARA O PRESENTE

1. Maria Montessori e a Escola Nova

Maria Montessori, educadora italiana, nascida em 1870 e falecida em 1952, era formada em Medicina e em Filosofia. Sua atividade médica, iniciada em torno de 1898, foi dedicada aos cuidados com crianças portadoras de carências neurológicas.

Na Universidade de Roma, foi responsável pela triagem dos pacientes internados no manicômio que deveriam ser submetidos aos cuidados de profissionais que atuavam no ensino clínico. Foi nesse ambiente que entrou em contato com crianças portadoras de carências neurológicas, dedicando-se a estudar um modo pelo qual se pudesse agir profissionalmente para melhorar suas condições de vida.

A respeito desse fato, em seu livro *O método da pedagogia científica*, publicado em 1909, ela relatou: "Faz aproximadamente doze anos, sendo professora auxiliar na clínica de Psiquiatria da Universidade de Roma, tive ocasião de frequentar o manicômio, com a responsabilidade de escolher os enfermos que deviam ser submetidos ao ensino clínico. Desta maneira, conheci e me interessei pelas crianças idiotas[275] que viviam no mesmo manicômio".

Em 1906, Montessori teve oportunidade de iniciar a execução de um antigo projeto de vida, que era servir-se dos padrões de atenção e cuidados às crianças portadoras de carências neurológicas tendo em vista cuidar de crianças sadias. Ela mesma relatou esse fato da seguinte maneira:

> Entretanto, o meu mais vivo desejo era experimentar os métodos aplicados aos "atrasados"[276], em uma classe de meninos normais, pois eu ainda não havia pensado nas escolas maternas. Somente o acaso me trouxe ao espírito essa nova luz.
>
> Estava no fim do ano de 1906. Eu voltava de Milão, onde tinha sido designada como membro do Júri para conferir prêmios da Exposição Internacional, na secção pedagógica científica e de psicologia experimental, quando fui encarregada pelo engenheiro Eduardo Tálamo, diretor-geral do Instituto dos Beni Stabili, de Roma, pela organização de escolas infantis do Instituto.

---

275 MONTESSORI, Maria. *El método de la Pedagogia Científica*, p. 33. Certamente que o termo "idiota", usado para denominar uma criança portadora de uma necessidade especial, era comum no momento em que Maria Montessori escreveu seu livro; e, além disso, essa expressão pode estar vinculada à tradução da obra para uma língua diversa da original.

276 (N.A.) – "Atrasados" – linguagem da época em que viveu a autora – significa "portadores de necessidades especiais".

PARTE B – AVALIAÇÃO DA APRENDIZAGEM NAS PEDAGOGIAS DA ESCOLA NOVA

A ideia muito engenhosa de Tálamo consistia em recolher os meninos dos locatários da casa, entre três e sete anos[,] e reuni-los em uma sala, sob a direção de uma professora que residiria no próprio Instituto. (...)

A primeira escola deveria ser fundada em janeiro de 1907, em um grande prédio popular, no bairro São Lourenço, com quase mil locatários. Neste mesmo bairro, o Instituto possuía, já, cinquenta e oito imóveis e Tálamo dizia que brevemente dezesseis escolas seriam fundadas como "casas".

Esta escola especial havia sido batizada pela Sra. Olga Lodi, minha amiga e de E. Tálamo, com o nome encantador de "Casa dos Meninos", e a primeira foi inaugurada, sob este nome; era 6 de janeiro de 1907, a rua dos Marsi, 58, e confiada aos cuidados de uma professora, sob a minha responsabilidade[277].

A partir desta primeira "Casa", muitas outras foram criadas[278] e, então, Maria Montessori, com sensibilidade, foi construindo sua compreensão, assim como elaborando sua concepção a respeito da educação de crianças. Aos poucos, por meio de conferências e da publicação de livros, deu publicidade às suas compreensões e propostas metodológicas para a educação infantil. Em suas obras, são múltiplas as vezes em que se reporta a essas escolas iniciais como fonte de suas observações, elaborações teóricas e soluções práticas em torno da educação de crianças, no caso, não portadoras de síndromes neurológicas.

É a própria Montessori quem testemunhou isso, ao relatar: "Logo que tive uma escola de crianças à minha disposição, desejei fazer dela um campo experimental de Pedagogia Científica e de Psicologia Infantil"[279].

E assim se deu. Ela trabalhou em suas escolas com crianças de três a seis anos de idade e fez delas o laboratório de suas observações e de sua investigação pedagógica, descobrindo os limites das praticas pedagógicas existentes, assim como os limites imediatos da ciência experimental para construção de sua proposta pedagógica e

---

277 MONTESSORI, Maria. *Método da Pedagogia Científica*, Salvador Ba, Oficinas Gráficas d'A Luva, 1934, tradução de Alípio Franca, p. 19-20.

278 Em 1907, Maria Montessori foi convidada para trabalhar com crianças que não apresentavam nenhuma característica especial e, associada ao governo de Roma, abriu no bairro pobre de San Lorenzo, sua primeira "Casa dei Bambini" (Casa das Crianças), onde aplicou pela primeira vez seu método completo, o "Método Montessori" (...), descrito primeiramente em "Método da Pedagogia Científica Aplicado à Educação" (1909), [onde] conjuga o desenvolvimento biológico e mental da criança, dando ênfase ao treinamento prévio dos movimentos musculares necessários à realização de tarefas como a escrita. A partir de então, Maria Montessori passou a viajar pelo mundo, ministrando cursos e palestras sobre seu método. Em 1912, (...) foi para os Estados Unidos, para lecionar em Nova Iorque e em Los Angeles. A partir daí pelo mundo afora (https://www.ebiografia.com/maria_montessori/).

279 MONTESSORI, Maria. *Método da Pedagogia Científica, op. cit.,* p. 23

de sua ação educativa. Isso não quer dizer que abandonou a ciência experimental, mas sim que soube utilizar-se dela em função de seu objetivo.

É interessante observar que Montessori, no período em que iniciou e sustentou sua atuação como educadora junto às crianças, tinha clareza dos limites da ciência experimental praticada na área médica no que se referia à sua contribuição para a pedagogia. Em suas palavras:

> Temos crido que, transportando para a escola, antiquada e que está em ruínas, as pedras do duro e árido experimento de laboratório, poderíamos reedificá-la. Muitos têm olhado para os portadores da ciência materialista e mecanicista com demasiada ilusão; e, precisamente por isso, temos seguido um falso caminho, que é necessário abandonar se queremos chegar a uma nova arte de preparar as gerações humanas[280].
>
> Se queremos, pois, fazer uma tentativa de Pedagogia Experimental, não será conveniente recorrer às ciências afins, mas sim esquecê-las, para que a mente virgem possa proceder, sem obstáculos, a investigação da verdade no campo próprio e exclusivo da Pedagogia.
>
> Não deverão, portanto, tomar como ponto de partida ideias preconcebidas sobre a psicologia da criança; devemos, sim, aplicar um método que nos permita alcançar a liberdade do menino, para poder deduzir sua psicologia [no decurso] da observação de suas manifestações espontâneas. Eu não tenho dúvida de que este método nos reserva grandes surpresas[281].

Desde que começou a manifestar seu significado e seus efeitos, a expansão da experiência montessoriana se deu inicialmente pelos espaços geográficos da Itália, em seguida, a outros países da Europa, e, depois, a outros continentes. Todas as nações experimentaram, de uma ou outra forma, a utilização de sua proposta pedagógica, bastante específica, como veremos[282].

---

280   *Idem.*, p. 10.

281   *Idem.*, p. 32.

282   No Prefácio da 3ª edição italiana do livro *Método da pedagogia científica*, p. VI, Montessori revelou a expansão de sua proposta pedagógica. Então, disse ela: "Nos mais distantes países, nos quais menos se poderia suspeitar que estivessem interessados nas coisas da Itália, estão [instalados], quiçá, os centros mais importantes e eficazes [da proposta pedagógica que elaborei], tais como, por exemplo, os diversos estados da Austrália e Nova Zelândia; as Repúblicas da América Central, Colômbia e Panamá; o arquipélago, desde as Filipinas até a Ilha de Java. Não existem grandes continentes onde não estejam difundidas estas escolas: na Ásia, desde a Síria até as Índias, desde a China até o Japão; na África, desde o norte, Egito e Marrocos, até o extremo sul, no Cabo da Boa Esperança; nas duas Américas".

PARTE B – AVALIAÇÃO DA APRENDIZAGEM NAS PEDAGOGIAS DA ESCOLA NOVA

Maria Montessori foi um exemplo expressivo de educadora escolanovista, configurando, em sua proposta pedagógica, um ambiente ordenado e disciplinado como meio para formar crianças livres com uma disciplina interior. O espaço ordenado, no seu ver, educava por meio dos múltiplos movimentos das crianças, orientadas e supervisionadas por uma educadora (à época, somente educadoras atuavam junto às crianças). O seu testemunho é suficiente para esclarecer como as características do método pedagógico que propôs identificam-se com as características do escolanovismo em geral:

> Nosso método rompeu com as velhas tradições: aboliu o banco, desde que a criança não deve estar quieta escutando as lições da professora; aboliu a cátedra, desde que a professora não tem que dar lições coletivas, necessárias nos métodos comuns. Este é o primeiro ato externo de uma transformação bem mais profunda, que consiste em deixar a criança livre para que aja segundo suas tendências naturais, sem nenhuma sujeição obrigatória nem programa algum, assim como sem os preceitos pedagógicos fundados nos princípios "estabelecidos por herança" nas antigas concepções escolásticas[283].

Montessori foi uma mulher do seu tempo. Em sua obra pedagógica, seja na teoria ou na prática, revelou uma ruptura com as concepções e práticas educativas destinadas às crianças no meio e no momento em que vivia. Propôs, então, uma prática pedagógica centrada na ação como meio de formação no contexto da psicologia infantil. Não se pode esquecer que Montessori iniciou suas atividades com crianças pequenas, idade na qual o ser humano precisa, tanto na vida em geral como no espaço escolar, de abertura para vivenciar múltiplas experiências socioculturais, porém, sempre com a assistência de um adulto.

2. Avaliação da aprendizagem escolar em Maria Montessori

Maria Montessori, em suas experiências nas instituições educativas "Casa dos Meninos", aboliu as formas comuns de praticar a avaliação da aprendizagem mediante provas e exames. Sua proposta pedagógica tinha como destino criar condições para que as crianças, na fase pré-escolar, se desenvolvessem interiormente, livres e independentes. Para tanto, propôs centrar a atenção em cuidados pedagógicos específicos e apropriados à faixa etária dos estudantes, em vez de colocar provas e exames como recursos úteis ao ensino-aprendizagem.

---

283 MONTESSORI, Maria. *Manual Prático del Método*, Barcelona, Casa Editorial Araluce, 1939, p. 21. As citações desse livro, no decorrer desta publicação, serão realizadas por tradução livre do espanhol para o português.

LIVRO I – AVALIAÇÃO DA APRENDIZAGEM ESCOLAR: DO PASSADO PARA O PRESENTE

Lubienska de Lenval, amiga pessoal de Maria Montessori e reconhecida montessoriana, no texto que se segue, ao falar do educador que acompanha as crianças, deixa claro o quanto as provas e os exames não faziam sentido na proposta pedagógica da educadora. Para ela, importava cuidar do desenvolvimento livre de cada uma das crianças. O que ela denominou de "exames contínuos" seria o efetivo uso da avaliação como investigação da qualidade da realidade, com o objetivo de subsidiar o acompanhamento das crianças e, ao mesmo tempo, decidir por novas ações construtivas tendo em vista sua efetiva aprendizagem. Em suas palavras: "Em nossas classes, o trabalho, feito de escolha e de esforço, é um *exame contínuo*, muito mais revelador que os *exames ocasionais*". A seguir, o depoimento de Lubienska de Lenval a respeito dessa questão:

> O espírito vacilante da criança precisa de um apoio, de uma referência infalível, tão segura e tão discreta em seu gênero como o indicador das estradas de ferro para o adulto que quer tomar o trem.
>
> Consequentemente, a missão do mestre será mostrar-se como animador e guia, abrir perspectivas novas, estimular, mas nunca reprimir nem pôr obstáculo.
>
> Assim como o médico é o protetor da vida física, o mestre é o protetor da vida espiritual da criança. Ora, o que acontece hoje?
>
> O mestre coloca a criança diante desta alternativa: se passares no exame, terás uma posição na vida; se fores reprovado, só te restarás morrer, é a própria vida que está em jogo no exame.
>
> Algumas Escolas Novas tentaram substituir o exame por testes mentais. O processo difere, mas a ameaça permanece a mesma. É sempre um julgamento pronunciado sobre o conjunto das aptidões, segundo um dado arrancado arbitrariamente ao aluno em determinado momento.
>
> Não há proveito algum em abolir as provas (exames ou testes). O que é preciso é mudar a maneira de ensinar: substituir o trabalho forçado pelo trabalho livre. Em nossas classes, o trabalho, feito de escolha e de esforço, é um *exame contínuo*, muito mais revelador que os *exames ocasionais*. Mas não assusta aos nossos alunos. Eles o apreciam, ao contrário, como se aprecia sempre a ocasião de mostrar a própria força e de recolher as provas do seu valor.
>
> Para secundar a criança com eficácia, o adulto, em lugar de se condoer da fraqueza do seu jovem discípulo, far-se-á auxiliar de suas energias latentes;

PARTE B – AVALIAÇÃO DA APRENDIZAGEM NAS PEDAGOGIAS DA ESCOLA NOVA

não procurará tornar-lhe a vida mais fácil, mas torná-lo, ele próprio, mais forte, para enfrentar as exigências da vida[284].

Essa longa citação, de Lubienska de Lenval, manifesta a compreensão de que a pedagogia montessoriana estava voltada para o objetivo de tornar a criança mais senhora de si por meio de uma aprendizagem de conteúdos e da liberdade de movimento em um ambiente ordenado. Interessava à Montessori o desenvolvimento permanente da criança, em vez da obtenção de um patamar cognitivo mediante exames escolares ocasionais. O educador, nesse contexto, necessita estar sempre atento para auxiliar a criança na sua jornada de desenvolvimento. Nesse contexto, ele não tem a tarefa de aprovar ou reprovar a criança em momentos definidos, mas sim estar disponível para auxiliá-la em seu percurso de aprendizagem e de desenvolvimento.

Com isso, torna-se explícito que, na pedagogia montessoriana, as provas e os exames – da forma como são usualmente compreendidos e praticados tendo em vista aprovar/reprovar os estudantes – foram abolidos. Permaneceram, porém, os atos avaliativos como subsidiários de decisões construtivas, oferecendo ao educador dados que poderiam e deveriam ser utilizados como suporte para decisões construtivas em busca dos resultados desejados[285].

A avaliação escolar, na visão pedagógica de Maria Montessori, estava comprometida com a investigação da qualidade da aprendizagem da criança. Seu objetivo era integrar soluções que subsidiassem o educador a tomar decisões de intervenção para auxiliar a criança a ultrapassar dificuldades e integrar soluções.

A observação dos atos da criança praticados livremente com os recursos próprios de uma sala de aula montessoriana foi um dos instrumentos científicos fundamentais estabelecidos por Montessori como meio de formação do educador e de construção de uma pedagogia eminentemente científica. Na expressão da própria Montessori:

O método de observação se estabelece sobre uma única base fundamental: a liberdade das crianças em suas manifestações para que nos revelem necessidades

---

284   LENVAL, Helena Lubienska de. *A Educação do homem consciente*. São Paulo: Editora Flamboyant, s/d, 2. ed., p. 139-140. Colocamos em itálico as expressões *exame contínuos* e *exames ocasionais* para chamar a atenção do leitor para o significado dessas duas expressões. "Exames contínuos", para a autora, expressa o acompanhamento do estudante em seus procedimentos de aprender e a expressão "exames ocasionais" diz respeito aos exames escolares usualmente praticados nas escolas, à época em que a autora se serviu dessas expressões. (N. A.) A paragrafação do texto foi modificada para dar ênfase aos temas abordados.

285   (N. A.) Em meu livro *Avaliação em educação: questões epistemológicas e práticas*, Cortez Editora, S.P., 2018, a questão dos usos dos resultados dos atos avaliativos está tratada nos capítulos 1, 2 e 3; de modo especial, no 2; contudo, para bem compreender o que se expõe nesse capítulo, vale consultar o anterior e o posterior.

LIVRO I – AVALIAÇÃO DA APRENDIZAGEM ESCOLAR: DO PASSADO PARA O PRESENTE

e atitudes que permanecem ocultas ou reprimidas quando não existe um ambiente adequado que lhes permita desenvolver sua atividade espontânea[286].

A seu ver, o essencial era a sensibilidade e atenção da educadora com aquilo que estivesse ocorrendo com o estudante no ambiente ordenado para o ensino. Nesse contexto, os exames deixavam de ter qualquer importância para sua formação. A respeito disso, Montessori afirmou:

A mestra, sem embargo, tem muitas e não fáceis tarefas: não se exclui, de nenhuma maneira, sua cooperação; porém, (...) [deverá ser] prudente, delicada e multiforme. Não necessitamos de sua palavra, sua energia e sua severidade, mas sim de sua sabedoria cauta para observar, servir e acudir ou retirar-se. Deve adquirir uma habilidade moral [...] que até agora não o exigiu nenhum outro método [...], feita de calma, paciência, de carinho e de humildade. As virtudes e não as palavras são a sua melhor preparação[287].

Cabia, então, à educadora observar a criança para poder auxiliá-la em seu caminho de formação para que pudesse construir-se a si mesma, de forma livre e independente. A criança nunca deveria ser substituída em qualquer de suas ações, uma vez que seria com seu próprio agir que ela aprenderia e, por consequência, tomaria posse de si mesma[288].

---

286 MONTESSORI, Maria. *El método de la pedagogía científica*, p. 45-46. Barcelona: Casa Editorial Araluce, 1937. p. 45-46

287 *Idem.*, p. 176.

288 A própria Montessori, em *El método de la pedagogía científica*, p. 54-55, relatou uma experiência que revela sua compreensão e sua proposição de como se deve agir e de como não se deve agir nos cuidados com as crianças, em busca de sua autonomia. Relatou, em um texto, reproduzido a seguir, sua frustração ao observar como uma professora retirou da criança a possibilidade de ela agir por si mesma, no momento final de uma atividade pedagógica: "Outra vez as crianças haviam se reunido ruidosamente em torno de uma vasilha cheia de água, onde nadavam alguns peixinhos. Havia na classe um menino que apenas contava dois anos e meio, havia ficado atrás e manifestava uma grande curiosidade. Eu o observava de longe. Com grande interesse foi se aproximando do grupo, tentou empurrar os outros para abrir espaço; não conseguindo, deteve-se e olhou ao seu redor. Era interessante observar como a cara do menino expressava o seu pensamento; se [eu] tivesse à mão um equipamento fotográfico, eu teria recolhido todas aquelas expressões. De imediato, [o menino] se fixou em uma cadeira e se dispôs a transportá-la até próximo do grupo e subir nela para poder ver algo. Se pôs em movimento com a cara radiante de esperança; porém, nesse momento, a mestra tomou[-o] brutalmente (ou quiçá suavemente, segundo ela afirmou) nos braços e o fez ver a vasilha por cima do grupo que formavam os meninos, dizendo: "Vem, tu, também, pobrezito. Olha como os outros". Vendo os peixes é indubitável que o menino não experimentou o prazer que estava a ponto de sentir vencendo sozinho, com suas próprias forças um obstáculo; a visão dos peixes não lhe trouxe vantagem alguma, enquanto aquele esforço inteligente teria contribuído para o desenvolvimento de suas forças internas. [A] mestra impediu que o menino se educasse a si mesmo, sem oferecer-lhe nada em compensação. Ele estava a ponto de sentir-se vitorioso e, em vez disto, se viu suspenso por dois braços, como um impotente. De seu rosto desapareceu aquela expressão de alegria, de ansiedade, de esperança que me havia interessado tanto, e permaneceu tão somente a expressão estúpida do menino que sabe que outros fizeram por ele".

PARTE B – AVALIAÇÃO DA APRENDIZAGEM NAS PEDAGOGIAS DA ESCOLA NOVA

Metodologicamente, essa questão ficou definida na denominada *Lição em três tempos*, com a qual Montessori propôs um modo geral de agir na prática docente, que poderia ser aplicado a diversos conteúdos do ensino-aprendizagem. Aquilo que Montessori denominou de *Lição em três tempos* foi a forma pela qual um objeto, uma cor, uma palavra ou qualquer outro conteúdo deveria ser ensinado às crianças.

No primeiro tempo, a criança aprenderia a dar *nome* correto ao objeto que estivesse à sua frente. Aprender o nome dos objetos era, no ver de Montessori, importante para as crianças; era a forma de poder denominá-los e comunicar-se. Como procedimento de ensino, o(a) professor(a), de forma cuidadosa, mostraria à criança o objeto, cor ou palavra e repetiria algumas vezes o nome do objeto, da cor ou da palavra. Por exemplo, mostraria um cartão de cor vermelha e repetiria: "esta é a cor vermelha"; mostrando um cartão azul, repetiria: "este cartão tem a cor azul".

O segundo momento teria por objetivo verificar se a criança havia adquirido a habilidade de reconhecer o objeto mostrado e nominado anteriormente. O educador[289] solicitaria, então, à criança o reconhecimento do objeto, cor, ou palavra, pedindo, para tanto, que escolhesse, entre muitos, o objeto correspondente àquele que estava sendo solicitado. Por exemplo: "dá-me o cartão de cor vermelha" ou "dá-me o retângulo", caso esse tivesse sido o conteúdo ensinado.

O terceiro momento teria por objetivo verificar se a criança aprendeu efetivamente aquilo que fora ensinado. Maria Montessori dizia que era importante que a criança demonstrasse ter aprendido a pronunciar o nome, cor ou outra caraterística de um objeto. Segundo a autora, era possível reconhecer um objeto, cor, palavra ou outra característica dele sem ter aprendido suficientemente bem o assunto para poder pronunciá-lo voluntariamente. Assim, nesse terceiro momento, o educador/a perguntaria à criança: "que é isto?"; "que cor é esta?"; "o que significa esta palavra?". Se a criança respondesse com acerto, a lição teria sido proveitosa, dizia a pedagoga.

Essa lição em três tempos deveria ser praticada de forma individual, numa relação amorosa e sutil entre o educador/a e a criança. Nas palavras de Montessori: "A lição dos três tempos é rigorosamente individual e tem o caráter de conversação íntima entre a professora[290] e a criança"[291].

---

289   Vamos, neste escrito, utilizar a expressão "educador" para ambos os gêneros – professor e professora –, evitando a repetição constante da expressão na forma masculina e na forma feminina.

290   Os entendimentos de Maria Montessori foram formulados no contexto da prática pedagógica realizada por professoras, daí ela usar de forma predominante – se não exclusiva – o gênero feminino.

291   *Manual práctico del método*, p. 121.

LIVRO I – AVALIAÇÃO DA APRENDIZAGEM ESCOLAR: DO PASSADO PARA O PRESENTE

Na composição da *Lição em Três Tempos* está inscrito um processo de avaliação, desde que há urna identificação da conduta da criança, com sua consequente qualificação, e, a seguir, com base nas duas condutas anteriores, uma tomada de decisão a respeito do desempenho apresentado, seja aceitando-o como satisfatório, seja considerando a necessidade de sua reorientação.

Afinal, essas são as principais características de um procedimento de avaliação da aprendizagem e do uso dos seus resultados, ou seja, a investigação da qualidade da realidade – no caso, a aprendizagem da criança – e, a partir dessa constatação, uma tomada de decisão a respeito do seu desempenho, aceitando-o ou reorientando-o.

Essa prática, em Montessori, *não tem a ver* com a comum prática escolar das provas e dos exames – comprometidos com os atos de classificar, aprovar/reprovar –, *mas sim com a avaliação* como uma das três condutas fundamentais do ser humano, em conformidade com a exposição que fizemos na Introdução deste livro, tratando dos "três atos fundamentais" praticados por todos os seres humanos em todos os lugares e tempos: conhecer fatos, conhecer valores e tomar decisão[292].

Essa concepção da prática educativa acompanhada de um contínuo processo avaliativo, tendo em vista auxíliar o crescimento da criança, é plenamente compreensível dentro da proposta pedagógica montessoriana, na qual o que importa é a aprendizagem e o desenvolvimento do educando. No caso, a promoção estaria comprometida com o curso natural do seu desenvolvimento. Esta foi a filosofia que pautou o modo de pensar e agir de Montessori, tanto do ponto de vista teórico como do ponto de vista prático.

A criança estaria, então, sendo orientada pedagogicamente para "aprender pelo valor daquilo que se aprende" e não pelo "que poderia vir a acontecer com as provas e com os exames". Nesse contexto de entendimento, o centro de atenção da prática pedagógica muda de perspectiva; de um senso comum classificatório-probatório para uma ação consciente a favor de uma aprendizagem satisfatória por parte de todos os estudantes.

A prática da avaliação da aprendizagem, na proposta pedagógica de Maria Montessori, estava posta a serviço da construção de uma disciplina interna, com base na atividade livre da criança, centro da atenção pedagógica no entendimento da educadora; afinal, atos avaliativos da aprendizagem comprometidos com a proposta pedagógica assumida como válida.

---

292 Maria Montessori, praticamente, suprimiu o "uso classificatório" dos resultados obtidos pela investigação da qualidade do desempenho dos estudantes. Ela manteve o "uso diagnóstico" como subsidiário de uma nova decisão em busca do padrão de qualidade desejado.

3. Concepção pedagógico-didática de Maria Montessori

3.1. Concepção pedagógica e avaliação da aprendizagem

A proposta pedagógica montessoriana contém uma filosofia da educação e uma teoria do ensino, acompanhadas de recursos técnicos para a ação docente. Frente a essa compreensão, é incorreto identificar o método montessoriano de educação exclusivamente como um conjunto de técnicas e materiais de ensino. Os recursos técnicos e os materiais didáticos propostos emergem articulados com os princípios filosóficos e pedagógicos assumidos por Montessori como os fins desejados e, por isso mesmo, a serem conquistados pela ação educativa.

A seguir, estão expostas as compreensões e as proposições pedagógicas formuladas por Maria Montessori. Podemos verificar que, em todas as recomendações, há a indicação de uma prática avaliativa com o objetivo de subsidiar novas decisões para os encaminhamentos necessários à formação das crianças. As práticas avaliativas, no caso, não estão postas para se darem em momentos específicos do ensino, porém, sim, no seio dos próprios atos de ensinar.

3.1.1. Supremacia do espírito

Montessori tinha como finalidade de sua proposta pedagógica estabelecer a supremacia do espírito sobre o corpo, o que, para ela, significava um desenvolvimento harmonioso da personalidade pela ação livre e responsável.

Ao estabelecer compreensões sobre o ser humano como fundamento e entendimento da – e para – a prática educativa, havia que se ter presente a vida psíquica e espiritual articuladas com a vida biológica e suas determinações. A essa fenomenologia, a educadora deu a denominação de *encarnação*. Em suas palavras: "Nós, sob a palavra encarnação, referimo-nos a fatos psíquicos e fisiológicos da época do crescimento. Encarnação é o misterioso processo de uma energia que animará o corpo inerte do recém-nascido e dará aos seus ombros e órgãos em formação o poder de agir segundo a sua vontade, e assim o homem se encarnará"[293].

Encarnar, aqui, significa fazer-se, construir-se, ganhar forma pela ação livre, independente e criativa. Enquanto os animais processam seu desenvolvimento a partir de suas forças instintivas, o ser humano constrói-se a si mesmo pela liberdade de ação e necessita dessa liberdade para tornar-se efetivamente humano. Segundo Montessori:

> Toda a questão reside nisto: a criança possui vida psíquica ativa, mesmo quando não a pode manifestar, porque deve vagarosamente e em segredo

---

293   MONTESSORI, Maria. *A criança*. Lisboa: Portugália Editora, s/d, p. 52.

elaborar as suas difíceis realizações. Este conceito acarreta uma ideia impressionante: a de um espírito prisioneiro, obscuro, que procura vir à luz, nascer e crescer, e que, pouco a pouco, vai animando a carne inerte, chamando-a com o grito da vontade, mostrando-se a luz da consciência com o esforço de uma existência ao nascer[294].

Só compreendendo a criança dessa forma, o adulto poderia modificar sua relação com ela e oferecer-lhe condições para que possa se desenvolver em conformidade com sua necessidade biológica e espiritual. A proposição pedagógica de Maria Montessori, teórica e praticamente, se estriba na compreensão de que o ser humano se encarna à medida que, pelo movimento, cria sua personalidade harmoniosa.

3.1.2. Períodos sensíveis do desenvolvimento

Do ponto de vista metodológico para os cuidados com a criança, Montessori entendia que seu desenvolvimento se dá através de *períodos sensíveis,* nos quais se encontra disponível para praticar determinadas condutas. O educador, nesse contexto, fazendo jus à Pedagogia Montessoriana, necessita estar atento a esses períodos para propor atividades adequadas, compatíveis e úteis ao momento. Passados os períodos sensíveis, é provável que a criança não esteja mais vinculada às determinadas atividades que, naquele momento, estavam em curso. A respeito desses períodos, Montessori afirmou que:

há períodos durante os quais as crianças denotam aptidões e possibilidades de ordem psíquica que desaparecem com o tempo. Assim, por exemplo, elas se interessam apaixonadamente, num momento dado, por certos exercícios que em vão procuraríamos fazê-las repetir mais tarde. Quando se concentram em determinado exercício, absorvem-se nele durante um tempo que nos parece muito longo e o executam com uma exatidão, uma paciência, de que o adulto seria incapaz[295].

Trata-se de sensibilidades especiais, que se encontram nos seres em evolução; são passageiras e limitam-se à aquisição de um caráter determinado. Uma vez desenvolvido esse caráter, cessa a sensibilidade correspondente[296].

---

294   *Idem.,* p. 58

295   Maria Montessori, texto transcrito de citação de Lubienska de Lenval, *A Educação do homem consciente,* op. cit, p. 97

296   MONTESSORI, Maria. *A criança,* op. cit., p. 62

PARTE B – AVALIAÇÃO DA APRENDIZAGEM NAS PEDAGOGIAS DA ESCOLA NOVA

Metodologicamente, do ponto de vista pedagógico, importa, no ver de Montessori, que o adulto esteja atento às sensibilidades específicas da criança em determinados momentos, tendo em vista poder compreender que muitas de suas ações não são caprichos, mas expressões de necessidades do seu livre desenvolvimento. Nesse caso, pedagogicamente, os adultos necessitam estar cientes e disponíveis para dar atenção às necessidades específicas que a criança apresente. Não estar atento a isso significa, do ponto de vista de Montessori, não estar atento às possibilidades para que a criança se sirva de sua relação com o meio ambiente para desenvolver-se, segundo suas necessidades. Nesse contexto, afirmou ela que, "se a criança não pode atuar segundo as diretrizes do seu período sensível, perde-se a oportunidade de uma conquista natural – e perde-se para sempre"[297].

Lubienska de Lenval completou essas considerações a respeito do aspecto positivo do educador/a estar atento a esses períodos, afirmando que;

> Quando [o educador/a] se dá ao trabalho de levar em consideração 'os períodos sensíveis'[298], chega-se, na educação, a resultados surpreendentes e inteiramente opostos aos nossos velhos preconceitos sobre o progresso uniforme da inteligência e sobre o esforço necessário à aquisição de todos os conhecimentos.

> Quando a criança é livre [para] exercer suas faculdades segundo o seu "presente sensível" ..., ela cresce e fortifica-se trabalhando. Aquelas que podem começar a escrever na idade normal, pelos 4 ou 5 anos, adquirem uma habilidade na escrita que não se encontra nas crianças que começaram aos 6 ou 7 anos[299]; pois já se encontra, nessa idade, a exuberância de produção que fez chamar a esse fenômeno de "explosão da escrita".

> Do que acabo de dizer, resulta não somente um deslocamento das diversas matérias de estudos para uma idade mais nova, mas também uma admirável

---

297   *Idem.*, p. 64.

298   (N. A.) Registro aqui que foi realizada a substituição da expressão "períodos sensitivos", que consta na tradução do livro de Lubienka de Lenval, por "períodos sensíveis", próprios de Montessori. Os termos "sensitivo" e "sensível" têm significados diversos na língua portuguesa; então manter o termo "sensitivo" dificultaria a compreensão daquilo que Maria Montessori entendia por "períodos sensíveis".

299   Importa ter presente que, no Brasil, de modo usual, os investimentos na aprendizagem da leitura e da escrita se dava a partir dos sete anos de idade, um padrão aproximadamente universal. Contudo, recentemente, com a definição do Ensino Fundamental de nove anos, a alfabetização foi transferida para ter seu início aos 6 anos de idade.

eficácia e surpreendentes resultados para cada exercício executado exatamente no momento do período sensível correspondente[300].

Segundo Montessori, existem períodos onde as crianças estão mais sensíveis à ordem, a partir de seu mundo interior; outros, em que estão mais sensíveis à observação de detalhes do mundo; e, em outros ainda, nos quais estão mais sensíveis à linguagem; e, assim, por diante. Do seu ponto de vista, é preciso, então, que o educador/a esteja atento a esses períodos e atue, de modo adequado, em conformidade com as emergências naturais, pois as crianças sempre manifestarão suas necessidades e não atendê-las no momento oportuno será perder uma oportunidade ímpar para que elas possam aprender e, por isso, se desenvolver.

3.1.3. A questão da repressão

Reconhecendo a contribuição de Freud para as investigações voltadas para a educação infantil, Montessori relembrou que ele abordou o fenômeno da repressão e, no seu ver, essa contribuição de Freud foi fundamental, a respeito da qual afirmou que "a palavra repressão, empregada por Freud a propósito das mais fundas origens das perturbações psíquicas que se encontram no adulto é, em si, uma revelação"[301].

A repressão, para Montessori, provinha do mundo adulto, simbolizada pela mãe, pelo pai e pelo educador/a. Estes, no seu ver, são os adultos que mais proximamente convivem com a criança e, por isso mesmo, aqui e acolá, as reprimem em seus atos, com consequências em seu desenvolvimento. Todavia, também considerava que, no momento em que vivia – início do século XX –, os adultos ainda não haviam descoberto a criança e o adolescente do ponto de vista educativo, ainda que Jean Jacques Rousseau tivesse feito um alerta para tratar a "criança como criança e não como um adulto em miniatura", em torno de cem anos antes. Situada no tempo histórico em que viveu, suas palavras são: "O adulto [ainda] não compreendeu nem a criança nem o adolescente, e, por isso, se encontra continuamente em luta com eles"[302].

Entendia que o adulto, que se sabia adulto, não havia ainda compreendido o mundo da criança e do adolescente, à medida que, em seu afã de ajudá-los a crescer,

---

300   Helena Lubienska de Lenval, op. cit., p. 97-98. (N. A.) A paragrafação do texto de Lubienska de Lenval foi modificada para esta publicação.

301   *Idem.*, p. 20. (N.A.) – Observar que Montessori viveu *pari passu* com Sigmund Freud em termos de período de vida. Montessori nasceu em 31 de agosto de 1870, e faleceu em 6 de maio de 1952; Freud nasceu em 6 de maio de 1856 e faleceu em 23 de setembro de 1939.

302   *Idem.*, p. 27.

PARTE B – AVALIAÇÃO DA APRENDIZAGEM NAS PEDAGOGIAS DA ESCOLA NOVA

substituía-os em seu movimento; conduta que os impedia de serem eles mesmos e se desenvolverem livremente. A respeito dessa compreensão, disse ela:

> O adulto fez-se egocêntrico com respeito à criança[;] não egoísta, mas egocêntrico, pois considera tudo o que se refere à criança (...) como se a si próprio se referisse, obtendo assim incompreensão cada vez mais profunda a respeito da criança[303].

> Este ponto de vista faz considerar a criança como um ser vazio que o adulto tem de encher com os seus esforços; como um ser inerte e incapaz para o qual o adulto tudo deve fazer; como um ser sem guia íntimo que o adulto tem de guiar, passo a passo do exterior.

> Enfim, o adulto é como que o criador da criança[;] considera o bem e o mal das ações da criança sob o ponto de vista de suas relações com ela. O adulto é a pedra de toque do bem e do mal, é infalível, é o bem sobre o [qual] deve se modelar a criança: tudo quanto se afasta do caráter do adulto é um mal que este se esforça por corrigir. Com tal atitude – que, inconscientemente, cancela a personalidade da criança – atua o adulto convencido do seu cuidado, amor e sacrifício[304].

A verdadeira ajuda que o adulto poderia e deveria prestar para a criança, no ver de Montessori, seria garantir a ela as condições do livre desenvolvimento, criando oportunidades para que possa levar à frente sua organização interior e sua forma de viver a vida e o mundo. A esse respeito, afirmou que:

> O adulto deve ajudar a criança [para] que faça tudo por si mesma, quanto seja possível. Assim, em lugar de vesti-la, ensinar-lhe-á a vestir-se; em vez de lavá-la, ensinar-se-lhe-á a lavar-se; em vez de dar-lhe de comer, ensinar-se-lhe-á a comer por si mesma e cada vez mais corretamente e, desta forma, tudo o mais. Enquanto se deixa aberto o caminho da expansão, a criança demonstra uma atividade surpreendente e uma capacidade verdadeiramente maravilhosa de aperfeiçoar os seus atos[305].

Esse entendimento estava fundado na compreensão de que o ser humano nasce constitutivamente voltado para a liberdade, e, uma vez que não é movido por uma

---

303   (N. A.) A divisão desse parágrafo se deve ao autor dessa publicação.

304   *Idem.*, p. 28.

305   Maria Montessori, *Manual practico del método*, op. cit., p.14.

LIVRO I – AVALIAÇÃO DA APRENDIZAGEM ESCOLAR: DO PASSADO PARA O PRESENTE

programação genética instintiva, necessita construir-se livremente. Em torno dessa compreensão, Montessori afirmou:

> O fato de não ser movido por instintos – guias fixos e determinados, como sucede nos animais – revela um fundo de liberdade de ação que requer uma elaboração especial, quase uma criação deixada ao desenvolvimento de cada indivíduo, e, portanto, imprevisível[306].

3.1.4. Cuidados necessários para a aprendizagem da liberdade

Essa liberdade de construção de si mesmo, para ser efetiva, não pode significar licenciosidade ou descuido. Para que a criança possa se tornar senhora de si, independente e livre, há que se cuidar da sua liberdade. Nas palavras de Montessori:

> A liberdade sem organização do trabalho seria inútil. A criança, deixada em liberdade[,] sem os meios de trabalho [atividade], deixar-se-ia perder, como a criança recém-nascida, deixada livre, sem alimentação, morreria de fome. A organização do trabalho [da atividade], portanto, é a pedra fundamental da nova estrutura da bondade; porém, esta organização será vã sem a 'liberdade' para usá-la; sem a liberdade para a expansão de todas aquelas energias que derivam da satisfação das mais elevadas atividades da criança[307].

Para isso, importa criar as condições para que a criança possa construir sua independência, que deve se manifestar como a capacidade de agir por si mesma. O termo "educação", na concepção montessoriana, não deve ser utilizado no sentido de ensinar, "mas [sim no sentido de] facilitar o desenvolvimento psíquico da criança"[308]. Então, nesse contexto, no ver de Montessori, educar é criar as condições para que cada criança construa sua personalidade com liberdade, de tal forma que adquira o hábito de agir por si mesma, na perspectiva de garantir a possibilidade de aprender a ser livre. Nas palavras da educadora:

> Não se pode ser livre sem se ser independente; é para a conquista da independência que devem ser dirigidas as manifestações ativas da verdadeira liberdade, desde a primeira infância. (...)

---

306 MONTESSORI, Maria. *A criança*, op. cit., p.53.

307 MONTESSORI, Maria. *Manual práctico del método*, op. cit., p. 65.

308 MONTESSORI, Maria. *A criança*, op. cit., p. 51.

PARTE B – AVALIAÇÃO DA APRENDIZAGEM NAS PEDAGOGIAS DA ESCOLA NOVA

Ainda não assimilamos bem a concepção de independência, porque a forma social, sob a qual vivemos, é ainda servil. De fato, nos apressamos facilmente para servir, julgando por isto fazer ato de cortesia, de amabilidade ou de bondade.

Convém notar, ao contrário, que aquele que é servido é lesado em sua independência: "Eu não quero ser servido porque não sou um incapaz", poderia dizer. E eis o que é preciso compreender antes de tudo, para merecer tornar-se verdadeiramente livre.

Uma ação pedagógica sobre as crianças, para ser eficaz, deverá ser, em primeiro lugar, dirigida para este fim: ajudá-las a seguir o caminho da independência. Ajudá-las a andar, a correr, a subir e a descer as escadas, a apanhar os objetos caídos, a se vestir, a se despir, a se lavar, a falar para exprimir claramente suas próprias necessidades, a fazer ensaios para chegar a satisfazer seus desejos, eis a educação da independência.

Infelizmente temos o costume de servir os meninos, e, um ato servil, em favor deles, não é menos fatal do que um ato que tende a sufocar um de seus movimentos espontâneos e úteis[309].

3.1.5. O movimento e a presença do adulto

As descobertas de que a criança se constitui pelo movimento e que, para tanto, ela necessita do respeito do adulto pelo seu movimento, constituem dois elementos fundamentais da proposta pedagógica de Maria Montessori.

A criança, segundo a autora, se constitui interna e externamente pelo movimento – andar, correr, subir, descer, lavar-se, alimentar-se, mover as mãos... –, sempre ao seu próprio ritmo. A ação garante a aprendizagem e, consequentemente, a formação de si mesma. O adulto, no ver da educadora, nem sempre percebe esse processo infantil e se coloca em posição diversa da criança, subtraindo-lhe a oportunidade de crescimento. Na sua expressão:

A substituição da criança pelo adulto não consiste em somente atuar no [seu] lugar; pode ser uma infiltração da vontade poderosa do adulto na [vontade da criança]. Neste caso, já não é a criança que atua, mas sim o adulto que atua através da criança[310].

---

309 MONTESSORI, Maria. *Método da pedagogia científica*, op. cit., p. 42-43.

310 MONTESSORI, Maria. *A criança*, op. cit., p. 132.

LIVRO I – AVALIAÇÃO DA APRENDIZAGEM ESCOLAR: DO PASSADO PARA O PRESENTE

O movimento, do ponto de vista da educadora, é fundamental para todo ser humano, à medida que é através do movimento que ele se constitui livre e independente, o que significa aprender a viver e realizar essas qualidades. A exigência de passividade da criança no ambiente pedagógico, no ver da autora, é uma forma de roubar-lhe as possibilidades de desenvolver-se em seu interior e constituir a sua própria personalidade. Na compreensão de Montessori:

> O movimento está ligado à própria personalidade, e nada o pode substituir. O homem que não se move, ofende-se a si mesmo, renuncia à vida. Interna-se num abismo sem saída, convertendo-se num condenado perpétuo, como as figuras bíblicas dos que foram expulsos do paraíso terrestre, caminhando envergonhados e em pranto para os ignorados sofrimentos de um mundo desconhecido"[311].

O movimento é a forma ativa pela qual a criança forma o seu "eu"; e é esse "eu" quem comanda a vida. Daí a necessidade de o educador, como o adulto da relação pedagógica, estar atento às possibilidades da criança em função das suas necessidades de movimento, ordenando seu próprio mundo. Para Montessori, é a ação que possibilita à criança educar-se (construir-se) a si mesma, com a parceria da atenção do adulto. Nesse contexto, afirmou ela:

> Para obter esta disciplina (a interior), é inútil contar com reprovações e com discursos persuasivos. Esses meios poderiam parecer, de momento, que são eficazes, porém[,] ao aparecer a verdadeira disciplina, todos estes procedimentos caem por si, aparecem insignificantes ante a realidade, a "noite cede diante do dia".

> Os primeiros passos que a criança dá em direção à disciplina são devidos ao "trabalho"[312] [ação]. Em um momento dado, sucede que o menino se interessa vivamente por um trabalho [por uma ação]; assim, o demonstra a expressão do seu semblante, a intensa atenção e a constância no exercício. Aquele menino está se disciplinando qualquer que seja o seu trabalho [a sua ação]; um exercício sensorial, um trançado, lavar os pratos, todas as atividades são semelhantes para obter esse resultado[313].

---

311   *Idem.*, p. 145. Para compreender essa afirmação de Maria Montessori a respeito dos "expulsos do Paraíso", não se pode esquecer que ela seguia os parâmetros e entendimentos da religião católica.

312   O termo "trabalho" está sendo utilizado neste texto de Maria Montessori em vez do termo "ação". De fato, a criança "não trabalha" em termos produtivos; ela simplesmente age.

313   MONTESSORI, Maria. *El método de la pedagogía científica,* op. cit., p. 320-321.

3.1.6. Da necessidade do uso de método ativo para uma aprendizagem ordenada

A ação pedagógica construtiva deve ser ordenada pelo método. Então, Montessori acrecentou que

> O trabalho [a ação] não pode ser oferecido para a criança de um modo arbitrário; para fazê-lo de um modo ordenado, foi estabelecido o 'método'. O trabalho [ação] deve ser aquele para o qual a criança tende e o qual ela vem reclamando por suas tendências ocultas e latentes. Este é o trabalho [ação] que ordena a personalidade e lhe abre infinitas vias de expansão"[314].

E ainda:

> O atos externos são, no nosso caso, o meio de alcançar o desenvolvimento interior; aparecem como uma explicação compenetrando-se em ambos os fatores. O trabalho [ação] aperfeiçoa interiormente o menino, porém, por sua vez, o menino que se aperfeiçoa trabalha [age] melhor, e o trabalho aperfeiçoado [ação aperfeiçoada] o atrai, e assim continua a obra de aperfeiçoamento interno"[315].

Importa observar que Maria Montessori tinha clareza de que a aprendizagem e a constituição de si mesmo decorrem da ação; evidentemente da ação, ao mesmo tempo, praticada e compreendida. Hoje, sabemos que a ação estabelece as conexões neurônicas e, pois, as aprendizagens. A neurologia era uma área científica nascente à época em que a educadora viveu. Todavia, sua intuição, junto com muitos outros educadores, demonstrava a necessidade de uma aprendizagem ativa e, consequentemente, de um correspondente ensino ativo, opondo-se ao modelo de escola vigente, no momento em que vivia, que, propunha e praticava a educação centrada na imobilidade da criança. Até mesmo os móveis da sala de aula – carteiras escolares – levavam a isso.

3.1.7. Da necessidade de sustentar condutas para garantir a aprendizagem

Vale lembrar que Montessori previu que certas condutas das crianças necessitavam ser formadas, modificadas ou suprimidas com persistência e até mesmo

---

314   *Idem.*, p. 321.

315   *Idem.*, p. 323.

LIVRO I – AVALIAÇÃO DA APRENDIZAGEM ESCOLAR: DO PASSADO PARA O PRESENTE

com dor. Aqui, aparece a orientação e, ao mesmo tempo, o tolhimento, que, na sua proposta, seriam realizados também pela ação. Os atos disciplinares nos exemplos oferecidos por ela contêm sugestões de contenção e sustentação voluntárias nas condutas. Para compreender suas propostas, importa ter presente que ela viveu no final do século XIX e primeira metade do século XX, época em que a disciplina imposta de fora ainda tinha suficiente força social e psicológica. No texto de Montessori que se segue, essa compreensão está explícita:

> O método aqui exposto contém em todas as suas partes um exercício de vontade; quando o menino executa movimentos tendo em vista um fim e repete pacientemente o exercício, exercita sua vontade.
>
> Paralelamente, uma complicada série de exercícios põe em atividade seu poder de inibição. Por exemplo: as lições de silêncio que requerem uma inibição de todos os movimentos quando a criança espera que a chamem; o domínio de si mesmo nos atos sucessivos, quando a criança quer saltar de alegria ao ouvir seu nome, em vez disto se cala e se move suavemente cuidando de evitar os obstáculos para não tropeçar nem fazer ruídos.
>
> Outros exercícios inibitórios são os de aritmética, quando a criança tem de escolher do monte de objetos somente aqueles que correspondam ao número que lhe foi sorteado, ainda que sinta o impulso de apoderar-se da maior quantidade possível deles; o exercício inibitório é mais intenso quando uma criança recebe um zero e tem que permanecer quieta em seu lugar com as mãos vazias, é também um exercício inibitório dos atos, a lição sobre o zero, durante a qual se convida e se atrai de diversas maneiras a criança para que venha dar "zero beijos" e, então, permanece em seu lugar, vencendo o instinto que a impulsiona a obedecer ao chamamento.
>
> A criança que leva a sopeira com sopa quente deve livrar-se de todo estímulo que a distraia, resistir à tentação de saltar, sofrer a moléstia de uma mosca que pousa em seu rosto e permanecer completamente submetida à grande responsabilidade de não deixar cair a sopeira[316].

---

316   *Idem.*, p, 330. Alguns dos exemplos de "exercício de vontade" sugeridos por Montessori, na presente citação, têm a ver com a cultura da época em que viveu: aprender pelo exercício da vontade, mesmo que isso exigisse atos incomuns, até mesmo difíceis de serem sustentados. (N. A.) A paragrafação do texto original foi modificada para sua melhor compreensão.

PARTE B – AVALIAÇÃO DA APRENDIZAGEM NAS PEDAGOGIAS DA ESCOLA NOVA

É possível que, se Montessori vivesse nos dias atuais como pedagoga, não faria mais as proposições acima expostas para a formação da vontade da criança, proposições que, em certos momentos, parecem mais castigos que orientação para o desenvolvimento. Montessori, nas proposições acima, cedeu mais aos entendimentos socioculturais da época em que viveu do que às suas próprias proposições pedagógicas.

3.1.8. O papel do ambiente no processo educativo

Na proposta montessoriana do processo educativo, o ambiente é fundamental; ele é o espaço onde se realizam as atividades e, por isso mesmo, condição do desenvolvimento. O movimento, com o qual se constrói a personalidade humana, deve ser estimulado e ordenado pelo ambiente onde e com o qual a criança se movimenta. Cabe ao educador estar atento às necessidades da criança e oferecer-lhe os meios necessários para que, mediante o movimento ordenado, ela se eduque, adquirindo conhecimentos, habilidades e modos de ser e de viver.

Por si, no ver de Montessori, o ambiente adulto é insatisfatório para o desenvolvimento da criança. Há que se estabelecer um ambiente apropriado às necessidades do movimento infantil, necessário à construção da sua personalidade. Dentro dessa perspectiva, a autora lembrou que um ambiente corretamente ordenado é ponto fundamental para que o movimento da criança possibilite seu desenvolvimento[317]. A questão do ambiente devidamente preparado e organizado era tão importante no método montessoriano, que sua autora dizia que esse elemento era uma característica distintiva do seu método[318]. E, de fato, era em sua época e continua sendo nos dias de hoje.

O ambiente ordenado, no ver de Montessori, possibilita que a educação infantil se desenvolva livremente, sem que sejam necessárias as tradicionais imposições disciplinares, realizadas pela vigilância, por vezes, autoritária do adulto. O movimento realizado *dentro* e *com* o ambiente ordenado seria suficiente, segundo a autora, para desenvolver a ordem, a disciplina e, portanto, a personalidade desejada da criança. A própria autora disse que:

---

317 Maria Montessori, *A criança*, p. 155, diz: "Preparando um ambiente adaptado ao momento vital, a manifestação psíquica natural virá espontaneamente, revelando os segredos da criança. Sem este princípio, é evidente que todos os esforços da educação podem penetrar em um labirinto sem saída".

318 *Idem.*, p. 155: "O nosso método educativo caracteriza-se precisamente pela importância atribuída ao ambiente".

LIVRO I – AVALIAÇÃO DA APRENDIZAGEM ESCOLAR: DO PASSADO PARA O PRESENTE

O grande problema da educação está, pois, no respeito à personalidade da criança e a deixar livre sua atividade espontânea, em vez de contê-la ou dominá-la. Contudo, a solução deste problema não consiste em colocar princípios que poderiam conduzir a um fato negativo, como, por exemplo, abandonar a criança a si mesma para que faça tudo o que lhe venha à cabeça. Não! A solução está em uma construção positiva, que se pode anunciar assim: para deixar a criança em liberdade de ação, é necessário, antes, preparar um meio ambiente adaptado ao seu desenvolvimento"[319].

O ambiente, no ver de Montessori, é um fator fundamental para a prática dos movimentos infantis. Porém, nem todos os movimentos. Interessava somente aqueles que possibilitassem o desenvolvimento da sensibilidade, da inteligência, da linguagem, do raciocínio matemático, da alegria, da convivência. Na pedagogia montessoriana, a criança é livre para movimentar-se e utilizar-se de um ambiente previamente ordenado para seu desenvolvimento; ambiente ordenado, evidentemente, segundo as determinações da própria concepção de educação livre proposta pela educadora.

Nesse contexto, o estudante é o centro de todas as decisões educativas, desde que, segundo a visão de Maria Montessori, é a partir da criança e de suas necessidades que se deve organizar o ambiente, o material didático, a forma de agir do educador, assim como de outros profissionais.

3.1.9. O respeito à personalidade infantil

O respeito à personalidade da criança foi outra característica distintiva do método educativo montessoriano. No que se refere a esse aspecto, a própria educadora afirmou que "outra característica importante do nosso método é o respeito pela personalidade infantil, até um ponto jamais alcançado com outros métodos educativos"[320]. Afinal, a necessidade do respeito à personalidade infantil, por si, estava embutida no respeito necessário ao movimento livre e independente da criança. Um não poderia existir sem o outro.

Contudo, vale sinalizar que o fato de centrar as decisões da prática educativa na criança e em sua liberdade tinha um significado diverso de licenciosidade. Situar a criança no centro das decisões e dos atos pedagógicos significava estar atento às suas necessidades naquele momento de sua vida. Daí ser imprescindível não apenas um

---

319   MONTESSORI, Maria. *Manual práctico del método*. Barcelona: Casa Editorial Araluce, 1939. p. 25

320   MONTESSORI, Maria. *A criança*. Lisboa: Portugália Editora, s/d. p. 156

PARTE B – AVALIAÇÃO DA APRENDIZAGEM NAS PEDAGOGIAS DA ESCOLA NOVA

ambiente que, por si, criasse o clima de um movimento educativo, mas também a presença de um mestre ou de uma mestra que atuasse, lucidamente, para auxiliar as crianças no processo de sua autoconstrução.

Segundo Maria Montessori, a liberdade de movimentos necessária à criança não exigia que o professor/a devesse "aprovar todos os atos da criança nem abster-se de a julgar, ou que nada tem a fazer para desenvolver sua inteligência e os seus sentimentos; pelo contrário, não pode esquecer que a sua missão é educar, ou seja, ser, positivamente, o mestre [a mestra] da criança"[321].

O adulto – no caso específico, o educador, a educadora – deverá metodologicamente agir com delicadeza suficiente para possibilitar que as características da personalidade da criança se manifestem e amadureçam; caso contrário, poderá estar impedindo que se manifeste, segundo ver da própria Montessori, os desígnios divinos[322] inscritos no coração infantil. Aqui, de alguma forma, a autora se redimiu da ideia de "castigos", anteriormente sinalizada, abordando a questão de que ações, mesmo que desconfortáveis, deveriam ser sustentadas visando à formação da criança. Nesse novo cenário, ela afirma que:

> De fato, a criança traz em si a chave do seu próprio enigma; se tem imperativos psíquicos e de desenvolvimento, estes devem ser potenciais e extremamente delicadas as suas tentativas de realização. Nesse caso, a intervenção intempestiva do adulto, volitivo e exaltado sobre o seu ilusório poder, pode cancelar aqueles desígnios ou desviar as realizações ocultas. Sim, o adulto pode cancelar os desígnios divinos desde a origem, e, assim, sucedendo de geração em geração, o homem, na sua encarnação, crescerá deformado"[323].

3.2. O educador na Pedagogia Montessoriana

Quem é o educador/a no contexto da proposta pedagógica montessoriana? É aquele/a que deve estar permanentemente presente junto às crianças[324] para compreender suas carências e atendê-las em suas necessidades visando seu desenvolvi-

---

321   *Idem.*, p. 216.

322   Não se pode esquecer que Maria Montessori tinha vínculos com a religião católica.

323   *Idem.*, p. 58.

324   Vale lembrar que Maria Montessori investiu essencialmente em compreender e propor projetos e atividades para a educação infantil; quanto aos adolescentes, aqui e acolá, ela faz uma ou outra sinalização, porém, não foi objeto direto de sua atenção.

LIVRO I – AVALIAÇÃO DA APRENDIZAGEM ESCOLAR: DO PASSADO PARA O PRESENTE

mento. Nessa proposta pedagógica, o educador/a mantém uma autoridade, porém diversa da autoridade usualmente presente na vida escolar.

Nesse contexto, Montessori afirmou que a "personalidade do professor foi uma das inovações que maior interesse e discussão suscitou". Para ela, a melhor solução é a "do professor passivo, que perante a criança abole o obstáculo constituído pela sua própria personalidade, que apaga sua autoridade para que possa desenvolver-se a atividade da criança e se mostra plenamente satisfeito quando a vê trabalhar sozinha e progredir, sem atribuir o mérito a si próprio"[325].

Em 1936, portanto pouco mais de trinta anos após as primeiras experiências com seu método, Montessori avaliou que o papel do educador/educadora, concebido e promovido por sua proposta pedagógica, foi um dos pontos do seu pensamento pedagógico que sofreu as críticas mais contundentes em função de estar em desacordo com as formas comuns de agir do educador/a no decurso de sua época. No seu livro *A criança*, ela registrou que aqueles "que seguiram este movimento educativo [o escolanovista] sabem quanto [o papel do professor/professora] foi e ainda é discutido. O que mais discussões suscitou foi a inversão de papéis entre o adulto e a criança: o mestre sem cátedra, sem autoridade e quase sem ensino e a criança transformada em centro de atividade, aprendendo sozinha, escolhendo livremente as suas ocupações e os seus movimentos"[326].

No método montessoriano, educador/a deveria ter uma "presença-ausente" junto às crianças, no sentido de que ele/ela deveria criar as condições para o máximo possível de sua independência, o que não queria dizer abandoná-las a si mesmas. As palavras de Montessori foram cristalinas a esse respeito ao afirmar que o "professor deve intervir quando necessário, e somente quando necessário, para ajudar a criança a se servir do material, mas a sua perfeição consiste em reconhecer os seus próprios limites em face da ação do material... Eis o papel do professor. Tudo o mais se passa entre material e aluno [criança]"[327].

O professor/a, no ver de Maria Montessori, deveria estar atento para iniciar as crianças no uso de todos os objetos e atividades, porém, deveria permitir que elas deslanchassem suas atividades por si mesmas e, quando ocorresse a situação em que uma criança menor pudesse aprender com uma maior, o educador/a deveria permitir que isso acontecesse, "pensando que o maior êxito vai unido à sua menor intervenção"[328].

---

325 *Idem.*, p. 155.

326 *Idem.*, p. 156.

327 Lubienska de Lenval, op. cit., p. 90-91.

328 Maria Montessori, *Manual*, p. 25. Importa, aqui, observar que Montessori usa a denominação "professor", no gênero gramatical masculino. Em seu período de vida, ainda não havia ocorrido a emergência do movimento da defesa do feminino na vida social.

PARTE B – AVALIAÇÃO DA APRENDIZAGEM NAS PEDAGOGIAS DA ESCOLA NOVA

Do ponto de vista de sua formação pessoal como educador/a, o professor/a necessitaria preparar-se para atuar junto às crianças. O aspecto mais importante de sua preparação teria a ver, segundo a autora, com os cuidados a respeito de sua vida psicológica e moral. Conhecer e ter habilidades para usar as técnicas desenvolvidas no seio de sua proposta pedagógica eram qualidades necessárias, mas insuficientes para que o mestre ou a mestra levassem à frente o trabalho educativo dentro da perspectiva de educação livre com foco no desenvolvimento do estudante. A própria autora falou dessa característica fundamental do mestre/a, do modo como se segue:

> Estaria equivocado o mestre que julgasse poder preparar-se para sua missão unicamente pela aquisição do conhecimento; antes de mais nada, precisa criar certas disposições de ordem moral.
>
> O ponto básico da questão depende de como se deve considerar a criança, o que não se pode examinar apenas do exterior, como se se tratasse de um conhecimento teórico sobre a maneira de instruir e educar a infância.
>
> Insistimos em que o mestre deve se preparar interiormente, estudando-se a si próprio, com metódica constância, para obter a supressão de defeitos, intrínsecos nele, que constituem um obstáculo nas suas relações com as crianças. Para descobrir esses defeitos alojados na consciência, necessitamos de um auxílio exterior, de uma certa instrução; é indispensável que alguém nos indique o que necessitamos ver em nós.
>
> Nesta ordem de ideias, diremos que o mestre tem que ser *iniciado*[329].

Sem essa postura interior, dificilmente um mestre ou uma mestra conseguiriam agir com adequação dentro do método montessoriano. Em sua preparação, Montessori dizia que os professores/as deveriam passar pela experiência pessoal de utilizar os recursos metodológicos, assim como os materiais didáticos por ela criados, a fim de que sentissem pessoalmente como esses recursos atuariam nos procedimentos de aprendizagem, podendo ser, posteriormente, melhor utilizados junto às crianças.

Segundo seu ver, para trabalhar com a criança, seria – e é – preciso sentir como a própria criança sente e age. Para isso, nada melhor do que entregar-se à uma situação onde se pudesse experimentar o que acontece quando a criança realiza

---

329 MONTESSORI, Maria. *A criança*. Lisboa: Portugália Editora, s/d. p. 211.

LIVRO I – AVALIAÇÃO DA APRENDIZAGEM ESCOLAR: DO PASSADO PARA O PRESENTE

determinadas atividades ou quando se utiliza de determinados materiais didáticos, sob a orientação de um educador/a.

O educador/a, no caso, passando pela experiência de estar sendo submetido a atividades equivalentes àquelas às quais serão submetidas as crianças, das quais cuidará, se formaria vivenciando variadas situações, seja com os recursos didáticos, seja com as relações afetivas, emocionais e cognitivas com as quais deverá administrar a relação pedagógica com as crianças. Afinal, o educador/a se formaria, tomando consciência tanto do lugar de educando como do seu lugar profissional.

Ainda que o educador/a na pedagogia montessoriana devesse ser "uma presença ausente", ele/ela era um ator importante no processo educativo. Nos entendimentos de Montessori, ele/ela é o responsável por dimensionar as atividades de ensino-aprendizagem mediante os atos de planejá-las, colocá-las em prática e, ainda, reorientá-las constantemente com base na qualidade dos resultados obtidos mediante uma permanente investigação avaliativa; afinal, uma cuidadosa presença juntos às crianças e aos jovens, com intervenções que fossem as estritamente necessárias segundo sua concepção pedagógica.

3.3. O método de ensino em Montessori

Com que método o professor ou a professora deveriam atuar junto às crianças para que elas, livremente, pudessem movimentar-se tendo em vista construir sua personalidade?

Maria Montessori respondeu que esta era uma questão básica a ser discutida e levada a sério. Para ela, o que importava era o educando. Ele, de fato, era – e é – o ponto de partida e de chegada da prática educativa. A resposta oferecida pela autora à pergunta acima foi:

> Este é o ponto nevrálgico. Não se vê o método; vê-se a criança. Vê-se a alma da criança, que, liberta de obstáculos, atua segundo a sua natureza. As qualidades infantis que descobrimos pertencem simplesmente à vida, como as cores dos pássaros e os perfumes das flores não resultam de "um método de educação". Contudo, é evidente que esses fatos naturais podem sofrer a influência da educação, que tem por objetivo protegê-las e cultivá-las para favorecer o desenvolvimento"[330].

---

330 *Idem.*, p. 194.

PARTE B – AVALIAÇÃO DA APRENDIZAGEM NAS PEDAGOGIAS DA ESCOLA NOVA

A respeito desse ponto de vista, a atitude mais importante que poderia assumir um professor ou uma professora seria a de afastar os obstáculos que pudessem impedir a criança de aprender e se desenvolver livremente para sua independência, permitindo, desta forma, que a natureza se expressasse por si mesma. A natureza necessita que se permita e se crie condições para sua manifestação. Nesse contexto, o papel a ser exercido pelo professor ou pela professora, no ver de Montessori, era criar condições escolares apropriadas para o desabrochar infantil. Em seus termos:

> Torna-se, pois, necessário, antes de proceder a uma tentativa de educação, organizar o ambiente para que seja favorável à eflorescência dos caracteres normais ocultos. Para isso, basta 'afastar os obstáculos', e este constitui o primeiro passo a realizar e a base essencial da educação. Não se trata, pois, de desenvolver os caracteres existentes, mas de descobrir primeiramente a natureza facilitando o desenvolvimento do caráter normal[331].

Em síntese, para que a prática educativa montessoriana, no seu todo, fosse levada a bom termo, três fatores seriam fundamentais segundo o ponto de vista da própria autora: "ambiente adequado, mestre humilde e material científico (...), três pontos exteriores essenciais"[332]. Três pontos fundamentais a serem levados em conta na prática pedagógica, sendo um deles a humildade do mestre/a, ou seja, sua "presença ausente".

3.4. Os conteúdos e materiais didáticos

Do ponto de vista dos conteúdos a serem trabalhados na escola, Montessori afirmou que sua proposta pedagógica abolia os programas escolares tradicionais. Porém, importa compreender que "abolir os programas escolares tradicionais" não implicava em abolir todo e qualquer programa ou conteúdo. As atividades pedagógicas gerais, assim como as específicas, como também os materiais didáticos selecionados e elaborados, deveriam traduzir os conteúdos a serem trabalhados com as crianças.

Por exemplo, no que se refere à vida cotidiana, deveriam ser praticados exercícios para a aprendizagem da vida prática do dia a dia. As crianças deveriam aprender a cuidar do corpo, a lavar os objetos e os lugares; deveriam aprender a escorrer a água dos objetos e proceder a secagem; substituir a água dos vasos de flores; transportar objetos; abrir e fechar portas; dobrar, cortar em geral; cortar com faca; além disso,

---

331 *Idem.*, p. 195.

332 *Idem.*, p. 195.

LIVRO I – AVALIAÇÃO DA APRENDIZAGEM ESCOLAR: DO PASSADO PARA O PRESENTE

utilizar essas habilidades em aplicações, tais como na cozinha, na jardinagem, nos cuidados consigo mesmo... As atividades propostas e orientadas pelo educador/a deveriam estar comprometidas com os conteúdos pedagógicos a serem aprendidos ativamente.

No que se refere ao *desenvolvimento intelectual,* foram propostos na Pedagogia Montessoriana exercícios para o desenvolvimento dessa faceta do ser humano. No caso, os materiais didáticos deveriam ser elaborados tendo em vista possibilitar, por meio da atividade, uma disciplina de ação, cujo resultado se expressaria através de um processo de abstração crescente. Para tanto, deveriam ser utilizados objetos sólidos reproduzindo figuras geométricas como, por exemplo, uma série de quadrados em uma sequência de tamanhos; barras numeradas que subsidiassem a aprendizagem da adição; exercícios para o tato por meio de peças recobertas com lixa de váriadas granulações.

Por meio da utilização desses diversos materiais, e de outros mais, as crianças fariam descobertas e criariam seus entendimentos ativos a respeito do mundo que as cerca, assim como adquiririam conhecimentos e habilidades. O mesmo ocorreria com o material e os exercícios para a escrita e para a leitura, para numeração e para o aprendizado dos elementos básicos da aritmética[333].

O material didático elaborado e utilizado na prática educativa montessoriana expressa – através de sua própria materialidade – os conteúdos a serem aprendidos e, ao mesmo tempo, subsidia metodologicamente a própria aprendizagem, que deve ser ativa. Esse entendimento teórico-didático traz características diferenciadas em relação a outras compreensões pedagógicas que assumiam que o material didático tinha como destino exclusivo auxiliar a aprendizagem. Na visão montessoriana, quando o material didático fosse elaborado com a finalidade de garantir aprendizagens específicas, seu uso também deveria produzir na criança os conhecimentos e as habilidades desejados. O material didático, por si, em sua forma e em suas possibilidades de uso, deveria, por si, expressar o conteúdo a ser aprendido.

Poderíamos até dizer que, para Montessori, os materiais didáticos eram meios de aprendizagem que continham em si os conteúdos a serem aprendidos e, por isso, deveriam ser construídos com as características autoinstrutivas e autocorretivas. Devido à estrutura desses materiais, a própria criança, ao utilizá-los ativamente,

---

333   Entre as páginas 51 e 162 do livro *Manual práctico del método,* Montessori apresenta uma longa exposição das atividades e dos materiais a serem utilizados para a aquisição de conhecimentos e habilidades relativas à vida prática, ao desenvolvimento intelectual, à linguagem, à escrita, à leitura, entre outras áreas.

PARTE B – AVALIAÇÃO DA APRENDIZAGEM NAS PEDAGOGIAS DA ESCOLA NOVA

processaria a aprendizagem, por meio do seu confronto com impasses que emergissem e por meio de sua consequente superação.

Para o uso desse material, as crianças deveriam ser iniciadas pelo professor/a. Montessori insistiu na determinação de que o material fosse colocado nas mãos das crianças pelo professor/a e enfatizava que ele não deveria ser entregue sem alguma apresentação, à medida que as crianças não teriam noções de como utilizá-los para seu próprio desenvolvimento. Daí, surgindo a necessidade da figura mediadora do professor/a.

No início de um processo de ensinar e aprender, o professor/a deveria trabalhar atividades que centrassem as crianças em si mesmas, tais como: movimentar-se, limpar-se, vestir-se, limpar o ambiente, exercitar o silêncio.... O material didático deveria ser introduzido paulatinamente. Só após ser apresentado pelo professor/a, deveria ficar exposto às crianças; e cada vez que emergissem dificuldades para sua utilização de forma correta, o professor/a deveria estar atento e disponível para intervir e ajudá-las.

A partir da observação de que as crianças gostavam, por exemplo, de andar por sobre a linha do trem[334] e, para isso, serviam-se de toda a sua concentração, nem tanto como um material didático, mas, como um recurso pedagógico, Montessori inventou a linha em círculo como um meio pelo qual as crianças poderiam, dentro da sala de aula, ter um recurso pedagógico que as conduzisse à concentração, assim como ao silêncio interior; condições necessárias para uma aprendizagem ativa, tanto de condutas pessoais como de conteúdos socioculturais. O professor/a, em sua proposta pedagógica, deveria servir-se sempre de atividades na linha em círculo, à medida que esta estimularia o ato de voltar-se sutilmente para dentro de si.

A verdadeira educação, no ver de Montessori, seria, então, singela e sutil, sempre a serviço da emergência dos modos de ser próprios de cada criança.

O material didático na pedagogia montessoriana foi construído a partir de observações pautadas no método científico, e ele deveria contribuir para o desenvolvimento da criança à medida que fosse utilizado de forma compatível com a intensão com a qual fora construído. Portanto, o material didático não poderia – e não deveria – ser utilizado sem o seu suporte teórico consistente, à medida que se tivesse o desejo de que ele produzisse os resultados enunciados e desejados.[335]

---

334 Importa lembrar que, na Itália, terra da educadora, o uso do trem para locomoção em viagens é extremamente comum, desde que as linhas férreas são múltiplas.

335 MONTESSORI, Maria. *Manual práctico del Método*. Barcelona: Casa Editorial Araluce, 1939. p. 81-82.

3.5. Finalmente, a escola montessoriana

Para Maria Montessori, a escola, como espaço onde se desenvolve a prática educativa, deveria essencialmente conter algumas características de tal forma que sua concepção pedagógica e os recursos técnicos preconizados pudessem ser utilizados de modo adequado. Então:

- a escola deve ser um local satisfatório para que todas as crianças se movam, sem necessitar perturbar o vizinho; deve ser um ambiente limpo, agradável e alegre para que as crianças se sintam bem dentro dele;
- a atividade infantil será mais educativa se as crianças utilizarem, mantiverem e conservarem os objetos existentes na sala de aula do que se tiverem por objetivo atividades de construção de outros objetos;
- a ordem, que significa colocar cada objeto em seu devido lugar, implica em um ambiente estruturado de tal forma que os objetos tenham seu lugar e possam voltar a ele após o uso; no caso, aprende-se com o movimento ordenado;
- a organização deve ser mantida sempre; assim cada objeto, cada material didático, depois de utilizado, voltará ao seu lugar, permanecendo o espaço físico sempre ordenado mediante a própria atividade das crianças; a atividade de ordenar e reordenar o ambiente também ordena e reordena o interior da criança;
- os objetos de uso na escola devem ser simples e fáceis de serem utilizados, limpos e conservados;
- os materiais devem ser bonitos e interessantes para as crianças, não só para atraí-las, mas especialmente porque devem ter uma função no seu processo de aprendizagem e consequente desenvolvimento.

A escola montessoriana foi pensada para a aprendizagem e o desenvolvimento da criança a partir do movimento com o objetivo de garantir sua educação, seu desabrochar, sua formação. A seletividade não fazia sentido dentro dessa proposta pedagógica, uma vez que todos deveriam aprender e se desenvolver, por isso o ato de avaliar a aprendizagem não se destinava à aprovação ou reprovação do estudante, mas a ser um ato subsidiário ao ensino e à aprendizagem. Na concepção montessoriana, a escola deveria atuar para que todos aprendessem, não somente alguns. Daí que a investigação avaliativa, no contexto da proposta pedagógica de Maria Montessori, deveria ter a característica diagnóstica e estar a serviço das decisões educativas propostas.

PARTE B – AVALIAÇÃO DA APRENDIZAGEM NAS PEDAGOGIAS DA ESCOLA NOVA

4. Avaliação da aprendizagem e concepção pedagógica em Maria Montessori

Tendo por base a exposição feita nos tópicos anteriores, podemos facilmente perceber a consistente articulação entre a proposição pedagógica de Maria Montessori e as suas compreensões sobre a avaliação, anteriormente expostas, na perspectiva de que esta subsidie o educador a tomar novas decisões e o estudante a construir sua disciplina interna. Nesse contexto, o educador/a como o adulto da relação pedagógica, tem por obrigação profissional oferecer suporte aos estudantes para que aprendam e se desenvolvam.

A concepção pedagógica montessoriana nasceu e sobreviveu comprometida com a educação da criança e do jovem como uma forma de auxílio ao desenvolvimento livre da sua personalidade. Como já sinalizado anteriormente, importa registrar que Montessori atuou, de modo predominante, com crianças.

Para ser coerente com sua compreensão pedagógica, não se poderia assumir o uso dos resultados da investigação avaliativa sob a ótica da aprovação/reprovação do estudante, comumente utilizada no seio das práticas escolares, seja no tempo em que Montessori viveu seja nos dias atuais. Frente à sua compreensão pedagógica, o uso dos resultados da investigação avaliativa da aprendizagem deveria ser – e desse modo foi utilizado por ela – sob a ótica diagnóstica, desde que seu uso classificatório cercearia a prática pedagógica centrada na aprendizagem para o desenvolvimento.

Na concepção pedagógica montessoriana não caberia a prática, comum em nossas escolas, do uso dos resultados da investigação avaliativa como recurso de aprovação ou reprovação do estudante em seu percurso de estudos e aprendizagens. Em Montessori, há a proposta de um investimento na efetiva aprendizagem de todos os estudantes. Para ser coerente com suas proposições pedagógicas, a autora só poderia mesmo servir-se dos resultados obtidos por intermédio dos atos avaliativos sob a ótica diagnóstica, que tem por objetivo apenas subsidiar as ações em prol do desenvolvimento da criança, como também do adolescente, afinal do aprendiz.

A pedagogia montessoriana – como tivemos oportunidade de verificar ao longo deste capítulo – foi definida e voltada para criar condições permanentes para que o educando pudesse aprender e se desenvolver. Com esse princípio posto à frente como direção para a ação pedagógica, esta necessita assumir uma característica construtiva. A avaliação, então, estaria posta para subsidiar a construção da independência do estudante, por meio de sua livre organização interna. A avaliação, nessa situação, se estabelece, pois, como um meio de tomar conhecimento da qualidade do conteúdo aprendido pelo estudante, como base para as decisões subsequentes do educador/a no decurso de sua ação.

O objetivo importante, na proposta montessoriana da educação, era a aprendizagem do estudante e seu consequente desenvolvimento. Evidentemente que, para que isso acontecesse, o educador/a deveria estar preparado cognitiva e psicologicamente, assim como deveriam existir condições satisfatórias para o trabalho pedagógico.

Em síntese, uma pedagogia, como a montessoriana, sob pena de incoerência, não poderia adotar recursos de investigação avaliativa como também não poderia fazer uso dos seus resultados de modo semelhnate aos comumente praticados em nossas escola, sob a ótica exclusiva da aprovação/reprovação.

O modo proposto para processar a avaliação da aprendizagem na Pedagogia formulada por Maria Montessori é adequado à sua compreensão do processo educativo e, por isso, diferente da prática pedagógica comum, presente em nossas escolas, que usa os procedimentos avalativos quase que de modo exclusivo para os atos de aprovar/reprovar.

Em Montessori e nas escolas que adotaram e adotam plenamente sua proposta pedagógica desapareceram os exames e, com eles, o uso classificatório dos resultados obtidos pela investigação da qualidade da aprendizagem dos estudantes.

Com as delimitações pedagógicas anteriormente expostas, a avaliação da aprendizagem no contexto montessoriano não pode ser um recurso de administração do poder por parte do educador em sala de aula tendo em vista controlar as atividades dos estudantes. Ela é – e será – um recurso que subsidia o educador a auxiliá-los no seu crescimento o mais livre possível.

Montessori, do ponto de vista pedagógico, trouxe contribuições fundamentais à compreensão e ao processo da prática educativa em geral, e, em específico, para a prática pedagógica com crianças, sinalizando sendas significativas para a avaliação da aprendizagem compatíveis com um trabalho educativo construtivo, possibilitando ao educando/a condições de independência, autonomia e reciprocidade.

PARTE B – AVALIAÇÃO DA APRENDIZAGEM NAS PEDAGOGIAS DA ESCOLA NOVA

CAPÍTULO 5

AVALIAÇÃO DA APRENDIZAGEM ESCOLAR NA PEDAGOGIA DE JOHN DEWEY

Conteúdo do capítulo – 1. John Dewey e sua proposta pedagógica, p. 227; **2.** Avaliação da aprendizagem escolar em John Dewey, p. 231; **2.1.** Crítica às provas e aos exames como práticas escolares comuns, p. 231; **2.2.** A lição em três tempos e avaliação da aprendizagem, p. 233; **2.3.** Sobre a prova como recurso de investigação da qualidade da aprendizagem, p. 238; **2.4.** Da necessidade de se justificar a resposta no espaço de uma arguição, p. 240; **2.5.** A função da avaliação, p. 241; **3.** Concepção pedagógica, direção do ensino e avaliação em John Dewey, p. 242; **3.1.** Concepção pedagógica de John Dewey, p. 242; **3.1.1.** Proposta pedagógica no seio do movimento das Escolas Novas, p. 242; **3.1.2.** Educação e sociedade, p. 245; **3.1.3.** A experiência como conteúdo da instrução, p. 246; **a)** A experiência como principal recurso educativo, p. 246; **b)** Critérios para a escolha das experiências educativas, p. 247; **c)** Passado, presente e futuro na escolha de experiências educativas, p. 248; **3.2.** Liberdade e controle no processo educativo, p. 250; **3.2.1.** O professor e o controle do estudante na prática educativa, p. 250;

LIVRO I – AVALIAÇÃO DA APRENDIZAGEM ESCOLAR: DO PASSADO PARA O PRESENTE

3.2.2. A questão da liberdade, p. 252; **3.3.** O professor e a relação professor-estudante, p. 254; **3.4.** Recursos metodológicos para o ensino, p. 258; **3.4.1.** Método científico como melhor parâmetro para a prática pedagógica, p. 258; **3.4.2.** Os cinco passos no ato de ensinar, p. 260; **3.4.3.** Fontes de conteúdos para a aprendizagem significativa, p. 263; **3.4.4.** Da necessidade do interesse na aprendizagem, p. 264; **3.4.5.** Concluindo sobre a proposta pedagógica de John Dewey, p. 265; **4.** Avaliação da aprendizagem e concepção pedagógica em Dewey, p. 266.

PARTE B – AVALIAÇÃO DA APRENDIZAGEM NAS PEDAGOGIAS DA ESCOLA NOVA

1. John Dewey e sua proposta pedagógica

John Dewey foi um pedagogo norte-americano dos fins do século XIX e primeira metade do século XX, nascido em 1859 e falecido em 1952. Dedicou-se às questões da educação desde muito cedo em sua vida, porém, a oportunidade mais significativa ocorreu em 1894, quando fora convidado para ensinar a cadeira de Filosofia e de Psicologia, na Universidade de Chicago.

Sobre esse convite e sua aceitação, John Brubacher, em um capítulo do livro *Grandes Pedagogistas*, ao abordar o personagem John Dewey, expôs que a razão que o fez aceitar o cargo foi o fato de que, nos conteúdos tratados nessa cadeira de ensino universitário, estava incluída a Pedagogia ao lado da Filosofia e da Psicologia, acrescentando que:

> Nessa época, já havia Dewey chegado à convicção de que os métodos das escolas elementares não estavam de acordo com as melhores concepções psicológicas da hora. Por isso, esperava impacientemente uma ocasião para realizar uma escola experimental inspirada em teorias psicológicas melhores, combinadas com os princípios morais básicos das atividades cooperativas na escola. Em seguida, com o auxílio de pais interessados no empreendimento, e sob a égide de sua secção universitária, chegou a criar sua célebre escola-laboratório, chamada comumente de "Escola Dewey"[336].

Em 1896 – dois anos após seu ingresso na Universidade de Chicago na função de professor –, deu-se, segundo seu desejo, a criação do Laboratório de Pedagogia na Secção de Filosofia e Psicologia, assemelhado a todos os outros laboratórios existentes na instituição, com a finalidade de ser um local para se estudar *cientificamente* a prática pedagógica. Dewey pretendia garantir à pedagogia um *status* de ciência ao lado das outras ciências no âmbito da Universidade. Na continuidade do depoimento registrado acima, Brubacher afirma que o desejo de Dewey era dar ao Laboratório de Pedagogia o mesmo *status* dos outros existentes na Universidade como, por exemplo, aqueles que tratavam das ciências físicas[337]. Esse laboratório-escola específico sobreviveu até 1904, data em que foi extinto em decorrência de sua decisão de não

---

336 BRUBACHER, John S.. "John Dewey". In CHATEAU, Jéan. *Os Grandes Pedagogistas*, São Paulo, Cia. Editora Nacional, 1978, p. 284.

337 *Idem.*, p. 284.

LIVRO I – AVALIAÇÃO DA APRENDIZAGEM ESCOLAR: DO PASSADO PARA O PRESENTE

acolher a anexação da instituição que criara ao corpo administrativo da Universidade, sob as ordens da qual deveria realizar suas atividades[338].

Dessa data para a frente, Dewey dedicou-se, com exclusividade, ao ensino universitário e às conferências em seu país e em diversas partes do mundo, assim como aos livros que escreveu e publicou. Seus estudos e conferências, ao longo da vida, foram múltiplos e encontram-se publicados em variadas obras.

Para a construção do presente capítulo, tratando da avaliação da aprendizagem segundo sua compreensão pedagógica, nos ateremos de modo especial a três dos seus múltiplos livros:

- o primeiro deles sob o título *Como pensamos: como se relaciona o pensamento reflexivo com o processo educativo: uma reexposição*[339]; obra publicada no ano de 1910, produzida, pois, logo após o fim de sua experiência no Laboratório Pedagógico da Universidade de Chicago, ocorrido no ano de 1904; nesse livro, encontra-se delineada sua proposta para o ensino e aprendizagem satisfatórios;

- em segundo lugar, nos serviremos do livro *Democracia e educação*[340], publicado 1916, no qual o autor discutiu as relações entre educação e sociedade e assumiu sua opção por uma prática educativa a serviço de uma sociedade democrática;

- por último, o livro *Experiência e educação*[341], obra publicada 1938, na qual Dewey aborda questões diretamente ligadas à prática de ensino.

São três obras de épocas diferentes, porém o tratamento teórico dos temas não sofreu revisões essenciais na sequência desses livros. Ao longo do tempo, como seria natural ocorrer, emergiram formulações mais precisas em torno de seus entendimentos e conceitos, mas é possível afirmar que as proposições pedagógicas de Dewey, sob óticas variadas, se fizeram presentes nos três livros acima citados.

---

338   Maria Isabel Moraes Pitombo, na obra *Conhecimento, Valor e Educação em John Dewey*, São Paulo, Liv. Editora Pioneira, 1974, p. 33, esclarece que: "Em 1904, Dewey pediu demissão ao presidente da Universidade de Chicago, pois, sem sua ordem e a dos pais das crianças da Escola-Laboratório, integrou-a à Universidade. A luta pela independência da escola foi infrutífera, mas, daí, surgiu a primeira associação ativa de mestres e pais de alunos. Ella Flagg Young também pediu demissão de sua cadeira de Educação. Conforme seus princípios, [Dewey] não podia suportar interferências das autoridades no trabalho educativo".

339   DEWEY, John. *Como Pensamos*. São Paulo: Companhia Editora Nacional, 1959, 3. edição.

340   DEWEY, John. *Democracia e Educação*. São Paulo: Cia. Editora Nacional, 1959.

341   JDEWEY, John. *Experiência e educação*. São Paulo: Companhia Editora Nacional, 1976, 2ª edição.

PARTE B – AVALIAÇÃO DA APRENDIZAGEM NAS PEDAGOGIAS DA ESCOLA NOVA

Foi um educador que expressou com pujança suas convicções, tendo contribuído significativamente para a pedagogia e para a prática pedagógica no decurso da primeira metade do século XX, em especial no Ocidente. Junto com suas proposições pedagógicas, expressou convicções políticas, com características democráticas e liberais.

À semelhança de Maria Montessori, foi um estudioso da pedagogia que compreendia o poder do ensino-aprendizagem como um recurso educativo ativo, assim como compreendia o significado da pedagogia infantil como um meio científico para o desvendamento dos caminhos adequados à prática pedagógica.

Mario Alighiero Manacorda, autor vinculado ao materialismo dialético, em seu livro *História da educação: da antiguidade aos nossos dias*, demonstrou respeito por Dewey e por suas contribuições para o campo da educação no decurso do século XX. Ao abordar as teorias pedagógicas formuladas nesse século, considerou-o um dos mais significativos pedagogos do mundo liberal-democrata contemporâneo. Referiu-se, então, a Dewey como um importante teórico do movimento denominado *Escola Nova*, afirmando:

> Lembremos [de] alguns pensadores do nosso século que melhor expressam a tomada de consciência da situação maturada e, ao mesmo tempo, contribuem para mudá-la. Eu me refiro, antes de tudo, a um pensador americano, John Dewey, máximo teórico da escola ativa e progressista do *learning by doing*"[342].

Dewey estava sintonizado com os acontecimentos do seu tempo, tendo clareza sobre as múltiplas determinações a serem levadas em consideração nas proposições e encaminhamentos de uma concepção pedagógica compatível com o momento histórico em que vivia. Testemunhando esse posicionamento, encontramos, no Prefácio do livro *Democracia e educação*, obra de 1916, a afirmação de que:

> Como se verá, a filosofia exposta nas páginas deste livro mostra o desenvolvimento democrático em suas relações com o desenvolvimento do método experimental nas ciências, das ideias de evolução nas ciências biológicas e com a reorganização industrial e analisa as mudanças de matéria e método na educação que esses desenvolvimentos determinam[343].

Mediante a "educação pela ação" – educação ativa –, Dewey se opõe e ao mesmo tempo critica as proposições de Johann Herbart da "educação pela instrução", bas-

---

342 MANACORDA, Mario Alighiero. *História da Educação*: da Antiguidade aos nossos dias. São Paulo: Cortez Editora/ Editora Autores Associados, 1989. p. 317.

343 DEWEY, John. *Democracia e Educação*. São Paulo: Cia. Editora Nacional, 1959. Prefácio.

tante vigente à época em que viveu. As proposições da "educação pela instrução", segundo seu ponto de vista, não tinham em conta a natureza ativa essencial do ser humano, meio pelo qual a experiência – em suas múltiplas facetas, tais como operacionais, sociais, políticas – se reconstrói e se reorganiza permanentemente, possibilitando a formação do estudante.

A concepção de Johann Herbart, segundo o entendimento de Dewey[344], propunha de forma adequada o papel do professor na atividade do ensino, porém praticamente obscurecia o lado do estudante. Nesse contexto, segundo seu ver, a compreensão de Herbart a respeito do educador representava o mestre-escola em seus domínios, uma filosofia eloquente sobre o dever do professor de instruir os discípulos, contudo, simultaneamente, uma filosofia quase silenciosa sobre a necessidade de os discípulos aprenderem. Para Dewey, Herbart levava em consideração múltiplos recursos educativos, menos o essencial, pelo qual o ser humano – no caso, o estudante –, se relaciona com o meio ambiente, agindo e aprendendo pela ação.

No contexto dos entendimentos de Dewey, a aprendizagem se desenvolve mediante a ação, que se dá tanto pela atividade manual como pela atividade social. Pela atividade manual, se aprenderia os ofícios úteis, e, pela participação social, se aprenderia a viver em comunidade, de modo democrático. Em consequência dessa compreensão, a escola deveria operar com a vida como ela é; deveria, pois, realizar-se como uma miniatura da sociedade na qual se atua, se aprende e se vive.

Na expressão do autor, a escola necessita ser um lugar onde se "aprende a viver realmente, em vez de ser um lugar onde se aprendem simplesmente lições que tenham uma abstrata e remota referência a alguma vida possível que venha a realizar-se no porvir. Tem, assim, a escola uma possibilidade de ser uma comunidade embrionária, uma sociedade em miniatura"[345].

Em síntese, Dewey elaborou uma teoria pedagógica voltada à formação da criança e do jovem através da vida ativa que se dá na convivência social dentro da escola. A convivência no grupo social escolar, orientada por um educador, deveria ser recurso suficiente para criar as condições à formação do estudante.

Importa lembrar que Dewey tinha um senso claro a respeito da sociedade dividida em classes e mantinha a compreensão de que seria necessário criar condições

---

344 Vale lembrar que John Herbart foi um importante teórico de uma entre as várias propostas pedagógicas categorizadas como Pedagogias Tradicionais.

345 John Dewey, *A escola e a sociedade*, citado por Francisco Larroyo em *História geral da Pedagogia*, p. 725.

PARTE B – AVALIAÇÃO DA APRENDIZAGEM NAS PEDAGOGIAS DA ESCOLA NOVA

para uma aprendizagem satisfatória como um recurso para que essa situação se modificasse. Nesse sentido, a educação deveria estar comprometida com a solução dos magnos problemas que afligiam e afligem a vida social.

2. Avaliação da aprendizagem escolar em John Dewey

2.1. Crítica às provas e aos exames como práticas escolares cotidianas

John Dewey – como Maria Montessori e todos os escolanovistas – esteve interessado em que os estudantes aprendessem, se desenvolvessem e crescessem em liberdade e autonomia. Disso surgiu seu entendimento de que provas e exames não contribuíam para o processo de ensino e de aprendizagem, uma vez que eram compreendidos como instrumentos de classificação para aprovação/reprovação no decurso e no final do ano letivo, e não a serviço da construção das capacidades dos estudantes ao longo do período letivo. Como um escolanovista, estava interessado na aprendizagem e no desenvolvimento dos estudantes que, por si, garantiriam sua promoção na sequência das séries escolares.

Importa ter presente que a expressão "avaliação da aprendizagem", só foi cunhada por Ralph Tyler[346], em 1930; razão pela qual Dewey não se serviu dessa terminologia, ainda que sua compreensão sobre o ato pedagógico por ele denominado de "tomar a lição", como veremos mais à frente, estava comprometido com o entendimento do ato de avaliar como subsidiário de decisões construtivas a favor da aprendizagem satisfatória por parte dos estudantes.

Dewey criticou duramente as práticas presentes no usual processo de provas e exames escolares. Inclusive, rejeitou a divisão do tempo dedicado às atividades escolares em período de ensino e período de provas e exames, como usualmente se praticava – e ainda se pratica – nas escolas. Admitiu, positivamente, a arguição compreendida como uma forma de acompanhamento e reorientação do processo de aprendizagem e consequente desenvolvimento dos estudantes.

A respeito da avaliação da aprendizagem na escola, Dewey criticou insistentemente a conduta tradicional da prática pedagógica que, segundo seu ver, dava mais importância aos resultados exteriores da aprendizagem que ao processo de formação

---

346   Ralph Tyler foi professor na Stanford University, USA; nascido em 22 de abril de 1902 e falecido em 18 de fevereiro de 1994 ;

das capacidades, compreensão expressa de muitos modos e em variados momentos de suas obras, mas especialmente no que se refere à utilização de provas e exames. Sobre a postura pedagógica vigente em seu tempo, afirmou que, comumente, "tanto na instrução como na educação moral, existe a tendência de dar maior importância ao produto do que ao processo mental por que foi conseguido" [347].

Dentro dessa perspectiva, Dewey considerava que a educação tradicional não ajudava na formação das capacidades por parte dos estudantes, uma vez que, a partir de suas proposições e práticas, o professor deveria estar permanentemente exigindo que seus estudantes apresentassem desempenhos compatíveis com os conteúdos ministrados. A respeito disso, abordando aquilo que se observava nas escolas, fez a seguinte afirmação:

> Na instrução, a aspiração de obterem-se resultados exteriores manifesta-se pelo grande valor que se atribui a 'uma resposta certa'. Nada há, provavel-mente, de influência tão funesta para desviar atenção do professor da questão de exercitar a mente do aluno, como o achar-se o seu próprio espírito domi-nado pela ideia de que o principal é conseguir que seus alunos exponham exatamente as lições[348].

Compreendeu ainda, que, enquanto permanecessem os hábitos escolares de uti-lizar provas e exames – segundo a modalidade, então, praticada na escola – como meios para obter resultados imediatos de aprendizagens dos estudantes, a educa-ção não teria possibilidades de realizar-se como instância que os auxiliaria em seu desenvolvimento. Porém, estava ciente, sim, de que a sociedade, por variados meca-nismos, exigia da escola a manutenção desse modelo de conduta. A respeito dessa questão, afirmou que:

---

347 DEWEY, John. *Como pensamos*. 3. ed. São Paulo: Companhia Editora Nacional, 1959. p. 71

348 *Idem.*, p. 73. (N. A.) Para bem compreender essa afirmação, importa ter presente que pela expres-são "expor a lição", Dewey, nessa citação, estava entendendo a "repetição por parte do estudante do conteúdo que havia sido transmitido". Importa ainda observar, nesse contexto, que, tanto da proposta pedagógica jesuítica como da comeniana, o que sobreviveu historicamente em nossas escolas foi a aten-ção aos exames escolares. A prática da Pauta do Professor, da qual tratamos anteriormente, ao abordar a Pedagogia Jesuítica, assim como a orientação de Comênio para que se cuidasse mais da aprendizagem que da promoção, praticamente desapareceram ao longo do tempo, permanecendo o foco nos exames como recursos de promoção nas séries escolares, com seu consequente uso como meio de ameaça e de possíveis castigos, que, agora, Dewey critica. Vale também relembrar que a denominação "Pedagogia Tradicional" foi estabelecida pelos teóricos da Escola Nova com o objetivo de designar as experiências pedagógicas anteriores às suas proposições.

PARTE B – AVALIAÇÃO DA APRENDIZAGEM NAS PEDAGOGIAS DA ESCOLA NOVA

Enquanto esse objetivo tiver a supremacia, a educação do espírito continuará ponto acessório e secundário. Não é difícil compreender por que esteja tão propagado esse ideal. O grande número de alunos, a inclinação dos pais e das autoridades escolares para exigir provas expeditas e tangíveis do progresso escolar conspiram para dar autoridade ao sistema. Este exige dos professores apenas o conhecimento de matérias – não de crianças – e ainda em parcelas definidamente prescritas e expressas, e, por isso mesmo, dominadas com relativa facilidade[349].

E, ainda, concluiu que que essa modalidade de uso das provas e exames conduzia a uma mecanicidade da atividade escolar. Para ele, ocorria um desvio da atividade pedagógica de seu verdadeiro caminho, pois estava centrada em recursos exteriores ao estudante, sujeito genuíno do processo educativo. "Em suma, afirmou ele, obter resultados exteriores é [o] ideal que leva naturalmente à mecanicidade do regime escolar – exames, notas, classificações, promoções e assim por diante"[350]. E então o ensino e a aprendizagem ativos, segundo seu olhar, estariam obscurecidos, seja pelas condutas pedagógicas em geral, seja, em especial, pela prática das provas e dos exames.

2.2. A lição em três tempos e avaliação da aprendizagem

Em um capítulo do livro *Como Pensamos* (1910), denominado "A lição e o treinamento do pensamento", Dewey discutiu de modo sistemático a questão da avaliação da aprendizagem através da prática daquilo que ele denominou de *recitation* (lição). Para que ocorresse a aprendizagem, haveria necessidade da "lição" como uma forma de contato direto entre professor e estudante, e a respeito disso afirmou que:

> [É] durante a lição (...) que o professor entra em mais estreito contato com o aluno. É na lição que se concentram as possibilidades de guiar as atividades das crianças [e dos adolescentes], de nelas [e neles] despertar o desejo de informações, de influir-lhes nos hábitos de linguagem e orientar-lhes as observações[351].

O autor considerou essa prática tão importante que chegou a admitir que o método pelo qual o professor conduzisse a lição seria o critério de verificação da

---

349   *Idem.*, p. 73.

350   *Idem.*, p. 73.

351   *Idem.*, p. 257

LIVRO I – AVALIAÇÃO DA APRENDIZAGEM ESCOLAR: DO PASSADO PARA O PRESENTE

sua qualidade profissional, afirmando que, "em suma, [essa era a] prova decisiva de sua arte de ensinar"[352].

Ao discutir a questão da "tomada da lição", Dewey teceu considerações acerca das falsas ideias sobre essa prática pedagógica, sinalizando que, na escola vigente em sua época e em épocas anteriores, a "tomada da lição" mediante perguntas, usualmente, era denominada de sabatina, fosse ela praticada de forma oral ou escrita[353]. E, a sabatina como forma de verificação da aprendizagem do estudante, no seu ver, assumia uma posição frontalmente negativa, ao enfatizar "a geral predominância, no ensino, da repetição de informação de segunda mão, [ou seja] a geral predominância da decoração para fins de responder certo e em momento oportuno"[354].

Dentro desta perspectiva, no texto que se segue, Dewey continuou a criticar a prática mecânica da repetição dos conteúdos aprendidos, dizendo:

> Não é exagero dizer que, mais vezes do que seria de desejar, o aluno é tratado como se fosse um disco de fonógrafo, no qual se gravasse uma série de palavras a ser[em] literalmente reproduzidas no momento em que a sabatina ou exame comprima a alavanca própria.
>
> Ou, variando a metáfora, a mente é tratada como se fosse um reservatório, ao qual a informação é conduzida por uma série de canos que o enchem mecanicamente, enquanto a sabatina é a bomba que retira, de novo, o material, através de outra série de canos. A habilidade do professor é, neste caso, medida pela sua capacidade de manejar as duas redes de encanamento que fluem para dentro ou para fora[355].

Todavia, o autor também mostrou o lado positivo que poderia ter a "tomada da lição" (arguição), desde que estivesse efetivamente comprometida com o desenvolvimento do pensamento reflexivo. Três seriam as funções necessárias da "tomada da lição", o que implicaria em três cuidados: a) estimular o ardor intelectual; b) guiar os interesses do estudante; c) auxiliar a organizar os conteúdos dos conhecimentos adquiridos.

---

352   *Idem.*, p. 257.

353   Já registramos em capítulos anteriores que a denominação de "sabatina" para as provas escolares tem sua origem nas provas usualmente praticadas aos sábados, tanto na Pedagogia Jesuítica como também na Comeniana.

354   *Idem.*, p. 258.

355   *Idem.*, p. 258. (N.A.) Paragrafação modificada no texto original, tendo em vista explicitar as posições do autor.

PARTE B – AVALIAÇÃO DA APRENDIZAGEM NAS PEDAGOGIAS DA ESCOLA NOVA

A primeira dessas funções, *estimular o ardor intelectual*, segundo esclarecimentos do próprio autor, significava "despertar [no estudante] um desejo intensificado de atividade inteligente e de conhecimento e incrementar o amor pelo estudo – atitudes de caráter essencialmente emocional"[356].

O professor, no contexto desse cuidado, deveria estar atento para estimular o estudante a buscar sempre a compreensão do problema ou do impasse que tinha à sua frente. As respostas mecânicas, por si, embotariam o espírito; mas, por seu turno, as discussões vivas entre professor e estudantes, e entre os próprios estudantes, dariam vida à aprendizagem. Segundo Dewey:

> Assim conduzida, a discussão induzirá o estudante a evocar e [a] reexaminar o que aprendeu em suas experiências pessoais anteriores e o que aprendeu de outros, a fim de descobrir o que se relaciona, positiva ou negativamente, com o assunto do momento.
>
> Embora não se deva permitir que a discussão se degenere em "bate-boca", uma discussão ardorosa mostrará as diferenças intelectuais, os pontos de vista e as interpretações opostas, o que contribuirá para definir a verdadeira natureza do problema.
>
> Nunca se neguem o humor e a simpatia ao aluno que luta com uma ideia cuja apreensão lhe foge[357].

Quanto à segunda função da "tomada de lição", *guiar os interesses do estudante*, o professor deverá orientar os interesses e as afeições do estudante para o estudo "pelos canais que lhe permitam realizar o trabalho intelectual, exatamente como a grande força potencial que precisa ser dirigida para determinado curso, [como no caso da água], a fim de moer o trigo ou converter-se em energia elétrica"[358].

A função do professor, nesse contexto, seria então orientar os estudantes no seu processo de aprendizagem, estimulando-os por meio de perguntas, de discussão e à troca de experiências. A lição deveria, então, ser conduzida de modo que as perguntas não exigissem uma resposta simples, mas que também e ao mesmo tempo estimulassem a discussão e a direção dos estudos. É possível observar, no texto que se segue, a compreensão de Dewey a respeito da lição como um momento de levantar questões para que a aprendizagem se torne dinâmica e se aprofunde:

---

356 *Idem.*, p. 259.

357 *Idem.*, p. 261. (N. A.) Paragrafação modificada em relação ao original.

358 *Idem.*, p. 259.

LIVRO I – AVALIAÇÃO DA APRENDIZAGEM ESCOLAR: DO PASSADO PARA O PRESENTE

Pensar é inquirir, investigar, examinar, provar, sondar, para descobrir alguma coisa nova ou ver o que já é conhecido sob prisma diverso. Enfim, é *perguntar*.

Um aspecto da sabatina tradicional firmemente estabelecido é a arguição do professor. Mas quase sempre os professores fazem perguntas apenas para obter respostas, não para *levantar* uma questão a ser discutida em comum por professor e estudantes.

O fato é que é completamente perniciosa a separação usualmente feita entre um período preparatório de "estudo", durante o qual os alunos memorizam as suas lições, e um período da lição [arguição], em que exibem os resultados do seu estudo prévio.

Os estudantes precisam de direção em seus estudos. Por isso, alguns dos chamados períodos de "recitação" [tomada de lição] deveriam consagrar-se ao estudo dirigido para que o professor saiba das dificuldades que encontram os estudantes, dos métodos que empregam, para que indique e sugira, para que ajude o estudante a reconhecer algum mau hábito que o esteja atrasando.

Todos os períodos deveriam constituir uma continuação do período de estudo, prosseguindo o já feito e conduzindo a novo estudo independente[359].

Dentro dessa perspectiva, guiar o estudo pela arte de arguir na "tomada da lição", segundo o autor, exigiria alguns cuidados para que ela possa servir de direção à aprendizagem dos estudantes. Nesse contexto:

- *primeiramente,* com referência ao material já aprendido, as perguntas deveriam levar o estudante, não a reproduzi-lo literal e diretamente, mas a fazer uso dele no contato com o novo problema. (...);

- *em segundo lugar,* cumpre que as perguntas dirijam o espírito do estudante mais para a matéria [conteúdo] do que para o objetivo do professor. Esse princípio é violado toda vez que o objetivo principal da arguição seja conseguir a resposta certa. A arguição tende a tornar-se, aí, um concurso de adivinhação em torno da intenção real do professor;

- *em terceiro lugar,* as perguntas devem ser tais que assegurem o desenvolvimento da matéria. Isto é, devem ser fatores de uma discussão contínua, não feitas como se cada uma fosse completa em si mesma, encerrando determinado assunto, desde que respondida, e permitindo a consideração de outro tópico. (...);

---

359 *Idem.,* p. 262. (N. A.) Os parágrafos foram introduzidos no texto original de Dewey. Os itálicos são de responsabilidade de Dewey.

PARTE B – AVALIAÇÃO DA APRENDIZAGEM NAS PEDAGOGIAS DA ESCOLA NOVA

– *em quarto lugar*, as perguntas devem, periodicamente, suscitar uma vistoria, uma revisão da matéria anterior, a fim de extrair-lhe a significação líquida, colher e conservar o que tem importância nas discussões passadas, realçando-o dentre as soluções laterais, as observações de tentativa e exploração. (...);

– *em quinto e último lugar*, ao mesmo tempo que cada arguição deve encerrar-se por uma plena consciência do que foi feito e aprendido, é mister igualmente que a mente dos alunos se mantenha em *qui vive*, na expectativa de alguma iminente, algum problema ainda em suspenso, tal como em história ou drama bem arquitetado, cada parte deixa o espírito em atitude de espreita, pronto a retomar o fio. (...)

– [*concluindo*.] A maneira de estimular, de despertar o espírito para a atividade em dado caso particular, é obter que cada arguição deixe uma vontade de seguir avante, como lastro de discussões posteriores[360].

A terceira e última função da "tomada de lição", apontada por Dewey, seria *"auxiliar o estudante a organizar a matéria adquirida,* a fim de verificar sua qualidade e quantidade, e verificar especialmente as atitudes e hábitos existentes, com o intuito de assegurar sua maior eficiência no futuro"[361]. A "tomada de lição" deveria, pois, possibilitar, de um lado, descobrir o que foi adquirido e, de outro, utilizar essa situação como uma oportunidade de melhor organização dos fatos e de suas respectivas compreensões. "Verificar", aqui, significa avaliar, ação que *não* deveria estar centrada em provas, exames, promoções ou reprovações, mas sim no processo pelo qual o estudante aprenderia e se desenvolveria; é a isso que o professor deveria estar atento, no ver do autor.

Desse modo, a avaliação só faria sentido à medida que subsidiasse decisões a favor da aprendizagem do estudante, levando-se em conta a matéria em estudo e a capacidade de aplicação do conteúdo aprendido, fatores que viabilizariam seu assentamento e ampliação, além do aperfeiçoamento dos hábitos e qualidades na atividade de aprender.

A respeito dessa terceira função da lição – *auxiliar o estudante a organizar a matéria adquirida* –, Dewey assim se expressou:

---

360   *Idem.*, p. 262-264.

361   *Idem.*, p. 259. (N. A.) – Grifos em itálico do próprio John Dewey.

LIVRO I – AVALIAÇÃO DA APRENDIZAGEM ESCOLAR: DO PASSADO PARA O PRESENTE

Não resta muito a dizer acerca da verificação, a terceira função da prova[362] ou, melhor se diria, sua constante função. É erro supor que a necessidade da verificação seja apenas preenchida pelas provas da capacidade de reproduzir o assunto confiado à memória. Tal objetivo, como há pouco vimos, é incidental.

O que importa é verificar: a) o progresso na compreensão da matéria; b) a capacidade de usar o aprendido como instrumento de ulterior estudo e aprendizagem; c) a melhoria dos hábitos e atitudes gerais, que são o substrato do pensamento: curiosidade, ordem, aptidão para rever, para resumir, para definir, franqueza e honestidade de espírito, e outros[363].

A avaliação, para Dewey, deveria ser praticada ao mesmo tempo em que se ensina. Afinal, enquanto se ensina, se faria uso dos resultados da investigação avaliativa tendo em vista subsidiar novas e sucessivas decisões relativas aos atos de ensinar e aprender.

2.3. Sobre a prova como recurso de investigação da qualidade da aprendizagem

A prova, no contexto das obras de Dewey, foi compreendida como recurso de coleta de dados sobre o desempenho do estudante em sua aprendizagem e não como recurso de aprovação/reprovação, uso comum na escolaridade. Quanto ao uso desse recurso, do ponto de vista do autor, seria de todo importante que os estudantes estivessem preparados para essa prática. E, por preparação, compreendia que, mediante os atos de ensino, o interesse de todos os estudantes tivessse sido despertado em relação aos conteúdos abordados; postura diversa da apropriação de súmulas de conhecimentos através da memorização, como usualmente era exigido na prática escolar.

A preparação para as provas deveria se caracterizar, antes de tudo, pelo despertar do interesse dos estudantes pelos assuntos e temas que deveriam ser estudados e aprendidos, de tal forma que *efetivamente* pudessem ser aprendidos. A respeito disso, as expressões de Dewey foram:

> A melhor, ou antes, a única preparação necessária [por parte dos estudantes] é que se tenha despertado [seu] interesse pela percepção de algo que precisa ser explicado, algo que seja imprevisto, perturbador, peculiar.

---

362   A denominação "avaliação da aprendizagem" só veio a ser cunhada por Ralph Tyler, em 1930, razão pela qual Dewey não fez uso dessa expressão. Ela não fazia parte do vocabulário pedagógico durante sua vida.

363   *Idem.*, p. 264.

PARTE B – AVALIAÇÃO DA APRENDIZAGEM NAS PEDAGOGIAS DA ESCOLA NOVA

Quando se apossa do espírito um sentimento de legítima perplexidade (não importa como tenha surgido tal sentimento), torna-o vigilante, indagador, porque é de dentro que o estimula.

Uma pergunta sacode, esporeia a mente, forçando-a a ir onde pode, melhor do que o fariam os mais engenhosos artifícios pedagógicos, se desacompanhados desse ardor intelectual.[364]

Quanto ao papel do professor no processo da prova – compreendida por Dewey como arguição –, ele não deveria ser o centro em todas as atividades, mas também não deveria ser um ausente absoluto. O professor deve ser uma presença junto aos estudantes, porém não a figura central. Sobre isso, disse:

Se um genuíno espírito de comunidade invade o grupo, se a atmosfera é de livre comunicação, uma troca de experiências e sugestões em desenvolvimento, é absurdo privar o professor do privilégio e responsabilidade da participação, plenamente garantidos aos jovens.

Advirta-se unicamente que não é lícito ao professor antecipar as contribuições dos alunos; apenas deverá intervir especialmente nos momentos críticos em que [a] experiência (...) [dos estudantes] seja muito limitada para fornecer a exata matéria exigida[365].

Essa proposta de garantir aos estudantes a livre discussão de assuntos com base em questões formuladas com o objetivo de verificar a aprendizagem, segundo Dewey, seria uma excelente oportunidade de treinamento para a vida democrática na sociedade em geral.

No caso, na vida social, em consequência dessa prática escolar, os estudantes saberiam servir-se tanto da palavra quando da capacidade de ouvir, para que, conjuntamente, se chegasse às decisões necessárias. Assim, a utilização de uma arguição que conduzisse a discussões grupais serviria tanto para verificar a aprendizagem como, simultaneamente, para propiciar aos estudantes as condições de aprendizagem dos conteúdos ensinados, como também para provocar o treinamento e o exercício de relações interpessoais, visando à vida social.

A prática da arguição, como preconizada por Dewey, tinha por objetivo diretamente a aprendizagem dos conteúdos e, indiretamente, o treinamento para a vida social e política do cidadão.

---

364   *Idem.*, p. 265. (N. A.) A divisão do texto em parágrafos foi introduzida para esta citação.

365   *Idem.*, p. 266. (N. A.) A divisão da citação em parágrafos não pertence ao texto original.

2.4. Da necessidade de se justificar a resposta no espaço de uma arguição

Na arguição, para Dewey, seria importante que os estudantes adquirissem o hábito de justificar suas considerações. As afirmações, por si, não poderiam ser gratuitas. Os estudantes deveriam, nesse caso, aprender a validade da argumentação, assim como daquilo que viessem a afirmar. Essa consciência, no ver do autor, era fundamental para a formação de um hábito de raciocinar com lógica, como também com correção ética e social.

Para evitar que a *lição* perdesse seu objetivo e se degenerasse em palavreado, um dos mais importantes cuidados por parte do professor seria estimular os estudantes a justificar de modo consistente suas afirmações. Deveria, então, ser-lhes oferecido suporte para que adquirissem a responsabilidade de elaborar mentalmente cada conceito, a fim de esclarecer seu significado e sua influência sobre o objeto em estudo. Se o estudante, em uma arguição, não aprendesse a ser responsável pela defesa da opinião pessoal a respeito do conteúdo abordado, o valor prático da lição seria perdido no que se refere ao exercício do raciocínio[366].

Para que a arguição pudesse cumprir de modo satisfatório o seu objetivo, no ver de Dewey, seria de todo importante que o professor oferecesse aos estudantes um único ponto central de reflexão, uma vez que a dispersão da atenção por diversos objetos impossibilitaria que estivessem atentos a um assunto sobre o qual aprofundariam sua compreensão.

Entendia que a *generalização* – como um procedimento importante no pensamento reflexivo – não seria obtida ao se operar com múltiplos objetos ao mesmo tempo, porém, sim, mediante uma operação aprofundada com um objeto específico, identificando nele o que haveria de generalizável. Daí a necessidade de centrar a atenção do estudante em um único assunto por vez, de tal forma que pudesse dele se apropriar.

A atitude mecânica no ensino, na aprendizagem e na avaliação, por si, conduziria a uma preocupação exacerbada com os resultados exteriores. Essa postura só poderia ser superada por uma conduta docente que estivesse atenta aos processos de construção das habilidades dos estudantes, o que implicaria em não centrar o exercício da prática educativa na verificação imediata de pequenos desempenhos como condição de aprovação e consequente promoção na vida escolar. Nesse contexto, a conduta adequada do educador seria estar atento ao efetivo processo de formação do estudante. Os resultados positivos da aprendizagem decorreriam dessa prática.

---

366   *Idem.*, p. 267.

PARTE B – AVALIAÇÃO DA APRENDIZAGEM NAS PEDAGOGIAS DA ESCOLA NOVA

2.5. A função da avaliação

A avaliação – verificação, na linguagem e na visão de Dewey – tinha a função de subsidiar decisões para a construção da aprendizagem, cujo objetivo, em primeiro lugar, era o desenvolvimento do estudante. Aliás, tanto de um ponto de vista pedagógico como de um ponto de vista político-democrático, o que importava para o autor era a aprendizagem, tendo como consequência o desenvolvimento *por parte de todos os estudantes.*

Em síntese, podemos dizer que o autor entendia a avaliação da aprendizagem como um instrumento subsidiário do processo de ensinar e aprender, mediante as funções de estimular o ardor intelectual, guiar os interesses e as afeições do estudante para a aprendizagem e, por fim, auxiliar a organização dos conteúdos e habilidades adquiridos. Na sua visão, a usual prática de provas e exames, no ambiente escolar, centrada de modo predominante na ideia de promoção do estudante entre as séries escolares, não garantiria suporte ao seu desenvolvimento.

Dewey tinha uma compreensão construtiva da avaliação da aprendizagem e do uso dos seus resultados. Ele percebeu que seu papel prático era subsidiar a construção do pensamento reflexivo e a formação do estudante.

A compreensão formulada por Dewey a respeito dos atos avaliativos se manifesta coerente com sua proposta pedagógica. Centrou sua atenção na aprendizagem do estudante, de tal forma que este pudesse adquirir um modo reflexivo de pensar cientificamente a respeito da realidade. Em função disso, a prática avaliativa – presente na "tomada da lição" – tinha a função de subsidiar os diagnósticos, assim como subsidiar as decisões construtivas das capacidades cognitivas e afetivas dos estudantes; daí decorrendo sua proposição de que, na prática escolar, não deveria haver um período para o ensino e aprendizagem e outro para as provas e os exames. A avaliação ocorreria no decurso dos processos de ensinar e aprender, subsidiando o próprio encaminhamento do ensino e da aprendizagem.

Em síntese, podemos concluir que a avaliação da aprendizagem através do ato de "tomar a lição", para Dewey, era uma oportunidade não propriamente de verificação dos conteúdos aprendidos, mas também isso – e mais que isso – uma oportunidade de construção ativa do modo de ser e de agir do estudante.

Assim sendo, o entendimento da prática da avaliação da aprendizagem escolar em Dewey retira a possibilidade do professor, do Sistema de Ensino e da sociedade utilizar essa prática pedagógica como um meio de administração do poder, via os atos pedagógicos.

Articulado com essa concepção, o professor criaria as condições para que a avaliação viesse a ser uma oportunidade para aprender a vida democrática e construtiva por parte do estudante. A avaliação teria, então, por função subsidiar suas decisões pedagógicas na perspectiva de poder auxiliar os estudantes em seu autoconhecimento e em suas decisões. Desse modo, do ponto de vista do professor, a avaliação subsidiaria suas decisões em busca dos resultados satisfatórios relativos aos seus atos de ensinar e, do ponto de vista dos estudantes, os resultados da prática avaliativa lhes subsidiaria tomar decisões a respeito de sua aprendizagem e de sua consequente formação.

3. Concepção pedagógica, direção do ensino e avaliação em John Dewey

Para bem compreender o significado teórico-prático da avaliação na proposta de Dewey mediante a "tomada de lição", importa verificar como esse entendimento estava comprometido com sua proposta pedagógica, que se encontra configurada a seguir, uma visão construtiva, segundo a qual interessa ao gestor da ação investir na busca dos resultados desejados.

3.1. Concepção Pedagógica de John Dewey

3.1.1. Proposta pedagógica no seio do movimento das Escolas Novas

Iniciemos pelas compreensões de John Dewey a respeito do significado da prática educativa. Seu entendimento pedagógico, como também sua proposta para a prática educativa, partiram de uma crítica à concepção e às práticas vigentes no ensino escolar no período histórico em que viveu, que foram adjetivadas de tradicionais, tanto por ele como por outros que receberam a qualificação de "escolanovistas"[367].

As principais críticas de Dewey às propostas pedagógicas anteriores e ainda vigentes no período em que vivia foram as seguintes:

- O esquema tradicional é, em essência, esquema de imposição de cima para baixo e de fora para dentro. Impõe padrões, matérias de estudo e métodos de adultos sobre os que estão ainda crescendo lentamente para a maturidade;

---

367 Acreditamos que a crítica de Dewey, como também de Maria Montessori, assim como de outros filiados ao movimento da Escola Nova, no que se refere à "Pedagogia Tradicional", tem a ver com a prática educativa escolar que, ao longo do tempo, tornou-se formalista e comprometida com o modelo da sociedade capitalista, que, em seu modo de ser, é excludente.

PARTE B – AVALIAÇÃO DA APRENDIZAGEM NAS PEDAGOGIAS DA ESCOLA NOVA

- A distância entre os que se impõem e os que sofrem a imposição é tão grande, que as matérias exigidas, os métodos de aprender e de comportamento são algo de estranho para a capacidade do jovem em sua idade. Estão além do alcance da experiência que então possui. Por conseguinte, há de impô-las. E isto é o que se dá, mesmo quando bons professores façam uso de artifícios para mascarar a imposição e deste modo diminuir-lhe os aspectos obviamente brutais;

- Mesmo nesses casos [onde os professores amaciam a situação com artifícios], o abismo entre o saber amadurecido e acabado do adulto e a experiência e a capacidade do jovem é tão amplo, que a própria situação criada impede qualquer participação mais ativa dos alunos no desenvolvimento do que é ensinado. A eles cabe lidar e aprender, como a missão dos seiscentos foi a de lutar e morrer. Aprender [no caso] significa adquirir o que já está incorporado aos livros e à mente dos mais velhos;

- Considere-se ainda o que se ensina como essencialmente estático. Ensina-se um produto acabado, sem (...) atenção quanto aos modos e meios porque originalmente assim se fez, nem também quanto às mudanças que seguramente irá sofrer no futuro. Trata-se de produto cultural de sociedades que supunham o futuro em tudo semelhante ao passado e que passa a ser usado como o alimento educativo de uma sociedade em que a regra, e não a exceção, é mudar[368].

Ciente de que a crítica às proposições existentes era insuficiente para buscar mudanças, Dewey expressou, de modo positivo, como compreendia, pessoalmente, as características filosóficas da Escola Nova, da qual era um arauto e, consequentemente, um dos seus propositores. Para tanto, serviu-se de procedimentos comparativos entre as posturas pedagógicas presentes no momento em que vivia e as novas proposições que ele e outros educadores estavam formulando. Nesse contexto, definiu ele:

> À imposição de cima para baixo, opõe-se a expressão e o cultivo da individualidade; à disciplina externa, opõe-se a atividade livre; a aprender por livros e professores, [opõe-se] aprender por experiência; à aquisição por exercícios e treino de habilidades e técnicas isoladas, [opõe-se] a sua aquisição como meio para atingir fins que respondem a apelos diretos e vitais do aluno; à

---

368 DEWEY, John. *Experiência e educação*. São Paulo: Companhia Editora Nacional. 1976, 2. ed. p. 5-6.

LIVRO I – AVALIAÇÃO DA APRENDIZAGEM ESCOLAR: DO PASSADO PARA O PRESENTE

preparação para um futuro mais ou menos remoto, opõe-se aproveitar-se ao máximo das oportunidades do presente; a[os] fins e conhecimentos estáticos, opõe-se a tomada de contato com um mundo em mudança[369].

No entanto, mediante um autojulgamento, o próprio Dewey considerou que seu objetivo não era estar a favor de uma ou outra modalidade de prática educativa. Pretendia, sim, estar em busca de uma forma de proceder a prática pedagógica junto às crianças e aos jovens que fosse ativa, diversa da anterior, segundo seu entendimento. A respeito dessa questão, no final do livro *Experiência e educação*, obra publicada em 1938, ele registrou:

> Usei frequentemente em meu texto, os termos educação "nova" e "progressiva". Não desejo, entretanto, concluir sem registrar minha firme crença de que a questão fundamental não é de educação velha *versus* educação nova, nem de educação progressiva *versus* educação tradicional, mas de alguma cousa – seja qual for – que mereça o nome de educação. Não sou, espero e creio, a favor de quaisquer fins ou quaisquer métodos simplesmente porque se lhes deu o nome de progressivo.
>
> A questão básica, repito, prende-se à natureza de educação sem qualquer adjetivo qualificativo. Aquilo porque ansiamos e o de que precisamos é educação pura e simples. Faremos progresso mais seguro e mais rápido se nos devotarmos a buscar o que seja educação e quais as condições a satisfazer para que seja ela uma realidade e não um nome ou uma etiqueta[370].

Porém, ainda que Dewey tenha deixado explícito que não estava fazendo a defesa da Escola Nova, vale sinalizar que as características de sua proposição pedagógica se configuraram no universo dessa teoria pedagógica. Suas abordagens relativas à fenomenologia das práticas educativas vigentes em seu tempo se assentaram em comparações entre aquilo que ele denominava de "Pedagogia Tradicional" e a configuração de sua proposta denominada, segundo suas expressões, de "Educação Nova" ou "Educação Progressiva". Afinal, sua Proposta Pedagógica se instituiu no contexto teórico e histórico do escolanovismo.

---

369   *Idem.*, p. 7.

370   *Idem.*, p. 97. (N. A.) Paragrafação introduzida no texto do autor para facilitar sua assimilação.

3.1.2. Educação e sociedade

Do ponto devista social e político, Dewey pretendia colocar a educação a serviço de uma sociedade democrática, em que houvesse respeito à liberdade individual, à decência e à amabilidade; em que houvesse o diálogo, possibilitando que as decisões fossem tomadas a partir do consenso.

Nessa perspectiva, acreditava ele que os métodos da Escola Nova propiciariam aos estudantes uma vivência democrática entre si, garantindo uma aprendizagem e uma preparação para a vida democrática adulta. Considerava que os métodos do movimento progressivista [escolanovista] para educação escolar eram mais compatíveis com a democracia que os métodos denominados tradicionais. Em suas palavras:

> Creio que se pode admitir, com segurança, que uma das razões que recomendaram o movimento progressivo foi o de parecer mais de acordo com o ideal democrático de nosso povo do que os métodos da escola tradicional, que tem muito de autocrático. Também contribuem para a sua recepção favorável o fato de serem mais humanos os seus métodos em comparação com as severidades e durezas tão frequentes dos métodos tradicionais[371].

Acreditava, ainda, que a razão fundamental pela qual se vinha aceitando, com facilidade e amplitude, os procedimentos educacionais do movimento "progressivo [escolanovista]" decorria do fato destes serem mais compatíveis com os anseios e com as experiências democráticas e humanizantes da sociedade na qual vivia[372].

---

371 John Dewey, *Experiência e educação* (1938), São Paulo, Cia. Editora Nacional, 1976, 2ª edição, p. 24.

372 *Idem.*, p. 24-25, páginas nas quais Dewey formulou questões, às quais ele mesmo respondeu a respeito da prática pedagógica vigente e com a qual convivia : "Seria possível achar-se qualquer razão que não fosse, em última análise, reduzir-se à crença de que o arranjo social democrático promove melhor qualidade de experiência humana, experiências mais largamente acessíveis e mais capazes de satisfazer amplos anseios humanos do que as formas não democráticas e antidemocráticas da vida social? O princípio de respeito à liberdade individual e à decência e amabilidade das relações humanas não resulta afinal da convicção de que tais cousas decorrem de qualidade mais alta de experiência por parte de número maior de pessoas, qualidade que falta aos métodos de repressão, coerção ou força? A razão de nossa preferência não é [por] acreditarmos que a consulta mútua e as convicções alcançadas pela persuasão tornam possível, em larga escala, melhor qualidade de experiência do que a que se pode obter por qualquer outro método? *Se a resposta a tais questões é afirmativa (...), a razão última da aceitação do movimento progressivo, devido aos seus fundamentos humanos e democráticos, está no fato de se haver feito uma discriminação entre valores inerentes a diferentes espécies de experiência".* (N. A.) Grifo acrescentado à citação.

LIVRO I – AVALIAÇÃO DA APRENDIZAGEM ESCOLAR: DO PASSADO PARA O PRESENTE

Para que a educação pudesse cumprir o seu papel no processo democrático, Dewey trabalhou, ao longo do tempo, constituindo uma nova proposta pedagógica que superasse os métodos vigentes no momento em que vivia e desse uma direção mais humana e democrática às práticas pedagógicas a serviço da formação das novas gerações.

Importava para o autor a construção de um modo adequado de ser e de agir, tanto para não cair nos erros do passado como para não chegar ao negativismo, perspectivas, que, por si, nada construiriam. Pretendia que se encontrasse o meio pelo qual não se jogasse na lata do lixo da história as qualidades significativas da educação denominada tradicional, como, ao mesmo tempo, pretendia que se construísse uma nova e significativa forma de proceder a educação. Seu desejo era ultrapassar as práticas pedagógicas defasadas segundo seu julgamento e, simultaneamente, integrar aquelas que ainda fizessem sentido para o presente.

Em suas proposições estava em jogo o ser humano, tomado como natureza que traz dentro de si forças inatas que se destinam ao desenvolvimento. Para tanto, propunha a ação como meio educativo, realizada segundo princípios do método científico.

3.1.3. A experiência como conteúdo da instrução

a) A experiência como principal recurso educativo

Na concepção de Dewey, a experiência subsidia a construção de uma nova e consistente perspectiva para o ensino[373]. Contudo, para bem compreender essa proposição, importa ter presente sua compreensão da experiência como recurso significativo para a prática educativa. No decurso de seu período de vida, a escola, no seu ver, colocava os estudantes diante de experiências nem sempre educativas, uma vez que eram experiências relatadas – não vivenciais – e formalistas, impostas de fora.

Para que a experiência fosse educativa, em conformidade com suas compreensões, importava atender às necessidades da instrução, com características que garantissem consequências positivas para o desenvolvimento do estudante. Segundo sua expressão, experiências que influíssem "frutífera e criadoramente nas experiências subsequentes" dos estudantes[374].

O encaminhamento de uma educação baseada na experiência, para ser consistente, exigia decisões na escolha das melhores e mais significativas atividades para uma prática de formação que possibilitasse aos estudantes a posse de suas qualidades pessoais, assim como autonomia e convivência com seus pares. Uma educação

---

373   *Idem.*, p. 11.

374   *Idem.*, p. 17.

PARTE B – AVALIAÇÃO DA APRENDIZAGEM NAS PEDAGOGIAS DA ESCOLA NOVA

baseada na experiência não implicaria, por si, que fosse encaminhada de forma espontânea. Ao contrário, para o ensino, segundo seu ver, era de fundamental importância um *plano* de ação pedagógica, em que estivessem definidas atividades construtivas para formação do estudante, seja como indivíduo, seja como cidadão. Afinal, um trabalho sem plano, no ver do autor, não teria direção.

b) Critérios para a escolha das experiências educativas

Para Dewey, tendo em vista a constituição de um plano para a prática do ensino, dois eram os critérios que permitiriam selecionar experiências educativas: o critério da *continuidade* e o critério da *interação*.

Em primeiro lugar, as experiências educativas que possibilitam a *continuidade* seriam aquelas que, ao serem praticadas, desenvolveriam capacidades que teriam consequências em momentos subsequentes da vida do estudante, possibilitando a ampliação e o aprofundamento de sua conduta. Experiências que possibilitariam oportunidades de crescimento[375], uma vez que este se dá pelo processo de experiências sucessivas, em que as anteriores servem de base às posteriores[376]. Na expressão do próprio autor: "Em certo sentido, toda experiência deveria contribuir para o preparo da pessoa em experiências posteriores de qualidade mais ampla e profunda. Este é o próprio sentido de crescimento, continuidade, reconstrução da experiência"[377].

Experiências que subsidiariam experiências posteriores não significavam, por si, que preparariam a criança ou o jovem exclusivamente para o futuro. Elas deveriam ser experiências do presente que subsidiariam o presente, ao tempo que ofereceriam base para a ampliação e aprofundamento de condutas, com repercussão em experiências posteriores. Segundo Dewey, viver *plenamente as experiências do presente* é base para experiências posteriores. Não seria o caso do olhar voltado exclusivamente para o futuro. Viver bem o presente é, no ver do autor, o meio para se preparar para viver bem o futuro. Nos termos do próprio autor:

> Vivemos sempre no tempo em que estamos e não em um outro tempo, e só quando extrairmos em cada ocasião, de cada presente experiência, todo o seu sentido, é que nos preparamos para fazer o mesmo no futuro. Esta é a única preparação que, ao longo da vida, realmente conta[378].

---

375 John Dewey em *Experiência e educação*, p. 27: "Crescimento, ou crescendo, no sentido de desenvolvendo, não apenas física, mas intelectual e moralmente, é um exemplo do princípio de continuidade".

376 *Idem.*, p. 26.

377 *Idem.*, p. 41.

378 *Idem.*, p. 44.

LIVRO I – AVALIAÇÃO DA APRENDIZAGEM ESCOLAR: DO PASSADO PARA O PRESENTE

Então, para selecionar experiências educativas, havia necessidade de integrar os dois fatores fundamentais da conduta humana: *condições objetivas* e *condições subjetivas*. Por condições objetivas, Dewey compreendia o ambiente exterior necessário para o processamento da experiência e, por condições subjetivas, compreendia o interesse e o movimento afetivo do sujeito em relação às condições exteriores. A exacerbação de qualquer um desses elementos – objetivos e subjetivos – significaria uma distorção na experiência plenamente educativa. A respeito dessa compreensão, registrou que:

> O erro da educação tradicional não estava na ênfase que dava às condições externas, que entram no controle da experiência, mas na quase nenhuma atenção aos fatores internos que também decidem quanto à espécie de experiência que se tem. Violava, assim, por um lado, o princípio de interação. Tal violação não é, contudo, motivo para que a nova educação o viole por outro lado – a não ser na base da filosofia dos extremos, do *isto ou aquilo*[379].

Para Dewey, o segundo fator fundamental para selecionar experiências educativas é a *interação*. A continuidade garante a sucessão das experiências, sendo que as anteriores servem de base para a apropriação das subsequentes; já a interação, por sua vez, garante a articulação entre mundo subjetivo e objetivo. Então, continuidade e interação devem estar entrelaçadas no processo de seleção e da vivência de experiências educativas.

A *continuidade* é diacrônica e a *interação* é sincrônica, à medida que a primeira permite selecionar experiências que se encadeiam num processo de crescimento, aprofundamento e ampliação da conduta, e a segunda, no que se refere a essas mesmas experiências, processa a articulação entre o mundo interior do sujeito e o ambiente no qual vive e atua.

Tanto *continuidade* quanto *interação* necessitam estar presentes na escolha que os educadores devem fazer quanto aos procedimentos de seleção de experiências efetivamente educativas.

c) Passado, presente e futuro na escolha de experiências educativas

No contexto dos entendimentos de Dewey, expostos anteriormente, a experiência, para servir de mediadora da aprendizagem na formação do estudante, necessita caracterizar-se como experiência *no presente*, mediando um elo entre o passado e

---

379   *Idem.*, p. 35. (N. A.) Grifo de John Dewey.

PARTE B – AVALIAÇÃO DA APRENDIZAGEM NAS PEDAGOGIAS DA ESCOLA NOVA

o futuro. A experiência, caso seja tomada *exclusivamente* como uma experiência do presente, perde seu real significado educativo, uma vez que desaparece suas efetivas vinculações com a realidade que, por si, tem um passado que a constitui e um futuro que dela decorre.

O autor reconheceu que, por uma reação à forma abstrata com que a escola, denominada de tradicional, assumiu o passado como conteúdo em sua prática pedagógica, muitos escolanovistas radicalizaram do outro lado, assumindo exclusivamente o presente como seu conteúdo, fator que, no seu ver, não subsidia de forma alguma uma adequada formação do estudante. Afinal, o passado foi compreendido pelo autor como uma dimensão fundamental da experiência e o futuro, por sua vez, como expressão de nova possibilidade, contudo, sempre articulada com o passado por meio do presente.

Para uma solução adequada entre essas alternativas, no ver de Dewey, como conteúdo da prática escolar, haveria que se servir da experiência passada com seus reflexos no presente e suas possibilidades para o futuro. Para tanto, viu como única saída servir-se dos conhecimentos do passado como meios de compreensão do presente e base para o futuro. A respeito disso, afirmou que:

> O meio de escapar dos sistemas escolásticos, que fizeram do passado um fim em si mesmo, é fazer do conhecimento do passado um meio de compreensão do presente. Enquanto este problema não for resolvido, persistirá o presente conflito de ideias e práticas educativas[380].

Propôs, então, o autor que a educação se processasse a partir de experiências presentes, selecionadas no contexto da vida cotidiana dos estudantes, sob a condição fundamental de que essas experiências fossem compreendidas, simultaneamente, à luz da experiência histórica acumulada, assim como a partir dos conhecimentos da ciência e das práticas científicas do presente.

Desse modo, as experiências do cotidiano não poderiam ser interpretadas exclusivamente a partir de si mesmas, mas sim com base na sua problematização no contexto das experiências e dos conhecimentos científicos existentes, o que implica passado, presente e futuro. Desse modo, não se poderá, então, eximir os estudantes desse percurso em seu processo formativo[381].

---

380   *Idem.*, p. 80.

381   *Idem.*, p. 83.

LIVRO I – AVALIAÇÃO DA APRENDIZAGEM ESCOLAR: DO PASSADO PARA O PRESENTE

A experiência cotidiana selecionada como conteúdo da instrução deverá ser trabalhada à luz da ciência para que efetivamente ganhe a sua dimensão educativa. No processo de construção da ciência, articula-se o presente com o passado e com o futuro; fator que implica no fato de que, para que o processo educativo se realize, o professor necessita agir de modo semelhante com os seus estudantes. Partindo das experiências do presente, importa que os auxilie na sua compreensão, servindo-se, para tanto, de sua maturidade, como também de seus conhecimentos, de sua experiência mais longa e de sua preparação para o ensino.

Desse modo, entendemos que, para Dewey, o conteúdo da instrução não deve ser a experiência presente assumida de modo simples, espontâneo e imediato, mas, sim, a experiência do presente trabalhada à luz dos conhecimentos existentes e de suas possíveis consequências para o futuro. Sintetizando, Dewey assumiu a experiência como conteúdo do ensino-aprendizagem, porém, a experiência presente articulada com o passado histórico e científico, assim como aberta ao futuro. Desse modo, na sua compreensão, a experiência comporia o conteúdo do ensino, porém a experiência presente compreendida à luz do passado e aberta ao futuro.

3.2. Liberdade e controle no processo educativo

Para o autor, como exposto em seus escritos, importava a liberdade do estudante em seu processo formativo, mas também, ao mesmo tempo, importava a direção pedagógica oferecida pelo professor, de tal forma que esses fatores, a liberdade do estudante e a direção oferecida pelo professor, se articulassem a favor da formação do primeiro, como sujeito de si e como cidadão.

3.2.1. O professor e o controle do estudante na prática educativa

No ver de Dewey, havia necessidade de algum tipo de controle sobre o estudante, para que se pudesse processar a educação. A própria experiência social subsidia a percepção de que existe um controle social e que ele é uma necessidade na vida em sociedade e, consequentemente, no processo educativo.

Os grupos sociais, por si mesmos, assumem seus mecanismos internos de controle, para que possam sobreviver e encaminhar o seu modo de agir. Segundo essa percepção e entendimento, não se vive na pura espontaneidade; a vida sofre os direcionamentos do grupo social onde ela se dá. O próprio grupo, sinalizou Dewey, regulariza-se a si mesmo, pois, dentro dos grupos, a experiência da autorregulação é uma prática constante e permanente; só em casos excepcionais, o grupo necessitaria recorrer a um arbítrio externo, mas, neste caso, por uma necessidade e por uma

PARTE B – AVALIAÇÃO DA APRENDIZAGEM NAS PEDAGOGIAS DA ESCOLA NOVA

decisão do grupo, e, não, por uma imposição. Na expressão do autor: "O controle das ações individuais é efetuado pela ação global em que os indivíduos se acham envolvidos e em que participam e atuam como partes componentes e cooperativas"[382].

Contudo, Dewey não negou a possibilidade e a necessidade da atuação de uma autoridade externa ao grupo. Seria importante, no entanto, que essa autoridade estivesse comprometida com o próprio grupo, como seu representante e não como uma instância que faz valer sua vontade pessoal. A respeito dessa intervenção externa, ele expressou a seguinte compreensão:

> Não quero dizer com isto que não haja ocasiões em que a autoridade, digamos do pai, não tenha que intervir e exercer controle direto. Tais casos são, em primeiro lugar, poucos, se comparados com o número de ocasiões em que o controle se exerce normalmente pela situação em que as partes estão envolvidas.
>
> Mais importante ainda do que isso, é o fato da autoridade não se exercer, no caso de uma família de vida ordenada ou de outro grupo comunitário, pela manifestação de simples vontade pessoal; o pai ou professor a exerce como representante e agente dos interesses do grupo como um todo.
>
> Na escola bem organizada, o controle do indivíduo repousa dominantemente nas atividades em curso e nas situações criadas para que elas transcorram normal e frutuosamente. O professor reduz ao mínimo as ocasiões em que tenha que exercer autoridade pessoal. Quando se faz necessário falar e agir firmemente, o fará no interesse do grupo e não na exibição de poder pessoal. Aí está toda a diferença entre ação arbitrária e ação justa e leal[383].

Apesar de sua tendência em considerar o significado do papel do grupo no processo do controle do indivíduo, como vimos na citação acima, Dewey não descuidou do papel do professor na organização e controle do processo educativo. Em vez de defender sua ausência junto aos estudantes, delimitou-lhe um papel significativo ao torná-lo responsável pelo planejamento e pela manutenção de um processo organizado de vida escolar. A respeito disso, afirmou ele:

> Temos, portanto, que concluir que, nas chamadas escolas novas, a forma primária de controle social está na própria natureza do trabalho organizado,

---

382 John Dewey, *Experiência e educação*, p. 48.

383 *Idem.*, p. 49. (N. A.) A paragrafação foi introduzida no texto do autor para facilitar o entendimento da comunicação proposta.

LIVRO I – AVALIAÇÃO DA APRENDIZAGEM ESCOLAR: DO PASSADO PARA O PRESENTE

como um cometimento social, em que todos os indivíduos têm oportunidade de contribuir e pelo qual todos se sentem responsáveis.

[As crianças, na sua maior parte,] são sociáveis[384]. Isolamento e solidão as afligem ainda mais que a[os] adultos. Uma vida comunitária não se organiza por si mesma, espontaneamente. Requer planejamento e espírito de planejamento.

O educador é responsável pelo conhecimento satisfatório dos indivíduos e das matérias, conhecimento que irá habituá-lo a escolher as atividades suscetíveis de produzir a organização social, em que todos os indivíduos tenham oportunidade de algo [a] contribuir e em que o principal elemento de controle esteja nas próprias atividades por todos partilhadas[385].

O professor, como profissional do ensino, deve, no ver do autor, ser capaz de produzir um planejamento suficientemente flexível para as atividades educativas, de tal forma que contemple as necessidades de todos os estudantes incluídos nas tarefas planejadas, garantindo um processo de cooperação, e que seja, simultaneamente, um planejamento claro e firme, que garanta a todos condições para a continuidade do desenvolvimento das suas capacidades mediante as atividades educativas escolares[386].

3.2.2. A questão da liberdade

No contexto da necessidade do controle social, importa lembrar que, para Dewey, a liberdade era um elemento fundamental no seio do processo educativo[387]. Para ele, o erro mais comum que se comete no que se refere à liberdade no processo educativo é a "identificação [exclusiva] da liberdade com a liberdade de movimento ou com o lado físico e exterior da atividade". A liberdade, para ele, era mais que isso, liberdade interior e exterior, ao mesmo tempo.

Admitiu que a restrição à liberdade de movimento significava também uma restrição à "liberdade de pensar, desejar e decidir", e, pois, à liberdade interior, desde

---

384   (N. A.) A redação desta frase sofreu alteração na ordem dos termos que a compõem, por isso uma parte dela se encontra entre colchetes para sua melhor compreensão. A paragrafação também sofreu alteração.

385   *Idem.*, p., 51.

386   *Idem.*, p., 54: "O planejamento deve ser suficientemente flexível para permitir o livre exercício da experiência individual e, ainda assim, suficientemente firme para dar direção ao contínuo desenvolvimento da capacidade dos alunos".

387   *Idem.*, p. 59.

PARTE B – AVALIAÇÃO DA APRENDIZAGEM NAS PEDAGOGIAS DA ESCOLA NOVA

que os arranjos rígidos das salas de aula "com suas fileiras de carteiras e a arregimentação militar dos alunos (...), representava uma grande restrição à liberdade intelectual e moral"[388]. Daí as duas dimensões da liberdade serem importantes para a formação do estudante – a interior e a exterior.

A liberdade, no ver do autor, possibilitava ao professor conhecer melhor os estudantes, pois, nesse contexto, poderiam se manifestar livremente como eram, e não como deveriam ser em conformidade com o ponto de vista da autoridade. Em sua compreensão, só se poderia aprender ativamente se houvesse liberdade externa e interna. A liberdade tinha sua importância para a saúde mental e física do estudante; não haveria saúde sem movimento livre.

Reconheceu ainda que a liberdade de movimento varia conforme o nível de maturidade do indivíduo, porém, considerou que sua completa ausência, até mesmo no espaço do adulto, apresenta dificuldade para o exercício da inteligência[389]. O verdadeiro e mais elevado exercício da liberdade, no seu ver, se dá no processo de realização dos propósitos comprometidos com a delimitação da ação escolhida.

Os impulsos e os desejos, no ver do autor, podiam colocar o ser humano em movimento, porém, para ser livre, não se poderia agir exclusivamente por impulsos e desejos; havia necessidade da verificação das consequências da ação e, então, decidir a partir dessa observação[390]. Importava, pois, no ver do autor, que na atividade livre, a cognição fosse um fator básico a ser usado, à medida que ela pode mapear as consequências possíveis de uma ação[391]. A verdadeira liberdade, no ver de Dewey, sustentaria uma ação consequente, diversa da compulsiva.

---

388   Idem., p. 59.

389   Idem., p. 62: "Varia de indivíduo para indivíduo a quantidade de liberdade física necessária, tendendo naturalmente a decrescer com a crescente maturidade. A sua completa ausência impede, contudo, mesmo a pessoa madura de ter contatos indispensáveis ao exercício normal de sua inteligência".

390   Idem., p. 66: "Um propósito genuíno sempre começa por um impulso. A dificuldade ou obstrução à sua execução imediata converte-o em um desejo. Todavia, nem impulso, nem desejo, são, por si mesmos, um propósito. Um propósito é um fim em vista, isto é, envolve previsão das consequências que resultam de ação por impulso".

391   Idem, p. 68: "Um desejo pode ser intenso. Pode ser tão forte que se sobreponha à avaliação das consequências que se seguirão ao satisfazê-lo. Tais ocorrências não são o modelo para a educação. O problema crucial da educação é o de conseguir o adiamento da ação imediata em face do desejo, até que a observação e o julgamento intervenham e façam o seu trabalho. Salvo engano meu, este ponto é da maior relevância para as escolas progressivas. Ênfase excessiva em atividade como fim em si, em vez da mesma ênfase na atividade inteligente, tende a levar à identificação de liberdade com execução imediata de impulsos e desejos".

LIVRO I – AVALIAÇÃO DA APRENDIZAGEM ESCOLAR: DO PASSADO PARA O PRESENTE

Dewey até mesmo recusou aceitar que a ação impulsiva espontânea pudesse ser considerada livre. Contudo, não eliminou o papel fundamental exercido pelos impulsos e desejos na atividade humana. O movimento livre, no seu ver, se iniciaria com eles, desde que estão na origem do propósito. O propósito, no entanto, acrescentaria aos impulsos e desejos a previsão das consequências, fato que permitiria uma escolha consciente[392]. Assim sendo, a ação verdadeiramente livre seria aquela praticada, por escolha, após estudo do seu significado e das suas consequências.

Aprender a ter liberdade seria aprender a viver de forma livre, tanto no que se refere aos movimentos físicos, como no que se refere às decisões na relação com o mundo e com os outros. Só uma educação que criasse as condições para esse processo poderia ser denominada plenamente de educação, segundo o autor. A experiência, como conteúdo da prática educativa, seria plenamente educativa à medida que fosse livremente construída tanto mediante movimentos biofísicos, como mediante movimentos cognitivos e afetivos.

3.3. O professor e a relação professor-estudante

Segundo Dewey, o professor tem um papel fundamental no processo da educação livre, desde que a ele cabe velar para que as oportunidades fossem usufruídas; nesse contexto, deveria estar atento para auxiliar o estudante no encaminhamento de suas decisões e de suas atividades. Não admitiu a tese do "professor ausente". Em torno dessa questão, afirmou que "a direção dada pelo professor para o exercício da inteligência do aluno é auxílio à liberdade e não restrição"[393]. Não admitiu a ausência do adulto nesse processo, mas também não admitiu a ausência do estudante; a atividade educativa é uma atividade cooperativa, segundo seu ver. A decisão sobre as experiências educativas a serem vivenciadas pertencem a ambos os atores em processo de intercâmbio e decisão. A esse respeito, expressou a seguinte compreensão:

---

392   Idem., p. 70: "No esquema educativo, a ocorrência de um desejo e impulso não é objetivo final. É oportunidade e demanda para a formação de um plano e método de ação. Esse plano, repetimos, somente se poderá fazer com o estudo das condições e com a obtenção de todas as informações relevantes".

393   Idem., p. 70: "Vemos, algumas vezes, o mestre receoso de sequer fazer sugestões aos membros de um grupo sobre o que devem fazer. Tenho sabido de casos em que as crianças são rodeadas de objetos materiais e, então, deixadas inteiramente sobre si mesmas, com o professor temeroso de que mesmo sugestões sobre o que se pode fazer com o material sejam violação da liberdade. Por que, então, dar-lhe o material, se o mesmo pode constituir, de um modo ou de outro, fonte de sugestão? O importante, contudo, é o fato de que a sugestão, que irá levar os alunos à ação, virá, em qualquer caso, de alguma parte. É impossível compreender por que a sugestão de alguém, com maior experiência e mais larga visão (o mestre,) não seja, pelo menos, tão válida quanto a sugestão provinda de fonte mais ou menos acidental".

PARTE B – AVALIAÇÃO DA APRENDIZAGEM NAS PEDAGOGIAS DA ESCOLA NOVA

É possível, sem dúvida, abusar-se do ofício e forçar a atividade dos jovens por caminhos que exprimem, antes, propósitos do professor que dos alunos.

Mas o meio de evitar esse perigo não é a completa retirada do adulto. O meio é, primeiro, estar o professor a par, pela observação e estudo inteligente, das capacidades, necessidades e experiências passadas dos que vão estudar; e, segundo, permitir que a sugestão feita se desenvolva em plano e projeto por meio de sugestões adicionais trazidas pelos membros do grupo e por eles organizadas em um todo. O plano será, então, resultado de um esforço de cooperação e não algo imposto[394].

Em outro lugar de seus escritos, Dewey confirmou esse mesmo entendimento, demonstrando o aspecto positivo da educação nova e a fragilidade da denominada educação tradicional no que se refere aos atos decisórios no planejamento das experiências educativas. A respeito disso, afirmou que

Não há (...) ponto mais certo na filosofia da educação progressiva [nova] do que sua ênfase na importância da participação do educando na formação dos propósitos que dirigem suas atividades no processo de aprendizagem; do mesmo modo que não há defeito maior na educação tradicional do que sua falha em assegurar a cooperação ativa do aluno na elaboração dos propósitos envolvidos no estudo[395].

Para desenvolver as atividades pedagógicas, Dewey definiu o papel do professor como um líder intelectual de um grupo social, "não em virtude do cargo oficial, mas de seu mais largo e mais profundo acervo de conhecimentos, afinal, de sua experiência amadurecida"[396]. Ou seja, o professor deveria ter um lugar próprio e de destaque no processo educativo escolar; ele não poderia ser excluído desse processo. A esse respeito, assumiu que "a suposição de que o princípio de liberdade se aplica aos discípulos, mas exclui o professor, obrigando-o a abdicar toda liderança, é simplesmente tola"[397].

Segundo sua visão, o professor tem a responsabilidade de garantir a direção do processo de ensino, que deve resultar na aprendizagem. A atividade curricular não

---

394 *Idem.*, p. 71.

395 *Idem.*, p. 63.

396 *Idem.*, p. 270.

397 John Dewey, *Como pensamos*, p. 270.

LIVRO I – AVALIAÇÃO DA APRENDIZAGEM ESCOLAR: DO PASSADO PARA O PRESENTE

pode, desse modo, ser assumida como acidental, sob pena de não se chegar ao fim esperado e desejado. Sobre isso, as palavras textuais de Dewey foram as seguintes:

> Se não cabe ao professor propor [as atividades de ensino], a única alternativa é a de que o acaso, os contatos fortuitos da criança, o que ela viu no seu caminho para a escola, o que fez ontem, o que está fazendo o colega vizinho etc., sugiram alguma coisa a fazer.
>
> Já que o propósito a ser realizado deve vir, direta ou indiretamente, de algum ponto do ambiente, negar-se ao professor o poder propô-lo é simplesmente substituir, pelo contato acidental com outras pessoas ou cenas, o planejamento inteligente da única pessoa que, se algum direito tem de ser professor, [é aquele que] melhor conhece as necessidades e possibilidades dos componentes do grupo do qual é parte[398].

Como adulto, caberia ao professor – no processo de aprender *da, com* e *pela* experiência – dar direção à preparação da criança e do jovem para o futuro, à medida que, como adulto, e já tendo passado por situações semelhantes, poderia oferecer aos estudantes que lidera uma direção por meio das experiências de aprendizagem.

Para exercer este papel essencial de líder dos estudantes, o professor necessita ser formado para ocupar esse lugar. Não pode atuar sem uma consistente competência. Nesse contexto, Dewey via a necessidade de que o professor estivesse preparado em dois campos fundamentais: *posse de amplo conhecimento* e *posse de conhecimento técnico-profissional*.

Em primeiro lugar, o professor deve ser portador de um amplo conhecimento vinculado à matéria com a qual está trabalhando no ensino, ou seja, uma condição fundamental para atuar como professor é o seu preparo acadêmico relativo à matéria que ensina. Nos termos de Dewey, seu preparo:

> Deverá ser abundante ao ponto de transbordar, muito mais amplo que o fixado pelos limites do compêndio ou de qualquer plano traçado para o ensino de uma lição; deverá abranger pontos colaterais que lhe permitam tirar proveito das perguntas inesperadas, dos acidentes imprevistos; deverá fazer-se acompanhar de verdadeiro entusiasmo pela matéria, o qual se comunicará por contágio, aos alunos"[399].

---

398   *Idem.*, p. 270. (N.A) Foi introduzida nova paragrafação no texto para sua melhor compreensão.

399   John Dewey, *Como pensamos*, p. 271.

PARTE B – AVALIAÇÃO DA APRENDIZAGEM NAS PEDAGOGIAS DA ESCOLA NOVA

A razão pela qual Dewey considerou necessário que o professor tivesse uma preparação acadêmica satisfatória estava comprometida com a compreensão de que, profissionalmente, teria por obrigação estar atento aos movimentos físicos e psicológicos dos estudantes com os quais estaria atuando. Caso tivesse que estar mais atento ao conteúdo da matéria a ser ensinada, devido não conhecê-la suficientemente bem, estaria desviando sua atenção daquilo que é a outra dimensão essencial no processo educativo – os movimentos internos e externos dos estudantes[400].

Em segundo lugar, paralelamente ao conhecimento aprofundado dos conteúdos da matéria que estivesse ensinando, o professor necessitaria dominar *um conhecimento técnico-profissional* necessário para dar direção à formação do pensamento reflexivo do estudante. Necessitaria ter o domínio de um conhecimento que lhe permitisse realizar seu papel de educador – dirigente do ensino-aprendizagem – da melhor e mais satisfatória forma possível.

Dewey chamava de conhecimento técnico os princípios próprios da psicologia, da história, da educação e dos métodos de ensino. Considerava esse conhecimento como necessário ao professor por duas razões principais. De um lado, ele teria capacidade de perceber as ações e as reações importantes para a formação dos estudantes, que, por si, passariam desapercebidas a um leigo no assunto; e, de outro lado, de posse desse domínio técnico, pronta e rapidamente, o professor teria as condições para detectar as variadas condutas dos estudantes, relativas às suas necessidades e ao seu modo de ser, fator que lhe possibilitaria oferecer-lhes auxílio imediatamente, a fim de que tivessem a possibilidade de agir, ultrapassando dificuldades e integrando acertos.

Dewey chamou ainda a atenção para que os conhecimentos profissionais não fossem utilizados de forma mecânica. O professor necessitaria ter sagacidade e

---

400   *Idem.*, p. 271. Diz Dewey: "Algumas das razões [pelas quais] convém que o professor tenha um excesso de cabedal de noções e de compreensão são tão óbvias que dispensam citação. Talvez nem sempre seja identificada a razão central [para isso]: o professor precisa ter o seu espírito livre para observar as reações e movimentos mentais dos estudantes que compõem o grupo. O problema dos alunos encontra-se na matéria; o dos professores é saber o que está fazendo a mente dos alunos com a matéria. Ora, se o professor não dominou previamente a matéria, se não se sente à vontade dentro dela, empregando-a inconscientemente, sem recorrer ao pensamento expresso, não estará livre para dedicar todo o tempo e toda a atenção à observação e interpretação das reações intelectuais dos alunos, [desde que] é-lhe necessário manter-se desperto diante de todas as formas de expressão corporal da condição mental – embaraço, aborrecimento, domínio, despontar de uma ideia, atenção fingida, tendência para se mostrar, para sobressair na discussão, por egoísmo etc.; bem como ser sensível ao significado de todas as expressões verbais, não só no seu significado como palavras, mas [também no] seu significado como índice de estado mental, do grau de observação e de compreensão do aluno".

257

LIVRO I – AVALIAÇÃO DA APRENDIZAGEM ESCOLAR: DO PASSADO PARA O PRESENTE

flexibilidade suficientes para compreender o momento certo para servir-se desses referidos conhecimentos. Seria importante, então, que fizesse uso desses referidos conhecimentos em momentos adequados, como também de forma adequada[401].

Por último, Dewey considerou necessário que o professor *preparasse cada lição em particular*, pois, do vigor imprimido à lição, o estudante tiraria maior ou menor proveito da atividade docente/discente. "Finalmente – lembrou ele – para ser um líder, o professor precisa preparar especialmente cada lição [em] particular. Do contrário, ou se deixará arrastar por impulsos sem objetivos ou se prenderá literalmente ao texto. A flexibilidade, a capacidade de tirar proveito dos incidentes e perguntas inesperadas dependem de que o professor tenha abordado a matéria com vigor, com pleno interesse e conhecimento"[402].

3.4. Recursos metodológicos para o ensino

3.4.1. Método científico como melhor parâmetro para a prática pedagógica

Para proceder o ensino e a aprendizagem, Dewey compreendia que o melhor recurso a ser utilizado seria o método científico. O ato de pensar mais significativo, segundo seu ver, é o ato metodologicamente caracterizado como científico, já que ele tem como objetivo uma compreensão consistente da realidade na qual o ser humano vive e convive. Por isso, seria de todo importante que todos aprendessem a pensar cientificamente. Nas crianças, segundo o autor, já existiria uma conduta espontânea voltada para a inquirição que tem muito a ver com os processos de investigação científica. Por isso, no processo educativo, não haveria razão para agir com elas de outra maneira que não fosse seguindo os procedimentos desse método. Na introdução ao seu livro *Como Pensamos* (1910), Dewey testemunhou essa compreensão, expondo sua posição em torno da temática, dizendo:

> Este livro exprime a convicção de que o necessário fator de centralização e estabilidade se acha na adoção [do método] que denominamos [de] científico, como meta de nossas aspirações, da atitude mental [e] do hábito de pensar.
>
> Esta obra refuta a objeção de que essa atitude mental científica tem pouca importância no ensino das crianças e dos jovens. De fato, a atitude inata e

---

401   *Idem.*, p. 272.

402   *Idem.*, p. 274.

PARTE B – AVALIAÇÃO DA APRENDIZAGEM NAS PEDAGOGIAS DA ESCOLA NOVA

espontânea da infância, caracterizada por sua viva curiosidade, pela imaginação fértil e pelo gosto da investigação experimental, está próxima, muito próxima, da atitude do espírito científico[403].

Pensar cientificamente corresponde no entendimento de Dewey, a "pensar reflexivamente", ou seja, um modo de "examinar mentalmente o assunto e dar-lhe consideração séria e consecutiva"[404]. A compreensão, resultante de uma atividade reflexiva, seria, então, "a representação mental de algo não realmente presente; pensar consiste na sucessão de tais representações"[405]. O pensamento reflexivo tenderia, então, à uma conclusão, a buscar um fim. Para Dewey, "o pensamento reflexivo faz um ativo, prolongado e cuidadoso exame de toda crença ou espécie hipotética de conhecimento, exame efetuado à luz dos argumentos que a apoiam e das conclusões a que chega"[406].

No contexto dessa compreensão, o ato de pensar reflexivamente nasce de uma sugestão que emerge dos fatos e acontecimentos, cuja meta será chegar a uma conclusão também comprovada pelos fatos. O sujeito do conhecimento se encontra, então, diante de uma situação qualquer, cujos acontecimentos parecem indicar que alguma coisa já aconteceu, estaria acontecendo ou poderia vir a acontecer. Os fatos, além de sugerirem uma resposta para a situação emergente, serviriam também para sustentar a sua validade[407]. Para tanto, seria de todo importante desvendar as conexões reais, não imaginárias, entre os objetos; propriamente, as conexões entre causa e efeito. O conhecimento científico das relações reais entre as coisas é produto da investigação e da descoberta[408]. O processo de produção do conhecimento, epistemologicamente, necessita dar-se de maneira intencional, seguindo os passos metodológicos estabelecidos para sua produção.

---

403   *Idem.*, p. 9. (N. A.) Paragrafação inserida para melhor compreensão da expressão do autor.

404   *Idem.*, p. 13.

405   *Idem.*, p. 15.

406   *Idem.*, p. 18.

407   *Idem.*, p. 21: "Tendo-se em mira essa investigação" – nos lembra Dewey –, "define-se o pensamento como a operação em virtude da qual os fatos presentes sugerem outros fatos (ou verdades), de tal modo que nos induzam a crer no que é sugerido, com base numa relação real nas próprias coisas, numa relação entre o que sugere e o que é sugerido".

408   *Idem.*, p. 21: "Uma nuvem *sugere* uma doninha ou uma baleia; não *significa* uma doninha ou uma baleia, porque não existe laço nem ligação nas próprias coisas, entre o que é visto e o que é sugerido. As cinzas não apenas sugerem, mas significam que houve fogo, pois são produzidas por combustão, e, se cinzas verdadeiras, unicamente por combustão. É uma conexão objetiva o elo entre coisas reais, pelo qual uma se torna o fundamento, a garantia, a prova da crença em outra".

No caso do ensino e aprendizagem, no ver de Dewey, também é necessário seguir o caminho metodológico trilhado pelo processo de fazer ciência. Os atos de fazer ciência e de processar o ensino pelo pensamento reflexivo, epistemologicamente, seguem a mesma sequência de passos metodológicos. E, desse modo, deve ocorrer.

3.4.2. Os cinco passos no ato de ensinar

No contexto das compreensões anteriormente expostas e tendo em vista os atos de ensinar e aprender, Dewey registrou cinco fases ou aspectos a serem levados em consideração tanto na produção do conhecimento, como no direcionamento do ensino e da aprendizagem. São elas: sugestão, intelectualização, hipótese, raciocínio, verificação da hipótese.

Por fase da *sugestão*, Dewey entendeu a situação inicial de perplexidade de cada um de nós diante de determinada necessidade em nosso agir. No seu ver, a situação "convida" o sujeito a compreender aquilo que está ocorrendo à sua frente. O modo "natural" do ser humano é seguir em frente no seu movimento, porém, diante de uma determinada dificuldade, de um impasse, ele se detém e inventa uma saída, que é "um modo vicário, antecipador [do] agir, uma espécie de ensaio dramático", na expressão do autor[409]. Essa "sugestão" inicial, posta pela realidade dos acontecimentos, segundo Dewey, exige do sujeito do conhecimento uma parada para proceder o ato de pensar[410].

O segundo passo, do pensar reflexivamente, recebeu de Dewey a denominação de *intelectualização*, que, para ele, significava a problematização da situação que emerge diante do sujeito, produzindo um impacto, uma perplexidade, por isso, ponto de partida para a investigação, que é transformado em um "problema de investigação"; contexto no qual o sujeito do conhecimento – tendo claros os elementos que se fazem presentes, como também as possibilidades e os impedimentos – define com mais clareza qual é efetivamente a situação a ser compreendida.

O terceiro passo do ato de ensinar-aprender, na compreensão de Dewey, é a *formulação de hipótese* ou a formulação de uma ideia-guia, que, por si, deve corresponder à uma resposta inicial ao desafio que se tem pela frente, uma possível pri-

---

409   *Idem.*, p. 112.

410   *Idem.*, p, 112: "Certo grau de inibição da ação direta é necessário à condição de dúvida e demora essencial no ato de pensar. O pensamento é, por assim dizer, uma conduta voltada para si mesma, a examinar os seus propósitos, condições, recursos, meios, dificuldades e obstáculos".

PARTE B – AVALIAÇÃO DA APRENDIZAGEM NAS PEDAGOGIAS DA ESCOLA NOVA

meira resposta (hipotética, pois) à perplexidade nascida a partir de uma análise mais consistente das possibilidades de ser o caminho de solução para o impasse que emergiu da realidade[411]. A formulação de uma hipótese não é uma mera sugestão de resposta, mas sim uma resposta "possivelmente adequada" para uma questão posta; a sua plausibilidade deve estar embasada na análise do problema, que nas obras de Dewey, recebe a denominação de "intelectualização"[412].

No seio dessa compreensão metodológica dos atos de ensinar-aprender, *raciocínio* é o quarto passo. Dewey entendeu esse passo como o momento onde o sujeito do conhecimento – seja o professor ou seja o estudante – se dedica a alargar a ideia inicial. Nesse passo metodológico, as intuições, que, de início, pareciam satisfatórias, poderão ser rejeitadas e outras, que pareciam respostas remotas, poderão se transformar nas verdadeiras respostas procuradas. O raciocínio aprofunda e alarga as compreensões que o sujeito vai tendo sobre a realidade que o assedia. Esse raciocínio, no ver do autor, depende da amplitude da cultura da qual dispõe o sujeito do conhecimento[413].

A quinta e última fase do ato de pensar reflexivamente, proposto por Dewey, foi a *verificação da hipótese*[414]. A comprovação inicial da hipótese, epistemologicamente, emerge de uma análise corretamente feita dos dados que delimitam o problema que se tem pela frente. Porém, quando esse processo se manifesta insuficiente, o autor, em suas orientações metodológicas para bem ensinar, propôs que se proceda a experimentação da hipótese através do controle de variáveis componentes do problema que está sendo abordado. Tanto o sucesso como o insucesso na comprovação da hipótese são importantes. O sucesso significa a aprendizagem de uma solução bem-sucedida e o insucesso significa um guia para futuras investigações, à medida que indica que ela não foi, nem será, uma solução satisfatória para o problema que se tem pela frente.

---

411   *Idem.*, p. 114.

412   *Idem.*, p. 115. Na expressão de Dewey: com a formulação da hipótese, "o sentido do problema torna-se mais adequado e apurado e a sugestão deixa de ser mera possibilidade, para tornar-se uma probabilidade *verificada* e, se possível, *medida*".

413   *Idem.*, p. 116: "O raciocínio ajuda a ampliar o conhecimento, ao mesmo tempo que depende do que já é conhecido. (...) O médico de hoje, raciocinando com seus próprios conhecimentos, poderá deslindar as complicações da doença que os sintomas lhe sugerem como provável, de um modo que, já na geração anterior, teria sido impossível; assim como, por outro lado, pode levar muito mais longe sua observação dos sintomas, graças ao progresso no campo dos instrumentos clínicos e da técnica de seu emprego".

414   *Idem.*, p. 118: "A fase final é uma espécie de prova, pela ação exterior, de corroboração ou verificação experimental da conjuntura".

LIVRO I – AVALIAÇÃO DA APRENDIZAGEM ESCOLAR: DO PASSADO PARA O PRESENTE

Dewey tinha clareza de que o uso desses cinco passos, no processo de pensar reflexivamente, assim como no processo de ensinar e aprender, não deveria se expressar nem de forma mecânica nem de forma linear. A utilização desses passos no ensino e na aprendizagem poderia dar-se simultânea e conjuntamente, como também poderia acontecer de uma fase anteceder, suceder ou atravessar a outra[415]. Ou seja, não necessariamente esses passos se dariam de forma unitária e sequenciada. Entendia ainda o autor que o uso das fases do método científico de pensar poderia incluir fases mais longas, com subfases, assim como poderia incluir fases mais breves.

Por último, afirmou Dewey que a abordagem da realidade mediante o pensamento reflexivo incluía uma projeção para o futuro assim como uma retomada do passado. O que fazemos hoje, no ver do autor, tem uma perspectiva de futuro, assim como aquilo que hoje se manifesta tem um passado, pois que nada emerge *ex-abrupto*. Entendia ele que passado e futuro são elementos essenciais para compreender um objeto de investigação[416].

Tanto no produzir ciência, como no aprender a pensar reflexivamente, segundo a compreensão de Dewey, o caminho sensato seria seguir os recursos do método científico. No caso, não haveria um método para fazer ciência e outro para ensinar e aprender. Os mesmos passos utilizados no processo de produzir a ciência poderiam e deveriam ser utilizados no ensino-aprendizagem, pois que ambos estariam comprometidos com o modo de pensar reflexivamente a experiência.

O resultado dessa prática, no âmbito da ciência, é a produção de um conhecimento justo e adequado sobre a realidade estudada; já no âmbito do ensino, ele expressa a aprendizagem por parte do estudante, que, por si, se dá através da aquisição de conhecimentos relativos ao mundo que o cerca, assim como através

---

415   *Idem.*, p. 119: "As cinco fases, termos ou funções do pensamento que citamos não se seguem uma a outra em ordem estabelecida. Ao contrário, cada passo do pensar verdadeiro faz alguma coisa para completar a formação de uma sugestão e promover a transformação desta em ideia-guia ou hipótese orientadora. Contribui de algum modo para localizar e definir o problema. Cada aperfeiçoamento da ideia conduz a novas observações que fornecem novos fatos ou dados e auxiliam o espírito a julgar mais acuradamente a relevância dos fatos já em mão. A elaboração da hipótese não espera até que o problema tenha sido definido; a hipótese adequada é obtida onde aparecer em qualquer tempo intermediário. E, como acabamos de ver, qualquer verificação exterior particular não precisa ser final; pode servir de introdução a novas observações e novas sugestões, de conformidade com as consequências que se lhe seguem".

416   O pensamento reflexivo, para Dewey, pode e deve ser treinado, tanto assim que seu livro *Como Pensamos* apresenta uma parte inteira dedicada ao "Treino do Pensamento".

PARTE B – AVALIAÇÃO DA APRENDIZAGEM NAS PEDAGOGIAS DA ESCOLA NOVA

da formação de suas capacidades de observar, compreender e operar com a realidade. A aprendizagem, no caso, se daria através da interação do sujeito com a realidade; daí a razão pela qual faria – e faz – sentido a figura do professor como orientador da aprendizagem. No ver de Dewey, a aprendizagem escolar exige a orientação docente.

3.4.3. Fontes de conteúdos para a aprendizagem significativa

Para Dewey, tanto a criança quanto o jovem aprendem através de sua reação aos estímulos do meio ambiente. A imitação é insuficiente para que uma aprendizagem desenvolva o pensamento reflexivo. É no processo reativo aos estímulos do meio que a criança e o adolescente constroem a si mesmos. O autor foi cristalino nesse ponto. Negou que a aprendizagem significativa se dá por imitação do adulto[417]. Afirmou, sim, que a aprendizagem se faz por meio de um processo de reação, fator que significa um modo ativo de aprender, compreender e operar com o meio[418].

O meio, que produz estímulos para a aprendizagem, no ver de Dewey, é constituído tanto pela natureza quanto pelas criações do ser humano ao longo do tempo. As novas gerações aprendem com as anteriores.

"Não fosse esse processo", registrou Dewey, "pelo qual as realizações de uma geração formaram os estímulos que dirigem as atividades da seguinte, a história da civilização se escreveria na areia e cada geração teria de procurar por si, penosamente e se pudesse, um caminho que a arrancasse à selvageria". E arrematou sua compreensão sobre a aprendizagem, dizendo: "Aprendendo a entender e dizer palavras, as crianças aprendem muito mais do que palavras: adquirem um hábito que lhes descerra um novo mundo"[419].

A aprendizagem pode, no caso, dar-se tanto pela observação direta e orientada da realidade como pela aquisição de informações transmitidas pela experiência alheia.

---

417   Idem., p. 206: "Educadores (e psicólogos) supuseram, muitas vezes, que os atos que reproduzem o procedimento dos outros se adquirem por simples imitação. Todavia, uma criança raramente aprende pela imitação consciente; e dizer que sua imitação *é* inconsciente é afirmar que, de seu ponto de vista, não é absolutamente uma imitação. As palavras, os gestos, os atos, as ocupações de outra pessoa se coadunam com *um impulso já ativo* e sugerem algum modo de expressão adequada, algum fim, em que esse impulso encontrará satisfação" (grifos de Dewey).

418   Idem., p. 206-207.

419   Idem., p. 205.

LIVRO I – AVALIAÇÃO DA APRENDIZAGEM ESCOLAR: DO PASSADO PARA O PRESENTE

Quanto à observação como meio de aprendizagem, Dewey sinalizou que é preciso ter claro que ela é ativa.

O reconhecimento, na compreensão de Dewey, é algo passivo, uma vez que, metodologicamente, ele se dá sobre aquilo que já foi dominado, sobre o conhecido; porém, a observação se aplica sobre o desconhecido, por isso ativa. A observação, dessa forma, incide sobre a realidade na busca de elementos que tragam solução para a questão que se tem pela frente ou que confirmem a hipótese formulada. Enquanto o reconhecimento se dá como um ato imediato sobre o "já visto", a observação busca responder a algo que ainda se está procurando. É a observação que interessa à aprendizagem do pensamento reflexivo, desde que ela se baseia em uma busca intencional para solucionar uma perplexidade que se tem à frente.

Dewey tinha certeza da necessidade de aprender com outras pessoas[420], porém definiu as condições para que esse procedimento fosse executado para uma aprendizagem satisfatória do ponto de vista do pensamento reflexivo, de tal modo que as informações já elaboradas pudessem se integrar à experiência existencial do estudante, a fim de que não se lhe ensinasse a viver em dois mundos: de um lado, o mundo da experiência fora da escola; de outro, o mundo dos livros e das lições[421].

3.4.4. Da necessidade do interesse na aprendizagem

No contexto de aprendizagem pela ação através dos recursos do método científico (experimental), Dewey destacou o *interesse* como elemento fundamental para a aprendizagem. Não se aprende, a seu ver, em função de uma "disciplina formal", mas sim em função do interesse do estudante pela atividade de aprender. Uma atividade de aprender não deve ser interessante devido ao fato de ter ganho essa característica por agentes externos, mas sim devido sua própria maneira de ser,

---

420 John Dewey, *Como Pensamos*, p. 254: "Sem dúvida, o principal sentido associado à palavra *instrução* é essa transmissão, é essa penetração dos resultados das observações e inferências de outras pessoas. Sem dúvida, o relevo indevido que a educação imprime ao ideal de acumular conhecimento tem sua fonte na preferência dado ao sistema de aprender-se com outras pessoas. O problema está, pois, em como converter essa forma de aprendizagem em patrimônio intelectual. Em termos lógicos, o material proveniente da experiência alheia constitui um *testemunho*, isto é, uma prova oferecida por outros, a ser aproveitada pelo juízo pessoal na conquista de uma conclusão".

421 *Idem.*, p. 256.

PARTE B – AVALIAÇÃO DA APRENDIZAGEM NAS PEDAGOGIAS DA ESCOLA NOVA

devido sua própria essencialidade[422]. O interesse, à medida que envolve a atividade livre, conduz à disciplina, compreendida como disposição, como modo ordenado e sistemático de agir[423].

Não seria possível uma pessoa ser disciplinada ao exercer uma atividade, se ela não tivesse interesse naquilo que estivesse fazendo. Disciplina e interesse sempre andam juntos na vida e no processo educativo; por isso, a disciplina não pode ser adquirida a partir de formalidades, mas sim de uma educação pela ação. As atividades, executadas com interesse, inteligência e dedicação, constituem, no ver de Dewey, a base da formação de um modo de ser disciplinado.

A disciplina, então, representa um modo habitual de agir que é construído através da atividade consciente, que sempre tem em vista um fim. A disciplina, por si, não é uma formalidade que se processa em si mesma e por si mesma, como usualmente se tem desejado nas práticas educativas; mas, sim, um modo de ser exigido pelas próprias atividades que o ser humano executa[424]. A disciplina, como modo ordenado de agir, no ver do autor, constitui um modo necessário do ser humano de interagir com o mundo que o cerca.

3.4.5. Concluindo sobre a Proposta Pedagógica de John Dewey

Em síntese, Dewey propõe uma prática pedagógica baseada na liberdade de movimento, como meio educativo que possa conduzir crianças e jovens a vivenciarem e compreenderem a experiência presente, articulada com o passado e com o futuro e servindo-se do método científico como meio de aprender e de pensar reflexivamente, tendo em vista formar o cidadão para a livre escolha, formá-lo com capacidade de agir de forma livre e competente, tendo em vista uma vida satisfatória, ao mesmo tempo, individual e coletiva.

---

422   John Dewey, *Democracia e educação*, p. 139: "Se foi preciso tornar o material interessante, isto significa que, do modo como foi apresentado, não se relacionava com os fins e capacidades atuais; ou que, se existia relação, esta não foi percebida; e torná-lo interessante por meio de expedientes estranhos e artificiais, é merecer todos os maus nomes, com que tem sido chamada a teoria do interesse em educação".

423   *Idem.*, p. 141: "Uma pessoa é disciplinada na medida em que se exercitou a pesar suas ações e a empreendê-las resolutamente. Acrescente-se a esse dom uma capacidade de resistência, sem uma empresa inteligentemente escolhida, à distração, às perturbações e aos obstáculos e tereis assim a essência da disciplina. Disciplina significa energia a nossa disposição; o domínio dos recursos disponíveis para levar avante a atividade empreendida. Saber o que fazer e fazê-lo prontamente e com a utilização dos meios requeridos, significa ser disciplinado, quer se trate de um exército, quer de um espírito".

424   *Idem.*, p. 148-150.

4. Avaliação da aprendizagem e concepção pedagógica em Dewey

A avaliação da aprendizagem escolar em John Dewey, tendo presente suas proposições para a prática educativa, está comprometida com sua concepção pedagógica construtiva e, pois, com a compreensão do estudante em seu processo de desenvolvimento.

Como tivemos oportunidade de verificar, nas considerações pedagógicas acima apresentadas, ele fez da *experiência* o núcleo central de sua proposta pedagógica para subsidiar o desenvolvimento das capacidades dos estudantes. A ele interessava o desenvolvimento do seu pensamento reflexivo, assim como de suas habilidades. Além disso, interessava a Dewey a vivência e a preparação do estudante para viver em uma sociedade democrática. Em síntese, interessava a formação dos estudantes para a cidadania.

Neste contexto, a avaliação da aprendizagem não poderia ser compreendida somente como uma oportunidade de verificação dos resultados diretos e imediatos das práticas de ensino para subsidiar a classificação dos estudantes nas categorias de aprovado e reprovado. De modo diverso desse entendimento, a avaliação necessitava – e necessita – ser entendida e praticada como subsidiária do próprio processo de ensinar e aprender, oferecendo ao professor base para sucessivas tomadas de decisão tendo em vista os fins de sua atividade de ensinar, com o objetivo de garantir a aprendizagem satisfatória por parte de todos os estudantes.

A avaliação, compreendida desta forma, não está comprometida com o entendimento comum que atravessa a prática escolar cotidiana em nosso meio social, voltada quase que exclusivamente para resultados de aprovação/reprovação.

A avaliação da aprendizagem em Dewey integra-se no fluxo do processo ensino-aprendizagem. Não é um apêndice a ser utilizado para a promoção, ou não, dos estudantes ao final de um período de ensino, seja ele mensal, bimensal, trimestral ou semestral, ou ainda anual. A avaliação, em seus entendimentos, assume o lugar de um componente pedagógico fundamental para o próprio processo de construção da aprendizagem e, em consequência, do desenvolvimento de cada um e de todos os estudantes.

Vale lembrar que, no contexto pedagógico proposto por Dewey, o professor tem um papel significativo no processo de ensino e, por consequência, na avaliação da aprendizagem, à medida que ele é o responsável pelas atividades de ensino e, nesse contexto, pelas práticas avaliativas. Do mesmo modo que os conteúdos têm uma

PARTE B – AVALIAÇÃO DA APRENDIZAGEM NAS PEDAGOGIAS DA ESCOLA NOVA

importância significativa para o ensino, as perguntas – no espaço da tomada da lição – devem estar articuladas com os referidos conteúdos e, até mesmo, devem criar as condições para que eles sejam assimilados e sistematizados de um modo orgânico.

Nas compreensões de Dewey, ensino e avaliação da aprendizagem são dois fatores integrados, ainda que distintos, e sempre a favor do sucesso da aprendizagem e do desenvolvimento dos estudantes. Para ele, a avaliação tem por objetivo subsidiar esse processo por intermédio da investigação da qualidade do aprendido. As perguntas e a direção da avaliação da aprendizagem, em Dewey, estão a serviço de estimular os estudantes a expressar seus entendimentos a respeito da realidade abordada em sala de aula, afinal, uma oportunidade de refinar a aprendizagem realizada. Ao responder às questões propostas por meio do instrumento de coleta de dados sobre a aprendizagem, o estudante, ao mesmo tempo, retoma e aprimora suas aprendizagens.

A posição de Dewey sobre avaliação da aprendizagem difere muito da posição comum de agir no sistema escolar vigente em nossos tempos e em nossas escolas. De fato, ele eliminou as provas e os exames como eram compreendidos e praticados no cotidiano escolar do seu tempo e como são compreendidos e praticados ainda hoje em nossas escolas. Ele fez da avaliação da aprendizagem um recurso subsidiário da ação educativa construtiva.

Dentro desta perspectiva, na Pedagogia Deweyana, a avaliação da aprendizagem tem por objetivo subsidiar decisões do educador, assim como do Sistema de Ensino, na perspectiva de oferecer suporte aos estudantes para a constituição de sua disciplina interna, incluindo aí a sua formação no que se refere aos conhecimentos, às habilidades e aos valores éticos e sociais.

Como lembra Mario Alighiero Manacorda, Dewey, entre os liberais, produziu uma proposta pedagógica potente e coerente, servindo-se, para tanto, dos recursos de uma situação histórica maturada em termos de compreensão de uma Filosofia de vida, da Pedagogia e das variadas práticas de ensino.

PARTE B – AVALIAÇÃO DA APRENDIZAGEM NAS PEDAGOGIAS DA ESCOLA NOVA

CONCLUSÃO DA PARTE B

AVALIAÇÃO DA APRENDIZAGEM ESCOLAR NA PEDAGOGIA DA ESCOLA NOVA

A Escola Nova significou uma guinada no que se refere ao modo de conceber e orientar as ações educativas escolares; seu foco foi propor e atuar para a formação dos estudantes, como sujeitos e como cidadãos por meio do ensino-aprendizagem ativos, usando o recurso lógico *indutivo*. Neste contexto, a avaliação da aprendizagem escolar, no âmbito da Escola Nova, também iria adquirir uma nova face.

A partir da abordagem que fizemos das propostas pedagógicas de Maria Montessori e de John Dewey, podemos chegar a algumas características da avaliação da aprendizagem na Escola Nova.

Em primeiro lugar, nas Pedagogias da Escola Nova, a avaliação é um recurso que subsidia decisões para a formação e desenvolvimento dos estudantes. O objetivo perseguido pela Escola Nova sempre fora desenvolver e formar os estudantes, através de uma aprendizagem ativa, dinâmica e indutiva, por meio de uma relação educador e estudante, onde este é assumido como figura central a partir da qual devem ser tomadas as decisões para a realização do processo educativo.

A avaliação da aprendizagem, nesse contexto teórico-prático, ganha o foro de um componente entre outros do processo pedagógico, diverso de uma atividade isolada e desvinculada dos procedimentos de ensinar-aprender. Então, no contexto pedagógico da Escola Nova, a avaliação serve de subsídio às decisões tanto do educador, como dos estudantes, no percurso do processo formativo; nunca

LIVRO I – AVALIAÇÃO DA APRENDIZAGEM ESCOLAR: DO PASSADO PARA O PRESENTE

exclusivamente à finalidade de julgamento de méritos, visando a aprovação ou reprovação nas séries escolares.

Em segundo lugar e em articulação com o aspecto anterior, a avaliação da aprendizagem na Pedagogia da Escola Nova faz parte do processo de ensinar-aprender. Enquanto no cotidiano escolar, usualmente, utilizamos as práticas avaliativas em separado do processo de ensino-aprendizagem, a Escola Nova entendeu, de modo epistemologicamente adequado, que a avaliação da aprendizagem faz parte desse próprio processo, subsidiando professor e estudantes a atingir a qualidade necessária prevista para as aprendizagens em curso. A avaliação – no âmbito teórico-prático da Escola Nova, tanto em Montessori como em Dewey, assim como em outros escolanovistas – constitui um elemento do processo de ensino e de aprendizagem e não algo à parte, que existiria por si mesmo e com um objetivo independente (aprovar/reprovar), como tem ocorrido na maior parte das vezes em nosso cotidiano escolar.

Dewey chegou a propor a avaliação como um recurso da aprendizagem através do uso metodológico da "tomada da lição", meio pelo qual os estudantes poderiam aprender a responder, a debater, a argumentar conteúdos, conviver socialmente e estabelecer o consenso como meio de decisão coletiva.

Em terceiro lugar, a avaliação da aprendizagem, segundo as propostas da Escola Nova, deve ser praticada com a autoridade do docente, mas não de modo autoritário. O professor é o responsável pela verificação e acompanhamento da aprendizagem dos estudantes e, por isso, com sua autoridade, deve dirigir tanto a avaliação, quanto, se necessária, a reorientação da aprendizagem, tendo por base os objetivos estabelecidos para o ensino. Não podemos nos esquecer que tanto Montessori quanto Dewey colocaram sob as responsabilidades do professor a direção da educação dos estudantes, com base em um plano ordenado de atividades. Em Montessori, a partir da ordenação do ambiente da sala de aula e da escola; em Dewey, a partir do plano de trabalho pedagógico a ser seguido pelo professor.

Em quarto lugar, na Escola Nova, a avaliação da aprendizagem exige cuidados especiais com os processos psicológicos dos estudantes, assim como com os próprios procedimentos da avaliação. Como a avaliação na prática educativa é assumida como uma investigação da qualidade dos resultados da ação para subsidiar decisões pedagógicas, ela exige, da parte do professor, atenção e cuidado com os processos psicológicos dos estudantes, tais como interesse e desinteresse, entrega e ansiedade, participação e ausência, segurança e medo, desenvoltura e inibição... As situações de avaliação visam a observar e obter dados sobre a qualidade das aprendizagens

PARTE B – AVALIAÇÃO DA APRENDIZAGEM NAS PEDAGOGIAS DA ESCOLA NOVA

dos estudantes, subsidiando oferecer-lhes recursos para superar dificuldades, caso elas estejam presentes, ou para aprofundar suas qualidades, assim como para subsidiar o processamento da própria aprendizagem; nunca como forma exclusiva de aprovar/reprovar.

Em síntese, a avaliação da aprendizagem na Escola Nova foi delimitada e posta em função de subsidiar o atendimento, o crescimento e o desenvolvimento dos estudantes, no processo de formação de suas capacidades, interesses e modos de agir; posta, pois, em função da formação dos estudantes pela atividade livre e construtiva. No que se refere à prática intraescolar, a avaliação da aprendizagem na compreensão daria Escola Nova expressa um modo satisfatório do uso da avaliação na vida escolar, à medida que coloca essa prática no seu devido lugar de subsidiária do processo ensino-aprendizagem.

Desse modo, na escolaridade, a promoção de uma série escolar para a subsequente se daria de forma natural, uma vez que o objetivo da ação pedagógica é o sucesso na aprendizagem por parte de todos; podem existir, sim – e certamente existirão –, pontos de estrangulamento que necessitarão ser superados com o suporte do educador. Neste caso, a avaliação da aprendizagem, como investigação da qualidade da realidade, subsidiará decisões construtivas, ou seja, decisões de investimento na aprendizagem satisfatória por parte de todos os estudantes. O modo de compreender, propor e praticar o ato pedagógico avaliativo no entendimento da Escola Nova está comprometido com seu modo de compreender a criança e o jovem enquanto seres humanos em desenvolvimento. Interessa, pois, utilizar a investigação avaliativa, assim como seus resultados, para subsidiar decisões a favor do desenvolvimento dos estudantes.

Importa, enfim, ter presente que as teorias pedagógicas da Escola Nova foram configuradas pela perspectiva da lógica *indutiva*, diversa da configuração assumida pelas Pedagogias Tradicionais, configuradas pela perspectiva da lógica *dedutiva*. Ambas são ativas, contudo, as Pedagogias da Escola Nova operando indutivamente e as Pedagogias Tradicionais dedutivamente.

Importa ter presente essa compreensão, tendo em vista evitar a afirmação de que as Pedagogias Tradicionais operam com uma prática decorativa dos conteúdos escolares e as Pedagogias da Escola Nova com uma prática compreensiva.

Em síntese, ambas as Pedagogias operam ativamente, sendo que as Tradicionais com um pano de fundo *lógico-dedutivo* e as Pedagogias da Escola Nova com um pano de fundo *lógico-indutivo*. Ambas ativas, ainda que por caminhos lógicos diversos.

AVALIAÇÃO DA APRENDIZAGEM
NA TECNOLOGIA EDUCACIONAL

INTRODUÇÃO À PARTE C

Nesta terceira parte do Livro I, trataremos da avaliação da aprendizagem em três autores no âmbito da Tecnologia Educacional: Ralph Tyler, Benjamin Bloom e Norman Gronlund. Na presente introdução à Parte C, nos dedicaremos a compreender a Tecnologia Educacional e o uso dos atos avaliativos no seu contexto teórico-prático.

1. A Tecnologia Educacional e sua emergência

A Tecnologia Educacional representa o movimento pedagógico contemporâneo que estabeleceu como seu objetivo orientar a educação sistematizada por meio da "modelagem do comportamento" dos estudantes, servindo-se, para tanto, de reforçadores externos, positivos e negativos[425].

A Tecnologia Educacional teve suas origens mais remotas na primeira metade do século XX, porém sua maturação e expansão deram-se predominantemente a partir

---

425   (N. A.) No decurso desta introdução e dos capítulos subsequentes nos serviremos da denominação historicamente constituída de Tecnologia Educacional, ainda que pudéssemos nos servir da denominação Tecnopedagogia, como, pessoalmente, fizemos por ocasião da elaboração de Tese pessoal de Doutoramento em Educação, no início dos anos 1990, cujo texto serve de base para a apresentação deste livro. O professor Dermeval Saviani, em seu livro *Escola e Democracia*, com várias edições pela Cortez Editora, SP, como, posteriormente, também pela Autores Associados, Campinas, SP, atribuiu ao movimento da Tecnologia Educacional a denominação de "Pedagogia Tecnicista". Tanto no texto da Tese pessoal de Doutoramento, como em outros escritos, consideramos mais adequado usar a denominação "Tecnopedagogia" para o mesmo movimento pedagógico. Todavia, para este livro, preferimos manter a denominação originária do referido movimento teórico-prático, Tecnologia Educacional, estabelecida no decurso dos anos 1950, 1960 e 1970.

PARTE C – AVALIAÇÃO DA APRENDIZAGEM NA TECNOLOGIA EDUCACIONAL

dos anos 1950. Seu objetivo fundamental, tendo por base a ciência e a tecnologia, foi garantir a eficiência nas atividades de ensino tendo como meta a obtenção dos resultados planejados nos procedimentos de formação dos estudantes.

A Tecnologia Educacional apresentou-se como uma técnica de planejar e executar o ensino e a aprendizagem de modo eficiente. Para melhor compreender essa afirmação, vamos nos servir da compreensão exposta por Clifton B. Chadwick, em seu livro *Tecnologia educacional e desenvolvimento curricular,* publicado no ano de 1980, onde afirmou:

> A tecnologia educacional tem sido analisada cuidadosamente nos últimos anos e, depois de muita discussão, chegou-se a um acordo geral sobre o significado do termo. Este significado é expresso por Gagné quando diz que a tecnologia educacional 'pode ser entendida como o desenvolvimento de um conjunto de técnicas sistemáticas e dos conhecimentos práticos que as acompanham, para planejar, testar e fazer funcionar as escolas como sistemas educacionais'[426].

Nessa aproximação ao conceito de Tecnologia Educacional não se encontra referência aos seus fundamentos filosófico-políticos. Desse modo, fica a parecer que ela seria somente um modo técnico de praticar o ensino. Contudo, a afirmação do autor não isenta a Tecnologia Educacional de ser uma proposição para a prática educativa contendo tanto fundamentos filosóficos-políticos e pedagógicos, como também metodológicos. Aparentemente estaria focada de maneira exclusiva na eficiência do ensino, através de recursos metodológicos[427].

Nesse contexto, importa ter ciência de que, no âmbito dos teóricos da Tecnologia Educacional, não se explicitou a concepção filosófico-política norteadora dos investimentos na formação dos estudantes, ainda que se saiba que, epistemologicamente, ela estava comprometida com o modelo eficientizante predominante na sociedade ocidental, vinculado ao modelo do capital.

---

426 Clifton B. Chadwick e Alicia Mabel Rojas, *Tecnologia Educacional e Desenvolvimento Curricular.* Rio de Janeiro, Associação Brasileira de Tecnologia Educacional, 1980, p. 6.

427 Todavia, o ensino, como todas as atividades humanas, está comprometido com um sentido filosófico-político. Para os teóricos atuantes na área das Ciências Humanas, não existe a possibilidade da neutralidade, desde que, até mesmo para afirmar-se neutro, um ser humano mantém uma filosofia; no caso, seria a "posição filosófica da neutralidade axiológica".

LIVRO I – AVALIAÇÃO DA APRENDIZAGEM ESCOLAR: DO PASSADO PARA O PRESENTE

Longinquamente, poderíamos dizer que a Tecnologia Educacional é filha do cartesianismo[428], visto que este previa a racionalização "do todo através de suas partes", de tal forma que as atividades, como partes de um todo, pudessem ser realizadas eficientemente. De modo mais próximo, sua fonte se encontra no taylorismo, sistema de organização do trabalho que tem por objetivo a racionalização da ação, tendo em vista garantir uma produção eficiente por parte dos trabalhadores[429]. Mais próxima e de maneira direta, a Tecnologia Educacional tem suas bases em três fontes: na teoria da aprendizagem behaviorista, na teoria de sistemas como compreensão orgânica do real e na cibernética como teoria do controle da comunicação.

Com esses três fundamentos, a Tecnologia Educacional ganhou sua forma mais conhecida em fins dos anos 1960 e início dos anos 1970, do século XX[430], oportunidade em que ela se alastrou pelo mundo, inclusive chegando ao Brasil, por meio de projetos para sua expansão, elaborados e executados por instituições universitárias e governamentais norte-americanas.

Então, a Tecnologia Educacional propôs modos eficientes de executar a prática de ensino, dando por admitido que os fundamentos filosóficos e políticos da educação já estavam definidos no seio da sociedade da qual ela faria a mediação educativa; razão pela qual seus teóricos não deram ênfase a esse componente da ação pedagógica. Importava, pois, exclusivamente estabelecer meios eficientes para executar o ensino de tal forma que produzisse os resultados efetivos desejados.

A Tecnologia Educacional, desde seu início, teve como meta a conquista da eficiência e da produtividade na aprendizagem dos estudantes no contexto da sociedade na qual viviam. Afinal, como a sociedade em geral, a indústria e outros meios de produção investiam em uma produtividade cada vez maior, a pedagogia não permaneu à margem desse projeto.

Para suas proposições, a Tecnologia Educacional recebeu heranças das pesquisas sobre o comportamento animal, assim como sobre o comportamento humano; heranças que lhe ofereceram base para o estabelecimento de recursos técnicos por meio dos quais se poderia formar os cidadãos. Em específico, no caso da educação

---

428   A racionalização da ação em Descartes está comprometida com a compreensão de que o todo está dividido "em partes separadas das outras partes" e, no caso, atuar em uma parte conduz à atuação em todas as partes.

429   A respeito disso, Dermeval Saviani, *Escola e Democracia*, São Paulo, Cortez Editora e Autores Associados, 1989, 22 ed., p. 23, diz o seguinte: "A partir do pressuposto da neutralidade científica e inspirada nos princípios da racionalidade, eficiência e produtividade, essa pedagogia advoga a reordenação do processo educativo de maneira a torná-lo objetivo e operacional. De modo semelhante ao que ocorreu com o trabalho fabril, pretende-se a objetivação do trabalho pedagógico".

430   Samuel Pfromm Netto, *Tecnologia da educação e comunicação de massa*. São Paulo, Livraria Pioneira Editora, 1976, p. 3-6.

PARTE C – AVALIAÇÃO DA APRENDIZAGEM NA TECNOLOGIA EDUCACIONAL

escolar, direcionar e controlar a conduta dos estudantes na perspectiva de formar profissionais necessários para o contexto social dominante.

Em seu livro, *Tecnologia do Ensino,* B. F. Skinner registrou que "ensinar é simplesmente arranjar contingências de reforço"[431] que pudessem dar forma à conduta dos estudantes segundo um padrão preestabelecido como adequado, denominado de comportamento final. Mais que isso, Skinner congratulou-se com os avanços da ciência e da tecnologia que descobriram meios de controlar a conduta humana de modo eficiente[432]. Servindo-se dessas compreensões teórico-práticas, a seu ver, o ensino entraria na era da produtividade.

Entre os anos 1970 e 1990, foram múltiplas as análises dos vínculos entre Tecnologia Educacional e a expansão do capitalismo transnacional. Nas páginas que se seguem, neste livro, não nos dedicaremos à essa questão, mas somente aos recursos metodológicos propostos para a avaliação da aprendizagem por autores que, de alguma forma, estavam vinculados a essa corrente pedagógica.

Do ponto de vista da compreensão conceitual e metodológica da avaliação da aprendizagem, assunto que nos interessa diretamente neste livro, a Tecnologia Educacional cuidou de sua compreensão e proposição. Ainda que possamos discordar do pano de fundo filosófico-político admitido como natural pelos autores que representam esse movimento educacional, podemos aprender com eles a respeito do uso dos recursos *metodológicos* para a prática da avaliação da aprendizagem, sem necessariamente compactuar com suas proposições político-sociais. Faremos isso, abordando as contribuições dos autores citados nesta introdução.

2. Avaliação da aprendizagem escolar na Tecnologia Educacional

Dentro de sua perspectiva de produzir eficientemente os resultados do ensino pelo controle de reforços positivos, a Tecnologia Educacional cuidou da operacionalização das ações a serem praticadas. Um desses cuidados foi com a avaliação da aprendizagem enquanto recurso subsidiário da obtenção da qualidade desejada, com foco nos resultados decorrentes dos atos de ensinar e aprender.

---

431   B. F. Skinner, *Tecnologia do Ensino,* op. cit., p. 4.

432   *Idem.,* p. 9: "Recentemente, algum avanço promissor foi feito no terreno da aprendizagem. Técnicas especiais foram concebidas para arranjar o que é chamado de contingências de reforço – as relações que prevalecem entre, por um lado, o comportamento e, por outro, as consequências deste comportamento cujo resultado tem sido um controle muito mais eficaz do comportamento".

LIVRO I – AVALIAÇÃO DA APRENDIZAGEM ESCOLAR: DO PASSADO PARA O PRESENTE

No contexto da Tecnologia Educacional, foram muitos os pesquisadores que se debruçaram sobre a questão da avaliação, especialmente nos Estados Unidos da América. Até os anos 1950, eram poucos os estudos sobre essa temática; posterior a esse marco histórico, eles se expandiram exponencialmente. A respeito desse fato, James Popham, no livro *Avaliação educacional*, registrou de forma sintética sua percepção desse fato: "Os historiadores educacionais que se dispuserem a recapitular a frequência com a qual as avaliações educacionais formais foram conduzidas antes da metade deste século estão condenados mais a procurar do que a encontrar. Mas a partir do início dos anos cinquenta, pelo menos nos Estados Unidos, ocorreram desenvolvimentos que levaram a um interesse florescente pela avaliação educacional"[433].

Importa ter presente que Popham, na citação acima, não estava se referindo diretamente à avaliação da aprendizagem, mas, de modo especial, à avaliação de Programas Educacionais. Entendia ele que o movimento acentuado de estudos e de produção de modelos teórico-administrativos para a prática da avaliação nasceu das necessidades de avaliação dos Programas Educacionais, decorrentes das exigências do decreto *Elementary and Secondary Education Act*, do Congresso Nacional Norte-americano, publicado no ano de 1965, que destinava grandes quantidades de recursos federais a órgãos dedicados à educação.

Temendo que os efeitos de tal oferta de recursos pudessem ser mais negativos do que positivos para o Sistema de Ensino, foram incluídas nesse documento exigências de investigação avaliativa obrigatória que pudessem dar um *feedback* ao governo federal norte-americano a respeito dos resultados decorrentes do uso desses recursos alocados para a educação. Ajuizou, então, Popham que, frente ao dinheiro disponibilizado, mas também frente às exigências legais, "os educadores rapidamente mudaram suas atitudes de avaliação do domínio da retórica para o da realidade"[434]. E, de modo espirituoso, acrescentou que – de um lado, diante das exigências legais e, de outro, dos frágeis exercícios da avaliação praticados naquele momento histórico –, "todos descobriram que o poço de perícia avaliatória entre os educadores da nação assemelhava-se a um atoleiro ao invés de a um oceano"[435]. Essa situação, no ver do autor, proporcionou o estímulo principal para que o fenômeno da avaliação se transformasse rapidamente em um campo de estudo em expansão[436].

---

433 W. James Popham, *Avaliação Educacional*, Porto Alegre, Editora Globo, 1983 (a edição norte-americana deste livro é de 1975), p. 3.

434 *Idem.*, p. 6.

435 *Idem.*, p. 6.

436 *Idem.*, p. 6.

PARTE C – AVALIAÇÃO DA APRENDIZAGEM NA TECNOLOGIA EDUCACIONAL

Segundo ele, o grande salto teórico a respeito da fenomenologia da avaliação em educação teve seu marco no ano de 1967, quando muitos pesquisadores, tanto nos Estados Unidos como em outros países, se dedicaram a essa temática. A seu ver, os autores que mais determinaram esses estudos nesse período foram Michael Scriven[437] e Robert E. Stake[438].

A partir desse ano, muitos modelos passaram a ser construídos, para a orientação e desenvolvimento de práticas avaliativas no âmbito da educação[439]. Instalou-se, então, a era da avaliação educacional como uma especialidade e múltiplos foram os modelos operacionais elaborados e divulgados. Emergiram modelos mais viáveis, como também menos viáveis; mais complexos como mais simples.

Popham, com uma espirituosidade que lhe era própria, deixou claro que os modelos foram criados e utilizados por aqueles que buscavam uma orientação para suas necessidades de proceder avaliação; contudo, a avalanche de modelos chegou às raias do preciosismo inútil[440] .

Contudo, a quase totalidade desses modelos estava voltada para a avaliação de Programas Educacionais ou de Sistemas de Ensino que compunham a problemática imediata, decorrente das exigências governamentais naquele momento histórico, tendo como objetivo demonstrar que os recursos federais, nos Estados Unidos, estavam produzindo os efeitos prometidos e desejados.

Em função desse fato, a avaliação da aprendizagem do estudante individual não teve atenção equivalente. Nem mesmo os autores dos modelos criados para a avaliação de projetos estavam diretamente interessados na temática da avaliação da aprendizagem individual dos estudantes, ainda que seus modelos pudessem ser – como efetivamente foram – aplicados à área do ensinar-aprender.

---

437   Michael Scriven, "The Metodology of Evaluation". *In*: R. E. Stake, Perspectives of Curriculum Evaluation, Chicago, Rand McNally, 1967.

438   R.E. Stake, *The Countenance of Educational Evaluation*. Teachers College Record, (68):523– 540

439   James Popham diz, em seu livro *Avaliação educacional*, p. 22: "Desde 1967, temos visto um número notável de teóricos exibirem suas ideias do que se compreende na avaliação e como ela deveria ser conduzida".

440   *Idem.*, p. 29: "Vários dos modelos são suficientemente complicados para arrancar aplausos até mesmo de um construtor de labirinto esquizoide. Outros usaram tanto jargão que quase desafiaram a compreensão, pelo menos para os que não tenham um pequeno curso de distorção de vocabulário. Mas mesmo com os seus defeitos, os modelos existentes atualmente oferecem várias escolhas diferentes para o avaliador educacional".

3. Autores tratados na Parte C deste Livro I

Para a compreensão da avaliação da aprendizagem no âmbito da Tecnologia Educacional, como já sinalizamos no início desta introdução, escolhemos três autores que representam bastante bem o seu tratamento. Nos capítulos que se seguem, o leitor se defrontará com estudos relativos aos seguintes autores:

- em primeiro lugar, trabalharemos com Ralph W. Tyler, que está na origem das proposições a respeito da avaliação dentro da perspectiva tecnopedagógica, sendo seu pioneiro, com atividades na área desde 1930 até seu falecimento em 1994;

- em segundo lugar, com Benjamin Bloom, psicólogo e educador norte-americano que desenvolveu pesquisas no período em que a Tecnologia Educacional começava a florescer, anos 1950 e 1960, tendo aprofundado as proposições de Ralph Tyler e, posteriormente, constituído as conhecidas *"Taxonomias de objetivos educacionais"*, assim como um Manual contendo orientações tanto teóricas como práticas a respeito da avaliação da aprendizagem escolar;

- por último, trabalharemos com Norman E. Gronlund, especialista em Medidas Educacionais, que, retomando as *Taxonomias de Objetivos Educacionais* elaboradas por Benjamin Bloom, já nos anos 1970 abordou a avaliação da aprendizagem escolar, servindo-se de múltiplos resultados de pesquisas e discussões, tanto de especialistas da Tecnologia Educacional, como de especialistas de outros estudos a respeito da avaliação educacional.

Desse modo, acreditamos cobrir a compreensão da Tecnologia Educacional sobre avaliação da aprendizagem por meio de uma sequência de autores que se sucederam temporalmente e refinaram tanto as compreensões teóricas como os encaminhamentos técnicos referentes à essa prática educacional. Partiremos de uma visão experimental mais clássica, com Ralph Tyler, e chegaremos a uma visão tecnopedagógica mais sofisticada com base no desenvolvimento da psicologia do comportamento, com Benjamin Bloom e Norman Gronlund.

Importa ter presente que esses autores configuraram a avaliação da aprendizagem como um recurso pedagógico necessário à obtenção dos resultados desejados. A avaliação foi assumida entre eles como um recurso subsidiário de decisões a favor do sucesso do projeto de ensino, a serviço do qual ela estava posta.

PARTE C – AVALIAÇÃO DA APRENDIZAGEM NA TECNOLOGIA EDUCACIONAL

CAPÍTULO 6

AVALIAÇÃO DA APRENDIZAGEM EM RALPH TYLER

Conteúdo do capítulo – **1.** Ralph Tyler e seu pioneirismo nas proposições sobre avaliação da aprendizagem, p. 282; **2.** Avaliação da aprendizagem em Ralph Tyler, p. 284; **2.1.** Compreensão e estrutura da avaliação da aprendizagem, p. 284; **2.2.** Procedimentos para a avaliação da aprendizagem, p. 288; **2.3.** Uso dos resultados da avaliação da aprendizagem, p. 292; **3.** Concepção pedagógica, desenvolvimento curricular e avaliação em Ralph Tyler, p. 293; **3.1.** Necessidade de metas definidas e suas fontes, p. 293; **3.2.** Filosofia da Educação e Psicologia da Aprendizagem como recursos a serem utilizados na seleção de objetivos educacionais, p. 296; **3.3.** Modo de expressão dos objetivos educacionais, p. 298; **3.4.** Formulação bidimensional dos objetivos educacionais, sua organização e uso, p. 299; **3.5.** Em síntese, p. 301; **4.** Avaliação da aprendizagem e concepção pedagógica em Ralph Tyler, p. 301.

LIVRO I – AVALIAÇÃO DA APRENDIZAGEM ESCOLAR: DO PASSADO PARA O PRESENTE

1. Ralph Tyler e seu pioneirismo nas proposições sobre avaliação da aprendizagem

O norte-americano Ralph Tyler nasceu em 22 de abril de 1902, em Chicago, Illinois, e faleceu em 18 de fevereiro de 1994, em San Diego, Califônia. Considerado o pioneiro sistematizador da avaliação aprendizagem, coube a ele proceder uma sistematização dessa área de atuação educacional a partir de objetivos traçados em forma de comportamentos observáveis.

O próprio Tyler, em um artigo publicado em 1983, na coletânea *Evaluation Models: viewpoints on educacional and human services evaluation* (Modelos de Avaliação: pontos de vista sobre avaliação educacional e sobre serviços humanos), coordenada por George Madaus, Michael Scriven e Daniel L. Stufflebeam, deixou claro que, ao longo de sua atividade de pesquisador e escritor na área educacional, produziu dois ordenamentos: um, relacionado às atividades de avaliação, publicado em 1934 sob o título *Constructing Achievement Tests* (Construindo testes de desempenho) e outro, relacionado aos estudos sobre currículo, utilizado para seus cursos na Universidade de Ohio, publicado em forma mimeografada, no ano de 1945, e em forma de livro, em 1949, sob o título *Basic Principles of Curriculum and Instruction*, traduzido no Brasil sob o título *Princípios básicos de currículo e ensino*[441].

A importância de Tyler para a concepção e compreensão da avaliação da aprendizagem é reconhecida por renomados pesquisadores norteamericanos da área, tais como, Madaus, Stufflebeam e Scriven. Esses três pesquisadores, de modo conjunto, elaboraram uma periodização da história da avaliação em educação nos Estados Unidos e denominaram o período que vai de 1930 a 1945 de "Período Tyleriano", homenageando o autor, em um artigo intitulado "Program Evaluation: a historical overview" (Avaliação de Programa: uma visão geral histórica). Afirmaram eles que "Ralph W. Tyler teve enorme influência sobre a educação em geral e em particular sobre a avaliação e provas. Ele é denominado muitas vezes, muito apropriadamente, como o pai da avaliação educacional"[442].

---

441   Ralph W. Tyler, "A Rationale for Program Evaluation", in George Madaus, Michael Scriven, Daniel L. Sutfflebeam, *Evaluation Models: viewpoints on educational and human services evaluation*, Boston, Kluwer-Nijhoff Publishing, 1983, p. 67. O livro *Basic Principles of Curriculum and Instruction* foi traduzido no Brasil pela Editora Globo, Porto Alegre, RS, sob o título *Princípios básicos de currículo e ensino*, 1973.

442   George F. Madaus, Daniel Stufflebeam, and Michael S. Scriven, op. cit., p. 8: "Ralph Tyler has had enormous influence on education in general and educational evaluation and testing in particular. He is often referred to, quite properly we feel, as the father of educational evaluation".

PARTE C – AVALIAÇÃO DA APRENDIZAGEM NA TECNOLOGIA EDUCACIONAL

Esses autores afirmaram que Tyler foi o cunhador da denominação "avaliação da aprendizagem" para designar as atividades de aferição dos resultados conquistados pelos estudantes no processo ensino-aprendizagem. O próprio Tyler confirmou essa versão, ao dizer que "anterior ao uso do termo avaliação, que fiz em 1930, os termos comuns para apreciar a aprendizagem foram *examinar* e *testar*"[443].

Assim sendo, os entendimentos de Ralph Tyler a respeito da prática da avaliação em educação, como a concebemos hoje, marcam o ponto de partida histórico dessa área de conhecimentos; visão assumida, posteriormente, pela Tecnologia Educacional, no seio da qual passou a ser conduta básica frente à sua proposta de investir na obtenção de resultados eficientes em decorrência das atividades de ensino.

Vale ressaltar que os estudos e as proposições de Ralph Tyler não se restringem à fenomenologia da avaliação da aprendizagem; eles abrangem tanto a concepção de educação em geral como a prática do ensino. Vale também sinalizar que Tyler assumiu explicitamente a avaliação como uma prática a serviço da eficiência na busca de resultados efetivos nas atividades de ensinar-aprender, como veremos no decurso do presente capítulo. Nesse sentido sua proposição, nos anos 1930, fora: 1) ensine aos estudantes algum conteúdo a ser aprendido; 2) investigue a qualidade do aprendido; 3) caso a aprendizagem tenha sido realizada de modo satisfatório, ótimo; seguir em frente; 4) caso a aprendizagem tenha se apresentado com qualidade insatisfatória, deve-se ensinar de novo. Prescrição simples, direta, e, sem sombra de dúvidas, eficiente.

Em sua obra, publicada em 1949 – *Princípios básicos de currículo e ensino* – dedicada ao desenvolvimento do currículo, propôs um direcionamento para a ação dos educadores no tocante à prática curricular que expressava mais uma introdução ao "modo de agir" do que uma síntese doutrinária que tivesse por base uma filosofia e uma política educacionais. Característica que, em geral, pertence às proposições estabelecidas no âmbito da Tecnologia Educacional, à medida que estão voltadas de modo predominante para as questões de "como fazer" o ensino de modo eficiente.

As indicações expostas por Ralph Tyler, em sua obra sobre currículo, expressam as características de uma normatização para a ação, como poderemos verificar na exposição que se segue.

---

443   Ralph Tyler, "A Rationale for Program Evalution", *In* Madaus, Scriven, Stufflebeam, op. cit., p. 75: "Prior to my use of the term evaluation in 1930, the common terms for appraisal of learning were *examining and testing*".

2. Avaliação da aprendizagem em Ralph Tyler

2.1. Compreensão e estrutura da avaliação da aprendizagem

No livro *Princípios básicos do currículo e ensino*[444], há um capítulo sobre avaliação da aprendizagem, considerando-a como um dos elementos fundamentais do planejamento e da execução do processo de ensino, uma vez que ela permite controlar se os estudantes adquiriram, ou não, de modo eficiente os conhecimentos e habilidades ensinados[445]. A investigação avaliativa revela a conquista, ou não, dos resultados desejados. Em caso positivo, ótimo; em caso negativo, novas decisões devem ser tomadas para a conquista desses referidos resultados.

A *primeira característica* dos procedimentos da avaliação da aprendizagem, para Tyler, refere-se ao fato de que tais procedimentos devem estar centrados na *verificação do atendimento dos objetivos previamente traçados* como guias para a ação a ser executada.

O objetivo fundamental do processo de avaliação é, então, verificar se os resultados desejados estão sendo atingidos. Mais do que verificar se estão sendo atingidos, importa verificar se os resultados planejados *estão sendo efetivamente construídos*, desde que o que se quer é a efetividade dos resultados em conformidade com o planejado. A avaliação, como investigação da qualidade da realidade, revela, no caso, ao educador a qualidade dos resultados decorrentes de seus investimentos no ensino.

Como um comportamentalista, em termos de teoria da aprendizagem, Tyler desejava que os resultados do ensino se dessem através da *modelagem dos comportamentos* dos estudantes; daí, sua proposição para a avaliação como um recurso investigativo tendo em vista verificar se as modificações comportamentais desejadas estavam se processando, fator que viabilizaria o controle sobre a eficiência dos programas. Em suas palavras:

> O processo de avaliação consiste essencialmente em determinar em que medida os objetivos educacionais estão sendo realmente alcançados pelo programa de currículo e ensino. No entanto, como os objetivos educacionais são essencialmente mudanças em seres humanos, – em outras palavras, como os objetivos

---

444 *Basic Principles of Curriculum and Instruction*, Chicago, University of Chicago Press, 1949, traduzido no Brasil no ano de 1973.

445 *Princípios Básicas de Currículo e Ensino*, p. 97, diz Tyler: "Uma vez que acabamos de considerar as operações envolvidas na seleção e organização de objetivos educacionais e na seleção e organização de experiências de aprendizagem, talvez pareça que tenhamos completado a nossa análise do desenvolvimento do currículo. Se bem que as fases de que tratamos até agora forneçam os planos para o trabalho cotidiano da escola; elas não completam o ciclo do planejamento. *A avaliação é também uma operação importante no desenvolvimento do currículo*". (N. A.) Grifos nossos.

PARTE C – AVALIAÇÃO DA APRENDIZAGEM NA TECNOLOGIA EDUCACIONAL

visados consistem em produzir certas modificações desejáveis nos padrões de comportamento dos estudantes –, *a avaliação é o processo mediante o qual se determina o grau em que essas mudanças de comportamento estão realmente ocorrendo*[446].

A *segunda característica* da avaliação da aprendizagem, no contexto da concepção tyleriana, que complementa a anterior, é o uso do modelo de investigação com *medida antes e depois*, tomado da pesquisa experimental, com um único grupo, almejando o controle da variável denominada experimental. Ou seja, no caso do ensino, esse modelo de investigação avaliativa exige que se proceda uma medida "antes" da introdução de algum procedimento de ensino, tomado como variável experimental, e uma medida "depois" para verificar os efeitos desse procedimento no comportamento dos estudantes.

Tyler não propôs, no caso da avaliação da aprendizagem, a utilização de todos os procedimentos metodológicos de controle das variáveis intervenientes, como ocorre na pesquisa experimental, porém, deixou explícito que, em linhas gerais, o modelo que propôs para a prática da avaliação da aprendizagem é o experimental.

Para verificar se, efetivamente, as mudanças planejadas estavam ocorrendo no estudante, o autor considerou ser necessário mais de um momento de prática de avaliação no decorrer de um percurso de ensino e aprendizagem. Um momento único de investigação avaliativa, ao final de uma intervenção pedagógica – como vinha, e vem sendo praticado no cotidiano escolar – não permitiria saber se houve, ou não, modificação nas condutas propostas pelo ensino como metas de aprendizagem a serem atingidas por parte dos estudantes. Sem esse parâmetro da "medida antes" e "medida depois", não haveria como saber qual teria sido a possível mudança de conduta entre o início e o final de um determinado procedimento de ensino.

Então, para Tyler, na prática da avaliação no ensino, há necessidade de pelo menos dois momentos de investigação, um "antes" do processo de ensino, como diagnóstico das condutas dos estudantes em relação ao conteúdo a ser ensinado e aprendido, e um "depois" desse referido processo, com o objetivo de verificar as mudanças ocorridas em sua aprendizagem[447].

---

446   *Idem.*, p. 99. (N. A.) Grifo nosso.

447   *Idem.*, p. 99: "É claro, portanto, que uma avaliação educacional envolve pelo menos duas apreciações – uma na fase inicial do programa educacional e outra em alguma ocasião posterior, de modo que a mudança possa ser medida".

LIVRO I – AVALIAÇÃO DA APRENDIZAGEM ESCOLAR: DO PASSADO PARA O PRESENTE

Além dessas duas oportunidades, "antes e depois dos procedimentos de ensino", segundo Tyler, seria preciso estabelecer *um terceiro ponto de investigação avaliativa* com o objetivo de verificar aqueles comportamentos que não seriam modificáveis no espaço de um curto período de ensino-aprendizagem nem no decorrer de um ano letivo, assim como para verificar a permanência dos comportamentos adquiridos ao longo do tempo após a conclusão da formação acadêmica propriamente dita[448]. Nesse contexto, propôs também uma "avaliação de seguimento" relativo à permanência das condutas aprendidas.

O modelo de "medida antes e depois", acrescido do acompanhamento posterior à realização das práticas pedagógicas escolares, ofereceria ao Sistema de Ensino e, pois, à sociedade, um subsídio para dar direção à vida individual dos estudantes, com consequentes repercuções para a coletividade. No ver dos profissionais da Tecnologia Educacional em geral, a ação pedagógica seria direta e quase que de mão única: do Sistema de Ensino para os estudantes e para a sociedade. O papel da ação pedagógica seria, então, no caso, compreendida segundo uma única direção, do Sistema de Ensino para os estudantes.

O *terceiro aspecto* importante do entendimento de Ralph Tyler a respeito dos procedimentos da avaliação da aprendizagem estava comprometido com o leque de instrumentos úteis para a coleta de evidências comportamentais observáveis. Aqui, ele abriu um espaço novo, propondo a ultrapassagem dos limites dos testes de lápis e papel.

Admitiu que os testes de lápis e papel não eram os únicos nem os melhores instrumentos para a coleta de evidências a respeito das condutas aprendidas por parte dos estudantes. A seu ver, eles constituíam *um* tipo de instrumento a ser utilizado, mas não os únicos, já que as possibilidades de manifestação de condutas adquiridas por parte dos estudantes eram múltiplas. Para Tyler, existiam outras possibilidades de coletar evidências a respeito das mudanças de comportamento por parte dos estudantes. A respeito disso, afirmou:

> Toda evidência válida sobre comportamentos desejados como objetivos educacionais fornece um método apropriado de avaliação[;] é importante reconhecer isto, pois muitas pessoas consideram a avaliação como sinônimo de testes de lápis e papel.

---

448 *Idem.*, p. 99-100: "Algumas escolas e faculdades estão realizando estudos de seguimento sobre os seus graduados, a fim de obterem novos dados quanto à permanência ou impermanência das aprendizagens que possam ter sido adquiridas durante o tempo que esses jovens passaram na escola. Essa é uma parte bastante valiosa do programa de avaliação".

PARTE C – AVALIAÇÃO DA APRENDIZAGEM NA TECNOLOGIA EDUCACIONAL

É verdade que esses testes oferecem um procedimento praticável para se obter evidências sobre vários tipos de comportamentos do estudante. (...) Há, contudo, muitas outras espécies de comportamentos desejados que representam objetivos educacionais e que não são facilmente avaliados mediante testes de lápis e papel. (...)

Qualquer meio de obter dados sobre as espécies de comportamento representadas pelos objetivos educacionais da escola ou faculdade é um procedimento apropriado de avaliação[449].

Nesse contexto, o autor lembra que a observação, as entrevistas, os questionários, os resultados de atividades práticas, os registros relativos ao andamento do estudante em seus estudos e aprendizagens, os registros de livros retirados da biblioteca, os cardápios usados na lanchonete, as fichas médicas etc. são, no seu ver, recursos possíveis para a coleta de dados para a investigação avaliativa, no caso, do estudante como um todo.

A respeito desses recursos investigativos, afirmou que: "Tudo isso ilustra o fato de existirem muitas maneiras de obter dados sobre mudanças de comportamento e mostra que, quando falamos de avaliação, não temos em mente um método único, nem dois ou três métodos particulares de avaliar"[450].

Vale ainda a observação de que, no ver de Tyler, a *amostragem* é um elemento importante nos procedimentos de avaliação, tanto no que se refere aos comportamentos dos estudantes, considerados individualmente, como no que se refere ao grupo de estudantes em uma prática avaliativa geral do currículo escolar. A amostragem é considerada por ele como uma técnica fundamental a ser utilizada em um processo de avaliação com grande número de estudantes, pois reduz a quantidade de informantes, certamente com segurança estatística suficiente.

Do ponto de vista da avaliação do estudante individual, Tyler afirmou ser possível "inferir o desempenho característico de uma pessoa apreciando sua reação a uma amostra de situações em que se acha envolvida essa reação"; e, do ponto de vista da avaliação de currículo, a amostragem pode ser usada na "apreciação da eficácia de experiências curriculares proporcionadas a um grupo de estudantes"[451].

---

449   *Idem.*, p. 100 e 101. (N. A.) Paragrafação do texto original modificada para melhor compreensão do exposto.

450   *Idem.*, p. 101.

451   *Idem.*, p. 102.

2.2. Procedimentos para a avaliação da aprendizagem

Quanto aos procedimentos para a prática da avaliação da aprendizagem, Tyler definiu, *em primeiro lugar,* a necessidade da definição clara dos objetivos educacionais, o que implica que os comportamentos finais a serem obtidos devem estar claramente definidos. Afirmou ele que "o processo de avaliação começa pelos objetivos do programa educacional"[452].

Os objetivos, afinal, expressam os parâmetros básicos, seja como orientação para a ação educativa, quanto para a qualidade dos resultados a serem obtidos. Então, por isso mesmo, ao lado de subsidiarem os atos de ensinar, eles subsidiam os atos avaliativos como parâmetros da qualidade a ser atingida nos resultados decorrentes dos programas propostos e executados.

Os objetivos, portanto, no ver do autor, devem servir, de um lado, como guias para orientar a ação pedagógica, e, de outro, como parâmetros de qualidade para ajuizar os resultados obtidos. Em síntese, os objetivos guiam todas as atividades humanas, como também as atividades pedagógicas e, por isso, base para os atos de investigação avaliativa.

Nesse contexto de compreensão, o *primeiro procedimento fundamental* para proceder a avaliação da aprendizagem, nas formulações de Tyler, é balizar a investigação avaliativa nos objetivos estabelecidos como guias para o ensino. Para subsidiar esse papel, os objetivos do ensino necessitam ser elaborados de forma precisa, levando-se em conta duas dimensões: de um lado, os comportamentos esperados (desenhar, escrever, caracterizar etc...) e de outro, os conteúdos ("desenhar o quê"; "escrever o quê" e "escrever como" etc...), e com qual qualidade.

Sem objetivos especificamente definidos, não haveria como proceder tanto o ensino como a avaliação da aprendizagem, uma vez que eles são os guias que orientam a modelagem dos comportamentos novos e servem de parâmetro para aquilatar a qualidade – positiva ou negativa – das condutas adquiridas em decorrência da ação pedagógica[453].

---

452   *Idem.,* p. 102.

453   *Idem.,* p. 106, afirmou Tyler: "Presume-se, é claro, que esses 'objetivos comportamentais' já foram claramente definidos pelo elaborador de currículo. (...). Se ainda não foram assim definidos, é indispensável que o sejam a fim de fazer-se uma avaliação, pois, a menos que se tenha uma concepção nítida da espécie de comportamento implicada pelos objetivos, não há meio de precisar o tipo de comportamento a ser buscado nos estudantes para saber-se até que ponto esses objetivos estão sendo alcançados. Isso significa que o processo de avaliação pode forçar pessoas que não clarificaram previamente os seus objetivos a um novo processo de clarificação".

PARTE C – AVALIAÇÃO DA APRENDIZAGEM NA TECNOLOGIA EDUCACIONAL

O *segundo procedimento* no processo de investigação da qualidade da aprendizagem, no ver de Tyler, é estabelecer as situações nas quais os estudantes poderão manifestar os comportamentos necessários para demonstrar se aprenderam – ou não – o conteúdo ensinado. Para tanto, é preciso que o avaliador identifique as situações nas quais os estudantes poderiam manifestar as condutas desejadas, de tal forma que se possa verificar se efetivamente adquiriram o determinado comportamento desejado. Nesse contexto metodológico, importa ainda, para o autor, ter presente as circunstâncias oferecidas no momento do ensino, uma vez que o que se deseja investigar é se o estudante aprendeu *aquilo que fora ensinado, da forma como fora ensinado e no contexto em que fora ensinado*. Se essas variáveis não estiverem presentes na investigação avaliativa, não haverá como ter ciência se a aprendizagem se dera, ou não, em conformidade com o ensinado[454].

Por vezes, pode ser difícil encontrar, no exercício da investigação avaliativa, a configuração adequada da situação que possa revelar, de modo efetivo, se o estudante adquiriu, ou não, uma nova conduta; mas, sem essa configuração, segundo Tyler, não há como praticar a avaliação da aprendizagem.

Segundo seu entendimento, esse princípio é bastante simples, mas nem sempre fácil de ser realizado; por isso, o professor deverá diversificar a busca de situações que evoquem as condutas necessárias para identificar se o comportamento desejado foi modelado na conduta do estudante. Nesse contexto, é evidente que importa ter presente as circunstâncias de ensino-aprendizagem utilizadas na prática educativa realizada, não outras. Os estudantes só poderão efetivamente apresentar resultados caso sua aprendizagem seja investigada frente às circunstâncias postas a eles no momento do ensino. Nem mais fácil, nem mais difícil, nem mais simples, nem mais complexa. Simplesmente circunstâncias equivalentes às vividas e praticadas no momento do ensino.

Com esses dois elementos definidos – objetivos e conteúdo das condutas a serem aprendidas com seus respectivos padrões de qualidade –, chega-se, então, ao *terceiro procedimento* necessário à prática da avaliação da aprendizagem, que é selecionar ou construir instrumentos de coleta de dados para a prática da investigação avaliativa.

---

454 (N. A.) Há bons dez anos, passei por uma cirurgia de catarata. O oftalmologista que realizou a cirurgia o fez em sete minutos. Em momento posterior, indaguei sobre sua habilidade. Disse-me que era o treinamento. Além de investir na área de Oftalmologia, enquanto estudante de Medicina, fizera residência universitária nessa área e, posteriormente, fizera um curso específico para formação de cirurgião especializado em catarata. O professor que o acompanhou nessa última etapa autorizou-o a ser um cirurgião de catarata após 600 cirurgias assistidas por ele. Então, uma habilidade é constituída pela compreensão e exercitação.

289

Os instrumentos disponíveis no mercado, segundo Tyler, devem ser estudados com o objetivo de verificar até que ponto podem servir aos propósitos do ensino praticado. Por vezes, os instrumentos disponíveis não são satisfatórios para atender às necessidades específicas que o professor tem no seu processo de ensinar; daí, então, emerge a necessidade de elaborar instrumentos adaptados às circunstâncias da atividade específica que se encontra em curso.

Elaborar um instrumento sofisticado de coleta de dados pode apresentar dificuldades excessivas para o professor em seu cotidiano escolar, porém o professor poderá elaborar instrumentos que satisfaçam suas necessidades e com as características de coleta de dados segundo parâmetros da metodologia científica.

Para garantir esse aspecto, os professores necessitam controlar a qualidade dos instrumentos que elaboram pela *testagem prévia*; e, para realizar essa tarefa, devem servir-se dos parâmetros epistemológicos próprios de um instrumento de coleta de dados para a investigação. E, ainda, para proceder essa qualificação dos instrumentos de coleta de dados sobre o desempenho dos estudantes, importa que se leve em conta os *procedimentos de testagem* de instrumentos em pesquisas científicas. Nem sempre os instrumentos de coleta de dados que elaboramos preenchem nossas necessidades na coleta de dados, daí a importância de testá-los previamente ao seu uso efetivo.

Em *quarto lugar*, o professor deverá criar "um meio de obter [e manter] um registro do comportamento dos estudantes nessa situação de teste"[455]. Não se pode perder dados, é preciso reter todos eles com a melhor fidelidade possível. Essa memória pode ser registrada de diversos modos, tais como: registro através de lápis e papel, registro através da gravação em áudio, registro através de uma filmagem dos movimentos (hoje, seria o *tape*), registro através de uma lista de condutas a serem marcadas com um sinal gráfico... Enfim, o ato final da coleta de dados na investigação avaliativa é um registro das condutas adquiridas por parte dos estudantes. Nesse contexto, importa que o professor decida qual é o melhor recurso a ser utilizado para o registro dos resultados obtidos pelo estudante.

Em *quinto lugar*, há necessidade de "sumariar ou aquilatar a qualidade dos comportamentos obtidos". Tyler deixou claro que – mais importante que o modo de expressar sinteticamente os resultados obtidos pelo estudante em um procedimento avaliativo – é interpretar a qualidade da sua aprendizagem e a consequente qualidade do desenvolvimento de suas condutas em relação aos objetivos previamente estabelecidos. A respeito disso, escreveu:

---

455   *Idem.*, p. 107.

PARTE C – AVALIAÇÃO DA APRENDIZAGEM NA TECNOLOGIA EDUCACIONAL

Saber que John Smith obteve um escore de 97 [pontos] e Mary Jones obteve um escore de 64 [pontos] em algum instrumento de avaliação utilizado não é um tipo adequado de sumário, capaz de apresentar um máximo de utilidade no melhoramento do currículo, é muito mais útil dispor de sumários que indiquem as espécies de pontos fortes e fracos[;] sumários, pelo menos em termos de cada objetivo[456].

Em síntese, para Tyler, importava, mediante a investigação avaliativa, ter ciência a respeito do fato dos estudantes terem adquirido, ou não, cada uma das condutas estabelecidas no currículo, com a qualidade necessária. O escore genérico a respeito do desempenho curricular, por si, não revela a qualidade da aprendizagem específica de cada estudante; importa, então, também a atenção às condutas específicas.

Por último, entre as páginas 109 a 112 do seu livro, Ralph Tyler registrou que, em uma segunda fase da construção de um instrumento de coleta de dados para a avaliação - fase de teste e validação -, após seu uso por uma primeira vez, importa verificar se ele apresenta as características de: (1) objetividade (se são objetivos), (2) fidedignidade (se coletam os dados desejados) e (3) validade (se, tendo presente as características anteriores, possibilita uma coleta de dados que garanta uma leitura válida da qualidade da realidade, no caso, da aprendizagem dos estudantes).

Para que o ato avaliativo possa ser considerado válido, importa, pois, que os instrumentos de coleta de dados para a avaliação expressem as características anteriormente arroladas, de objetividade, fidedignidade e validade. Com carências presentes em uma dessas características epistemológicas, no ver do autor, o instrumento de coleta de dados estaria fragilizado e, dessa forma, não possibilitaria a obtenção de evidências necessárias a respeito do comportamento do estudante em sua efetiva aprendizagem.

Tyler concluiu a configuração do processo de construção dos instrumentos de coleta de dados para a avaliação da seguinte forma:

Estas fases indicam os procedimentos [que devem ser] seguidos ao fazer-se a avaliação e ao desenvolver um instrumento de [coleta de dados para a] avaliação. Caso se verifique que o instrumento tem muito pouca objetividade ou fidedignidade, será necessário melhorá-lo.

É também necessário proceder às outras revisões indicadas pelo experimento preliminar, tais como eliminar as ambiguidades nas instruções para uso,

---

456 *Idem.*, p. 109.

LIVRO I – AVALIAÇÃO DA APRENDIZAGEM ESCOLAR: DO PASSADO PARA O PRESENTE

abandonar as partes do instrumento que não suscitam reações significativas por parte dos estudantes etc.

Em geral, pois, o que resulta disso tudo é um instrumento continuamente melhorado para [se] obter evidência sobre o grau em que os estudantes estão alcançando determinados objetivos educacionais[457].

Na sequência exposta acima, estão presentes, segundo Tyler, os recursos de planejamento, construção e validação dos instrumentos de coleta de dados para a avaliação da aprendizagem no âmbito do ensino. Afinal, o autor propôs que, para a investigação avaliativa, importa fazer uso dos recursos do método experimental, de tal forma que "eles" possam subsidiar a eficiência no processo de modelagem dos comportamentos dos estudantes.

Importa observar, ainda, que esse pano de fundo científico e técnico, no que se refere ao autor, envolve todos os atos componentes do ensinar e não somente da avaliação, como já sinalizamos em momento anterior deste capítulo.

2.3. Uso dos resultados da avaliação da aprendizagem

Quanto ao uso dos resultados fornecidos pela investigação avaliativa, Tyler afirmou que eles têm por objetivo *verificar* e *controlar* as mudanças ocorridas tanto no comportamento individual do estudante quanto no comportamento do grupo de estudantes como um todo, como também servem para ajuizar a qualidade do Currículo em uso. Os resultados, no ver do autor, servem para verificar os ganhos obtidos pelo uso dos procedimentos de ensino propriamente ditos[458]. Além de identificar os possíveis progressos na aprendizagem por parte do estudante tomado individualmente, os dados fornecidos pela investigação avaliativa podem indicar a qualidade do Currículo, assim como possíveis fragilidades que merecerão correções[459].

---

457 *Idem.*, p. 111. Observar que Tyler está indicando que os instrumentos de coleta de dados podem ser melhorados em sua qualidade, à medida que se tenha presente sua aplicação ou testagem. (N. A.) – A paragrafação foi modificada em relação ao texto original para facilitar a compreensão do conteúdo exposto.

458 *Idem.*, p. 112: "Os resultados oferecidos pelos instrumentos de avaliação não consistirão num só escore ou num só termo descritivo, mas num perfil analisado ou num amplo conjunto de termos descritivos, indicando o grau atual de adiantamento do aluno. Esses escores ou termos descritivos devem, naturalmente, ser comparáveis aos que foram usados numa data anterior para que possam indicar a mudança ocorrida e seja possível ver se está ou não havendo um verdadeiro progresso educacional".

459 (N. A.) "Currículo", aqui, deve ser entendido como o conjunto de proposições que inclui o quê ensinar e como ensinar: conteúdos, métodos, programas e planos de aula.

PARTE C – AVALIAÇÃO DA APRENDIZAGEM NA TECNOLOGIA EDUCACIONAL

As comparações entre as situações anteriores e as posteriores de uma ação permitem levantar hipóteses de explicação para os resultados obtidos, sejam eles positivos ou negativos. As hipóteses, no caso, serão testadas pelos próprios dados empíricos obtidos, fator que possibilitará decisões tanto a respeito da aprendizagem dos estudantes considerados individualmente como de melhorias nos componentes curriculares.

Com essa compreensão, pode-se ficar ciente de que Tyler estava atento tanto à questão da avaliação da aprendizagem como da questão da avaliação dos Programas de Ensino. Aliás, a avaliação, na obra *Princípios básicos de currículo e ensino*, está predominantemente voltada para a questão curricular, tema central do livro. Isso significa que o autor, de um modo correto, propôs a utilização dos procedimentos de avaliação como um modo de acompanhar o estudante individual em termos dos resultados de sua aprendizagem, mas, ao mesmo tempo, como um recurso subsidiário para o acompanhamento da execução curricular. Afinal, uma prática curricular escolar bem-sucedida se expressará por meio de aprendizagens satisfatórias de acordo com a individualidade de cada estudante.

A concepção de avaliação da aprendizagem proposta por Tyler faz eco com sua concepção de desenvolvimento curricular. Aliás, sua compreensão da avaliação da aprendizagem só faz sentido no contexto de sua concepção de currículo escolar, que deve atuar de modo eficiente, conforme veremos a seguir.

3. Concepção pedagógica, desenvolvimento curricular e avaliação em Ralph Tyler

A concepção pedagógica tyleriana é mais suposta do que explícita e está configurada pelas proposições de modelagem comportamental. Em suas obras, mais do que expor uma teoria educacional, Tyler propõe indicações técnicas para a composição e execução de um Currículo.

3.1. Necessidade de metas definidas e suas fontes

O primeiro ponto fundamental, para Tyler, no processo curricular é o estabelecimento dos objetivos da ação pedagógica, que, no seu ver, estão comprometidos de modo imediato com a modelagem comportamental.

Em sua análise, descobre que muitos professores, em seu cotidiano, agem sem ter realizado uma consistente definição dos objetivos educacionais e chega até a admitir que, de maneira intuitiva, esses professores podem estar realizando um trabalho

LIVRO I – AVALIAÇÃO DA APRENDIZAGEM ESCOLAR: DO PASSADO PARA O PRESENTE

pedagógico eficaz, ainda que, para uma ação efetivamente consciente, considere que importa ter metas claras e definidas. A ação pedagógica eficaz é a pedra de toque de sua concepção educativa. Então, considerou necessário orientar os educadores na elaboração de objetivos educacionais exequíveis[460].

Tendo em vista proceder a definição dos objetivos educacionais exequíveis pela ação pedagógica, Tyler propôs que os educadores se servissem de três fontes: *as necessidades e interesses dos próprios estudantes; a vida contemporânea fora da escola;* e *as sugestões dos especialistas das diversas disciplinas ensinadas.*

Quanto à investigação *das necessidades e interesses dos estudantes,* tendo em vista estabelecer o currículo escolar, no ver de Tyler, seria importante identificar as necessidades de mudanças em seus comportamentos para além daqueles em torno dos quais as famílias já atuam. Em suas palavras:

> A educação é um processo que consiste em modificar os padrões de comportamento das pessoas. (...) Quando a educação é considerada desse ponto de vista, torna-se claro que os objetivos educacionais representam os tipos de mudança de comportamento que uma instituição educacional se esforça por suscitar nos seus alunos[461].

Especificando um pouco mais. Tomemos aquilo que se refere *às necessidades de aprendizagem* e de formação dos estudantes a serem atendidas pelo currículo escolar, que, no ver de Tyler, são aquelas necessidades que expressam carências a serem supridas tanto para as crianças e quanto para os adolescentes. Para definir tais carências, no entendimento do autor, importa proceder investigações tendo presente múltiplos aspectos das vidas infantil e juvenil entre os quais poderiam existir carências, tais como: saúde, relações sociais imediatas, relações sócio-cívicas, vida ocupacional, vida recreativa...

Já, no que se refere *aos interesses dos estudantes,* Tyler aconselhou que se inves-

---

460   *Idem.,* p. 3: "A fim de planejar um programa educacional e envidar esforços para um melhoramento continuado, é muito necessário fazer uma concepção das metas que se tenha em vista. Esses objetivos educacionais tornam-se os critérios pelos quais são selecionados materiais, se esboça o conteúdo, se desenvolvem procedimentos de ensino e se preparam testes e exames. Todos os aspectos do programa educacional são, em realidade, meios de realizar objetivos educacionais básicos. Por isso, a fim de estudar de maneira sistemática e inteligente um programa educacional, devemos começar por determinar exatamente quais são os objetivos educacionais colimados".

461   *Idem.,* p. 5.

PARTE C – AVALIAÇÃO DA APRENDIZAGEM NA TECNOLOGIA EDUCACIONAL

tigasse esse fator, porém, tanto os interesses imediatos como os mais distantes. Atender aos interesses imediatos poderia servir de motivação para se chegar aos objetivos que exigem mais longo prazo de trabalho pedagógico. No caso, seriam metas a serem conquistadas na formação pessoal. Nesse contexto de compreensão, importa atenção aos objetivos a serem atingidos de imediato, mas, de modo especial, com atenção voltada àqueles que só poderão ser atingidos a longo prazo.

Uma *segunda fonte de objetivos* para o currículo escolar é constituída, no ver de Tyler, pelos *estudos da vida contemporânea*. Com o advento da ciência como modo de conhecer e com a Revolução Industrial, a vida contemporânea tornou-se complexa. A quantidade e a qualidade dos conhecimentos produzidos multiplicaram-se geometricamente, e, então, nas palavras do autor, passou-se a compreender que "já não era possível incluir nos (...) programas [da escola] tudo o que era aceito pelos sábios"[462]. Daí a necessidade de seleção dos conteúdos para compor os currículos escolares.

A identificação da necessidade dos estudos da vida contemporânea como fundamento do currículo, para Tyler, devia estar baseada nos seguintes fundamentos:

a) *aceleração da vida* – a vida contemporânea dá-se de forma acelerada, as modificações se dão de forma muito rápida, daí não se deve permanecer a ensinar aos jovens conteúdos ultrapassados;

b) *transferência dos conhecimentos adquiridos* – no passado, admitia-se que a formação geral da mente do estudante, através do exercício das suas faculdades, permitia-lhe fazer aplicações variadas em momentos posteriores ao da aprendizagem; no presente momento histórico, através do avanço da ciência psicológica, compreendeu-se que a transferência se dá de modo mais satisfatório quando as situações de vida estão diretamente relacionadas com o que se ensina. Daí a necessidade, nos currículos, de trabalhar diretamente com situações do mundo contemporâneo, ou seja, situações vivenciadas pelos estudantes no presente.

Por último, muitos objetivos emergem das sugestões *fornecidas pelos especialistas das variadas disciplinas* tendo em vista compor o currículo escolar[463]. Os especialistas das diversas disciplinas – áreas de conhecimento – têm produzido livros-textos para cursos de formação, nos quais deixam manifestas suas escolhas de objetivos para a prática docente tendo por base os conteúdos arrolados. Além dos livros escolares,

---

462 *Idem.*, p. 15.

463 *Idem.*, p. 23.

LIVRO I – AVALIAÇÃO DA APRENDIZAGEM ESCOLAR: DO PASSADO PARA O PRESENTE

as sugestões de objetivos educacionais são oferecidas por grupos de especialistas ou comissões de estudos, que podem representar fontes inestimáveis de conteúdos para compor o currículo que se quer estabelecer.

As três fontes de objetivos educacionais, anteriormente estudadas – (a) as necessidades e os interesses dos próprios estudantes; (b) a vida contemporânea fora da escola; (c) as sugestões dos especialistas em cada uma das disciplinas escolares –, podem oferecer uma infinidade de objetivos, cuja quantidade ultrapassa, em muito, as possibilidades de sua inclusão na composição do Currículo de determinada escola, por parte do seu planejador. Daí a necessidade de selecioná-los frente às escolhas teóricas assumidas como válidas e necessárias para a prática educativa institucional.

3.2. Filosofia da Educação e Psicologia da Aprendizagem como recursos a serem utilizados na seleção de objetivos educacionais

Tyler indicou dois recursos a serem utilizados no processo de seleção de objetivos educacionais: a *Filosofia da Educação* e a *Psicologia da Aprendizagem*. Duas áreas de estudos que, pelos conhecimentos que produzem, subsidiam a seleção de objetivos tanto para a educação em geral, como para o ensino em áreas específicas, infantil, médio e superior.

Segundo Tyler, a filosofia educacional e social, adotada pela escola, se apresenta como *o primeiro crivo* a ser utilizado nos procedimentos de seleção de objetivos[464]. Ao abordar a Filosofia como um recurso que nortearia uma determinada prática escolar, a seu ver, os programadores e executores do Currículo deveriam ter presente as seguintes questões, cujas respostas norteariam sua atividade:

- deve o homem educado ajustar-se à sociedade, aceitar a ordem social existente, ou deve tentar melhorar a sociedade em que vive?

- deve haver uma educação diferente para diferentes classes sociais?

- deve a educação, dispensada pela escola pública, visar primariamente a educação em geral do cidadão ou a uma preparação vocacional específica?

- deve a democracia ser definida em termos exclusivamente políticos ou ela implica também em um estilo de vida no lar, na escola e em assuntos econômicos?

---

464   *Idem.*, p. 30. (N. A.) – Ralph Tyler não explicita sua opção filosófica, porém deixa explícita sua necessidade como fundamento para as decisões curriculares.

PARTE C – AVALIAÇÃO DA APRENDIZAGEM NA TECNOLOGIA EDUCACIONAL

Tyler não respondeu a nenhuma dessas questões, formuladas por ele mesmo, que estão comprometidas com conteúdos filosóficos, mas propôs indicações técnicas de como essas perguntas deveriam ser respondidas e cujas respostas serviriam de crivo para a seleção de objetivos para o Currículo. Ou seja, a Filosofia da Educação, segundo o autor, deveria estar a serviço do planejamento curricular e, em consequência, servir como orientação para os atos pedagógicos que traduzem o Currículo em prática cotidiana. Afinal, uma compreensão filosófica adotada na estruturação de um Currículo certamente terá papel na sua execução. Na expressão do autor:

> Para que uma formulação de filosofia alcance um máximo de utilidade como um conjunto de padrões ou um crivo na seleção de objetivos, ela deve ser expressa claramente, especificando, talvez, as implicações para os objetivos da educação no tocante aos pontos principais.
>
> Uma formulação dessa natureza, clara e analítica, poderá, então, ser usada, examinando-se cada objetivo proposto e verificando-se se ele está em harmonia com um ou mais pontos da filosofia[;] se se opõe a qualquer desses pontos ou [se] não tem nenhuma relação com eles.
>
> Os que se harmonizam ·com a filosofia serão identificados como objetivos importantes[465].

Importa observar que Tyler, nas considerações anteriores, não responde às indagações filosóficas, acima expostas, que ele mesmo formulou, ou seja, não estabeleceu *uma* Filosofia da Educação explícita que deveria ser traduzida na elaboração e na prática curricular escolar. Fez, sim, indicação metodológica em torno do uso da Filosofia como pano de fundo necessário para o estabelecimento do Currículo, porém, não definiu qual o corpo doutrinário dessa filosofia.

Então, no caso, o autor admite que a Filosofia representa um pano de fundo necessário para a elaboração curricular, porém não explicita qual o conteúdo dessa Filosofia. De fato, trabalha com a questão técnica de como usar o pano de fundo filosófico para a elaboração curricular, sem se deter a explicitar qual filosofia.

O segundo crivo indicado por Tyler para a seleção de objetivos educacionais, visando a compor o Currículo, são *os conhecimentos a respeito da Psicologia da Aprendizagem*. Tais conhecimentos, no mínimo, podem oferecer ao educador a distinção

---

465 *Idem.*, p. 34. (N. A.) Paragrafação modificada para maior precisão na compreensão do exposto.

entre as "mudanças que se pode e as que não se pode esperar resultem de um processo de aprendizagem"[466]. E, ainda, segundo o ver do autor, a Psicologia da Aprendizagem poderia também oferecer subsídios para identificar os objetivos possíveis de serem atingidos em conformidade com as idades dos estudantes atendidos escolarmente. Ou seja, a Psicologia, segundo essa visão, possibilitaria estabelecer uma seriação adequada dos objetivos em compatibilidade com as idades dos estudantes e na sequência do seu desenvolvimento.

Além disso, a Psicologia da Aprendizagem, segundo Tyler, ofereceria bases para identificar as condições de atendimento de certos objetivos, fator que subsidiaria estabelecer o tempo necessário para a aquisição das mudanças desejadas nas condutas dos jovens; subsidiaria ainda a compreensão de que múltiplas experiências podem ser utilizadas para processar uma única mudança de comportamento.

3.3. Modo de expressão dos objetivos educacionais

No que se refere à formulação e à expressão dos objetivos educacionais, estes, segundo Tyler, deveriam ser definidos mediante duas variáveis: *comportamento desejado* e *conteúdo da conduta*. Portanto, haveria um modo próprio para formular e expressar os objetivos escolares.

Na expressão do autor: "A mais útil maneira de formular objetivos é expressá-los em termos que indiquem tanto a espécie de comportamento a ser desenvolvido no estudante como o conteúdo ou área de vida em que deve operar esse comportamento"[467].

Para um uso facilitado desses dois componentes na construção de objetivos educacionais, seria útil, segundo o ponto de vista do autor, o uso de uma "tabela de especificação de objetivos" com dupla entrada: uma que tenha por meta especificar os comportamentos a serem adquiridos pelo estudante e a outra que indique os conteúdos desses comportamentos. Em uma das entradas da tabela seriam indicadas as *condutas* a serem adquiridas pelo estudante – por exemplo, sua capacidade de "definir" – e na outra entrada da tabela seriam indicados os *conteúdos* da conduta a serem apropriados pelos estudantes – por exemplo, "o conceito de atmosfera". O objetivo seria formulado, então, com a seguinte expressão: "Ao final da atividade, o estudante deverá ser capaz de definir ou conceituar (= conduta) atmosfera (= conteúdo)".

Assim sendo, a tabela registraria, em uma de suas entradas, a conduta esperada e, na outra, seu conteúdo. A vantagem desse quadro seria apresentar, de forma concisa,

---

466   *Idem.*, p. 34.

467   *Idem.*, p. 42.

PARTE C – AVALIAÇÃO DA APRENDIZAGEM NA TECNOLOGIA EDUCACIONAL

clara e específica, os objetivos que seriam levados em conta no processo de ensino, isto é, as aprendizagens que deveriam ser obtidas ao final da atividade de ensinar e aprender. Os objetivos definidos dessa forma indicariam, pois, tanto a conduta a ser adquirida como seu conteúdo[468].

3.4. Formulação bidimensional dos objetivos educacionais, sua organização e uso

Por último, Tyler lembrou que os educadores que desejassem servir-se dessa definição bidimensional dos objetivos de ensino deveriam ter cuidado suficiente para indicar de forma precisa o que deveria ser alcançado em cada um desses objetivos, tanto em termos de definição das *condutas*, quanto em termos dos seus respectivos *conteúdos*.

Para tanto, na elaboração dos objetivos dever-se-ia servir-se de uma linguagem que indicasse, com precisão, qual o "desempenho" que o estudante deveria apresentar para demonstrar se adquiriu determinado comportamento, fator que implica na indicação da conduta a ser aprendida, assim como na indicação do seu conteúdo[469]. A precisão é uma característica necessária, uma vez que existem termos e expressões vagos que não conseguem delimitar aquilo que o estudante deverá manifestar tendo em vista demonstrar ter adquirido a nova conduta.

Isso implica em que, na definição de objetivos para o currículo, sejam usadas expressões que delimitem, com precisão, o comportamento (conduta + conteúdo) que o estudante deverá ser capaz de desempenhar ao final de um processo de ensino-aprendizagem, demonstrando que aprendeu o que fora ensinado. Expressões vagas não subsidiariam decisões, seja como orientação para a prática docente, seja como indicador da conduta a ser adquirida pelo estudante[470].

---

468 *Idem.*, p. 46: "Quando os objetivos são formulados num quadro bidimensional deste tipo, este se torna um conjunto conciso de especificações que orientarão o desenvolvimento futuro do curso".

469 *Idem.*, p. 53: "Uma palavra de advertência é necessária a quem pretende usar esse quadro para indicar objetivos sob a forma bidimensional. Cada um dos termos empregados nas categorias comportamentais e nas categorias de conteúdo deve possuir um significado, a fim de que esses termos não representem vagas generalidades sem significação concreta para o elaborador de currículo, tornando-se, assim, incapazes de guiá-lo nas fases seguintes do desenvolvimento do currículo".

470 (N.A.) Aquilo que Tyler sugeriu como conduta na elaboração de objetivos ganhou forma bem específica em Robert Mager, que escreveu um livro para orientar a elaboração de objetivos. Intitula-se *Objetivos para o ensino efetivo*, traduzido no Brasil pelo SENAI, no ano de 1972. O livro apresenta uma orientação para a elaboração de objetivos na perspectiva do ensino comportamental.

LIVRO I – AVALIAÇÃO DA APRENDIZAGEM ESCOLAR: DO PASSADO PARA O PRESENTE

Os objetivos definidos em termos comportamentais devem, desse modo, servir de base para a seleção de experiências de ensino-aprendizagem, que, por sua vez, devem garantir orientação para um ensino adequado, satisfatório conforme o planejado[471]. Para definir essas experiências, Tyler propôs cinco princípios:

- a fim de ser alcançado um determinado objetivo, o estudante deve ter experiências que lhe deem uma oportunidade de praticar a espécie de comportamento configurada no objetivo;

- a experiência de aprendizagem deve ser de tal natureza que o estudante obtenha satisfações ao seguir a espécie de comportamento expresso pelos objetivos;

- as reações que se tem em vista em decorrência da experiência devem estar incluídas no âmbito das possibilidades dos estudantes a quem se destinam;

- devem existir muitas experiências suscetíveis de serem usadas para atingir os mesmos objetivos educacionais;

- uma mesma experiência produzirá, via de regra, diversos resultados[472].

Os objetivos educacionais, assim como as experiências de ensino-aprendizagem, segundo o autor, devem ser organizados para constituir, de forma ordenada, o Currículo da escola. Para a organização dessas experiências de ensinar e aprender, dever-se-á levar em conta os critérios de *continuidade* dos comportamentos a serem adquiridos pelos estudantes, assim como sua *sequência* e sua *integração*.

A *continuidade* diz respeito às experiências de aprendizagem que exigem reiterados investimentos nos exercícios relativos aos comportamentos desejados, de tal forma que eles possam ser adquiridos; a *sequência* refere-se ao fato de que os objetivos e experiências de aprendizagem devem ser ordenados de tal modo que a experiência anterior sirva de suporte àquela que se segue na sequência; e, a *integração* refere-se à relação que deve existir entre os objetivos e as experiências de conteúdos diferentes, propriamente a integração entre as disciplinas.

Os elementos a serem organizados segundo esses critérios seriam os conteúdos, os valores e as aptidões que compõem os conteúdos dos comportamentos a serem adquiridos pelos estudantes.

---

471 *Idem.*, p. 56: "Ao planejar um programa educacional para atingir determinados objetivos – diz o autor – defrontamo-nos com a questão de decidir sobre experiências educacionais a serem oferecidas, uma vez que é através dessas experiências que ocorrerá a aprendizagem e serão alcançados os objetivos educacionais".

472 *Idem.*, passim, p. 59-61.

PARTE C – AVALIAÇÃO DA APRENDIZAGEM NA TECNOLOGIA EDUCACIONAL

3.5. Em síntese

Como podemos verificar, Tyler centrou sua atenção na constituição orgânica de um Currículo tendo em vista produzir resultados de aprendizagem que pudessem ser considerados significativos e eficientes. O Currículo deve ser a matriz dos resultados a serem atingidos por meio de múltiplas mediações, inclusive da investigação avaliativa.

Tyler, no caso, cuidou dos múltiplos detalhes em termos de concepção e prática do ensino, com foco na organicidade de um modo de agir que fosse eficiente. Não estabeleceu, porém, uma posição filosófico-política a ser seguida na prática educativa, ainda que tenha reconhecido sua necessidade. Tratou predominantemente da eficiência na ação pedagógica. Certamente que a estrutura curricular proposta, se levada a efeito, será eficiente no controle comportamental dos estudantes. O modelo de avaliação da aprendizagem concebido pelo autor, sobre o qual tratamos anteriormente, responde perfeitamente à estrutura de sua proposta curricular, à medida que a investigação avaliativa, constitutivamente, está a serviço do projeto pedagógico no qual está inserida.

4. Avaliação da aprendizagem e concepção pedagógica em Ralph Tyler

Tyler produziu uma orientação para a elaboração, execução e avaliação de Currículo, interessando-nos de modo direto neste estudo, suas indicações para a avaliação da aprendizagem dos estudantes. Mais do que expor uma doutrina pedagógica, o autor estabeleceu um modo de produzir um Currículo que pudesse ser eficiente do ponto de vista dos resultados desejados em termos de comportamento dos estudantes, deixando emergir nas entrelinhas sua visão pedagógica; razão pela qual não deu ênfase a qualquer teoria filosófica que pudesse ser utilizada como pano de fundo específico para a ação pedagógica. Essa postura pode expressar uma abertura para toda e qualquer teoria filosófica que venha a ser utilizada, inclusive a da sociedade do capital.

Do ponto de vista de doutrina pedagógica, Tyler se situa no contexto da pedagogia científica do início do século XX, que nos anos 1960 e 1970 ganhou a denominação de Tecnologia Educacional. Um tipo específico de pedagogia científica, centrada na eficiência.

Assumiu, como fundamento para o estabelecimento dos objetivos educacionais, os interesses e necessidades dos estudantes, as emergências da vida contemporânea e, por último, as indicações dos especialistas das diversas áreas de conhecimento que compõem o Currículo escolar.

LIVRO I – AVALIAÇÃO DA APRENDIZAGEM ESCOLAR: DO PASSADO PARA O PRESENTE

As indicações propostas por Tyler, relativas à construção de objetivos educacionais – com indicação do comportamento e seu conteúdo – fundam pioneiramente as orientações pedagógicas que se cristalizaram nos anos 1960 e 1970 na Tecnologia Educacional. Desse modo, é um predecessor dessa área de conhecimento, como tivemos oportunidade de ver na introdução do presente capítulo.

Do ponto de vista da avaliação, o que se percebe é que Tyler vinculou os procedimentos de avaliação ao controle da eficiência na produção de resultados: objetivos construídos comportamentalmente; a avaliação como subsídio de acompanhamento e controle para obtenção dos resultados desejados.

Tyler, mais do que se dedicar a uma doutrina pedagógica explícita, dedicou-se a construir um manual prático de orientação para a elaboração e execução do Currículo escolar, tendo em vista a eficiência. No seu texto básico, não há uma doutrina filosófica educacional explícita. As orientações metodológicas propostas por ele, por si, deveriam estar postas a serviço de um Projeto Pedagógico, que ele não definiu de modo explícito qual seria. Possivelmente, o modelo atual de sociedade; contudo, vale sinalizar que o próprio autor não fez essa afirmação.

A proposta tyleriana de avaliação da aprendizagem – como toda configuração da avaliação da aprendizagem – só pode ser executada se vinculada à uma proposta de ensino. No caso, em Tyler, a avaliação está posta como um instrumento a serviço da eficiência no ensino, uma vez que esse era seu objetivo explicitamente desejado.

Importa, então, ter ciência de que a investigação avaliativa nos atos de ensinar-aprender sempre está a serviço da proposta pedagógica à qual esteja vinculada. É a orientação pedagógica que direciona as variadas práticas de ensino, entre elas a prática da investigação avaliativa.

PARTE C – AVALIAÇÃO DA APRENDIZAGEM NA TECNOLOGIA EDUCACIONAL

CAPÍTULO 7

AVALIAÇÃO DA APRENDIZAGEM ESCOLAR EM BENJAMIN S. BLOOM

Conteúdo do capítulo – **1.** Benjamin Bloom: um continuador de Ralph Tayler, p. 304; **2.** Concepção pedagógica de Benjamin Bloom, p. 307; **3.** Avaliação da aprendizagem escolar em Benjamin Bloom, p. 311; **4.** Avaliação da aprendizagem escolar em Benjamin Bloom e sua concepção pedagógica, p. 316.

LIVRO I – AVALIAÇÃO DA APRENDIZAGEM ESCOLAR: DO PASSADO PARA O PRESENTE

1. Benjamin Bloom: um continuador de Ralph Tyler

Benjamim Bloom foi um teórico norte-americano da educação que, desde fins dos anos 1940 e no decurso dos anos 1950, dedicou-se às questões de avaliação da aprendizagem. Nasceu em 21 de fevereiro de 1913, em Lansford, e faleceu em 13 de setembro de 1999, em Chicago, USA.

A concepção de Bloom a respeito da avaliação em educação dá continuidade à perspectiva pedagógica de Ralph Tyler, sofisticando os recursos de controle da modelagem de comportamento, em especial no que se refere ao uso da avaliação da aprendizagem. Bloom propôs a aprendizagem no limite do *domínio*, compreendo-o como meta da modelagem do comportamento do estudante. "Domínio", no caso, recebeu a conotação de conhecimentos necessários e habilidades correspondentes.

Em 1948, participou da Convenção da Associação Americana de Psicologia, em Boston, na qual estiveram presentes vários examinadores escolares universitários, que discutiram questões relativas à sua área de atuação. Desse encontro, nasceu a proposta de um sistema de classificação dos objetivos educacionais que que facilitasse a organização curricular e a comunicação entre examinadores e professores e viabilizasse, de modo mais adequado, os encaminhamentos da avaliação da aprendizagem. Ainda que a classificação dos objetivos pudesse dar suporte a essas múltiplas decisões relativas ao ensino, a proposta de construção de uma "Taxonomia de objetivos educacionais" emergiu de uma necessidade vinculada ao processo de avaliação. Os propositores da Taxonomia eram examinadores acadêmicos universitários. A respeito desse encontro entre especialistas da área de examinadores escolares, Bloom registrou que:

> [N]esse encontro se manifestou um interesse por um quadro teórico de referência, que facilitasse a comunicação entre 05 examinadores. O grupo sentiu que esse quadro de referência muito poderia oferecer, oportunizando a troca de ideias e materiais sobre avaliação. Além disso seria proveitoso para estimular a pesquisa sobre avaliação e sobre relações entre educação e avaliação[473].

A "Taxonomia de objetivos educacionais" trouxe recursos para atender às necessidades dos examinadores "comunicarem-se entre si", sob a ótica de uma educação que se manifestasse eficiente, perspectiva que vinha se cristalizando na sociedade norte-americana desde as primeiras intervenções de Ralph Tyler, em 1930, e se acentuando entre os anos 1940 e 1960.

---

473 Benjamin Bloom, *Taxonomia de objetivos educacionais: 1 domínio cognitivo*. Editora Globo, Porto Alegre, 1973, p. 4.

PARTE C – AVALIAÇÃO DA APRENDIZAGEM NA TECNOLOGIA EDUCACIONAL

O texto "Taxonomia de objetivos educacionais", resultado da atividade coletiva proposta sob a liderança de Benjamin Bloom, estava – e está – voltado, no seu todo, para questões de avaliação da aprendizagem, apresentando não só os modos de formular e classificar os objetivos em termos comportamentais, como os modos de medir a obtenção, ou não, dos resultados desejados.

Em decorrência das decisões tomadas na Convenção Americana de Psicologia, em 1948, a partir do ano seguinte, um grupo de psicólogos e educadores reuniu-se em várias ocasiões para discutir a questão da classificação dos objetivos. Desses encontros surgiram dois manuais, denominados *Taxonomia de objetivos educacionais*[474], um voltado para o domínio cognitivo e outro para o domínio afetivo. O manual relativo ao domínio psicomotor foi pensado, mas não realizado por esse grupo de pesquisadores. O volume que trata do domínio cognitivo foi publicado em 1956 e o volume relativo ao domínio afetivo, em 1964[475].

Posteriormente, em 1971, ainda sob a liderança de Benjamin Bloom, foi publicada nos Estados Unidos uma obra coletiva denominada *Manual de avaliação formativa e somativa do aprendizado escolar*[476], na qual foram retomados elementos do texto anterior, mas também com acréscimo de novos conceitos e elementos sobre avaliação da aprendizagem.

Há uma ligação direta entre as colocações de Tyler e as dos manuais contendo as *Taxonomia de objetivos educacionais*, por si, devedoras das concepções tylerianas, pois retomam, desdobram e aprofundam muitas das suas intuições. O próprio Tyler encontrava-se entre os membros do grupo de discussão das Taxonomias. Além disso, os autores do texto que aborda o domínio cognitivo fizeram-lhe uma homenagem, dedicando a ele o referido volume, demonstrando o quanto suas concepções e produções teóricas foram importantes para a nova tarefa na qual investiam. A dedicatória que abre o volume dedicado ao domínio cognitivo está expressa da seguinte forma:

---

474 *Taxonomy of Educational Objectives: the classification of educational goals*

475 Ambos os manuais foram traduzidos no Brasil, no ano de 1972, e publicados pela Editora Globo, Porto Alegre, sob os títulos: *Taxonomia de objetivos educacionais: 1 domínio cognitivo*, de Benjamin Bloom, Max D. Engelhart, Edward J. Furst, Walker H. Hill, David R Krathwohl; e *Taxonomia de objetivos educacionais: 2 domínio afetivo*, de Benjamin Bloom, David Krathwohl e Bertram B. Kasia.

476 Título original – *Handbook on Formative and Summative Evaluation of student learning*. Esta é uma obra coletiva liderada por Bloom, Hastings e Madaus, com a colaboração de outros pesquisadores que redigiram capítulos do livro, porém sem a identificação específica de cada um. Por isso, vamos assumir como sendo uma obra que representa o pensamento de Bloom sobre avaliação. As citações que faremos desse livro levarão sempre o nome desse autor. A primeira parte da obra foi traduzida e publicada no Brasil, em 1983, com o seguinte título: *Manual de avaliação formativa e somativa do aprendizado escolar*, São Paulo, Livraria Pioneira Editora. A parte da obra traduzida é aquela que expõe as compreensões e encaminhamentos teóricos do autor e seus colaboradores.

LIVRO I – AVALIAÇÃO DA APRENDIZAGEM ESCOLAR: DO PASSADO PARA O PRESENTE

A Ralph W. Tyler,

Cujas ideias sobre avaliação tem sido uma constante fonte de estímulo para seus colegas examinadores e cuja energia e paciência nunca nos faltaram[477].

Porém, mais que tudo isso, é o próprio entendimento de Ralph Tyler sobre currículo e avaliação que se encontra como pano de fundo da concepção teórica que dá forma à Taxonomia relativa ao domínio cognitivo. Em nota de pé de página, os autores desse documento revelam que o capítulo denominado "Objetivos Educacionais e Desenvolvimento do Currículo" foi "amplamente delineado por Ralph W. Tyler"[478].

De fato, a introdução desse capítulo é uma síntese da obra de Tyler, que utilizamos como base para a elaboração do capítulo anterior desta publicação, intitulado *Princípios básicos de currículo e ensino*, como também o próprio conteúdo da *Taxonomia* está baseado na concepção deste autor a respeito da elaboração e da redação dos objetivos educacionais, assim como a respeito do modo como, no ver dos autores, deve dar-se a avaliação dos resultados obtidos sob a orientação pedagógica proposta.

Desse modo, fica patente que a obra de Benjamin Bloom e de seus colaboradores, de certa forma, constitui um aprofundamento das concepções pedagógicas e das compreensões sobre avaliação da aprendizagem que tiveram um tratamento pioneiro em Ralph Tyler[479].

Neste capítulo, não vamos nos dedicar especificamente às *Taxonomias*, ainda que elas sejam o elemento material de ligação entre Ralph Tyler e Benjamin Bloom, mas sim ao *Manual de avaliação formativa e somativa do aprendizado escolar*, obra na qual Bloom e seus colaboradores definiram uma compreensão a respeito da avaliação da aprendizagem, incluindo aspectos teóricos e encaminhamentos práticos. O objetivo dos autores desse livro fora oferecer aos professores subsídios para a condução da avaliação da aprendizagem na escola. Segundo as palavras dos próprios autores, este manual, "ao reunir as melhores técnicas de avaliação (...), pretende ajudar o professor a utilizar a avaliação para melhorar tanto o processo de ensino quanto o processo de aprendizagem[480].

---

477 Bloom *et. al.*, *Taxonomia de objetivos educacionais: 1 domínio cognitivo*, página de dedicatória.

478 *Idem.*, nota 1, página 23.

479 *Idem.*, p. 24. Concluindo a síntese a respeito da obra de Tyler, os autores afirmaram: "A partir das colocações precedentes [com base em Tyler], deve ter ficado claro que os objetivos não são somente os fins em relação aos quais o currículo é configurado ou em direção aos quais o ensino é orientado, mas também os alvos que proporcionam especificação detalhada para a construção e uso de técnicas de avaliação".

480 Bloom *et. al.*, *Manual de avaliação formativa e somativa do aprendizado escolar*. Prefácio.

PARTE C – AVALIAÇÃO DA APRENDIZAGEM NA TECNOLOGIA EDUCACIONAL

Os fundamentos *técnicos* da obra liderada por Bloom estão embasados nas compreensões de Ralph Tyler, assim como nas *Taxonomias*, porém os fundamentos *teóricos* do seu pensamento pedagógico estão fundamentados em John B. Carroll, estudioso da Psicologia da Aprendizagem que privilegiou o tempo e a metodologia como recursos necessários para a obtenção de resultados satisfatórios no processo de ensino.

O tratamento das questões pedagógicas em Benjamin Bloom é mais complexo e desenvolvido que em Tyler, o que seria óbvio, no mínimo pelo próprio espaço de tempo que medeia entre uma obra e a outra, e, somativamente, acompanhado dos movimentos teórico-práticos da educação nesse período, sobretudo devido basear-se em resultados de novas pesquisas sobre a psicologia humana.

Levando em conta estudos científicos da Psicologia da Aprendizagem, sob a ótica comportamental, Bloom sistematizou um modo de conduzir a educação através de uma compreensão cuja meta é a busca e obtenção de resultados comportamentais eficientes.

2. Concepção pedagógica de Benjamin Bloom

Benjamin Bloom propôs uma mediação pedagógica eficiente, como um recurso para superar a seletividade escolar[481], por meio da ideia de desenvolvimento vinculada à perspectiva da aquisição de "domínios" de comportamentos previamente definidos. Compreendia ele que a educação escolar vinha sendo historicamente utilizada de forma seletiva[482].

Nesse contexto, sua afirmação foi de que, na escola regular, "cada 100 alunos que iniciavam a educação formal, aproximadamente 5% eram considerados capacitados, pela natureza ou pelo ambiente, [para] enfrentar os rigores de uma educação superior. E os educadores demonstravam pouco interesse pelos 95% eliminados nas diversas etapas do sistema educacional"[483]. Considerou ainda que o verdadeiro papel da escola não seria a seletividade dos que nela ingressavam, mas sim o seu desenvolvimento[484].

---

481 Ou seja, superar a seletividade escolar intraescola, o que implica em cuidar para que aqueles que ingressaram na escola não sofram uma segunda seletividade – a escolar –, desde que a primeira é social.

482 *Idem.*, p. 5: "Durante muitos séculos, a educação deu ênfase, no mundo inteiro, a uma função seletiva".

483 *Idem.*, p. 5.

484 *Idem.*, p. 6: "Em oposição frontal à ideia de utilização da escola para fins de seleção, encontra-se a concepção segundo a qual a educação tem a função de promover o desenvolvimento do indivíduo".

LIVRO I – AVALIAÇÃO DA APRENDIZAGEM ESCOLAR: DO PASSADO PARA O PRESENTE

Assumindo esse ponto de vista, compreendeu que o papel da educação escolar era propiciar a *todos os estudantes,* que nela tivessem acesso[485], condições de um desenvolvimento satisfatório.

> Deste ponto de vista – afirmou ele –, a principal tarefa da escola é a de desenvolver no aluno as características que lhe permitirão viver de forma eficiente numa sociedade complexa[486].

> A educação deverá voltar-se cada vez mais para o pleno desenvolvimento das crianças e dos jovens e as escolas terão como responsabilidade buscar condições de aprendizagem que permitam a todo indivíduo atingir o mais alto nível de rendimento que lhe seja possível[487].

Por ensino, Benjamin Bloom entendia o processo que propicia as condições para a modificação das condutas dos estudantes, através da aprendizagem e, para orientar esse processo, assumiu a perspectiva teórica comportamentalista.

Como resultado da prática educativa, estava interessado em que os estudantes adquirissem novos padrões de conduta. "Estamos interessados – disse ele – nas mudanças produzidas pela educação e, em última análise, determinadas pela escola, pelo currículo e pelo ensino"[488]. E para que esse ensino e essa aprendizagem fossem eficientes, seria importante que o educador definisse com precisão os objetivos que delineariam sua ação, assim como os recursos que deveriam ser utilizados para a obtenção dos resultados almejados.

Nesse âmbito de compreensão, Bloom manifestou assumir a posição tyleriana sobre planejamento e execução do currículo escolar. No seu ver, não havia possibilidade de se produzir uma ação consciente, direcionada e eficaz no ensino sem que se definissem os objetivos em termos comportamentais. O professor que se recusasse a definir os objetivos sob a ótica comportamental estaria "meramente se esquivando de responder a questões fundamentais do ensino"[489], já que os objetivos serviriam de balizamento a todas as outras atividades pedagógicas escolares, tais como selecionar recursos para o ensino/aprendizagem, materiais didáticos, processos de avaliação.

---

485   (N. A.) E parece que Bloom pensa num país onde o acesso à escola seja efetivamente universal.

486   *Idem.*, p. 6.

487   *Idem.*, p. 6.

488   *Idem.*, p. 7.

489   *Idem.*, p. 9.

PARTE C – AVALIAÇÃO DA APRENDIZAGEM NA TECNOLOGIA EDUCACIONAL

Para o autor, o caminho mais adequado para a definição dos objetivos específicos do ensino/aprendizagem está comprometido com a identificação da *conduta final* que se quer construir junto ao estudante e, a seguir, comprometido com a *análise de todas as tarefas que o estudante deverá desempenhar* frente às exigências da aprendizagem de uma conduta complexa. Daí a necessidade de o professor proceder a análise de quais são as tarefas a serem desempenhadas pelo estudante no presente e no futuro, e, para atender a essa meta, quais aprendizagens necessita adquirir, no momento presente. Os objetivos específicos da aprendizagem por parte do estudante, no ver do autor, decorrem desse procedimento[490].

E mais: os objetivos deverão ser definidos em termos de conduta observável, ou seja, deverão delimitar o saber e as habilidades que os estudantes deverão manifestar ao final de um percurso de aprendizagem relativo a um determinado conteúdo com o qual se esteja trabalhando[491].

Frente a essa compreensão, entendeu o autor que para uma aprendizagem efetiva, haveria necessidade de três cuidados:

1. os *resultados desejados* – estabelecer os objetivos com as características comportamentais, ou seja, especificação da conduta com seu respectivo conteúdo;

2. o *diagnóstico do aprendiz no início do processo* – obter conhecimento da situação do estudante no início do processo de aprendizagem dentro de determinado programa, isto é, verificação da posse de pré-requisitos, como condição para os atos de ensinar e aprender;

3. o *processo de instrução* – a decisão a respeito de materiais e atividades pelos quais os estudantes possam efetivamente processar a aprendizagem proposta no programa.

---

490   *Idem.*, p. 14: "Tanto no planejamento do programa quanto no ensino, existe a fase de divisão de um assunto e de um conjunto de objetivos comportamentais numa série de tarefas e atividades. Quando tal divisão é feita adequadamente, tem-se como resultado o desenvolvimento no aluno das características cognitivas e afetivas que se pretende obter em decorrência do processo educativo". E prossegue: "A arte de ensinar consiste na análise de um produto final complexo em componentes que devem ser atingidos separadamente e numa certa sequência. Ensinar o que quer que seja significa ter em mente o modelo final que se pretende atingir e, ao mesmo tempo, concentrar-se num passo por vez, à medida que se progride em direção à meta".

491   *Idem.*, p. 24: "Para fins de avaliação, pelo menos, os objetivos devem ser colocados em termos de resultados de modificações mais facilmente observáveis no aluno, de forma que se possa determinar se ele está ou não progredindo em relação à aprendizagem durante o curso".

LIVRO I – AVALIAÇÃO DA APRENDIZAGEM ESCOLAR: DO PASSADO PARA O PRESENTE

Bloom acreditava que, através da atividade pedagógica, os estudantes adquiririam o domínio sobre os comportamentos definidos. Em função dessa compreensão, propôs a *aprendizagem para o domínio,* que implica em admitir que "a maioria dos estudantes (talvez mais de 90%) tem condições de chegar a dominar o que temos a lhes ensinar, e a tarefa fundamental da instrução é encontrar os meios que os capacitem para tal"[492].

Como base de sua concepção pedagógica, serviu-se dos entendimentos de John B. Carroll[493] sobre a aprendizagem, demonstrando que praticamente todos os estudantes poderiam aprender todas as coisas que lhes fossem ensinadas, com a condição de que também lhes fossem oferecidas as condições necessárias à aprendizagem, incluindo o tempo necessário para o seu processo individual de aprender. Para Bloom, "o tempo gasto na aprendizagem é a chave do domínio do que se aprende"[494].

No processo de aprendizagem para o domínio, há que se construir internamente no estudante esse domínio, e, para tanto, a avaliação formativa[495] torna-se fundamental, à medida que ela subsidia o professor com informações que lhe permitirão reorientar a aprendizagem do estudante de tal forma que ele atinja o padrão de domínio na conduta final desejada. Na expressão do próprio autor:

> A aplicação frequente de testes de avaliação formativa[496] regula as aprendizagens dos alunos e ajuda a motivá-los a empenhar o esforço necessário no momento adequado. O uso apropriado destes testes ajuda a assegurar que cada conjunto de tarefas de aprendizagem foi totalmente dominado, antes do início das tarefas subsequentes[497].

---

492   *Idem.,* p, 48.

493   J. Carroll, "A Model of School Learning", Teachers College Record, 1963, 64: 723-33.

494   Benjamin Bloom *et. al., Manual de avaliação formativa e somativa,* p. 56

495   Importa notar que as adjetivações para avaliação de "diagnóstica (inicial)", "formativa (processo)" e "somativa (final)" foram criadas por Bloom. Todavia também importa observar que não é a "avaliação" que é diagnóstica, formativa ou somativa, mas sim os modos de agir do gestor da ação que usa os resultados do ato avaliativo para tomar decisões diagnósticas, formativas e somativas. A avaliação, em si, nada mais realiza do que a "investigação da qualidade da realidade" e, então, com seus resultados investigativos pode subsidiar o gestor da ação em suas decisões. O professor é o "gestor da sala de aula".

496   Propriamente, do ponto de vista epistemológico, não existe "avaliação formativa", mas sim investigação avaliativa, cujos resultados subsidiam decisões formativas por parte do educador.

497   Benjamin Bloom et. al., *Manual de avaliação formativa e formativa,* p. 60.

PARTE C – AVALIAÇÃO DA APRENDIZAGEM NA TECNOLOGIA EDUCACIONAL

Com a compreensão acima, está delineado, de forma sintética, aquilo que Bloom compreendeu como processo pedagógico de ensino e aprendizagem. É no contexto deste quadro que ele apresentou seus entendimentos e suas sugestões sobre a prática da avaliação da aprendizagem. No seu entendimento, ela deve ser um instrumento auxiliar do trabalho de superação da seletividade intraescolar à medida que subsidia a construção da aprendizagem por parte de *todos* os estudantes, no limite do domínio, ou seja, a aprendizagem no limite do padrão de conduta assumido como necessário.

É interessante observar a dupla face da "aprendizagem para o domínio". De um lado ela é positiva, à medida que propõe a equalização da aprendizagem por parte de todos os estudantes que têm acesso à escola, tendo por critério uma área de domínio de conhecimentos e habilidades; nesse caso, todas as mediações da prática pedagógica deverão estar postas a serviço de subsidiar o estudante a atingir o "domínio". De outro lado, os estudantes poderão processar aprendizagens que irão *para além do domínio*. Frente a essa necessidade, Norman Gronlund, autor que abordaremos no próximo capítulo, propõe que, para além da "aprendizagem para o domínio", haja também um cuidado com a "aprendizagem para o desenvolvimento", modalidade de aprendizagem que, ao mesmo tempo, inclui o domínio e o ultrapassa.

3. Avaliação da aprendizagem escolar em Benjamin Bloom

A intenção de Bloom ao produzir o *Manual de avaliação formativa e somativa do aprendizado escolar* foi, em suas próprias palavras, "apresentar uma concepção mais ampla da avaliação e do seu lugar na educação", assim como e, sobretudo, encontrar um modo de "usá-la para aperfeiçoar o ensino e a aprendizagem"[498].

Pretendeu encontrar uma compreensão adequada da avaliação no que se refere ao currículo, mas especialmente estava preocupado com a melhoria do ensino e da aprendizagem dentro da execução do currículo assumido por cada uma das instituições escolares. A meta era colocar a avaliação como um elemento subsidiário das atividades docente e discente, na perspectiva da aprendizagem para o domínio.

Para tanto, o autor entendeu que avaliação é um procedimento de "coleta sistemática de dados a fim de verificar se de fato *certas mudanças estão ocorrendo* no aprendiz, bem como verificar a quantidade ou grau de *mudança ocorrida em cada aluno*"[499].

---

498   *Idem.*, p. 8.

499   *Idem.*, p. 9. (N. A.) Grifo nosso.

LIVRO I – AVALIAÇÃO DA APRENDIZAGEM ESCOLAR: DO PASSADO PARA O PRESENTE

Ou seja, a avaliação deve estar atenta à aprendizagem enquanto processo – *mudanças que estão ocorrendo* – e enquanto resultado – *grau de mudança ocorrida* –, o que quer dizer que a função do ato avaliativo é subsidiar o gestor da ação, no caso, o professor ou a professora, no acompanhamento e nas decisões a respeito da aprendizagem que está sendo construída no interior do estudante, assim como verificar os resultados finais de determinada aprendizagem, quando concluída.

No processo de subsidiar a construção do domínio, segundo Bloom, são três os tipos de avaliação a serem utilizados: *diagnóstica, formativa* e *somativa*[500]. Importa compreender que as adjetivações "diagnóstica", "formativa" e "somativa", *epistemologicamente*, por si, estão comprometidas com *o uso que se pode fazer* dos resultados da investigação avaliativa, desde que o ato avaliativo simplesmente investiga e revela a qualidade da realidade. Como temos explicitado neste livro, o ato avaliativo investiga e revela a qualidade da realidade, cabendo ao gestor da ação fazer uso dos seus resultados, seja de modo "diagnóstico", "formativo" ou "somativo".

A utilização dessa tipologia de avaliação da aprendizagem tem por objetivo aproximar o ato avaliativo do processo de ensinar e aprender, ou seja, utilizar os resultados das investigações avaliativas como recurso subsidiário de decisões a favor do sucesso no ensino-aprendizagem, antes, durante e ao final do seu processo. A respeito disso, afirmou Bloom que, no passado, a avaliação da aprendizagem era usada exclusivamente na modalidade "somativa", já que ela encerrava as atividades de ensinar e aprender no contexto de um curso, de um semestre ou de um ano letivo. Então, no ver do autor, uma prática de avaliação do desempenho do estudante deveria efetivamente servir:

1. para *diagnosticar* a prontidão para a aprendizagem assim como as carências e dificuldades prévias dos estudantes em relação aos conteúdos com os quais se vai trabalhar;

2. para *subsidiar as decisões a favor da construção da aprendizagem*, enquanto ela está se fazendo, por isso, nesse caso, recebe a denominação de *formativa*;

3. e, por último, para *encerrar um processo de ensino*, o ato avaliativo denominado *somativo* investiga os resultados finais obtidos por um estudante em um percurso de ensino-aprendizagem.

---

500   Segundo o próprio Bloom, ele tomou a expressão "avaliação formativa" de empréstimo do trabalho de Michel Scriven, apresentado em uma obra de 1963. Sobre isso, ver a observação registrada à página 60 do *Manual de avaliação formativa e somativa*, obra da qual estamos nos servindo neste capítulo.

PARTE C – AVALIAÇÃO DA APRENDIZAGEM NA TECNOLOGIA EDUCACIONAL

Iniciando pelo último item acima registrado, segundo expressão do próprio Bloom, no processo escolar, a *avaliação somativa* "tem como meta principal atribuir notas ou dar certificados aos alunos, julgar a eficiência do professor e comparar programas"[501].

Para o autor, esse uso denominado de "somativo" dos resultados da investigação avaliativa pode ser *final* ou *intermediária*. Uso *final* é aquele que ocorre no encerramento de uma atividade de aprendizagem, subsidiando verificar a extensão dos resultados obtidos; *intermediário* é aquele que verifica os resultados parciais, menos generalizáveis e menos passíveis de transferência que os resultados finais, possibilitando decisões de reorientação das atividades, caso isso seja necessário. Quanto à significação para o processo educativo, ambas as modalidades de uso dos resultados das práticas avaliativas somativas – final ou intermediária – são importantes no ver do autor, pois oferecem, aos que processam a educação, informações a respeito dos resultados obtidos pela execução de um determinado programa.

Por fim, os resultados das investigações avaliativas caracterizados como *somativos*, segundo Bloom, servem para múltiplas finalidades, tais como: atribuir notas, certificar-se de que o estudante adquiriu determinadas capacidades, habilidades e conhecimentos, predizer seus possíveis sucessos em cursos subsequentes, definir o ponto inicial da instrução em um programa ou curso subsequente, oferecer um *feedback* aos estudantes, comparar resultados obtidos por grupos diferentes de aprendizes[502].

Todavia, o uso somativo dos resultados da investigação avaliativa apresenta-se limitado no que se refere a subsidiar decisões quanto às intervenções necessárias no decurso do processo de aprendizagem, ou seja, enquanto ele está se dando. O uso dos resultados da investigação avaliativa sob a ótica somativa encerra um processo e, portanto, razão pela qual não pode subsidiar decisões de correção. Daí advém a necessidade da investigação avaliativa adjetivada pelo próprio Bloom de *formativa* que "intervém durante a formação do aluno, e não quando se supõe que o processo chegou ao seu término. [No caso], ela indica as áreas que necessitam ser recuperadas, de forma que o ensino e a aprendizagem imediatamente subsequente possam ser realizados de forma mais adequada e benéfica"[503]. A avaliação formativa, então, subsidia diagnósticos relativos ao desempenho dos estudantes no decurso de seus estudos, fator que possibilita, quando necessário, a prescrição e a execução de orientações subsidiárias ao ensino e à aprendizagem.

---

501 Benjamin Bloom, *Manual de avaliação formativa e somativa*, op. cit., p. 22.

502 *Idem.*, passim, p. 73-82.

503 *Idem.*, p. 22.

A denominação *avaliação diagnóstica*, por sua vez, na compreensão do autor, expressa a prática avaliativa que investiga a qualidade do desempenho do estudante frente à uma situação nova de ensino-aprendizagem ou a respeito das causas de dificuldades ao longo de um processo de aprendizagem[504].

Quando realizada com o objetivo de *diagnóstico da situação inicial* de aprendizagem, a avaliação, segundo Bloom, pode ter várias funções:

- em primeiro lugar, pode procurar determinar se o aluno possui ou não certos comportamentos ou habilidades de entrada, tidos como pré-requisitos para a consecução dos objetivos da unidade [de ensino] planejada;

- em segundo lugar, pode tentar estabelecer se o aluno já dominou os objetivos de uma certa unidade ou curso, possibilitando assim que (...) seja introduzido num programa mais avançado;

- finalmente, pode pretender classificar os alunos de acordo com certas características, tais como interesse, personalidade, *background*, aptidões, habilidades e seu histórico instrucional, que estejam relacionadas, por hipótese ou não, a uma determinada estratégia de ensino ou método de instrução[505].

E quando realizada *com a instrução em andamento*, a avaliação caracterizada como "diagnóstica" tem objetivos diversos dos anteriores. A respeito disso, afirmou Bloom:

> Efetuada enquanto a instrução se encontra em andamento, [a avaliação] tem como função principal determinar as circunstâncias ou causas subjacentes [às] repetidas deficiências na aprendizagem, que não responderam às formas comuns do ensino remediativo.
>
> As causas do fracasso de um aluno numa unidade formativa podem não ter relação com os métodos e materiais de ensino em si; pelo contrário, podem ser de natureza física, emocional, cultural ou ambiental.

---

504   *Idem.*, p. 97: "Os dois propósitos do diagnóstico o distinguem das demais formas de avaliação: seja o de uma localização adequada do aluno no início da instrução, seja o de descobrir as causas subjacentes às deficiências de aprendizagem, à medida que o ensino evolui".

505   *Idem.*, p. 97-98.

PARTE C – AVALIAÇÃO DA APRENDIZAGEM NA TECNOLOGIA EDUCACIONAL

O diagnóstico procura localizar as causas dos sintomas de distúrbios da aprendizagem, de tal forma que, sempre que possível, se possa intervir de uma ação remediativa, a fim de corrigir ou remover estes bloqueios à evolução[506].

Vale observar que a avaliação diagnóstica, enquanto *identifica a situação inicial do estudante*, atua em separado da avaliação formativa, e, enquanto *atua no decorrer de uma ação de ensino/aprendizagem*, age em paralelo e articulada com ela. Supondo, no caso, que um estudante, através da avaliação denominada *formativa*, manifestou dificuldades específicas e reiteradas na aprendizagem de determinado conteúdo, a investigação avaliativa deverá dar atenção às causas específicas que estão produzindo o efeito negativo identificado e, nesse caso, será denominada de "diagnóstica"[507] e estará atuando em paralelo e articulada com a avaliação formativa[508].

Com os três tipos de avaliação da aprendizagem – diagnóstica, formativa e somativa –, Bloom sinalizou que a avaliação subsidia os investimentos na construção de "ganhos" na aprendizagem dos estudantes, podendo *também*, como um objetivo possível, subsidiar uma classificação final da aprendizagem, fornecendo dados para as notas finais.

As proposições de Bloom aperfeiçoaram o modelo proposto por Tyler da "medida antes e depois", sinalizando os cuidados necessários com a "construção (formação)" dos resultados finais, assim como com o "diagnóstico" inicial e processual da ação.

Em síntese, a proposta pedagógica de Bloom – com o planejar, o executar e o avaliar – subsidia, do ponto de vista técnico, a prática pedagógica para que ela seja eficiente. Contudo, do ponto de vista filosófico-político, o autor não assumiu uma posição explícita, fato que leva a entender que todas as recomendações técnicas e pedagógicas podem ser postas a serviço do presente modelo político-social ou de qualquer outro.

---

506 *Idem.*, p. 98. (N.A.) – Paragrafação modificada.

507 *Idem.*, p. 100.

508 De fato, no ver deste autor, a distinção proposta por Bloom a respeito do uso diagnostico dos dados da avaliação "antes" e "durante a atividade", é desnecessária, desde que o ato avaliativo sempre se revela como uma investigação da qualidade da realidade e é o gestor da ação que se serve dos resultados dessa investigação seja para simplesmente ter ciência da qualidade dos resultados dessa ação, seja para tomar decisões de encaminhamentos relativos a esses mesmos resultados. Já expusemos no livro, de autoria pessoal, *Avaliação em educação: questões epistemológicas e práticas*, Cortez Editora, SP. 2018, a compreensão de que existem somente três tipos de usos dos resultados da investigação avaliativa: *diagnóstico*, subsidiando novas decisões; *probatório*, atrelado à qualidade desejada; e *classificatório*, quando utilizados para estabelecer ordens de qualidade, como, por exemplo, nas premiações.

4. Avaliação da aprendizagem escolar em Benjamin Bloom e sua concepção pedagógica

Bloom, como Tyler, não explicitou a concepção filosófica que sustenta suas definições pedagógicas. Propôs caminhos pelos quais é possível construir a aprendizagem eficiente dos estudantes, servindo, para tanto, da definição clara de objetivos, selecionando e executando meios adequados de ensino/aprendizagem, assim como realizando uma prática avaliativa que cubra todo o percurso do processo de ensinar-aprender: condições iniciais, condições de processo e de produto final. Abordou, de forma predominante, o controle da qualidade da aprendizagem, tendo em vista gerar os resultados desejados, que devem se manifestar como uma forma de domínio dos conteúdos escolares planejados e executados.

Nas compreensões de Bloom, importa que o estudante aprenda e adquira os comportamentos necessários segundo o currículo escolar vigente. A avaliação da aprendizagem deve subsidiar a busca desse objetivo. O importante é que todos aprendam eficientemente aquilo que se encontra definido nos currículos e nos programas escolares.

Como outros teóricos da Tecnopedagogia, Benjamin Bloom, em nenhum momento, explicitou os objetivos filosófico-políticos pelos quais propôs suas compreensões pedagógicas.

PARTE C – AVALIAÇÃO DA APRENDIZAGEM NA TECNOLOGIA EDUCACIONAL

CAPÍTULO 8

AVALIAÇÃO DA APRENDIZAGEM ESCOLAR EM NORMAN EDWARD GRONLUND

Conteúdo do capítulo – 1. As heranças de Ralph Tyler e de Benjamin Bloom e a avaliação para o desenvolvimento, p. 318; **2.** Funções da avaliação da aprendizagem, p. 322; **3.** Princípios a serem levados em conta na elaboração de instrumentos de coleta de dados para a avaliação da aprendizagem, p. 326; **4.** Avaliação da aprendizagem para o domínio e para o desenvolvimento, p. 333; **5.** Considerações finais sobre as propostas de Gronlund, p. 340.

1. As heranças de Ralph Tyler e de Benjamin Bloom e a avaliação para o desenvolvimento

Norman Edward Gronlund, nascido em 1920 e falecido em 2010, foi professor da Universidade de Illinois, USA, e dedicou-se ao longo do tempo às questões de medidas do aproveitamento escolar, assim como à fenomenologia da avaliação da aprendizagem escolar.

Retomou as posições de Ralph Tyler e Benjamin Bloom, abrindo espaço para a prática da avaliação da aprendizagem que tivesse por base o padrão de "domínio" dos conhecimentos e das habilidades trabalhados no ensino, sugerindo que, para além do domínio traçado pelos objetivos do ensino-aprendizagem, existiriam ainda as possibilidades de aprendizagens situadas *para além do domínio*, que denominou de *aprendizagem para o desenvolvimento*.

Então, haveria dois modos de agir na prática da avaliação da aprendizagem escolar: a investigação avaliativa que tem como parâmetro a aprendizagem para o domínio e a investigação avaliativa que tem como parâmetro a aprendizagem para o desenvolvimento. A aprendizagem para o domínio configura-se pelo padrão de qualidade a ser atingido pelo estudante segundo os conteúdos planejados para a prática de ensino à qual ele se encontra submetido; a aprendizagem para o desenvolvimento é aquela cujo padrão de qualidade vai para além do padrão de qualidade estabelecido para o ensino de conteúdos e habilidades previamente definidos.

Em 1968, Gronlund publicou, nos Estados Unidos, um livro intitulado *Constructing achievement tests*[509], traduzido no Brasil no ano de 1974 sob o título *Elaboração de testes de aproveitamento escolar*, no qual manifestou ser herdeiro de Benjamin Bloom, tanto por assumir seus entendimentos sobre a prática do ensino-aprendizagem, como pela exigência do uso das taxonomias de objetivos educacionais, assumidas como um instrumento teórico-prático básico para a condução da prática de elaboração de instrumentos de medidas de aproveitamento escolar. Seguiu as pegadas de Bloom, como este seguiu as pegadas de Tyler. Fato este que o coloca na sequência dos desdobramentos da concepção tyleriana de avaliação da aprendizagem escolar.

Sobre o uso das obras de Benjamin Bloom em seus estudos e proposições, Gronlund deixa claro que a *Taxonomia dos objetivos educacionais: domínio cognitivo*

---

509   Esse livro de Norman Gronlund foi publicado nos Estados Unidos pela Prentice Hall, Inc., Englewood Cliffs, New Jersey, 1968, e traduzido no Brasil por Erb Luís Lente Cruz, sob o título *Elaboração de testes de aproveitamento escolar*, publicado pela Editora Pedagógica Universitária (EPU), São Paulo, 1974.

PARTE C – AVALIAÇÃO DA APRENDIZAGEM NA TECNOLOGIA EDUCACIONAL

praticamente estruturou o desenvolvimento de seu livro *Elaboração de testes de aproveitamento escolar* [510], escrito e publicado atendendo três finalidades:

– em primeiro lugar, subsidiar os profissionais responsáveis pela elaboração e utilização de testes de aproveitamento escolar[511];

– em segundo lugar, contribuir para a elaboração de testes articulados com objetivos instrucionais corretamente definidos[512];

– por último, subsidiar o investimento na melhoria da aprendizagem por parte dos estudantes, ou seja, subsidiar a busca da aprendizagem satisfatória[513].

Em 1973, publicou outro livro sobre questões de avaliação da aprendizagem denominado, em inglês, *Preparing Criterion-Referenced: Tests for Classroom Instruction,* traduzido no Brasil, em 1974, sob o título *Elaboração de testes para o ensino*[514], cujo objetivo básico fora produzir "um guia prático para o preparo e uso de testes instrucionais referenciados em critério"[515], o que significa, para Gronlund, referenciado em *domínio*. Para tanto, serviu-se da definição produzida por Robert Glaser a respeito da avaliação referenciada em *norma* e avaliação referenciada em *critério*.

Robert Glaser, professor da Universidade de Pittsburgh, no artigo "Instrucional technology and the measurement of learning outcomes: some questions" (Tecnologia instrucional e medição de resultados de aprendizagem: algumas perguntas), publicado em 1963[516], preocupado com as fragilidades das técnicas tradicionais de

---

510   No Prefácio do livro *Elaboração de testes de aproveitamento escolar,* Gronlund oferece o seguinte testemunho: "Observar-se-á que a *Taxionomia dos objetivos educacionais: domínio cognitivo,* de Benjamin Bloom, Max D. Engelhart, Edward J. Furst, Walker H. Hill e David R. Krathwohl, serviu como um quadro de referência na organização dos capítulos que tratam da elaboração de testes. Fico profundamente grato a eles pelo uso deste trabalho e recomendo uma revisão cuidadosa deste volume por qualquer um que esteja envolvido na elaboração de testes".

511   *Idem., ibidem.*: "Este livro é dedicado aos professores, ou futuros professores, de todos os níveis e àqueles que são responsáveis pela elaboração de testes de aproveitamento escolar".

512   *Idem., ibidem.*

513   *Idem.*: "O tema básico deste livro é de que os testes de aproveitamento escolar deveriam apoiar e reforçar outras atividades instrucionais planejadas para melhorar a aprendizagem".

514   Traduzido por Ingeborg Strack Grunualdt, publicado pela Livraria Pioneira, Editora, São Paulo, 1974, sob o título *Elaboração de testes para o ensino.*

515   Norman Gronlund, *Elaboração de testes para o ensino,* p. XIII.

516   *In: American Psychologist,* 1963. (18): 519-521.

319

LIVRO I – AVALIAÇÃO DA APRENDIZAGEM ESCOLAR: DO PASSADO PARA O PRESENTE

mensuração da aprendizagem, propôs a distinção entre avaliação *referenciada em norma* e avaliação *referenciada em critério*. Ele vinha de uma experiência de utilização do ensino programado nos inícios dos anos 1960 e havia percebido a deficiência dos testes de medida do aproveitamento escolar que tinham por base a curva normal de distribuição estatística de uma população, formulada por Carl Friedrich Gauss. Essa modalidade de curva estatística possibilitava, no ver de Robert Glaser, expressar uma discriminação entre os estudantes que aprenderam mais daqueles que aprenderam menos, desde que, segundo essa teoria estatística, nem todos os estudantes poderiam aprender de maneira equivalente os conteúdos ensinados.

A "curva estatística normal de distribuição de uma população" se apresentava contraditória em relação à concepção do ensino programado, que se propunha a oferecer condições para que *todos* que se submetessem a um determinado programa de ensino aprendessem suficientemente bem todo o conteúdo ensinado. Se todos deveriam aprender, não poderia haver discriminação. Então, de forma teórica e prática, Glaser chegou à conclusão de que havia duas formas de proceder e assumir os resultados da prática da avaliação do aproveitamento escolar; uma, *por norma*, que era seletiva; e outra, *por critério*, que pretendia verificar se o estudante atingira, ou não, o comportamento esperado, cuja consequência era subsidiar a decisão de reorientar a aprendizagem até que o estudante chegasse à aprendizagem com o padrão de qualidade desejado (critério esperado)[517].

Na obra de 1968, intitulada *Constructing Achievement Tests*, traduzida no Brasil em 1974 sob o título *A elaboração de testes de aproveitamento escolar*, Gronlund ainda não

---

517   W. James Popham, na obra *Avaliação educacional*, op. cit, p. 177, tratando a respeito do papel de Glaser na proposição da avaliação referenciada em critério, diz o seguinte: "A pessoa que chamou a atenção de educadores e psicólogos para a inadequação de aplicar instrumentos tradicionais de mensuração às situações que envolvem técnicas mais novas de ensino foi Robert Glaser, da Universidade de Pittsbugh. Glaser tinha estado muito envolvido com o movimento inicial do ensino programado, e o título do seu clássico artigo de 1963, 'Tecnologia do Ensino e Mensuração dos Resultados da Aprendizagem: algumas questões', refletia a sua preocupação. O artigo de Glaser estimulou muitas pessoas, principalmente as que estavam envolvidas com as aplicações de tecnologia de ensino, a perceber, cada vez com maior clareza, que as abordagens clássicas de mensuração, em muitos casos, eram inapropriadas para os seus objetivos. Glaser estabeleceu a distinção básica entre medidas relativas à norma, que ele concebeu como enfocando a descoberta da situação relativa de um estudante em relação a outros estudantes, e medidas relativas a critério, que, segundo ele, enfocavam o padrão absoluto de qualidade. (...). Embora outros hajam anteriormente estabelecido a distinção que Glaser descreveu, foi seu artigo que catalisou a atenção para este tópico da mensuração. Ele levantou várias questões fundamentais relativamente à dificuldade de ter itens de teste servindo simultaneamente no isolamento de diferenças individuais (como nas aplicações relativas à norma) e das diferenças de grupo (como nas aplicações relativas à critério)".

PARTE C – AVALIAÇÃO DA APRENDIZAGEM NA TECNOLOGIA EDUCACIONAL

trabalhava explicitamente com o conceito de "avaliação referenciada em critério", porém, o primeiro capítulo desse livro, "Testes de aproveitamento escolar como um auxílio à aprendizagem", é bem sugestivo a respeito do uso dessa perspectiva. O título do capítulo não se refere somente à "mensuração do aproveitamento escolar", mas, sim, à "mensuração do aproveitamento escolar com o objetivo definido de auxílio à aprendizagem por parte do estudante".

Portanto, não seriam testes para aprovar ou reprovar o estudante, porém testes que, com a capacidade de diagnosticar o estágio de aprendizagem do estudante, subsidiassem a tomada de decisão para sua melhoria. Esse tipo de compreensão, e consequente conduta, faz sentido nas circunstâncias em que sejam utilizados testes *referenciados em critério*, diversos dos testes *referenciados em norma*, à medida que, em sua base, está a discriminação dos que aprenderam em relação aos que não aprenderam.

Contudo, vale observar que, nesse momento, ano de 1968, Gronlund ainda não falava explicitamente em testes "referenciados em critério". Mais que isso, os capítulos do livro de sua autoria, citado acima, que abordam diretamente o tratamento estatístico dos itens de teste, ainda que de forma sucinta, estão voltados para as medidas tradicionais de aproveitamento escolar que se servem dos índices de dificuldade e de discriminação. Dois índices estatísticos que só fazem sentido quando se está trabalhando para situar o estudante dentro de uma escala de aproveitamento; portanto, índices que se articulam com a "teoria da curva estatística normal de distribuição", da autoria de Gauss.

Para um teste *referenciado em critério* não faz sentido o uso desses referidos índices estatísticos – de dificuldade e de discriminação –, devido ao fato de que, pelos atos de investigação avaliativa referenciada em critério, se pretende verificar quantos e quais estudantes chegaram ao domínio esperado, para, se necessário, reforçar aqueles que não chegaram a esse padrão de qualidade, de tal forma que possam se aproximar ao máximo possível do padrão de conduta planejado e desejado. Para esse tipo de uso dos resultados da investigação avaliativa não interessa a variação classificatória entre estudantes em termos da qualidade de sua aprendizagem. Interessa, sim, que *todos* atinjam o critério mínimo necessário de qualidade em sua aprendizagem.

No momento da produção da obra, de 1968, parece que Gronlund ainda não tinha clara a necessidade de abordar a avaliação da aprendizagem *referenciada em critério*, porém, percebia que a avaliação *baseada em norma* não satisfazia uma instrução que pretendesse produzir comportamentos ao nível do domínio desejado; daí a contradição emergente entre o que propôs no primeiro capítulo do livro e aquilo que propôs como recursos estatísticos para a análise dos resultados da aprendizagem.

2. Funções da avaliação da aprendizagem

Em sua obra de 1968, *A elaboração de testes de aproveitamento escolar*, traduzida no Brasil em 1974, Gronlund definiu que a avaliação da aprendizagem tem por objetivo subsidiar a construção da aprendizagem por parte do estudante e não para classificá-lo entre as tradicionais categorias de aprovado e reprovado.

Nessa obra, o autor expressou sua compreensão de que os testes de aproveitamento escolar, tanto os padronizados quanto os elaborados pelo professor, teriam por objetivo subsidiar a melhoraria da aprendizagem do estudante, sem, evidentemente, descartar outras possibilidades de uso[518]. O que importa, no contexto dessa proposição do autor, é sua proposição de que os estudantes adquiram os conhecimentos e habilidades estabelecidos nos currículos e nos planos de ensino executados em sala de aula. No seu ver, entre as *diversas decisões* que poderiam ser tomadas no decurso do processo de ensino, com base nas informações obtidas pelos testes, estavam:

- a escolha dos conteúdos a serem fornecidos aos estudantes, em função dos pré-requisitos que já possuem;

- a velocidade com que um referido conteúdo pode ser ensinado e aprendido;

- a necessidade, ou não, de uma revisão geral do conteúdo de um curso;

- a forma de agrupar os estudantes, a fim de que melhor se auxiliem mutuamente no processo de aprendizagem;

- a necessidade de uma orientação específica para ensino;

- a decisão a respeito dos estudantes que podem aproveitar de um programa especial de ensino em função de seu rápido desenvolvimento;

- a promoção formal dos estudantes de uma série para outra, onde houver essa necessidade.

Afinal, no ver de Gronlund, qualquer decisão que se viesse a tomar a partir das informações obtidas pelos testes deveria resultar "em maior aprendizagem por parte

---

518 Na obra *A elaboração de testes de aproveitamento escolar*, p. 2, Gronlund afirmou: "É fácil subestimar a função que os testes representam no processo ensino-aprendizagem. É comum pensarmos neles como sendo uma atividade de fim de unidade ou fim de curso, cujo propósito principal é servir de base para a determinação dos graus de um curso. Embora esta seja uma função necessária e útil dos testes, é apenas uma entre outras. Como o próprio ensino, o propósito principal dos testes é melhorar a aprendizagem, e, deste contexto mais amplo, existem diversas contribuições específicas que eles podem proporcionar".

PARTE C – AVALIAÇÃO DA APRENDIZAGEM NA TECNOLOGIA EDUCACIONAL

dos alunos"[519]. Dentro dessa perspectiva, segundo o autor, os testes de aproveitamento escolar teriam três funções básicas: melhorar a motivação dos estudantes; aumentar a transferência e retenção de aprendizagens; e contribuir para aumentar a autocompreensão. Como se pode verificar, entre as três funções atribuídas ao uso dos testes, não há menção à função classificatória, comum no cotidiano de nossas práticas escolares.

Sintetizando as compreensões do autor a respeito do uso dos testes na investigação do aproveitamento escolar, em *primeiro lugar*, sinaliza, quanto à *motivação*, que os "testes periódicos motivam os estudantes proporcionando-lhes objetivos a curto prazo em direção aos quais trabalham, esclarecendo-lhes quais resultados de aprendizagem são esperados e proporcionando-lhes *feedback* a respeito de seus progressos na aprendizagem"[520].

No que se refere à motivação para os estudos, no ver de Gronlund, os testes usualmente dirigem a aprendizagem dos estudantes para a direção segundo a qual eles foram construídos, ou seja, se os conteúdos dos testes versam sobre conteúdos secundários da matéria ensinada, a tendência dos estudantes é estarem também voltados para conteúdos secundários, porém, se os testes estiverem direcionados para conteúdos essenciais, sua aprendizagem também estará voltada para eles.

Isso quer dizer que os testes sinalizam e sedimentam o tipo de aprendizagem que eles medem. Assim sendo, seria possível utilizar os testes, de modo construtivo, com a característica psicológica que eles expressam, tendo em vista aumentar a atenção e a motivação dos estudantes para determinados conteúdos considerados essenciais.

Além do mais, considerou Gronlund que, "se os resultados do teste [forem] discutidos com os estudantes, este *feedback* a respeito de seus conhecimentos e deficiências (...) esclarecerá ainda mais a natureza da tarefa e indicará quais mudanças são necessárias para o desempenho eficiente". Ou seja, o diálogo com os estudantes a respeito das qualidades positivas ou negativas de sua aprendizagem, revelada pelo teste, despertaria neles o prazer do avanço ou a consciência da necessidade de novos esforços direcionados para superar uma determinada dificuldade que pudesse estar existindo[521].

---

519   *Idem.*, p. 3.

520   *Idem.*, p. 3.

521   *Idem.*, p. 4: "Assim, os testes elaborados adequadamente podem motivar os estudantes a trabalhar na direção dos objetivos instrucionais do curso, provocando uma maior atividade de aprendizagem, movendo-os em direção aos resultados da aprendizagem desejados e proporcionando imediato conhecimento dos resultados".

LIVRO I – AVALIAÇÃO DA APRENDIZAGEM ESCOLAR: DO PASSADO PARA O PRESENTE

Em *segundo lugar*, quanto ao fato de que os testes possibilitam uma *melhoria na retenção e na transferência da aprendizagem*, Gronlund assumiu que, desde que os testes podem ser utilizados para dirigir a aprendizagem para os objetivos essenciais do ensino, "eles podem ser usados como instrumentos para aumentar a retenção e a transferência de aprendizagem em sala de aula".

No caso, as aprendizagens relativas às habilidades mentais mais complexas, tais como compreensão, aplicação, análise, síntese, terão maior permanência na memória dos estudantes quanto maiores forem os exercícios com essas características epistemológicas. Se os testes de aproveitamento escolar estiverem focados nas habilidades exercitadas segundo os conteúdos essenciais com os quais se trabalhou com os estudantes, eles servirão de uma oportunidade a mais para exercitar a retenção e a transferência, seja dos conhecimentos, seja das respectivas habilidades[522].

Por último, quanto à *autocompreensão*, nas palavras de Gronlund, "o principal objetivo de toda educação é auxiliar as pessoas a melhor se compreenderem, de modo que possam tomar decisões mais inteligentes e avaliar mais efetivamente seu próprio desempenho". Então, testes realizados periodicamente garantiriam ao estudante perceber em que conteúdos e habilidades está se desenvolvendo melhor, com quais desses elementos se sente positivamente estimulado, assim como a que elementos necessita dar mais atenção e em quais outros pode secundarizar seus cuidados.

Na compreensão de Gronlund, "estas informações proporcionam ao estudante uma base mais objetiva para o planejamento de seu programa de estudo, o selecionamento de futuras experiências educacionais e o desenvolvimento de experiências automotivadoras. (...). Naturalmente isto supõe que os testes estão sendo usados para melhorar a aprendizagem e não para ameaçar ou rotular os estudantes"[523].

Além dessas três funções dos testes relacionadas à vida dos estudantes, Gronlund entendeu que os resultados obtidos por meio dos instrumentos de coleta de dados sobre sua aprendizagem poderiam ser utilizados para coletar dados e *avaliar vários aspectos do processo instrucional*.

Os dados obtidos pela investigação avaliativa, nas palavras do autor, poderiam "*ajudar a determinar a extensão*, na qual os objetivos instrucionais foram reais, se

---

522   *Idem.*, p. 4: "Os testes podem ser usados para suplementar e complementar nossos esforços de ensino nessas áreas e desse modo aumentar a probabilidade de que a aprendizagem será para os estudantes de maior valor permanente".

523   *Idem.*, p. 4.

PARTE C – AVALIAÇÃO DA APRENDIZAGEM NA TECNOLOGIA EDUCACIONAL

foram adequados os métodos e os meios auxiliares da instrução e quão bem foram organizadas as experiências da aprendizagem". Isso significa que os dados obtidos mediante os testes relativos à aprendizagem poderiam ser "lidos" com esses objetivos, possibilitando identificar tanto os aspectos positivos como negativos.

Caso alguns conteúdos específicos do ensino/aprendizagem não tenham sido atendidos, os resultados de testes, desde que elaborados com os cuidados metodológicos adequados, poderão oferecer pistas satisfatórias de interpretação sobre o que está ocorrendo com os métodos de ensino utilizados, com as experiências de aprendizagem, assim como com o material didático, entre outros aspectos mais.

Além disso, a apresentação dos resultados revelados por meio dos testes e o diálogo entre o educador e os estudantes em torno desses resultados podem *subsidiar informações que permitem identificar dificuldades* que possam estar emergindo nos procedimentos de apropriação dos conteúdos abordados, "de modo que [possam] ser tomadas as medidas corretivas"[524] necessárias. Para que isso possa ocorrer, importa, do ponto de vista do autor, que os resultados dos testes sejam analisados com o olhar voltado para o grupo de estudantes como um todo. Afinal, do ponto de vista do Programa de Ensino, interessa o desempenho do grupo de estudantes atendidos, não um ou outro estudante individual. Nesse contexto, interessa o grupo como um todo.

Para que a avaliação da aprendizagem possa se processar por intermédio dos testes, com as funções acima anunciadas, tanto para os estudantes como para o Programa de Ensino, como também para o executor do ato pedagógico (o professor), importa que sejam levados em consideração alguns princípios na construção dos instrumentos de coleta de dados que, no caso das proposições de Gronlund, são os testes.

Sem levar em conta os aspectos acima citados, os testes poderão conduzir a desvios no próprio processo de ensinar e de aprender; contudo, construídos e utilizados segundo efetivas normas de investigação, poderão subsidiar decisões essenciais nos procedimentos de ensinar. Nesse contexto de compreensão, Gronlund afirmou que "os testes podem dirigir ou afastar a atenção dos estudantes dos objetivos da instrução. Podem encorajar os estudantes a focalizar um aspecto limitado do conteúdo do curso ou dirigir a atenção destes para todas as áreas importantes. Podem recompensar uma aprendizagem superficial ou exigir profundidade de entendimento. Podem

---

524 *Idem.*, p. 5.

fornecer informação fidedigna para as decisões instrucionais ou podem fornecer informações enviesadas e distorcidas"[525].

Em síntese, o uso dos instrumentos de coleta de dados a respeito do desempenho dos estudantes em sua aprendizagem dos conteúdos escolares ensinados – se conveniente e adequadamente elaborados – subsidia o professor em sua tarefa de ensinar e o estudante em sua tarefa de aprender. O algoritmo da prática avaliativa, desse modo, indica um modo de agir, que, por si, deve conduzir ao sucesso dos atos de ensinar e de aprender.

3. Princípios a serem levados em conta na elaboração de instrumentos de coleta de dados para a avaliação da aprendizagem

As funções da avaliação da aprendizagem exigem instrumentos de coleta de dados com características que respondam ao seu objeto de estudo e à sua finalidade. Torna-se inviável executar uma investigação avaliativa da aprendizagem dos estudantes, reunidos coletivamente, caso os instrumentos de coleta de dados não estejam elaborados com rigor metodológico. Nesse contexto, Gronlund propôs os princípios que, a seu ver, deveriam ser levados em conta na sua elaboração[526].

Os instrumentos de coleta de dados para a avaliação da aprendizagem, na compreensão do autor, além de obter dados para a verificação da qualidade da aprendizagem dos estudantes, devem, ao mesmo tempo, estimulá-los a investir em sua aprendizagem.

Os princípios que se seguem direcionam a construção de instrumentos, que, segundo a compreensão do autor, proporcionam as melhores condições para que se efetive as duas funções dos instrumentos de coleta de dados acima indicadas, as quais, tanto subsidiam a investigação avaliativa, como estimulam os estudantes a investirem mais e mais em sua aprendizagem.

---

525   *Idem.*, p. 5-6.

526   Gronlund define esses princípios como aplicáveis na construção de testes, porém, acreditamos que podemos ampliar a sua extensão e dizer que eles servem para a construção de quaisquer recursos de coleta de dados para avaliação, tais como observação sistemática, entrevista, práticas em laboratório... Importa ainda observar que, para as definições desses cuidados, na tradução do livro do autor, foram utilizados os verbos no modo imperfeito e, aqui, para a citação dos mesmos, estaremos utilizando o presente do indicativo.

PARTE C – AVALIAÇÃO DA APRENDIZAGEM NA TECNOLOGIA EDUCACIONAL

Primeiro princípio: *Os testes de aproveitamento escolar devem medir resultados de aprendizagem claramente definidos, que estejam em harmonia com os objetivos instrucionais*[527].

O primeiro cuidado nos procedimentos de elaboração de instrumentos de coleta de dados para a avaliação da aprendizagem é o mapeamento dos resultados da aprendizagem a serem medidos pelo teste. Segundo Gronlund, os itens de um teste deverão responder a três exigências:

- estar comprometidos com os objetivos instrucionais da atividade ensino/aprendizagem;
- assentar-se sobre objetivos vazados em termos de resultados gerais da instrução;
- buscar os resultados específicos da aprendizagem como evidência da consecução dos objetivos propostos.

De fato, as delimitações propostas decorrem do planejamento da atividade pedagógica que se pretende realizar. O planejamento da instrução, além de ser considerado estritamente necessário, deve ser o mais minucioso possível[528]. Essa é uma atividade importante nos procedimentos de ensino/aprendizagem para o domínio, pois, ao se delimitar no planejamento aquilo que o estudante deve dominar ao final de uma atividade de ensino, está se estabelecendo os limites e os cuidados aos quais se deve ater na prática do ensino e, consequentemente, na prática da avaliação da aprendizagem. A aprendizagem do estudante *pode ultrapassar o limite do domínio mínimo* proposto como meta da atividade pedagógica, porém, *o parâmetro para ajuizar se ocorreu,* ou não, o atendimento do domínio desejado implica em operar com instrumentos de coleta de dados compatíveis com aquilo que fora *estabelecido* no projeto e aquilo que fora *efetivamente* executado na prática de ensino. Nada além disso. Nesse contexto, o objeto da investigação avaliativa no âmbito da aprendizagem, de modo essencial, deve incidir exclusivamente sobre o ensinado e o aprendido.

---

527 Esse é o primeiro dos seis princípios que se encontram entre as páginas 6 e 15 do livro *Elaboração de testes para o aproveitamento escolar.*

528 *Idem.*, p. 7: "Os testes de aproveitamento escolar medem aqueles comportamentos específicos que se espera que os estudantes demonstrem ao final de uma experiência de aprendizagem. Para a utilidade máxima dos testes, esses resultados de aprendizagem deveriam estar claramente definidos e deveriam refletir fielmente os objetivos instrucionais do curso".

LIVRO I – AVALIAÇÃO DA APRENDIZAGEM ESCOLAR: DO PASSADO PARA O PRESENTE

Segundo princípio: *Os testes de aproveitamento escalar devem medir uma amostra adequada de resultados de aprendizagem relativos ao conteúdo da matéria incluído na instrução.*

Não há possibilidade de medir todos os resultados possíveis de uma aprendizagem, seja pelas inúmeras informações e habilidades trabalhadas durante um curso, seja pelas inúmeras possibilidades de aplicação decorrentes de uma habilidade adquirida. Então, a possibilidade de detectar o nível da aprendizagem do estudante decorrerá da seleção de uma *amostra adequada* de condutas desejadas e esperadas, evidentemente compatíveis com aquilo que fora ensinado[529].

No planejamento de um instrumento de coleta de dados para a avaliação, a fim de que se possa estabelecer com objetividade a seleção das condutas a serem levadas em conta no teste (instrumento de coleta de dados), o autor, em suas proposições, sugere a utilização de uma tabela de especificação com dupla entrada, em uma das quais estariam especificadas as condutas esperadas e na outra os conteúdos em torno dos quais o estudante deverá manifestar as condutas aprendidas. A tabela de especificação mostrará, pois, até mesmo de modo visual, a ênfase dada aos diversos aspectos do Programa de ensino/aprendizagem[530]. Para tanto, será necessário que essa tabela de especificações nasça das próprias definições de condutas e conteúdos propostos para o ensino.

A seguir, acrescentamos, a título de exemplo, uma tabela de especificação de itens para um teste, elaborada pelo próprio Norman Gronlund, com dupla entrada, sendo a vertical relativa às habilidades que deveriam ter sido adquiridas pelos estudantes e a horizontal relativa aos conteúdos em torno dos quais as referidas condutas deveriam ter sido adquiridas, segundo o modo de classificação de objetivos educacionais propostos por Benjamin Bloom, como sinalizado em capítulo anterior no qual tratamos desse autor. A tabela, a seguir reproduzida, foi obtida no livro *A elaboração de testes de aproveitamento escolar*, cujo conteúdo está contido nos capítulos 1 e 2 desse referido livro[531]:

---

529   *Idem.*, p. 7: "É responsabilidade de quem se utiliza do teste", afirmou Gronlund, "determinar quão adequadamente a amostra na situação de teste reflete o universo de situações que se supõe representar".

530   Na proposição do uso da tabela de especificação de resultados com dupla entrada, Gronlund retoma uma sugestão de Tyler, que propunha o uso desse mesmo tipo de tabela para a especificação dos objetivos de ensino, que, depois, serviriam como especificação para as condutas a serem levadas em consideração na construção de instrumentos de coleta de dados para a avaliação.

531   Norman E. Gronlund, *A elaboração de testes de aproveitamento escolar*. Editora Pedagógica Universitária (EPU), São Paulo, 1974, p. 27.

PARTE C – AVALIAÇÃO DA APRENDIZAGEM NA TECNOLOGIA EDUCACIONAL

ESPECIFICAÇÕES PARA UM TESTE SOBRE OS CAPÍTULOS 1 E 2 DESTE LIVRO

Resultados \ Contéudo	Papel dos testes no ensino	Princípios de teste	Planejamento do teste	Número total de itens
Conhece os termos	2	4	4	10
Conhece os procedimentos	2		3	5
Conhece as categorias da *taxonomia*			5	5
Compreende os princípios	2	6	7	15
Compreende aplicações no ensino	4		11	15
Pode reconhecer adequadamente resultados formulados			10	10
Número total de itens	10	10	40	60

Em síntese, um teste, como instrumento de coleta de dados para a avaliação da aprendizagem, deverá estar plenamente articulado com a tabela de especificação de objetivos para o ensino. As variáveis relativas aos comportamentos a serem aprendidos, definidos no Planejamento de Ensino, deverão balizar a elaboração do instrumento de coleta de dados, desde que serão elas que subsidiarão a verificação da qualidade das aprendizagens obtidas por intermédio da atividade pedagógica.

Terceiro princípio: *Os testes de aproveitamento escolar devem incluir os tipos de itens de testes que sejam os mais adequados para medir os resultados da aprendizagem desejados.*

Os resultados de aprendizagem desejados manifestam-se, no ver de Gronlund, através de evidências comportamentais. Para que se tenha o conhecimento da aquisição, ou não, desses comportamentos por parte dos estudantes, importa que o avaliador construa situações de testes que convidem o estudante a manifestar a conduta que confirme sua aprendizagem. O teste é um recurso que convida os estudantes a manifestarem a aprendizagem efetuada. Daí a necessidade de utilizar itens de teste que estimulem efetivamente a manifestação da conduta que o avaliador aceita como evidência da aprendizagem realizada. Isso significa que nem todo tipo de questão elicia o estudante a manifestar as condutas que se deseja investigar.

Tomando por critério os tipos de comportamentos que devem emergir como evidência da aprendizagem, os tipos de itens de teste devem diferenciar-se entre si à medida que cada um deles elicia tipos de condutas diferentes. Em um teste, um item "verdadeiro/falso", em seu convite à resposta dos estudantes, difere de um item

LIVRO I – AVALIAÇÃO DA APRENDIZAGEM ESCOLAR: DO PASSADO PARA O PRESENTE

de "múltipla escolha", como ambos diferem do papel que desempenha um item de "correspondência" ou de "dissertação", e, assim, por diante. No caso, para produzir um instrumento de coleta de evidências a respeito da aprendizagem dos estudantes, importa que o construtor de teste esteja atento à sinalização anterior, verificando se o tipo de item que está elaborando é, de fato, útil para fazer emergir a conduta que está desejando investigar avaliativamente.

Sem isso, o instrumento de coleta de dados perde o seu objetivo do ponto de vista de coletar e fornecer dados que auxiliem tanto na qualificação da conduta aprendida pelo estudante, quanto nas decisões para sua melhoria, caso esta seja a necessidade.

Quarto princípio: *Os testes de aproveitamento escolar devem ser planejados para se ajustar aos usos particulares dos seus resultados.*

A capacidade cognitiva ou afetiva adquirida por alguém necessita ser investigada em função do objetivo que norteou a prática do ensino para se chegar a ela, como por exemplo:

- diagnóstico de pré-requisitos: ter ciência da capacidade de alguém para prosseguir em determinados estudos;
- investigação da competência: julgar a competência de alguém para exercitar certas atividades profissionais;
- investigação de aproveitamento geral: qualificar a aprendizagem decorrente de um curso do qual participou;
- diagnóstico da aprendizagem: julgar a aquisição, ou não, de uma aprendizagem enquanto ela está se fazendo;
- diagnóstico de dificuldades: investigar as razões de dificuldades específicas no processo de aprendizagem.

Um determinado conteúdo (conhecimento + habilidade), que esteja sendo investigado, exige um instrumento de coleta de dados apropriado a ele. Os instrumentos de coleta de dados não são iguais nem se atêm aos mesmos níveis de complexidade. Por isso, devem ser construídos e utilizados em função dos objetivos que nortearam os procedimentos de ensino[532]. Caso contrário, eles nunca oferecerão

---

532 N. Gronlund, *Elaboração de testes para o aproveitamento escolar*, p.11: "Os testes de aproveitamento escolar podem ser aplicados com diversos propósitos. Podem ser usados para determinar se os estudantes têm o conhecimento necessário para tirar proveito de um curso (pré-teste), para determinar a extensão em que os estudantes dominaram o material básico no curso (teste de domínio), para determinar as dificuldades de aprendizagem específicas dos estudantes (teste diagnóstico) e para avaliar o progresso do estudante na direção dos objetivos do curso (teste de aproveitamento escolar geral ou exame)".

PARTE C – AVALIAÇÃO DA APRENDIZAGEM NA TECNOLOGIA EDUCACIONAL

dados significativos tendo em vista qualificar aquilo que se está pretendendo avaliar. Com esse princípio, o autor está lembrando a todos nós seus leitores, que não se pode utilizar um único tipo de recurso de coleta de dados para a avaliação, em termos do objeto a ser abordado, sua complexidade, sua amplitude, as dificuldades que apresenta... Ou seja, cada tipo de conduta aprendida e a ser avaliada exige um recurso específico que possa coletar os dados necessários para descrevê-la. Importa estar atento para este fato se se quer investigar, de forma adequada, a qualidade de um objeto, ação, atividade ou resultado específico de uma prática de ensino.

Por exemplo, avaliar a aprendizagem em redação difere, em temos de conteúdo e de abordagem, de uma prática avaliativa relativa à aprendizagem de nadar, dançar, falar uma língua estrangeira, realizar cálculos matemáticos e assim por diante... A qualidade das condutas investigadas exige instrumentos adequados a elas. Não existe, no caso, um instrumento universalmente válido para investigar a qualidade de toda e qualquer aprendizagem. Como em qualquer outra prática investigativa, os instrumentos de coleta de dados devem ter características suficientes para coletar os dados desejados, em conformidade com o objeto em estudo.

Quinto princípio: *Os testes de aproveitamento escolar devem ser construídos tão fidedignos quanto possível e, em consequência, devem ser interpretados com cautela.*

A fidedignidade de um teste (instrumento de coleta de dados) se manifesta pela manutenção aproximada dos resultados obtidos, quando aplicados em variados grupos com características semelhantes. Por exemplo, se o instrumento de coleta de dados for utilizado em grupos equivalentes de estudantes, os resultados obtidos deverão assemelhar-se, ou, se o instrumento de coleta de dados for aplicado em um mesmo grupo, em variadas ocasiões, deverá obter resultados assemelhados.

Gronlund discutiu a questão da fidedignidade de um teste, tomando por base os recursos estatísticos utilizados em medidas educacionais *referenciadas em norma*. Vale aqui observar que, de certa forma, esse princípio, estudado a partir dos índices de testes baseados em norma, está em contradição com todos os outros índices já sinalizados acima. Isso porque o índice de fidedignidade, como é trabalhado em estatística e como foi trabalhado pelo próprio Gronlund, exige a variância dos resultados em relação aos sujeitos investigados; no caso, espera-se que alguns se manifestem com aprendizagem satisfatória; outros, com aprendizagem mediana; e terceiros, com aprendizagem insatisfatória.

Os resultados estatísticos analisados sob a ótica da fidedignidade possibilitam algum tipo de decisão para a melhoria da aprendizagem; mas não com o máximo de suas

LIVRO I – AVALIAÇÃO DA APRENDIZAGEM ESCOLAR: DO PASSADO PARA O PRESENTE

possibilidades. Se os testes de aproveitamento escolar devem ser criados e utilizados para a melhoria da aprendizagem de *todos* os estudantes, não há razão para enfatizar a variância dos sujeitos em relação aos resultados da aprendizagem dentro do grupo, mas sim a aproximação de todos os participantes de um grupo de estudantes (turmas escolares) ao padrão de qualidade desejado. No período em que teceu tais observações, no livro *Elaboração de testes de aproveitamento escolar* (edição original, 1968), Gronlund ainda não tinha atentado para a questão da *avaliação referenciada em critério*, compreensão que se manifestará em sua obra posterior, *Elaboração de testes para o ensino,* com edição original de 1974, traduzida no Brasil, em 1979, pela Livraria Pioneira Editora, SP.

Sexto princípio: *Os testes de aproveitamento escolar devem ser usados para melhorar a aprendizagem do estudante.*

Esse princípio expressa uma síntese dos anteriores, assim como expressa a compreensão do autor a respeito do uso de medidas educacionais, ou seja, subsidiar a aprendizagem satisfatória para todos os estudantes. O próprio autor afirmou que "naturalmente, este tem sido o tema de todo o capítulo" e acrescentou: "Em resumo, os testes de aproveitamento escolar terão influência mais positiva na aprendizagem [1] quando refletirem fielmente os objetivos instrucionais, [2] quando medirem uma amostra adequada de todos os resultados de aprendizagem desejados, [3] quando incluírem tipos de itens mais apropriados para os resultados de aprendizagem, [4] quando estiverem adaptados a usos particulares a serem feitos dos resultados e [5] quando forem planejados para produzirem escores fidedignos"[533].

Em síntese, poderíamos dizer que Gronlund, pedagogicamente, em suas obras, esteve empenhado em produzir recursos teóricos e práticos que possibilitassem a obtenção dos resultados desejados da aprendizagem, tendo como base a definição de comportamentos que deveriam ser construídos pelos atos de ensino.

Importa resgistrar aqui a sensibilidade deste autor – como a sensibilidade de outros autores da área da Tecnologia Educacional – para propor a utilização das medidas educacionais como um recurso importante para decisões a respeito da "melhoria da aprendizagem dos estudantes".

A sugestão desses estudos é de que o uso dos recursos da investigação avaliativa não deva focar exclusivamente na aprovação ou reprovação dos estudantes, como ocorre comumente em nossas escolas, mas sim subsidiar decisões a favor da efetiva aprendizagem de todos os estudantes, componentes das variadas turmas escolares, fator que conduzirá aos resultados finais desejados.

---

533   *Idem.*, p. 15.

PARTE C – AVALIAÇÃO DA APRENDIZAGEM NA TECNOLOGIA EDUCACIONAL

4. Avaliação da aprendizagem para o domínio e para o desenvolvimento

Compatível com aquilo que fora exposto em seu livro *Elaboração de testes para o ensino*, obra publicada nos Estados Unidos em 1974 e traduzida no Brasil em 1979 – portanto, obra posterior ao livro do qual viemos nos servindo no tópico anterior do presente capítulo –, Gronlund assumiu definitivamente a concepção e o uso das medidas educacionais por meio de *testes referenciados em critério*. Nessa publicação, a concepção básica sobre o uso dos testes e de seus resultados investigativos continuou sendo a de subsidiar decisões de melhoria da aprendizagem dos estudantes, já expostos no seu livro anterior; porém, nesse texto, tornou explícita a distinção entre o uso dos testes referenciados em critério e o uso dos testes referenciados em norma. Vale, então, observar que o livro *Elaboração de testes para o ensino*, como um todo, está estruturado à maneira de um manual que orienta os professores, de modo claro e definido, na utilização dos testes referenciados em critério[534].

Com esse entendimento, Gronlund ensaiou também abrir-se para o conceito de *desenvolvimento* que, a seu ver, ultrapassa o conceito de *domínio*. Para compreender isso, vale indicar mais uma vez a distinção entre os conceitos de *testes referenciados em norma* e *testes referenciados em critério*.

Os testes *referenciados em norma* têm por objetivo processar a distribuição dos estudantes em um grupo sob a ótica da curva de Gauss, fato que aloca os estudantes, com base em seu desempenho na aprendizagem, em uma curva estatística dividida em três subgrupos: *os grupos* com aprendizagem inferior, com aprendizagem média e com aprendizagem superior[535]. Já os testes *referenciados em critério* destinam-se, no caso do ensino, a verificar o desempenho *do indivíduo* investigado frente ao domínio necessário de aprendizagem, previamente estabelecido, cuja curva estatística final

---

534 Norman Gronlund, em *Elaboração de testes para o ensino*, 1974, p. XIII, afirmou que: "Uma das mais recentes inovações quanto a testes educacionais e que está recebendo ampla atenção é a dos testes referenciados em critério. (...) Este livro constitui-se num guia prático para o preparo e uso de testes instrucionais referenciados em critério".

535 Curva estatística normal de distribuição, representando grupo inferior à esquerda; grupo médio no centro e grupo superior à direita.

deve apresentar-se na forma de "jota"[536], uma vez que, dentro dessa compreensão, todos devem chegar à aprendizagem satisfatória.

Os testes *referenciados em norma* visam distribuir os participantes do grupo segundo a variabilidade da qualidade da aprendizagem conquistada por cada estudante; fator que permite alocar cada sujeito individual em uma das categorias – inferior, médio, superior –, tomando como parâmetro o desempenho do grupo. Já os testes *referenciados em critério* visam verificar o desempenho do estudante individual frente ao critério, isto é, ao domínio da aprendizagem; portanto, o estudante, no caso, é avaliado frente ao padrão absoluto do critério, fator que permite usar os resultados da investigação avaliativa para subsidiar novas decisões, caso estas sejam necessárias para garantir a aprendizagem satisfatória por parte de *cada um* e *de todos* os estudantes avaliados, minimamente ao nível do padrão de qualidade denominado pelo autor "de aprendizagem para o domínio".

Propriamente, com os testes referenciados em critério, não se visa a distribuição do grupo de estudantes pela curva estatística, denominada de "normal", mas sim proceder um diagnóstico que subsidie o gestor da ação pedagógica a tomar decisões a fim de que *todos* aprendam segundo o nível satisfatório de aprendizagem, previamente definido como critério.

Isso faz com que o resultado – que o estudante tiver obtido em seu teste de aprendizagem – sirva de base direta e imediata para se ter ciência da aquisição, ou não, dos comportamentos, previamente determinados, no currículo ou no Programa de Ensino, como "os comportamentos necessários". Os testes referenciados em critério estão comprometidos com a aprendizagem para o "domínio", em conformidade com a concepção de Benjamin Bloom, autor abordado no capítulo anterior deste livro.

O *atendimento ao critério* revela que o estudante apresenta um desempenho em sua aprendizagem em conformidade com o padrão previamente estabelecido no planejamento do ensino. No caso, o "domínio" pode significar tanto uma conduta simples como uma conduta complexa, a depender de como essa conduta fora

---

536 Curva estatística em J, representando a ascendência de todos os estudantes à uma aprendizagem satisfatória.

PARTE C – AVALIAÇÃO DA APRENDIZAGEM NA TECNOLOGIA EDUCACIONAL

definida no planejamento do ensino. Os objetivos traçados para o ensino são os sinalizadores do padrão de qualidade desejado em decorrência da aprendizagem por parte de cada estudante.

Gronlund apresentou também um encaminhamento para os procedimentos de avaliação a respeito de *domínios simples* e de *domínios complexos*; os domínios simples estariam ao nível da aquisição dos comportamentos definidos como padrões que todos devem adquirir, denominados "conhecimentos necessários"; e os domínios complexos estariam ao nível de desenvolvimentos que, no modo de compreender do autor, estão para além dos mínimos necessários[537].

Essa configuração conduziu o autor a propor dois tipos de medidas educacionais, uma para a aprendizagem relativa ao "domínio", referenciada em critério, na qual todos devem proceder a aprendizagem; e outra relativa ao "desenvolvimento", referenciada na aprendizagem que ultrapassa o nível admitido como essencial e necessário; um salto para além das habilidades assumidas como necessárias, propriamente no âmbito da criatividade[538].

Os testes relativos à investigação do "domínio" seriam aqueles que operariam no nível dos conhecimentos e habilidades essenciais, previamente definidos no planejamento do ensino, e os relativos ao "desenvolvimento" seriam aqueles que operariam ao nível das aprendizagens que devem ultrapassar os mínimos necessários, permitindo extrapolações, criações e aplicações inovadoras.

Todavia, lembrou o autor que a distinção entre as condutas que denotam *domínio* daquelas que denotam *desenvolvimento* dentro de uma área de conhecimentos e habilidades não é simples; ela exige um cuidado especial por parte dos planejadores

---

537 Norman Gronlund, em *Elaboração de testes para o ensino*, p. 10, diz: "O planejamento e construção de testes referenciados em critério apresentam problemas bem diferentes conforme estejam medindo o *domínio* de mínimos essenciais ou o *desenvolvimento* do aluno além desse nível mínimo. No primeiro caso, o domínio de tarefas de aprendizagem é mais limitado e pode ser mais claramente definido. Isto simplifica o problema de estabelecer objetivos específicos, padrões de desempenho e de obter uma amostra representativa de itens relevantes de teste e informar o desempenho no teste do aluno. À medida que avançamos além do nível de domínio, o número infinito de tarefas de aprendizagem disponíveis e a crescente complexidade dos resultados da aprendizagem apresentam problemas que só podem ser tratados de uma maneira aproximada ou experimental, pelo menos durante este estágio de nosso conhecimento".

538 *Idem.*, p. 10: "Desse modo, decidiu-se tratar dos testes referenciados em critério em dois níveis diferentes. No capítulo 2, descrevemos testes referenciados em critério *a nível de domínio* (ou seja, aprendizagem dos mínimos essenciais) e no capítulo 3, descrevemos testes referenciados em critério *no nível do desenvolvimento* (ou seja, nível de excelência além do domínio de mínimos essenciais)".

do ensino[539]. A definição do que é o mínimo essencial implica, do ponto de vista de Gronlund, em responder às seguintes questões: "O que deve ser dominado numa determinada situação de aprendizagem? O que pode ser dominado em determinada situação de aprendizagem?"[540]. As respostas a essas perguntas revelam se os resultados desejados, como consequência de um processo de ensino e aprendizagem, foram atingidos. Eles serão os patamares mínimos de aprendizagem a serem buscados por professores e estudantes conjuntamente, assim como serão bases para o desenvolvimento de condutas que ultrapassem os denominados "mínimos necessários".

A definição dos mínimos necessários, certamente, implicará em um certo nível de arbítrio por parte do sistema de ensino e do professor, contudo, essa definição não pode dar-se de modo aleatório. Para a escolha do que será o mínimo necessário, Gronlund aconselha que essa decisão seja tomada de forma coletiva por parte dos professores de uma instituição escolar, assim como sugeriu que fossem levadas em consideração as recomendações de especialistas nas variadas disciplinas curriculares[541].

Para a definição dos resultados mínimos, distintos dos resultados de desenvolvimento, o autor chegou a detalhes técnicos, ciente de que suas recomendações não saneariam todas as dificuldades relativas ao estabelecimento dos critérios mínimos; porém, tinha clareza de que possibilitariam, intencional e criticamente, que se estivesse trabalhando nessa direção. Frente a essa limitação, o autor se expressou, perguntando: "Que nível de domínio é necessário, a fim de [que se possa] aprender efetivamente no estágio seguinte da instrução?". E, de modo subsequente, respondeu:

---

539   Idem., p. 11: "O problema básico, ao se empregar o domínio como meta, consiste em determinar quais resultados específicos da aprendizagem se espera que os alunos dominem. Isto envolve uma revisão de todos os resultados de aprendizagem de um determinado curso ou série e sua classificação em resultados de domínio (mínimos essenciais) e em resultados de desenvolvimento (desempenho além do domínio de mínimos essenciais)".

540   Idem., p. 12.

541   Norman Gronlund, em Elaboração de testes para o ensino, p. 13: "Sempre que possível, é conveniente que a identificação dos resultados a nível de domínio seja feita cooperativamente por todos os professores da escola. Se for possível chegar a um consenso sobre quais deveriam ser esses resultados de aprendizagem e em que séries deveriam ser ensinados, poder-se-á obter uma disposição mais sequencial das tarefas de aprendizagem. Isto também facilitaria mais a identificação das habilidades mínimas necessárias para passar de um estágio de aprendizagem para outro. Os professores não deveriam, é claro, depender inteiramente de seus próprios recursos na determinação de quais tarefas de aprendizagem deveriam ser dominadas em um determinado nível. Também deveriam ser consideradas as recomendações de especialistas de disciplinas, de currículo e de aprendizagem".

PARTE C – AVALIAÇÃO DA APRENDIZAGEM NA TECNOLOGIA EDUCACIONAL

"Infelizmente, há poucas respostas para essa questão. Enquanto não dispusermos de maior evidência, precisamos depender amplamente de julgamentos baseados em nossa própria experiência de ensino. Espera-se que uma abordagem sistemática como a que foi descrita, aumente a possibilidade de estabelecer padrões de desempenho mais satisfatórios"[542].

Porém, conhecimentos e habilidades podem ser mais complexos que os mínimos necessários; pode-se ir para além deles, cujas aprendizagens foram denominadas por Gronlund de *aprendizagens para o desenvolvimento*.

Nesse contexto, vale observar que, na própria prática escolar cotidiana, os estudantes adquirem experiências diversas daquelas estritamente definidas nos planos de ensino. Os conhecimentos e habilidades mínimas decorrem de uma definição curricular, que é uma forma de seleção dentro do âmbito das ciências e das áreas de conhecimentos; contudo, as possibilidades de conhecer e agir são muito mais amplas que os mínimos estabelecidos nos planos de ensino.

Os estudantes, somando suas experiências anteriores e as aprendizagens escolares em andamento, poderão adquirir múltiplas possibilidades de entendimento e aplicação de conhecimentos e habilidades que seguem para muito além daquilo que fora ensinado e aprendido dentro dos limites de ensino escolar. Gronlund expressou ter consciência disso ao afirmar que:

> Enquanto a aprendizagem no nível de domínio trata principalmente de resultados de conhecimentos simples (por exemplo, conhecimento de termos) e habilidades básicas (por exemplo, de computação, de gramática), a aprendizagem ao nível do desenvolvimento trata dos tipos complexos de realização. Isto é, realização que vai além da simples memorização de conteúdo aprendido, ou da repetição de habilidades aprendidas anteriormente. Os tipos complexos de realização, geralmente, exigem certa inovação na resposta do aluno. Também requerem frequentemente a integração de ideias e respostas em padrões de comportamento que constituem mais do que uma soma da série de respostas específicas envolvidas[543].

Para essas aprendizagens, denominadas de *desenvolvimento*, não existem limites preestabelecidos; isso implica que, nos instrumentos de coleta de dados em torno do desempenho dos estudantes, haverá necessidade de um outro tipo de questões

---

542 *Idem.*, p. 18.

543 *Idem.*, p. 24.

de teste que operam nesse nível do imponderável, para além dos mínimos estabelecidos. Essa situação, evidentemente, criará dificuldades específicas para quem atua na área das medidas educacionais, sinalizadas pelo autor da seguinte forma:

> A dificuldade de usar testes referenciados em critério *ao nível do desenvolvimento* (ou seja, aprendizagem além dos mínimos essenciais) deve-se em grande parte ao fato de que neste nível não existe nenhuma das condições [definidas como critério]. Pelo contrário, os resultados da aprendizagem são complexos (por exemplo, compreensão, habilidades do pensamento), o domínio de tarefas de aprendizagem é praticamente ilimitado e a aprendizagem quase nunca se processa numa sequência clara de estágios.
>
> Além, disso, os objetivos instrucionais representam metas em relação às quais trabalhar, e não metas a serem completamente atingidas, porque, neste caso, a ênfase está no contínuo desenvolvimento da compreensão e da habilidade.
>
> Cada aluno é estimulado a esforçar-se pelo nível máximo de realização e excelência de que é capaz, ao invés do domínio em algum conjunto predeterminado de mínimos essenciais[544].

Admite-se, então, uma dificuldade para estabelecer o padrão limite de conduta aceitável quando se trata do desenvolvimento, devido ao fato de que, aí, praticamente inexiste o critério como um padrão definido da aprendizagem. As possibilidades de aprendizagens estão abertas, e, os estudantes, no caso, poderão manifestar variadas amplitudes na qualidade de suas aprendizagens.

Para essa situação – qualificação da aprendizagem para além do mínimo necessário –, Gronlund sugere que se utilize os testes referenciados em norma com o objetivo de medir as amplitudes desse desenvolvimento. Nessa situação, deve-se, no ver do autor, construir testes que detectem o desenvolvimento, porém, próximo da modalidade de testes que operam no nível do critério, de tal modo que a interpretação dos resultados possa revelar aquilo que está para além desse padrão de conduta (desenvolvimento para além do critério).

Então, na prática da investigação avaliativa da aprendizagem, dever-se-á, no caso, servir-se, simultaneamente, em um único instrumento de coleta de

---

544   *Idem.*, p, 24. (N. A.) Parágrafo subdivido pelo autor deste livro.

PARTE C – AVALIAÇÃO DA APRENDIZAGEM NA TECNOLOGIA EDUCACIONAL

dados, das duas modalidades de testes: os referenciados em critério para os conhecimentos essenciais e necessários, e, os referenciados em norma para os conhecimentos que vão para além dos necessários. Em síntese, um conjunto de questões destinadas a investigar a aprendizagem no nível do "critério" somado a um outro conjunto de questões destinadas a investigar as aprendizagens no nível do "desenvolvimento"[545].

Com isso, podemos observar que Gronlund, servindo-se das concepções de Robert Glaser a respeito da avaliação referenciada em norma e em critério, deu um salto distinguindo *testes referenciados em critério* para diagnosticar o domínio, à medida que opera com o padrão ao qual todos devem chegar, e *testes referenciados em norma* para diagnosticar o desenvolvimento para além do mínimo necessário, uma vez que, nesse contexto, não se tem um parâmetro do ideal de conduta a ser aprendida pelo estudante, desde que as possibilidades do desenvolvimento são múltiplas. No âmbito do *desenvolvimento*, opera-se no nível da criatividade, que está "para além" da aprendizagem para o domínio.

Ainda que, para este último tipo de teste, proposto pelo autor, tenham aparecido múltiplas dificuldades, importa observar a sua sensibilidade para pensar e compreender que a aprendizagem humana tem uma característica de ampla imponderabilidade a partir de um certo limite de aquisição; mas, que, também existe um mínimo necessário que é possível ser adquirido por todos.

Nesse contexto, vale observar que os *mínimos* deverão estar definidos em relação a todos níveis da "Taxonomia de objetivos" da autoria de Bloom, que, partindo da obtenção de informação (conhecimento), seguem pelo nível da compreensão, da aplicação (exercitação), da análise, da síntese e da avaliação. Considerar como "mínimos necessários" as aprendizagens relativas, de modo exclusivo, aos conteúdos definidos na categoria "Conhecimento", definida pela Taxonomia de Bloom, é proceder um reducionismo exacerbado do que é um

---

545 Norman Gronlund, em *Elaboração de testes para o ensino*, p, 24: "A falta de estrutura e de limites claramente definidos ao nível da aprendizagem de desenvolvimento impõe severas restrições ao uso dos testes referenciados em critério. Nesse nível, é necessário valer-se dos testes referenciados em norma. Entretanto, quando estes testes são elaborados cuidadosamente, seguindo-se diretrizes semelhantes à dos testes de domínio referenciado em critério, é possível fazer algumas intepretações referenciadas em critério dos escores do teste. Embora, tais intepretações não sejam tão precisas quanto as do nível de domínio, elas fornecerão um complemento útil para interpretações baseadas na classificação relativa aos alunos".

LIVRO I – AVALIAÇÃO DA APRENDIZAGEM ESCOLAR: DO PASSADO PARA O PRESENTE

mínimo necessário de aprendizagem para um estudante situado em qualquer nível de escolaridade[546].

Desse modo, o "mínimo" não pode ser limitado a qualquer uma das categorias de objetivos educacionais definidas na Taxonomia de Bloom, mas sim a todas elas em conjunto desde que, segundo esse autor, uma aprendizagem, para ser satisfatória, necessita dar-se como aquisição de um conhecimento (informação), passando pela sua *compreensão*, a seguir, pela sua *análise*, suas possíveis aplicações, sua *síntese* e sua *avaliação*. Sem esse conjunto de passos sequenciais no processo de aprendizagem, um novo conhecimento não poderia (e não pode) ser considerado plenamente adquirido. Parece que Gronlund não se deu conta disso, desde que reduziu "o mínimo" à categoria "Conhecimento" da Taxonomia.

E, certamente que, para além da formação cognitiva pela aquisição dos conhecimentos já existentes, existe o âmbito da *criação*, em que cada estudante e cada ser humano segue pela sua senda pessoal de conhecer e contribuir com novas possibilidades de compreender este mundo e nele viver.

5. Considerações finais sobre as propostas de Gronlund

Em síntese, podemos dizer que Gronlund, ao longo de sua produção de conhecimentos e de recursos técnicos propostos para a prática da avaliação, sempre esteve atento a uma questão básica: *a melhoria da aprendizagem por parte dos estudantes* e, obviamente, *a melhoria do Programa de Ensino* como condição da melhoria da aprendizagem.

Essas proposições, no contexto teórico estabelecido por Gronlund, estão ligadas aos conhecimentos e à experiência do autor com a instrução planejada com objetivos específicos a serem conquistados mediante os procedimentos metodológicos do ensino. Fator que implica no uso da avaliação como subsidiária da construção efetiva dos resultados da aprendizagem, portanto, como um recurso que auxilia a administração da qualidade, tanto do sistema de ensino, como da aprendizagem do estudante individual.

---

546   Pessoalmente, já tive oportunidade de publicar um texto denominado "Por uma prática docente crítica e construtiva", *In: Prática Docente e Avaliação*, Rio de Janeiro, Associação Brasileira de Tecnologia Educacional, 1990, no qual abordei a questão do ensino e da aprendizagem, onde tanto o ensino de conhecimentos e habilidades complexas, como aplicação e inventividade, fazem parte dos mínimos necessários. O desenvolvimento, no caso, se manifestaria como os *insights* e os saltos criativos que cada estudante conseguiria dar para além de conhecimentos e habilidades simples e complexos ensinados e aprendidos ao nível da recepção ativa dos conhecimentos e das exercitações reiterativas, de aplicação e de inventividade. Um estudo mais aprofundado dessa questão pode ser encontrada no livro de H.A. Danilov e H.N. Skatkin, *Didáctica de la escuela média*, Havana, Cuba, Editorial Pueblo y Educación, 1978.

PARTE C – AVALIAÇÃO DA APRENDIZAGEM NA TECNOLOGIA EDUCACIONAL

Se observarmos na sequência de suas obras, Gronlound, ao longo do tempo, foi incorporando os desenvolvimentos das abordagens teóricas e práticas em torno da compreensão e do uso dos resultados da investigação avaliativa. Ele foi aperfeiçoando seu entendimento a respeito da fenomenologia da avaliação em educação e do seu uso na prática educativa escolar cotidiana.

Nesse espaço conclusivo, vale retomar equivalência estabelecida pelo autor entre "Desenvolvimento" e "condutas cognitivas complexas". Lembrar que, para Gronlund, o "mínimo necessário" se refere à categoria de "Conhecimento" na *Taxonomia de Bloom*, e "desenvolvimento" se refere às categorias cognitivas de compreensão, assimilação, aplicação, análise, sintese, avaliação, definidas nessa mesma taxonomia. E, de fato, na Taxonomia de Bloom, essas categorias cognitivas – compreensão, assimilação, aplicação, análise, sintese, avaliação – não se referem às *condutas de desenvolvimento*, mas sim às *condutas cognitivas necessárias à aprendizagem efetiva* de um novo conhecimento, tendo em vista a aquisição de uma habilidade. Elas representam os recursos da efetiva aprendizagem, desde que a categoria "Conhecimento", para Bloom, está comprometida exclusivamente com a posse da informação. Para se atingir a posse de habilidades, a partir da obtenção da informação, há um caminho ativo a ser percorrido, através da compreensão da informação, da sua assimilação, da sua exercitação, aplicação, elaboração de uma síntese. No caso, a categoria "Conhecimento" na *Taxonomia de objetivos*, da autoria de Benjamin Bloom, é somente o ponto de partida para a formação das habilidades.

Por último, cabe observar que, em seus escritos, Gronlund se manifesta como um especialista em medidas educacionais e, por isso, não trabalha diretamente com as questões pedagógicas, ainda que elas sejam dadas como pressupostas. Podemos, é claro, por meio de observações esparsas ao longo de seus livros, perceber nuances de seu pensamento pedagógico, que se revela vinculado à Tecnologia Educacional, porém, propriamente, ele não explicita suas crenças pedagógicas. Aliás, nisso também revela-se como um autor vinculado à Tecnologia Educacional, desde que os autores vinculados a essa corrente de estudos, de modo usual, não revelam explicitamente as bases filosóficas sobre as quais assentam suas proposições.

Contudo, vale ressaltar a contribuição de Gronlund para uma prática cuidadosa no exercício da avaliação da aprendizagem, cuidados que, do ponto de vista metodológico, podem ser utilizados em variados cenários pedagógicos, já que a prática avaliativa não define um projeto pedagógico, mas se coloca a seu serviço. A investigação avaliativa, em qualquer projeto humano, está a seu serviço.

PARTE C – AVALIAÇÃO DA APRENDIZAGEM NA TECNOLOGIA EDUCACIONAL

CONCLUSÃO DA PARTE C

SÍNTESE COMPREENSIVA A RESPEITO DA AVALIAÇÃO DA APRENDIZAGEM NA TECNOLOGIA EDUCACIONAL

A compreensão da avaliação da aprendizagem no âmbito da Tecnologia Educacional está comprometida com a modelagem do comportamento do estudante pelo educador e pelo Sistema de Ensino. No âmbito da educação escolar, esse entendimento nasceu, de um lado, das demandas do processo de expansão do capitalismo transnacional, que, necessitando de mão de obra qualificada, propunha e esperava que todos os estudantes – ao menos aqueles que tivessem acesso à escola – aprendessem "cem por cento" daquilo que era ensinado; e de outro lado, da contribuição das pesquisas experimentais sobre o comportamento humano, que ofereceram as bases para a proposição dos procedimentos de modelagem comportamental.

O recurso pedagógico mais comum no âmbito da Tecnologia Educacional fora a instrução programada, que, nas suas diversas versões – por passos, ramificada, mapeamento, programa para máquina de ensinar... – fora construída através de um algoritmo que conduz o estudante a adquirir o comportamento desejado, por meio dos mecanismos de reforço ou de extinção.

A avaliação, neste caso, deveria ser utilizada como elemento de diagnóstico ou de autodiagnóstico da aprendizagem efetuada, à medida que ela revelaria se o estudante teria adquirido ou não o comportamento desejado. Caso não tivesse chegado ao objetivo, a avaliação subsidiaria decisões alternativas para o professor reorientar a atividade de ensino e para o estudante retomar o conteúdo estudado até que possa atingir a aprendizagem desejada.

A avaliação, nesse contexto, se expressa como um elemento necessário para a conquista da aprendizagem satisfatória por parte do estudante e para a melhoria do Programa de Ensino utilizado. Como temos definido, sob o foco de investigação da qualidade da realidade, ela subsidia o diagnóstico da situação, possibilitando decisões de intervenção frente as metas desejadas; então, em síntese, a avaliação se apresenta como um recurso subsidiário à busca da eficiência.

O modelo básico que está por trás da prática da avaliação da aprendizagem na Tecnologia Educacional é o modelo experimental de controle de variáveis, presente no modelo de investigação científica. De Ralph Tyler a Norman Gronlund, o modelo da avaliação da aprendizagem foi aperfeiçoado, ganhando conformações diferentes em Bloom e, certamente, em Gronlund. Seguindo a trilha do método experimental, a Tecnologia Educacional foi aperfeiçoando os meios de administrar efetivamente a modelagem dos comportamentos. Nesse caso, a avaliação subsidia esse processo à medida que investiga a qualidade da realidade, fator que possibilita sua qualificação e a consequente tomada de novas decisões, sejam elas corretivas ou construtivas.

Essa compreensão da avaliação produz um fio condutor que une os três autores que estudamos no âmbito da Tecnologia Educacional. Todos – Tyler, Bloom e Gronlund – propõem o uso dos resultados da investigação avaliativa para a conquista de objetivos traçados previamente, cujos resultados devem ser obtidos através dos cuidados com os procedimentos pedagógicos.

Todos os autores da Tecnologia Educacional exigem objetivos definidos comportamentalmente com precisão, de tal forma que se possa saber, de um lado, como investir na conquista dos resultados desejados, e, de outro, pela investigação avaliativa, como buscar evidências que manifestem se os resultados da ação educativa proposta foram obtidos ou não.

Os três autores tratam das questões da educação como se os fundamentos filosóficos da prática educativa já estivessem definidos e aceitos ou que viriam a ser definidos e aceitos. Assumem esses fundamentos como já estabelecidos, desde que os supõem e, a seguir, investem tecnicamente nas questões relativas à construção dos objetivos, de sua operacionalização e realização, como também da investigação avaliativa relativa ao processo da ação.

Observando a postura dos três autores, verificamos que nenhum deles faz uma incursão no campo pedagógico propriamente dito, ainda que, entre eles, Benjamin

PARTE C – AVALIAÇÃO DA APRENDIZAGEM NA TECNOLOGIA EDUCACIONAL

Bloom tenha tido uma atenção especial ao processo psicológico do ensinar-aprender. No geral, eles indicam eficientes meios técnicos de *como praticar o ensino*, mas não discutem qual educação nem com quais conteúdos se faria a prática educativa. Os três autores dão ênfase à eficiência como um elemento importante no ensino. No seu ver, sem a eficiência, o desenvolvimento do ensino permaneceria na estaca zero. A eficiência na Tecnologia Educacional tem um desenho técnico claro, porém não explicita seu objetivo filosófico, ainda que ele subsista socialmente.

Os tecnopedagogistas discutiram e discutem primordialmente os objetivos operacionais e, de algum modo, dão por supostas as finalidades axiológicas da atividade educativa; trabalham quase que exclusivamente no nível técnico. A avaliação, no caso, como recurso técnico, estará subsidiando a eficientização dos resultados da ação. O ato avaliativo é assumido, então, como operacional, característica epistemológica sua em projetos de ação.

Tendo presente que a prática pedagógica define-se pelos seus *objetivos, conteúdos e métodos,* sendo a avaliação da aprendizagem um dos seus recursos técnicos, percebemos que, no âmbito da Tecnologia Educacional, que busca a eficientização da ação, ela ganhou um destaque especial nos meios educacionais contemporâneos. Os atos avaliativos, por si, não definem uma ação ou um projeto de ação; subsidia-os. No caso da Tecnologia Educacional, também.

CONCLUSÃO DO LIVRO **I**

AVALIAÇÃO DA APRENDIZAGEM ESCOLAR NAS PEDAGOGIAS DOS SÉCULOS XVI AO XX

O estudo de documentos como a *Ratio Studiorum*, elaborada pelos padres jesuítas (século XVI), *Didática Magna* e *Leges scholae bene ordenatae*, de Comênio (século XVII), assim como as obras teórico-práticas de Herbart (fim do século XVIII e início do século XIX), de Maria Montessori, de John Dewey (fim do século XIX e primeira metade do século XX), de Ralph Tyler, Benjamin Bloom e de Norman Gronlund (século XX), nos deram oportunidade de entrar em contato com formas pedagógicas diferenciadas de tratar as questões da investigação e da utilização dos resultados da avaliação da aprendizagem escolar ao longo da História Moderna e Contemporânea, sob os enfoques das Pedagogias Tradicional e da Escola Nova, como também da Tecnologia Educacional.

Ao longo da Era Moderna, estudamos essas propostas pedagógicas que emergiram no período entre os séculos XVI ao XX, com suas nuances próprias, às quais estavam vinculados, teórica e praticamente, modos de propor e praticar a avaliação da aprendizagem, objeto de nosso interesse neste livro, como um recurso subsidiário do ensino e da aprendizagem.

A Pedagogia Jesuítica usou a avaliação da aprendizagem, dentro de sua visão educativa, de um lado, como meio subsidiário do ensinar e aprender, representado pela Pauta do Professor (Caderneta), usada diuturnamente no decurso dos dias do ano letivo, na qual se faziam os registros da vida escolar cotidiana de cada estudante; e, de outro lado, como um recurso probatório, estavam os exames escolares – escri-

CONCLUSÃO DO LIVRO 1 – AVALIAÇÃO DA APRENDIZAGEM ESCOLAR NAS PEDAGOGIAS DOS SÉCULOS XVI AO XX

tos e orais - praticados por uma única vez ao final do ano letivo com o objetivo de subsidiar a promoção de cada estudante de uma classe para a subsequente. O resultado probatório final de cada estudante era obtido pelo somatório da qualidade do desempenho durante o ano letivo com a qualidade do seu desempenho nos exames.

No caso da Pedagogia Comeniana, os exames possibilitavam, pedagogicamente, tanto o acompanhamento dos estudantes no decurso do ano letivo, como as promoções de uma classe de escolaridade à outra quando os estudantes eram bem-sucedidos. Essa, afinal, era a meta, uma vez que, para Comênio, bispo protestante de finais do século XVI e primeira metade do século XVII, todo cidadão deveria aprender a ler e escrever; em especial, para ler a Bíblia. Os exames tinham também a função de selecionar para o ingresso no Ensino Superior, um direito concedido àqueles que atingissem uma aprendizagem satisfatória em sua escolaridade.

Para Herbart, educador do final do século XVIII e início do XIX, importava a formação do jovem com convicções construídas a partir de seu *consentimento interior*, convicções que iriam lhe servir para sustentar, como adulto, uma vida satisfatória consigo mesmo e com os outros. Afinal, teria aprendido a escolher e decidir sobre sua vida. As condutas impostas do exterior, no ver de Herbart, pertenciam ao "governo exterior", e este, ainda que possível, útil e necessário, não preparava o cidadão moralmente sadio, desde a infância. Herbart investia pedagogicamente na aprendizagem, por isso os exames escolares, como praticados na época em que vivia, não faziam sentido entre suas proposições.

Nas três Pedagogias que estudamos sob a denominação de "Tradicionais", a avaliação foi colocada predominantemente a serviço do ato de ensinar e aprender. Na Pedagogia Jesuítica, a Pauta do Professor era o recurso do acompanhamento e suporte para a reorientação do estudante objetivando sua aprendizagem. Na Pedagogia Comeniana, a intermitência dos exames escolares, praticados de semana em semana, de quinzena em quinzena, de mês e mês, de semestre em semestre e anualmente, tinham por objetivo garantir uma aprendizagem satisfatória para todos os estudantes. Herbart também sonhava com uma aprendizagem satisfatória por parte de todos os estudantes; contemporâneo da Revolução Francesa, encorajava os cidadãos a se formar e, desse modo, tornarem-se cultos.

LIVRO I – AVALIAÇÃO DA APRENDIZAGEM ESCOLAR: DO PASSADO PARA O PRESENTE

Nas Pedagogias que estudamos sob a denominação de "Escola Nova", a avaliação da aprendizagem escolar foi proposta como uma auxiliar do professor e do estudante no processo de aprendizagem e, consequentemente, de crescimento interior. O que interessava aos autores das Pedagogias Novas era o desenvolvimento do estudante, a partir de seu interior, na busca de sua autonomia e independência. A Pedagogia Nova propôs e encaminhou modos de agir por parte do educador que possibilitassem aos estudantes assumir a responsabilidade por si mesmos e pela vida social. Na Pedagogia da Escola Nova, não se pensava em reprovação, mas sim em formação do cidadão para o bem de si e para o bem social.

A Tecnologia Educacional, por sua vez, no contexto da eficientização do ensino pela modelagem comportamental, propôs os recursos do reforçamento dos comportamentos do aprendiz; preferencialmente os reforçadores positivos. As contingências de reforço deveriam ser preparadas pelo sistema de ensino, por intermédio do professor, que deveria utilizá-las para construir o comportamento desejado na personalidade do estudante. A proposta estava direcionada para a utilização dos reforçadores de forma positiva, de tal modo que o estudante se sentisse envolvido e realizasse constantemente sua aprendizagem com sucesso. A aprendizagem seria conduzida positivamente pelas contingências de reforço, inseridas no próprio recurso didático de ensino; por exemplo, na prática e uso da Instrução Programada ou de outros meios estruturados de ensino.

Não interessava à Tecnologia Educacional um estudante submetido aversivamente a uma aprendizagem, mas sim um estudante modelado "prazerosamente" pelo próprio instrumento com o qual trabalhava, ou seja, pelos meios técnico-científicos planejados e executados para proceder o ensino.

Desse modo, cada uma das Pedagogias, historicamente constituídas, estabeleceu uma proposta para a prática pedagógica, incluindo uma proposição metodológica para a investigação da qualidade da aprendizagem, cujo objetivo era subsidiar a busca do seu sucesso. Porém, evidentemente, cada uma delas sob a perspectiva decorrente do seu pano de fundo pedagógico.

À Pedagogia Jesuítica interessava que o estudante se tornasse um cristão piedoso e sábio. Comênio repetiu essa lição, desejando, mediante os atos pedagógicos,

CONCLUSÃO DO LIVRO 1 – AVALIAÇÃO DA APRENDIZAGEM ESCOLAR NAS PEDAGOGIAS DOS SÉCULOS XVI AO XX

formar um cristão sábio e temente a Deus. Já Herbart sonhava com a formação de um cidadão moralmente correto no seio da vida social. À Pedagogia da Escola Nova interessava criar as condições para que a criança se desenvolvesse ativa, livre e independente, tornando-se um sujeito útil à sociedade na qual vive e viveria. As propostas pedagógicas de Dewey e de Montessori estavam atravessadas por esse desejo filosoficamente estabelecido. A Tecnologia Educacional se constituiu no seio do ideal de "modelar" o comportamento dos estudantes – e, pois, dos cidadãos – em conformidade com um padrão, a partir de um modo desejado de ser, tendo em vista servir diretamente ao modelo da sociedade industrial que vinha se estabelecendo desde o início da Modernidade.

Cada uma dessas pedagogias se serviu, prioritariamente, de um instrumental para a prática avaliativa da aprendizagem escolar que as caracterizou ao longo do tempo.

A Pedagogia Tradicional, no contexto jesuítico, operacionalizou sua proposta e sua prática da avaliação da aprendizagem pela Pauta do Professor e pelos exames no final do ano letivo. Os exames tinham o papel de aprovar o estudante de uma classe escolar para a subsequente. Já Comênio, em sua modalidade de compreender a prática pedagógica, propôs exames constantes, diários, semanais e quinzenais e outros mais, ainda que não necessariamente tivessem o papel de aprovar/reprovar o estudante; mais que isso, desejava garantir a aprendizagem mediante uma sinalização constante daquilo que era necessário aprender. Herbart propôs provas mais para saber sobre a aprendizagem do estudante e poder reorientá-lo do que para adentrar no templo das aprovações/reprovações.

A Pedagogia da Escola Nova, por sua vez, utilizou o questionamento oral, o debate, o trabalho em grupo e a autoavaliação como meios para proceder a avaliação da aprendizagem dos estudantes. A ela importava a construção do desenvolvimento interno do estudante por meio de suas atividades no espaço escolar e na convivência com os seus pares. Não importava o mérito exclusivo frente à apropriação de determinados conteúdos, mas sim o processo de desenvolvimento; daí que o estudante não necessitava provar nada, nem ser examinado, mas auxiliado a crescer.

LIVRO I – AVALIAÇÃO DA APRENDIZAGEM ESCOLAR: DO PASSADO PARA O PRESENTE

Já o instrumental comum para a investigação da qualidade da aprendizagem na Tecnologia Educacional foi o teste[547]; denominação que tinha a ver com o aspecto operacional do ensinar-aprender, próprio dessa proposição pedagógica. Seria preciso testar o estudante para verificar se os comportamentos adquiridos correspondiam à matriz planejada. Na Tecnologia Educacional, o teste, por si, não tinha a função de detectar méritos do estudante em sua aprendizagem, mas subsidiar o diagnóstico da situação atual e, se necessário, reencaminhar o curso da ação a fim de que os resultados obtidos fossem equivalentes aos planejados.

Com esse panorama sintético, é possível perceber que cada proposta pedagógica, historicamente constituída, criou um tipo específico de investigação da qualidade da aprendizagem escolar, assim como criou os recursos que melhor correspondessem à sua perspectiva educativa.

Na Pedagogia Tradicional, os atos avaliativos apresentam alguma variação entre as propostas pedagógicas assumidas sob essa adjetivação: na Pedagogia Jesuítica, eles subsidiavam tanto a construção da aprendizagem quanto o estabelecimento de méritos de aprovação/reprovação; na Comeniana, ainda que se denominassem exames, os atos avaliativos foram postos mais para acompanhar a aprendizagem dos estudantes que para aprovar/reprovar, ainda que essa perspectiva também se fizesse presente. Em Herbart, os atos avaliativos estavam postos para subsidiar a construção da aprendizagem por parte dos estudantes; interessava a ele cidadãos ilustrados.

Para a Pedagogia da Escola Nova, importava verificar o quanto os estudantes estavam conseguindo assimilar os conteúdos curriculares trabalhados, assim como identificar e praticar meios pelos quais se pudesse ajudá-los a se desenvolver mais e mais. A avaliação da aprendizagem na Escola Nova estava posta a serviço de decisões a favor da aprendizagem e do crescimento do estudante.

A Tecnologia Educacional, por sua vez, propôs o uso da avaliação, como diagnóstico da situação da aprendizagem dos estudantes por meio da testagem; um

---

547   Os testes foram utilizados também na Pedagogia da Escola Nova, porém, mais na perspectiva de ter uma configuração do grupo como um todo do que dos indivíduos; vale também lembrar que a Escola Nova foi atravessada por versões da denominada pedagogia científica, que fez largo uso dos testes, à medida que desejava, de modo positivo, controlar experimentalmente os resultados. A Tecnologia Educacional tem antecedentes nesta proposta.

CONCLUSÃO DO LIVRO 1 – AVALIAÇÃO DA APRENDIZAGEM ESCOLAR NAS PEDAGOGIAS DOS SÉCULOS XVI AO XX

ajuizamento para melhor encaminhar a "modelagem comportamental". Colocou, então, a avaliação da aprendizagem sob a perspectiva de eficiência, desde que o que importava era investir na construção de resultados satisfatórios. Nesse contexto, os diagnósticos eram necessários e seus resultados subsidiariam novas decisões.

As três correntes pedagógicas, abordadas nas Partes A, B, C do Livro I desta publicação, cada uma ao seu modo, propôs a avaliação da aprendizagem, juntamente com outros recursos pedagógicos, para formar o estudante. Afinal, essas correntes pedagógicas, com suas nuances e seus comprometimentos, constituíram, na História Moderna, *as sendas percorridas pela avaliação da aprendizagem escolar.*

LIVRO II

AVALIAÇÃO DA

APRENDIZAGEM ESCOLAR

do presente para o futuro

CAPÍTULO ÚNICO

O ATO DE AVALIAR A APRENDIZAGEM NO ENSINO ESCOLAR

Conteúdo do capítulo – Introdução, p. 359; **1.** O ato de avaliar é constitutivo do ser humano, p. 360; **2.** Compreendendo conceitualmente o ato de avaliar, p. 362; **3.** Configuração dos passos metodológicos na prática da investigação avaliativa, p. 365; **3.1.** O primeiro passo do ato de avaliar é definir o objeto de investigação e o padrão de qualidade admitido como satisfatório, p. 366; **3.2.** O segundo passo do ato de avaliar é produzir uma descritiva da realidade como base para a identificação de sua qualidade, p. 367; **3.3.** O terceiro passo do ato de avaliar é atribuir qualidade à realidade descrita, p. 368; **4.** Avaliação da aprendizagem: questões metodológicas, p. 369; **4.1.** Objeto da investigação avaliativa da aprendizagem e instrumentos de coleta de dados, p. 371; **4.2.** Coleta de dados para a avaliação da aprendizagem, p. 372; **a)** Sistematicidade do conteúdo abordado, p. 373; **b)** Linguagem compreensível, p. 376; **c)** Compatibilidade entre ensinado e aprendido, p. 377; **d)** Precisão, p. 378; **4.3.** A coleta de dados e a qualificação da aprendizagem dos estudantes, p. 379; **5.** Compreensão conceitual dos usos dos resultados da investigação avaliativa, p. 380; **5.1.** Uso diagnóstico, p. 380; **5.2.** Uso probatório, p. 382; **5.3.** Uso seletivo, p. 383;

5.4. Usos conjugados diagnóstico/probatório e probatório/seletivo, p. 383; **6.** Os usos dos resultados da avaliação da aprendizagem em nossas escolas, p. 384; **6.1.** O predomínio do uso probatório/seletivo em nosso meio escolar, p. 384; **6.2.** O uso *diagnóstico/probatório* dos resultados da avaliação da aprendizagem em nossas escolas, p. 386; **7.** Possibilidades do uso diagnóstico/probatório dos resultados da avaliação da aprendizagem, p. 388; **8.** Uma observação a respeito de notas escolares, p. 389; **9.** Concluindo este capítulo, p. 391.

Introdução

Após os estudos históricos que fizemos no decurso dos capítulos do Livro I desta publicação – *Avaliação da aprendizagem escolar: do passado para o presente* –, tratando das proposições para a prática da avaliação da aprendizagem na escola segundo a visão de teorias pedagógicas ou de autores que emergiram ao longo da História Moderna e Contemporânea, importa estabelecer uma compreensão sobre esse ato pedagógico a ser praticado em nossas instituições escolares públicas e particulares, seja no presente momento da história de nosso país, seja para o seu futuro, englobando os variados níveis de escolaridade, da Educação Infantil à Pós-Graduação. Afinal, uma perspectiva do presente para o futuro.

Após um longo passeio pelas trilhas do passado histórico através dos autores que antecederam a todos nós pelos caminhos da educação escolar, importa, nesse momento, estabelecer uma síntese compreensiva a respeito da prática da avaliação da aprendizagem escolar que possa orientar a todos nós no cotidiano de nossas vidas profissionais de educadores escolares, tanto no presente, como do presente para o futuro.

O Livro II desta publicação, intitulado *O ato de avaliar a aprendizagem escolar: do presente para o futuro,* composto por este único capítulo, escrito com a intenção de estimular os leitores a agir – tanto no presente, como do presente para o futuro –, no que se refere às práticas com a avaliação da aprendizagem em nossas escolas, de um lado, com um foco epistemologicamente adequado e, de outro, do ponto de vista social, investindo profissionalmente para que todos os nossos estudantes aprendam aquilo que está proposto em nossos currículos escolares, que se desenvolvam e se tornem cidadãos dignos de si mesmos e de seus pares na vida social. Nada de críticas às nossas práticas cotidianas; as críticas existentes já são suficientes para estarmos cientes de que necessitamos de novos caminhos. Por isso, este capítulo trata de proposições para o presente e para o futuro.

A avaliação, como expusemos na Introdução da presente publicação, é a parceira de todos nós seres humanos em nosso agir – seja no agir cotidiano em geral, seja no agir profissional –, subsidiando nossas decisões tendo em vista a obtenção dos resultados desejados em decorrência de nossa ação. Não existem, na vida humana, escolhas sem o suporte da avaliação, que opera com as qualidades da realidade que nos cerca e, desse modo, nos subsidia em nossas decisões.

LIVRO II – AVALIAÇÃO DA APRENDIZAGEM ESCOLAR: DO PRESENTE PARA O FUTURO

O presente capítulo contém uma compreensão sobre a avaliação da aprendizagem escolar como também estabelece um convite para que todos nós trilhemos caminhos e possibilidades para sua prática cotidiana tendo em vista subsidiar de forma significativa nossas atividades pedagógicas postas a serviço da formação dos estudantes sob nossa responsabilidade. Afinal, uma compreensão prático-metodológica e um convite expresso no subtítulo do Livro II desta publicação, com capítulo único: *do presente para o futuro!*[548]

1. O ato de avaliar é constitutivo do ser humano

O ato de avaliar nasce com a emergência do ser humano no Planeta Terra e compõe um dos seus três modos universais de agir: conhecer fatos, conhecer valores, tomar decisões e agir no mundo que o cerca.

Nesse contexto, importa, em primeiro lugar, registrar que, universalmente, todo ser humano *conhece factualmente* a realidade que o cerca, assim como seu funcionamento, tanto através do senso comum, como através do senso crítico, usando os recursos da filosofia, das artes e da ciência. Em segundo lugar, todo ser humano *conhece valores e qualidades* em relação a tudo o que o cerca, fenômenos da natureza, da cultura e da vida; afinal, o ser humano avalia, fator que lhe oferece suporte para fazer escolhas. E, por último, em terceiro lugar, todo ser humano – com base no conhecimento do que é e de como funciona a realidade, assim como com base na compreensão de suas qualidades –, *escolhe, toma decisões* e, consequentemente, *age*.

Dessa forma, todo ser humano, de modo universal, pratica esses três atos: investe em compreender a realidade e seu funcionamento; estabelece juízos de qualidade a respeito de tudo o que lhe cerca, fator que possibilita praticar escolhas; e, por último, com base nas duas esferas cognitivas anteriores, toma decisões e age. Desse modo, não existe possibilidade de uma ação humana que não seja precedida de um conhecimento da realidade e de seu funcionamento assim como da consciência dos valores a ela agregados, que permite escolhas e decisões.

---

548   No decurso deste capítulo, o leitor não encontrará abordagens críticas sobre as práticas da avaliação da aprendizagem presentes em nossas escolas. Se desejar entrar em contato com abordagens relativas a esse conteúdo, poderá ver outras publicações do autor realizadas através da Cortez Editora, tais como: *Avaliação da aprendizagem escolar: estudos e proposições*; *Avaliação da aprendizagem: componente do ato pedagógico*; *Sobre notas escolares: distorções e possibilidades*; *Avaliação em educação: questões epistemológicas e práticas*. Afinal, este é um capítulo exclusivamente propositivo, diverso do capítulo final da Tese pessoal de Doutoramento, que tinha as caraterísticas analítica e crítica.

CAPÍTULO ÚNICO – O ATO DE AVALIAR A APRENDIZAGEM NO ENSINO ESCOLAR

É interessante observar que o movimento católico denominado JOC – Juventude Operária Católica –, criado por Joseph-Léon Cadijn, no ano de 1923, na Bélgica, tinha um slogan que expressa a compreensão acima exposta. O *slogan* era "Ver, julgar e agir". "Ver" abrangendo a descritiva factual da realidade assim como o seu funcionamento; "julgar", constituído pelo conhecimento axiológico da realidade e subsidiário das escolhas; e, por último, o "agir", que assentado no conhecimento factual, somado ao conhecimento axiológico, busca o melhor e mais satisfatório resultado.

Não existe escolha humana que possa ser realizada, consciente ou inconscientemente, sem a mediação do conhecimento da realidade e do conhecimento de sua qualidade. Os conhecimentos da realidade e de sua qualidade subsidiam toda e qualquer decisão. Sempre fizemos, fazemos ou faremos escolhas, tendo em vista obter os melhores resultados em decorrência de nossa ação, à medida que, em princípio, ninguém escolhe agir para obter um resultado negativo. Certamente que existirão escolhas que possam trazer resultados positivos exclusivamente para quem escolhe; contudo, importa registrar que ninguém aposta no insucesso, ainda que ele possa advir, e, aqui e acolá, efetivamente advém.

Não existem, dessa forma, atos humanos, simples ou complexos, que não sejam precedidos e acompanhados por um ato avaliativo, ocorra ele de modo intencional, consciente e crítico ou de modo comum e habitual. Como também não existe nada que nos cerque, que não seja objeto de uma avaliação por parte de cada um de nós. A tudo aquilo que nos cerca, pela via do senso comum ou pela investigação crítica, a tudo atribuímos uma qualidade, que nos subsidia escolhas.

As avaliações cotidianas e habituais nos permitem fazer escolhas e viver o dia a dia, solucionando nossas necessidades imediatas; já, as avaliações praticadas de modo crítico e consciente permitem tomar decisões fundamentais para nós e para os outros, seja de modo individual ou de modo coletivo.

Vale ainda estarmos cientes de que as avaliações habituais, cotidianas, por vezes, nos conduzem a atos intempestivos, situação em que, diante da qualidade presente em determinadas situações, somos tomados por uma reação emocional abrupta e até mesmo inesperada. Contudo, vale também observar que nem todas as avaliações habituais manifestam essa nuance. No geral, elas nos permitem viver no cotidiano da melhor forma que podemos. Já as avaliações, realizadas metodologicamente, se o desejarmos, nos subsidiam a encontrar, de modo consciente, a melhor solução para os impasses com os quais nos defrontamos.

Epistemologicamente, importa estarmos cientes de que o ato de avaliar é constitutivo do ser humano. Emergiu no processo evolutivo do qual fazemos parte e permanecerá conosco pelos tempos afora enquanto "o ser humano for ser humano".

2. Compreendendo conceitualmente o ato de avaliar

Epistemologicamente, o ato de avaliar é um ato de investigar a qualidade da realidade, fato que implica em conhecimento, seja ele adquirido pelos recursos do senso comum, seja por recursos metodologicamente consistentes, encerrando-se no momento em que revela a qualidade da realidade.

Frente a isso, importa registrar que a "tomada de decisão" com base nesse conhecimento, por si, não pertence propriamente ao ato de avaliar, mas sim ao sujeito que usa os resultados desse processo investigativo tendo em vista decidir pelo possível melhor modo de agir. A decisão de agir, assim como a decisão a respeito do modo de agir, pertence ao sujeito da ação[549].

Os atos de investigar no âmbito da ciência e no âmbito da avaliação consciente assemelham-se no que se refere ao seu ordenamento metodológico e no que se refere ao encerramento de sua ação; ambas – ciência e avaliação consciente – encerram sua ação com o desvelamento cognitivo do seu objeto de estudo. A ciência e a avaliação, como práticas investigativas, revelam características da realidade. A ciência revela *o que é a realidade e como ela funciona* e, nesse ponto, encerra sua missão. A avaliação, por sua vez, como ato investigativo, à semelhança da ciência, *revela cognitivamente a qualidade da realidade* e aí encerra seu âmbito de ação.

O *uso dos conhecimentos* produzidos pelos procedimentos investigativos da ciência subsidia as criações e os investimentos tecnológicos, assim como decisões administrativas e políticas. O conhecimento científico é base para múltiplas decisões de gestores e tecnólogos; decisões que estão para além do domínio dos cientistas e da ciência, em si. Por sua vez, *o uso dos resultados decorrentes da investigação avaliativa* também está para além do exercício da própria avaliação; seu uso se dá no âmbito da gestão da ação. A tomada de decisão com base nos conhecimentos decorrentes da avaliação demanda uma escolha do sujeito que atua como gestor da ação, seja como gestor de situações comuns e cotidianas, seja como gestor de complexos projetos de ação.

---

549 A "tomada de decisão" com base nos resultados da investigação avaliativa, de modo comum, é definida como fazendo parte do ato de avaliar. Pessoalmente, já nos servimos dessa modalidade de compreensão. Contudo, importa estar epistemologicamente ciente de que o ato de avaliar, em si, como investigação da qualidade da realidade, se encerra com a "revelação da qualidade da realidade", como veremos mais à frente, o que implica que a "tomada de decisão" pertence ao âmbito da gestão da ação e não da avaliação.

O uso dos conhecimentos emergentes da investigação científica, como da investigação avaliativa, pertence ao gestor da ação. Será ele o responsável pela decisão a respeito de servir-se, ou não, desses referidos conhecimentos e de *como* servir-se dos mesmos.

Constitutivamente, a avaliação, do ponto de vista epistemológico, implica em uma *posição de não-indiferença* frente ao seu objeto de investigação, o que quer dizer que, nesse campo de conhecimentos, não existe neutralidade. Não há possibilidade de vivermos sem avaliar e, consequentemente, sem tomar posição e decisões em torno daquilo que nos cerca. Em nosso agir cotidiano, a qualificação da realidade nos subsidia a assumir uma posição positiva ou negativa frente àquilo que ocorre ao nosso redor; portanto, uma posição de "não-indiferença".

Para melhor compreender esse conceito, vale imaginar ou desenhar um segmento de reta, colocando um ponto 0 (zero) exatamente no seu meio, representando a realidade investigada; os dois polos, como extremidades do segmento de reta, representam as qualidades positiva e negativa. Esse desenho ajuda a compreender a afirmação epistemológica de que o ato de avaliar tem por base uma "posição de não-indiferença".

O ponto 0 (zero), no gráfico abaixo, expressa o "ponto de indiferença", a realidade a ser descrita, propriamente o objeto do ato avaliativo. Por seu turno, os polos positivo e negativo expressam as possibilidades de variação da qualidade, que se expressa epistemologicamente pela "não-indiferença". Epistemologicamente, pois, nós seres humanos reconhecemos a realidade como única, contudo, a qualidade como variável. O gráfico que se segue representa essa compreensão:

ponto zero
realidade descrita
ponto de indiferença

polo negativo – --------------------- 0 ----------------------- + polo positivo

realidade qualificada de modo negativo ou de modo positivo
pontos de não-indiferença[550]

---

550 Os interessados em refinar suas compreensões a respeito da teoria do valor podem ver: Risieri Frondizi, *Que son los valores?*, Fondo de Cultura Economica, México-Buenos Aires, 1ª Edição, 1958; Johannes Hessen, *Filosofia dos Valores*, Coimbra, PT, Armenio Amado Editor, 1980; Manuel Garcia Morente, *Fundamentos de Filosofia*, Editora Mestre Jou, SP, 1967, capítulo "Ontologia dos valores", p. 293-304.

As categorias gramaticais substantivo e adjetivo, na sintaxe da Língua Portuguesa, nos auxiliam a compreender, epistemologicamente, tanto o gráfico acima como o conceito de avaliação e do ato de avaliar.

Pela Gramática, aprendemos que o *substantivo* tem a destinação epistemológica de "descrever a coisa, a realidade" à qual ele se refere. O ponto 0 (zero), no gráfico acima, representa a posição axiológica de *indiferença* em relação ao objeto descrito, nem a favor nem contra. Posição própria do substantivo que tem por destinação epistemológica simplesmente "descrever o que a coisa é".

Paralelamente, aprendemos, também pela Gramática, que o *adjetivo* tem como destinação epistemológica "qualificar o substantivo", atribuindo-lhe uma qualidade, conduta que corresponde a uma posição de *não-indiferença* em relação ao objeto descrito.

O substantivo, etimologicamente, é aquilo que "sub-está" (*sub-stare*, do latim), isto é, que expressa a descritiva da realidade, daí situar-se em um "ponto de indiferença", simplesmente expressando "aquilo que a coisa é". Por seu turno, o adjetivo, etimologicamente, é aquilo que é "posto junto" (*ad-jacere*, do latim), expressando a qualidade da realidade, que varia entre o negativo e o positivo, ou seja, expressa "posição de não-indiferença", razão pela qual afirma-se que a qualidade é "bipolar", fator que dá base ao estabelecimento da escala de qualidades, variando do menos para o mais, ou, inversamente, do mais para o menos. A qualidade "belo", por exemplo, situa-se no extremo positivo da escala de beleza e a qualidade "feio" no extremo negativo; entre o positivo e o negativo, há uma série de gradações qualitativas que seguem "do menos para o mais", ou, ao contrário, "do mais para o menos".

Sintetizando, epistemologicamente, o substantivo está vinculado ao aspecto factual da realidade e o adjetivo ao seu aspecto qualitativo. O primeiro é constitutivamente único; o segundo é variável em conformidade com uma escala de qualidades. Essa característica constitutiva da qualidade nos permite compreender que ela não modifica a essência (a *ipseidade*) do quer que seja; ela simplesmente é atribuída à realidade descrita. A descrição, para ser válida, é única, mas a atribuição de qualidade pode variar para mais ou para menos, a depender dos critérios de qualidade, admitidos de modo circunstancial, social e histórico.

Como o sujeito do conhecimento atribui uma qualidade à realidade? Tendo presente um objeto com suas características substantivas (reais), comparando-o com um critério de qualidade assumido como válido, o sujeito do conhecimento pode considerá-lo aceitável plenamente, medianamente ou não aceitável. No caso, a realidade em si (substantivo) não se modifica; quem varia é a qualidade atribuída ao objeto avaliado (adjetivo). Daí dizer-se, na Gramática da Língua Portuguesa ou na Gramática de outras Línguas, que o substantivo "diz o que a coisa é" e o adjetivo tem o papel de "qualificá-lo".

Devido à escala de qualidades ter uma base circunstancial, histórica e social, a qualidade atribuída por um sujeito, ou por uma população, a um determinado objeto poderá "não ser atribuída" ao mesmo objeto por outro sujeito ou por outra população, que se encontra em outra situação histórico-social.

Então, ontologicamente[551], se diz que "a qualidade adere ao ser", sem modificá-lo substancialmente, desde que "o ser" continua sendo aquilo que é, ainda que "a qualidade" que lhe é atribuída tenha variações. A qualidade expressa uma atribuição à realidade, sem que, com essa atribuição, ela seja modificada na sua essência; o fator que poderia modificar uma realidade seria a sua modificação substantiva, factual, diversa da variação adjetiva, que é qualitativa.

Vale sinalizar que os extremos das qualificações positiva e negativa se expressam, gramaticalmente, *pelo superlativo*: ótimo-péssimo; belíssimo-horroroso; adequadíssimo-inadequadíssimo...

Sintetizando, em uma prática de investigação avaliativa, necessitaremos de (01) um objeto a ser avaliado, (02) sua configuração factual ou sua descritiva, (03) um padrão de qualidade, ao qual a realidade descrita será comparada, tendo em vista atribuir-lhe uma qualidade, em conformidade com uma escala previamente estabelecida e assumida como válida. Ao final do percurso desses três passos, obtém-se a "revelação da qualidade da realidade", objetivo final do ato de avaliar.

3. Configuração dos passos metodológicos na prática da investigação avaliativa

Tendo por base os entendimentos anteriormente expostos, no que se segue, configuraremos os passos da prática da investigação avaliativa de tal forma que possamos, ao mesmo tempo, compreender e operacionalizar a avaliação no cotidiano, seja ele pessoal ou profissional; e, no caso desta publicação, operacionalizar nossos atos avaliativos a respeito da aprendizagem dos estudantes em nossas escolas.

---

551   A Ontologia é um campo de estudos no âmbito da Filosofia que aborda a constituição daquilo que existe.

3.1. O primeiro passo do ato de avaliar é definir o objeto de investigação e o padrão de qualidade admitido como satisfatório

Ao praticar o ato de avaliar, de modo consciente, o ponto de partida necessário é a definição do objeto de estudo assim como dos recursos necessários à investigação. Afinal, o projeto do ato avaliativo.

Em *primeiro lugar*, importa delimitar aquilo que se vai investigar, nem mais nem menos do que o conjunto de variáveis que configura aquilo a respeito do que se deseja conhecer sua qualidade.

Em *segundo lugar*, após definir o objeto da investigação avaliativa, importa escolher e selecionar os recursos técnicos que subsidiarão a coleta de dados, que garanta uma descritiva consistente e suficientemente abrangente da realidade a ser avaliada. No processo de coletar dados para descrever uma realidade de modo consciente e consistente, importa usar instrumentos metodologicamente estruturados e compatíveis com o objeto de investigação. Esses recursos de coleta de dados podem variar desde um roteiro de observação, um roteiro de entrevista, um questionário, a instrumentos sofisticados, tais como óticos, físicos, bioquímicos, eletrônicos e outros mais, que, afinal, viabilizem observar e descrever a realidade, coletando seus dados essenciais, segundo as variáveis do objeto em avaliação.

Sem uma cuidadosa definição da coleta de dados em torno do objeto da investigação, podemos ser conduzidos a enganos na compreensão que viermos a estabelecer da realidade estudada, no caso, a respeito da qualidade da realidade investigada; evidentemente que situação semelhante pode ocorrer no campo da investigação científica, caso cuidados equivalentes não sejam tomados.

Uma descritiva satisfatória da realidade é condição necessária de qualquer investigação e, para tanto, há necessidade de recursos técnicos comprometidos com os dados a serem coletados em consonância com o projeto de investigação estabelecido. Dados específicos demandam instrumentos de coleta de dados específicos.

O *terceiro* e último componente do projeto de investigação avaliativa refere-se à necessidade de o avaliador ter presente o "padrão de qualidade admitido como satisfatório" em relação ao objeto a ser investigado. Sem esse critério de qualidade, não há como praticar o ato avaliativo, desde que, por sua característica epistemológica, a qualidade da realidade é revelada por comparação entre realidade descrita e padrão de qualidade assumido como aceitável.

Isso implica que, na configuração do objeto de investigação avaliativa, há necessidade do avaliador estar atento aos seus dois componentes fundamentais –

CAPÍTULO ÚNICO – O ATO DE AVALIAR A APRENDIZAGEM NO ENSINO ESCOLAR

descritiva da realidade e comparação entre realidade descrita e critério de qualidade –, tendo em vista, ao final do processo, verificar se a qualidade da realidade investigada preenche, ou não, o padrão de qualidade previamente estabelecido. Caso preencha, a qualidade será positiva, caso contrário, será admitida como negativa.

Em síntese, qualquer investigação – seja ela científica ou avaliativa – exige um protocolo de cuidados teórico-metodológicos. À semelhança do cientista que busca ultrapassar o senso comum tendo em vista produzir a ciência, o avaliador necessita ultrapassar o senso comum, caso efetivamente tenha o desejo de produzir conhecimentos avaliativos que possam subsidiar decisões significativas, seja em projetos de ação profissional, seja nas variadas circunstâncias de vida pessoal ou da vida social.

3.2. O segundo passo do ato de avaliar é produzir uma descritiva da realidade como base para a identificação de sua qualidade

Tendo em mãos o plano da investigação, como também a consciência dos passos metodológicos a seguir, o avaliador necessita partir para a ação de "coletar os dados necessários" tendo em vista descrever o seu objeto de estudo.

No cotidiano, de modo habitual, não nos damos conta da necessidade de proceder a observação e a interpretação consistente dos dados da realidade tendo em vista o agir. Simplesmente agimos, sem nos darmos conta de que, para agir, necessitamos nos confrontar com a realidade, avaliar, escolher e decidir. Ainda que não estejamos conscientes, é dessa forma que tomamos decisões e agimos. Porém, em uma investigação consciente e metodologicamente conduzida é necessário coletar dados que subsidiem descrever e, consequentemente, compreender a realidade investigada.

Em nossas vidas, instante a instante, praticamos atos avaliativos de modo praticamente automático e, no caso, a coleta de dados sobre a realidade a ser avaliada dá-se de maneira quase que imediata e espontânea. Porém, no âmbito da investigação metodologicamente definida, há necessidade de consciência e de cuidados para que efetivamente o objeto de investigação seja descrito segundo os requisitos necessários de abrangência e validade. No contexto de projetos de ação e em situações complexas, o ato de avaliar necessita ser conduzido de forma metodologicamente consciente, tendo em vista garantir que a identificação da qualidade do objeto abordado também seja consistente. Nesse contexto, a coleta de dados a respeito do objeto submetido à investigação avaliativa deverá ser precisa e rigorosa.

3.3. O terceiro passo do ato de avaliar é atribuir qualidade à realidade descrita

A qualidade da realidade é revelada em uma investigação avaliativa através da "atribuição de qualidade à realidade" por meio de uma comparação da realidade descrita com um critério de qualidade, assumido como válido e satisfatório; daí a necessidade da realidade a ser avaliada ser substantiva, permitindo sua qualificação.

Existem os critérios de qualidade que usamos espontaneamente no âmbito do senso comum em nosso cotidiano, em função dos quais, emitimos nossas opiniões, que, na quase totalidade das vezes, trazem a marca da subjetividade individual, vinculada aos estados emocionais de cada um de nós. Daí afirmações tais como – "Para mim, é assim"; "Eu sinto que é dessa forma", "Eu julgo desse modo", entre outras – estarem comprometidas, em nosso cotidiano, com uma qualidade assumida espontaneamente como válida, ao menos para o sujeito que as expressa.

Por outro lado, existe também a modalidade crítica e consistente de atribuição de qualidade à realidade, que leva em conta cuidados metodológicos para garantir a sua validade. O padrão de qualidade, nessas situações, está para além da pura subjetividade de cada um de nós, desde que estabelecido criteriosamente segundo parâmetros da circunstância histórico-social em que se age e se vive.

Ainda que a qualidade da realidade esteja comprometida com a "circunstância" onde ela se dá – seja uma circunstância material, cultural ou emocional –, importa ficarmos conscientes de que ela é considerada "válida", no sentido de que não se pode abrir mão dela a menos que aceitemos uma qualidade menos satisfatória do resultado da ação ou dos objetos naturais ou socioculturais que estão sendo avaliados. Por exemplo:

- Qual a conduta satisfatória de um piloto de uma aeronave comercial, seja como seu condutor, seja em suas relações com os outros profissionais que atuam nesse meio de locomoção, seja com os viajantes usuários do avião que pilota?

- Qual a conduta satisfatória de um cirurgião cardíaco em sua atividade própria, mas também em relação aos pares na sala de cirurgia ou em relação ao hospital no qual trabalha, entre outros aspectos?

- Que qualidade deve ter uma laje ou uma viga na construção de um determinado prédio, tendo em vista suportar o peso sobreposto a elas ou funcionar como piso...?

- Qual é o critério para avaliar a qualidade da conduta de um psicoterapeuta ao atender um cliente?

CAPÍTULO ÚNICO – O ATO DE AVALIAR A APRENDIZAGEM NO ENSINO ESCOLAR

• Que qualidade deve ter a obturação de um dente, a fim de que seja considerada satisfatória?

• Que qualidade deve apresentar uma joia, que se afirma ter 24 quilates/ouro?

• Que qualidade deve ter a conduta de um motorista no trânsito de nossas cidades?

• Que qualidade deve ter a aprendizagem de um estudante em determinado conteúdo curricular ensinado na escola?

Enfim, todas as condições materiais, existenciais, éticas, políticas, educacionais, religiosas..., para serem consideradas satisfatórias, devem atingir um padrão de qualidade satisfatório previamente estabelecido. Em todas essas situações, o padrão de qualidade assumido como satisfatório tem um caráter de "validez", ou seja, sem atingir essa qualidade, o resultado da ação ou do objeto avaliado não são aceitáveis.

Pois bem, o resultado da investigação avaliativa expressa a qualidade do objeto investigado no momento em que o investigador compara a "realidade descrita", com base na coleta de dados, "com o padrão de qualidade assumido como válido para o objeto em estudo", com o qual está atuando. Esse é o terceiro passo da investigação avaliativa, que completa o seu percurso epistemológico.

Para sintetizar: uma investigação avaliativa exige do avaliador cuidados com três passos metodológicos: (1) proposição de um projeto de investigação; (2) produção de uma consistente descritiva do objeto da investigação, tendo presente suas variáveis; (3) revelação da qualidade da realidade investigada, através da comparação da realidade descrita com os parâmetros de qualidade assumidos como válidos.

Desse ponto em diante, caberá ao *gestor*, não ao *avaliador*, as decisões a respeito de como servir-se da elucidação da qualidade da realidade produzida pela investigação avaliativa tendo em vista o encaminhamento subsequente da ação.

Em síntese, para praticar atos avaliativos, importa estarmos conscientes tanto da sua epistemologia como dos passos metodológicos necessários à sua condução. Sem essa compreensão e direcionamento provavelmente a avaliação não se realizará a contento e com o rigor metodológico necessário, fator que implicará em distorções para a intervenção na realidade.

4. Avaliação da aprendizagem: questões metodológicas

Os três passos metodológicos, acima especificados, são praticados em todo os atos avaliativos, inclusive na prática da avaliação aprendizagem, objeto de estudo que interessa diretamente à presente publicação.

LIVRO II – AVALIAÇÃO DA APRENDIZAGEM ESCOLAR: DO PRESENTE PARA O FUTURO

Servindo-nos das configurações anteriores, a avaliação da aprendizagem é compreendida como o ato de investigar a qualidade da aprendizagem do estudante *tomado individualmente*[552] e será o professor, como gestor da sala de aula em nossos sistema de ensino, que deverá tanto praticar a investigação avaliativa como também fazer uso dos resultados obtidos, tendo em vista orientar sua ação.

Importa, pois, no âmbito da sala de aula, distinguir os papéis do professor como gestor do ensino e do professor como avaliador, desde que esses papéis, nesse espaço de ação pedagógica, são exercidos pelo mesmo profissional. O profissional é único, mas os papéis são distintos e importa que assim sejam compreendidos e praticados em função de suas especificidades.

O educador é, ao mesmo tempo, o gestor da sala de aula como responsável pela administração do ensino, assim como o avaliador à medida que pratica e se serve dos recursos da investigação avaliativa tendo em vista revelar a qualidade dos resultados de sua ação pedagógica, possibilitando-lhe tomar as decisões necessárias, seja para aceitar os resultados obtidos, seja para tomar novas decisões em busca de melhores resultados.

A avaliação da aprendizagem, nesse contexto, tem um papel exclusivamente subsidiário ao professor, como gestor da sala de aula, nos diversos e sucessivos momentos da ação pedagógica, revelando-lhe a qualidade dos resultados da aprendizagem dos estudantes, pelos quais é responsável.

Na investigação avaliativa da aprendizagem dos estudantes, caso os resultados se manifestem *satisfatórios*, o professor tomará consciência de que sua ação pedagógica atingiu a meta desejada e, então, poderá seguir para um conteúdo subsequente do seu plano de ensino ou, se desejar, poderá decidir por investir mais no refinamento dos conhecimentos e habilidades já adquiridos; porém, caso a qualidade da aprendizagem dos estudantes se manifeste *insatisfatória*, caberá a ele – como educador – tomar as decisões necessárias tendo em vista a busca da satisfatoriedade, evidentemente sendo esse o seu desejo. Afinal, a decisão do que fazer em sala de aula, em nosso Sistema de Ensino, pertence ao professor. O ato avaliativo, com os seus resultados, manifesta-se tão somente como seu parceiro, subsidiário de suas decisões pedagógicas a serem traduzidas em práticas. O ato de avaliar relativo ao estudante encerra-se, pois, com a revelação da qualidade da sua aprendizagem. A seguir, as decisões pertencem ao educador, como gestor da sala de aula.

---

552   Existem outras modalidades de avaliação na prática escolar que tem sua atenção focada no coletivo ou no Sistema de Ensino, tais como a avaliação do desempenho coletivo de uma turma de estudantes, da Instituição Escolar (unidade escolar), avaliação dos diversos Sistemas de Ensino: Municipal, Estadual, Federal.

CAPÍTULO ÚNICO – O ATO DE AVALIAR A APRENDIZAGEM NO ENSINO ESCOLAR

Pedagogicamente, todos os estudantes devem atingir o nível de *mestria* nos conteúdos essenciais ensinados, não existindo, dessa forma, outras possibilidades para uma prática educativa profissionalmente consistente. Afinal, todo ser humano investe na ação em busca do sucesso. No caso, a reprovação do estudante em sua aprendizagem significa a frustração do ato pedagógico, desde que este é o recurso ativo pelo qual o professor investe no sucesso de sua ação tanto pessoal como institucional, representada pela aprendizagem satisfatória por parte dos estudantes.

Tendo em vista praticar a avaliação da aprendizagem de cada um e de todos os estudantes sob sua responsabilidade, o professor deverá servir-se dos recursos operacionais que estão expostos a seguir, que, por sua vez, estão assentados nas proposições do tópico anterior deste capítulo sob o título "Configuração dos passos metodológicos na prática da investigação avaliativa".

4.1. Objeto da investigação avaliativa da aprendizagem e instrumentos de coleta de dados

O primeiro passo necessário de qualquer prática de investigação é configurar seu objeto de estudo, tendo presente sua abrangência e variáveis, assim como os recursos de coleta de dados. Passo equivalente deve ocorrer na investigação da qualidade da aprendizagem na escola

As propostas de ensino e as exigências da aprendizagem sofrerão variações em função do nível de desenvolvimento etário, neurológico, mental, psicológico dos estudantes com os quais atuamos pedagogicamente, assim como da própria estrutura do ensino, do currículo estabelecido, das séries e disciplinas escolares. Esses fatores deverão ser levados em conta em todos os passos metodológicos tanto do ensino, propriamente dito, como também da investigação avaliativa da aprendizagem dos estudantes.

No caso da prática educativa escolar, teremos, então, que o currículo e o plano de ensino configuram aquilo que será ensinado; e, para a prática da avaliação da aprendizagem, importa aquilo que fora planejado e, ao mesmo tempo, efetivamente ensinado em conformidade com o planejado.

Vale ter presente que, na prática da avaliação da aprendizagem no âmbito do ensino, não se pode e não se deve utilizar de conteúdos que estão registrados nos planos do ensino, mas que não foram praticados em sala de aula. As aprendizagens, no caso da escola, decorrem de conteúdos efetivamente ensinados.

No plano de ensino, devem estar configurados tanto os conteúdos a serem ensinados como também os parâmetros da qualidade da aprendizagem que os estudantes necessitam atingir tendo em vista garantir que aprenderam com satisfatoriedade aquilo que deveriam ter aprendido. Currículo e plano de ensino determinam, no caso da investigação avaliativa, a abrangência dos dados a serem coletados tendo em vista obter as informações necessárias para se ter ciência a respeito dos estudantes terem atingindo, ou não, o nível de satisfatoriedade desejado em sua aprendizagem.

Caso o currículo e o plano de ensino não tenham sido cumpridos na sua totalidade, em função de múltiplas possíveis variáveis intervenientes ao longo do período letivo, o responsável pelos procedimentos avaliativos – no caso, o professor – deverá ter presente esse dado em seus cuidados investigativos, desde que só se pode investigar a qualidade dos resultados da aprendizagem em função da efetiva realização do ensino. Afinal, importa, para quem pratica o ensino, saber se a ação pedagógica praticada produziu os efeitos desejados, isto é, a aprendizagem dos estudantes, segundo os conteúdos previamente definidos e, a seguir, praticados.

Planejar a avaliação da aprendizagem significa, pois, tendo presente currículo, plano de ensino, como também sua execução, configurar o seu objeto de investigação, definindo os dados a serem coletados, assim como os recursos técnicos necessários e adequados à coleta de dados.

Caso, na investigação avaliativa, existam solicitações ao estudante de condutas que vão para além do ensinado, o professor estará exigindo-lhe desempenho para além daquilo que fora ensinado; e, por outro lado, caso a solicitação de condutas aprendidas fique aquém do ensinado, não se saberá se ocorreu, ou não, a aprendizagem desejada, desde que nem todos os conteúdos[553] ensinados foram tomados em conta na investigação avaliativa. Em síntese, os resultados da investigação avaliativa deverão ser compatíveis com o planejamento do ensino e sua consequente execução; aspectos que devem estar permanentemente presentes guiando os atos do avaliador.

4.2. Coleta de dados para a avaliação da aprendizagem

A coleta de dados é ponto de partida em termos de execução de qualquer investigação, incluindo, com certeza, a investigação avaliativa do ensino-aprendizagem escolar. Os dados coletados subsidiarão, de modo factual, a descritiva da realidade em conformidade com a configuração planejada da investigação. Sem uma coleta de dados com as características de objetividade e precisão, o ato de avaliar sofrerá

---

553   A expressão "conteúdos", nesta frase, como em outras neste texto, significa, conjuntamente, a aquisição de conhecimentos (informações) e a consequente formação de habilidades.

CAPÍTULO ÚNICO – O ATO DE AVALIAR A APRENDIZAGEM NO ENSINO ESCOLAR

interferências subjetivas que poderão obscurecer o seu resultado, dificultando possíveis tomadas de decisão a respeito da ação em execução ou já encerrada.

Tendo em vista proceder a coleta de dados, haverá necessidade de recursos técnicos que selecionem e obtenham os dados que viabilizem a descrição da realidade. Não há conhecimento efetivo sem a descrição de como se configura a realidade investigada e seu funcionamento. No caso da avaliação da aprendizagem, os fatos a serem observados e descritos são internos ao estudante como aprendiz, o que implica que haverá necessidade de identificar, elaborar e utilizar recursos de coleta de dados que o convidem a manifestar seu desempenho.

Em função das características do objeto de investigação – o desempenho do estudante –, os recursos de coleta de dados deverão ser sensíveis às variáveis como idade, desenvolvimento psicológico, nível de escolaridade. Nesse contexto, existirão circunstâncias nas quais só será viável a observação do educando em seu agir, como ocorre no âmbito da creche e da educação infantil. Quando, porém, em função do próprio desenvolvimento do educando, se torna possível o uso de instrumentos de coleta de dados, para além da exclusiva observação, podemos nos servir, então, de recursos que convidam o estudante a manifestar desempenhos, de tal forma que o educador possa observá-los. Afinal, os recursos de coleta de dados sobre o desempenho do estudante devem apresentar sensibilidade suficiente para permitir a possibilidade de conhecer seu desempenho em torno dos variados conteúdos com os quais se está trabalhando, assim como das variadas habilidades construídas através dos múltiplos cuidados com o educando, em especial no que se refere ao ensinar-aprender.

A seguir, iremos sinalizar algumas características necessárias a qualquer instrumento de coleta de dados para a avaliação da aprendizagem, destinem-se esses dados para uma simples observação, para uma entrevista, para um teste com demonstração prática, assim como para outras finalidades.

a) Sistematicidade do conteúdo abordado

A primeira característica fundamental e imprescindível de um instrumento de coleta de dados para a avaliação no âmbito da educação escolar é a *sistematicidade*. Sistematicidade significa a abrangência das variáveis que serão levadas em conta para configurar o objeto de investigação; propriamente, a abrangência que deverá ser traduzida no instrumento de coleta de dados, seja ele qual for: teste, tarefa, demonstração, entrevista, roteiro de observação, entre outros.

Quanto a esse aspecto, nos livros que tratam de "medidas educacionais", usualmente, existe um tópico que trata da *tabela de especificação* dos conteúdos e condutas

LIVRO II – AVALIAÇÃO DA APRENDIZAGEM ESCOLAR: DO PRESENTE PARA O FUTURO

a serem levados em conta em um instrumento de coleta de dados para a avaliação da aprendizagem.

Exclusivamente a título de ilustração dessa compreensão, transcrevemos a seguir uma tabela de especificação, tomada do livro *Elaboração de testes de aproveitamento escolar*, da autoria de Norman Gronlund, São Paulo, 1974, Editora Pedagógica Universitária, pág. 27; tabela inclusive já utilizada em capítulo anterior relativo ao autor.

No título da tabela, que estamos utilizando como exemplo, o autor usa como conteúdo a ser abordado no instrumento de coleta de dados dois capítulos do seu próprio livro, cujo conteúdo supostamente teria sido ensinado e, consequentemente, deveria ter sido aprendido e, por isso, objeto de um teste para avaliação da aprendizagem dos estudantes que teriam se submetidos ao seu estudo.

ESPECIFICAÇÕES PARA UM TESTE SOBRE OS CAPÍTULOS 1 E 2 DESTE LIVRO

Conteúdo / Resultados	Papel dos testes no ensino	Princípios de teste	Planejamento do teste	Número total de itens
Conhece os termos	2	4	4	10
Conhece os procedimentos	2		3	5
Conhece as categorias da *taxonomia*			5	5
Compreende os princípios	2	6	7	15
Compreende aplicações no ensino	4		11	15
Pode reconhecer adequadamente resultados formulados			10	10
Número total de itens	10	10	40	60

Na tabela cima, tendo em vista especificar os "resultados" da aprendizagem, o autor serviu-se das categorias da *Taxonomia de objetivos educacionais*, da autoria de Benjamin Bloom, em sua categoria "Conhecimento".

Vale observar que, nessa tabela, como um exemplo, se fazem presentes na *coluna vertical* os comportamentos cognitivos a serem contemplados no teste e, na *direção horizontal*, os conteúdos ensinados a serem solicitados aos estudantes; e, finalmente, no *cruzamento entre as duas variáveis*, encontra-se registrada a quantidade de questões a serem elaboradas, tendo em vista testar a sua aprendizagem[554].

---

554 Para proceder uma tabela de especificação semelhante a essa, importa que o leitor se dedique a estudar e utilizar a *Taxonomia de objetivos educacionais*, elaborada por Bloom; no caso, utilizada por Norman Grounlund.

CAPÍTULO ÚNICO – O ATO DE AVALIAR A APRENDIZAGEM NO ENSINO ESCOLAR

A Tabela de Especificação configura a definição dos dados a serem coletados tendo em vista praticar a avaliação. Com ela, o educador define conscientemente as condutas e os conteúdos necessários que serão levados em conta na coleta de dados sobre o desempenho do estudante em sua aprendizagem. A Tabela de Especificação configura o mapa dos conteúdos e das condutas a serem levados em conta na elaboração das questões do instrumento de coleta de dados para a avaliação. Essa tabela possibilita que o professor tenha consciência clara e precisa em torno daquilo que necessita saber a respeito da aprendizagem do estudante.

Uma tabela de especificação, próxima ou assemelhada à transcrita acima, porém menos sofisticada em sua forma, também permite ao educador ter consciência clara e precisa das condutas trabalhadas pedagogicamente em sala de aula e que, no processo de avaliação, devem ser levadas em conta tendo em vista ter ciência da qualidade das aprendizagens dos estudantes. Afinal, uma cuidadosa lista dos conteúdos e habilidades propostos e trabalhados em sala de aula será suficiente para auxiliar o professor a solicitar aos estudantes que manifestem suas aprendizagens em torno daquilo que planejou e que efetivamente ensinou. Nesse contexto, vamos nos servir, a título de exemplo, do conteúdo *adição* em matemática.

Vamos supor que desejamos saber se os estudantes, com os quais atuamos em seu ensino, aprenderam a operação matemática da adição. Então, importa coletar dados sobre o seu desempenho no que se refere: (1) ao raciocínio aditivo; (2) à fórmula da adição; (3) às propriedades da adição; (4) à prática da adição através de exercícios aditivos; (4) à solução de problemas simples; (5) à solução de problemas complexos, envolvendo essa operação matemática. No caso, a tabela de especificação das questões do teste estaria composta aproximadamente da seguinte maneira: conceito de adição (3 questões); fórmula da adição e seu uso (3 questões); propriedades da adição (5 questões); solução de exercícios de adição (3 questões); solução de problemas de adição (3 questões). No total, 17 questões cobrindo todo o conteúdo essencial ensinado e que deveria ter sido aprendido pelos estudantes.

Observar que a respeito de todo e qualquer conteúdo ensinado pode-se e deve-se estabelecer lista semelhante, que, afinal, compõe uma "tabela de especificação" a ser levada em conta na construção do instrumento de coleta de dados que será utilizado com o objetivo de detectar a aprendizagem dos estudantes.

À medida que tudo aquilo que fora ensinado era efetivamente "essencial" para a aprendizagem e formação do estudante, importa ao professor ter ciência de sua aprendizagem, desde que, caso ele não tenha aprendido, é importante reorientá-lo até que aprenda, desde que a função da escola é ensinar e garantir a aprendizagem dos conteúdos curriculares estabelecidos como essenciais.

LIVRO II – AVALIAÇÃO DA APRENDIZAGEM ESCOLAR: DO PRESENTE PARA O FUTURO

A avaliação é, então, a parceira do professor, revelando-lhe se o estudante, que fora por ele ensinado, aprendera, ou não, os conteúdos e habilidades trabalhados. A aprendizagem é o único resultado proposto e desejado decorrente da ação do educador em sala de aula e a avaliação é o recurso que lhe dá notícias da qualidade da aprendizagem por parte do estudante, fator que lhe garante a possibilidade de tomada de decisões, subsidiando a busca do sucesso de sua atividade de ensinar.

Desse modo, a primeira característica essencial de todo e qualquer instrumento de coleta de dados sobre a aprendizagem do estudante é a *sistematicidade*, que equivale à cobertura de todo o conteúdo essencial ensinado. Sem o uso desse expediente na elaboração do instrumento de coleta de dados, a descritiva do desempenho do estudante estará claudicando, pois que, sem essa abrangência, não haverá como descrever se o estudante efetivamente aprendeu *aquilo que fora ensinado*, fator que possibilita decidir se haverá necessidade de investir mais em sua aprendizagem ou se o nível de qualidade já atingido pode ser considerado satisfatório.

Nesse contexto, a característica da sistematicidade é imprescindível na elaboração e utilização de qualquer instrumento de coleta de dados para a avaliação da aprendizagem escolar. Sem essa característica, a descritiva obtida com a coleta de dados será sempre claudicante, falha, e, consequentemente, distorcida.

b) Linguagem compreensível

A segunda característica fundamental de todo e qualquer instrumento de coleta de dados para a avaliação da aprendizagem é a *linguagem compreensível*. Sem compreensão daquilo que se pergunta ou se solicita, não há como o estudante responder com adequação ao que se pede. Ou seja, importa que o estudante compreenda aquilo que lhe é perguntado ou orientado a desempenhar. Sem compreender a pergunta ou aquilo que se solicita, como oferecer uma resposta ou um retorno, com adequação?

No dia a dia, na relação direta, pessoal, temos a possibilidade de solicitar ao nosso interlocutor o esclarecimento a respeito daquilo que está sendo solicitado e que ainda não compreendemos; contudo, nos testes escritos, como também nas orientações escritas, não há interlocução; a via de comunicação é de mão única.

Nessas circunstâncias, de vez em quando, no lugar de professor, somos solicitados, com o seguinte pedido, ou pedido semelhante, por parte de um estudante, que se encontra submetido a um teste ou a uma prova: "Professor, não compreendi esta pergunta (ou esta orientação). Pode me ajudar?" A solicitação é justa, à medida que só se pode responder a uma pergunta ou a um pedido se compreendermos a solicitação. Não há como responder a uma pergunta ou praticar uma tarefa se não se compreender aquilo que está sendo perguntado ou pedido.

CAPÍTULO ÚNICO – O ATO DE AVALIAR A APRENDIZAGEM NO ENSINO ESCOLAR

Então, quem elabora um teste para ser respondido por escrito ou uma tarefa a ser desempenhada pelo estudante, necessita estar atento à utilização de uma linguagem compreensível por parte daquele que responderá às solicitações efetuadas. O estudante não terá como oferecer uma resposta correta à uma indagação ou à uma proposição do avaliador se ele não compreender o que lhe está sendo solicitado. Daí a necessidade da linguagem compreensível na comunicação por parte do professor, seja em uma atividade que use a escrita ou a comunicação oral.

Em síntese, um instrumento de coleta de dados sobre o desempenho do estudante em sua aprendizagem obrigatoriamente deve ser vazado em linguagem compreensível, a fim de que ele possa bem compreender e consequentemente responder às perguntas ou às tarefas propostas, manifestando sua aprendizagem dos conteúdos ensinados. E, sempre que houver dúvidas de entendimento daquilo que se solicita, importa que o estudante seja esclarecido. Sem compreensão daquilo que se solicita, não existe possibilidade de resposta adequada.

c) Compatibilidade entre ensinado e aprendido

A terceira característica necessária de todo instrumento de coleta de dados sobre desempenho do estudante em sua aprendizagem é a *compatibilidade entre ensinado e aprendido*.

O professor necessita ter ciência a respeito da aprendizagem por parte do estudante em relação àquilo que lhe fora ensinado e da forma como lhe fora ensinado, nem mais, nem menos que isso. Para tanto, o instrumento de coleta de dados necessita ser construído em compatibilidade com o ensinado em termos de conteúdos, de complexidade, de dificuldade e de metodologia utilizada no ensino.

Para agir, com justeza e adequação, o educador, no papel de avaliador, necessitará servir-se de um instrumento de coleta de dados que tenha sido elaborado em compatibilidade com os *conteúdos ensinados*, seja em termos de conhecimentos, de habilidades e de condutas psicomotoras, definidos tanto no currículo assumido como parâmetro do ensino, assim como no plano de ensino, que, por si, deve traduzir o currículo que fora utilizado como parâmetro para a ação pedagógica imediata em sala de aula.

Afinal, importa que o instrumento de coleta de dados esteja vazado com o mesmo nível de complexidade dos desempenhos com o quais os estudantes foram ensinados. Não se pode ensinar um estudante em um determinado nível de complexidade de abordagem e desejar que ele tenha um desempenho em um nível mais complexo.

Há ainda a necessidade de se ter presente *o nível de dificuldade* para o desempenho da tarefa solicitada, com o qual o instrumento de coleta de dados deve ter compatibilidade. Não se pode ensinar algo de desempenho fácil e, a seguir, solicitar ao

LIVRO II – AVALIAÇÃO DA APRENDIZAGEM ESCOLAR: DO PRESENTE PARA O FUTURO

estudante algo de desempenho considerado difícil. No instrumento de coleta de dados para a avaliação, haverá necessidade de se solicitar ao estudante desempenho em tarefas com níveis de dificuldade equivalentes aos do ensino. Tanto perguntas quanto tarefas com níveis de dificuldade de desempenho mais fáceis ou mais difíceis produzem enganos na coleta de dados, e, consequentemente, na descrição da realidade investigada. O instrumento de coleta de dados deve ser elaborado através de perguntas ou de tarefas com níveis de dificuldade equivalentes aos conteúdos ensinados.

Por último, há ainda a necessidade de que os instrumentos de coleta de dados tenham presente a compatibilidade entre a *metodologia* usada no ensino e a metodologia com a qual são elaboradas as perguntas ou tarefas solicitadas aos estudantes. Por exemplo, se se ensina um conteúdo em Língua Portuguesa, através do estudo de textos, as perguntas e tarefas deverão ser elaboradas nesse mesmo contexto metodológico; ou, em uma outra área de conhecimentos, como História por exemplo, caso os conteúdos sejam abordados pelo método dialético, as perguntas e tarefas deverão ser elaboradas com essa mesma metodologia. Ensinar com uma abordagem metodológica e solicitar desempenhos com outra traz embaraços aos estudantes, desde que a forma de pensar e raciocinar depende da metodologia com a qual se está operando.

Em síntese, na elaboração de instrumentos de coleta de dados sobre desempenho dos estudantes em sua aprendizagem, importa manter compatibilidade com os conteúdos ensinados, com a complexidade da abordagem e com a metodologia utilizada na abordagem dos conteúdos, assim como naquilo que se refere aos níveis de dificuldade.

d) Precisão

A quarta característica fundamental a ser levada em conta na construção de instrumentos de coleta de dados para a avaliação da aprendizagem é a *precisão*. Precisão significa que, tanto para o elaborador da pergunta a ser respondida ou da tarefa a ser realizada, quanto para estudante que vai respondê-la ou realizar a tarefa, não poderá haver margem de dúvida sobre aquilo que está sendo solicitado ou orientado a realizar.

Perguntas genéricas e imprecisas permitem também respostas genéricas e imprecisas por parte do estudante, fator que impossibilita ao educador ter ciência se efetivamente o estudante aprendeu aquilo que fora ensinado e que, se não tiver aprendido, importa reorientá-lo. A imprecisão gera dúvidas.

De forma jocosa, recentemente, ouvi um expositor no decurso de um evento – tratando dessa característica necessária de perguntas e orientações para tarefas,

CAPÍTULO ÚNICO – O ATO DE AVALIAR A APRENDIZAGEM NO ENSINO ESCOLAR

em um instrumento de coleta de dados para a avaliação do desempenho do estudante em sua aprendizagem – dar o exemplo que se segue. Pergunta do professor a respeito de Mem de Sá, terceiro Governador Geral do Brasil, com posse em 1558: "O que fez Mem de Sá?" Resposta do estudante: "Ele fez o que pôde". Afinal, à uma pergunta genérica, uma resposta também genérica.

Nas redes sociais de comunicação, de quando em vez, circulam exemplos hilariantes de perguntas e respostas imprecisas e genéricas, adicionadas em provas e testes escolares, que, efetivamente, não permitem qualquer qualificação da aprendizagem dos estudantes, assim como de seu acompanhamento construtivo. Certamente que todos os leitores já tiveram em suas mãos exemplos semelhantes a esses.

Para além do possível lado hilário desses exemplos, importa que o elaborador de um instrumento de coleta de dados para a avaliação do desempenho do estudante em sua aprendizagem tenha cuidado com essa característica, desde que só podemos ter ciência daquilo que ocorre na subjetividade do nosso estudante se ele o revelar. Então, para saber o que se passa dentro do outro, a única forma é elaborar perguntas com precisão em torno daquilo que pretendemos saber, que, no caso do ensino escolar, redunda em ter ciência se o estudante aprendeu aquilo que fora ensinado.

4.3. A coleta de dados e a qualificação da aprendizagem dos estudantes

Com o instrumento de coleta de dados sobre a aprendizagem do estudante já elaborado – seja ele um teste escrito, um roteiro de entrevista, orientação para uma ou para variadas tarefas, entre outras possibilidades –, o avaliador fará sua aplicação e correção, verificando a qualidade do desempenho apresentada pelo estudante através desse recurso de coleta de dados. O ato de avaliar se encerra quando se obtém os resultados da investigação avaliativa, que expressa a qualidade da realidade investigada.

O resultado da investigação da qualidade da aprendizagem será usado, então, pelo gestor da ação – no caso da sala de aula, pelo professor –, tendo em vista tomar as decisões adequadas, tais como prosseguir no ensino ou retomar pontos de conteúdos identificados como ainda não aprendidos ou até mesmo medianamente aprendidos. Como já sinalizamos em momentos anteriores deste livro, o professor atua nos dois papéis, tanto como *gestor* do ensino em sala de aula quanto como *avaliador*.

Após a obtenção dos resultados da investigação avaliativa, deverá ocorrer o seu uso em conformidade com as compreensões epistemológicas que temos estabelecido nas considerações anteriores do presente capítulo.

5. Compreensão conceitual dos usos dos resultados da investigação avaliativa

A "tomada de decisão", com base nos resultados da investigação avaliativa, não pertence ao âmbito da avaliação. Pertence, sim, ao âmbito da *decisão* – afinal, de quem decide –, tomando por base os resultados desse processo investigativo.

São três os possíveis usos dos resultados da investigação avaliativa: diagnóstico, probatório e seletivo. Iniciaremos por compreendê-los e, subsequentemente, trataremos propriamente dos usos dos resultados decorrentes da investigação da qualidade da aprendizagem.

5.1. Uso diagnóstico

O gestor da ação serve-se do *uso diagnóstico* dos resultados da investigação avaliativa como base para uma tomada de decisão. Esse uso é universal e constante na vida humana. Uso diagnóstico, no caso, significa o uso do conhecimento da qualidade da realidade como base para uma tomada de decisão a seu respeito. Não existe ato na vida humana que não seja precedido de uma investigação avaliativa, cujo resultado subsidia escolhas e decisões.

O uso diagnóstico dos resultados da investigação avaliativa se dá tanto no modo habitual e cotidiano de todos nós com base no senso comum, como se dá de modo consciente e intencional com base em investigação da realidade metodologicamente conduzida, tendo em vista decisões complexas. O fato é que o ser humano age, de modo habitual e comum ou de modo intencional e consciente, com base em escolhas assentadas sobre os resultados de atos avaliativos que se expressam como conhecimentos das qualidades da realidade em geral e da vida.

De modo comum, queiramos ou não, nosso sistema nervoso autônomo está alerta e investiga a qualidade da realidade que nos cerca como também do que ocorre em nosso organismo, no decurso das vinte e quatro horas do dia. E, com base nessa avaliação, toma decisões automáticas ou nos sinaliza a necessidade de intervenções.

Do ponto de vista daquilo que nos cerca, o sistema nervoso está nos sinalizando e decidindo a respeito da ação que ele supõe ser a melhor para nossa vida, e, do ponto de vista orgânico, está constante e intermitentemente investigando os componentes e o funcionamento do nosso organismo – temperatura, componentes alimentares, carências, relação com o meio ambiente e muito mais –, ao tempo que

CAPÍTULO ÚNICO – O ATO DE AVALIAR A APRENDIZAGEM NO ENSINO ESCOLAR

usa automaticamente os resultados dessa permanente investigação tomando decisões, instante a instante, a fim de que mantenhamos um quadro saudável de vida.

Com o seu modo de ser, o sistema nervoso autônomo nos ensina a utilizar os resultados de uma investigação avaliativa de modo diagnóstico, ou seja, subsidiando correções constantes dos rumos da ação, a fim de que, no caso, nosso organismo funcione a contento. Quando, por variadas razões, não obedecemos aos seus comandos, sobrevêm as variadas doenças que conhecemos.

Claro, existirão doenças que trazemos da origem, são as doenças genéticas; ou doenças decorrentes da idade ou de acidentes... Contudo, mesmo com a presença dessas doenças, nosso sistema nervoso autônomo investiga a qualidade dos componentes do nosso organismo e do seu funcionamento, indicando soluções, algumas praticadas de modo autônomo e independente, e, outras dependentes de nossas escolhas e decisões conscientes.

Então, nesse contexto neurológico, o uso diagnóstico dos resultados da investigação avaliativa é natural e universal, à medida que subsidia decisões do nosso sistema nervoso autônomo.

Por outro lado, *no campo de nossas decisões conscientes*, o uso diagnóstico dos resultados da avaliação continua a ter como função subsidiar nossas decisões tendo em vista nosso agir. Com o diferencial, evidentemente, de que, nesse caso, as decisões deixam de ser automáticas, passando a ser intencionalmente escolhidas.

Vale observar que o uso diagnóstico dos resultados do ato de avaliar, entre outras possibilidades, deve ocorrer quando uma ação se encontra em andamento. O que, nesse caso, quer dizer que, com base na identificação da qualidade dos resultados já obtidos em determinado momento de uma ação, o seu gestor decide se a qualidade do objeto em estudo atingiu o seu ponto de satisfatoriedade ou se ainda há necessidade de novas intervenções tendo em vista a obtenção de resultados mais satisfatórios que os conquistados até o momento; o que significa que, nessa circunstância, a qualidade, previamente definida como necessária, ainda não fora obtida.

Então, caso se tenha o efetivo desejo de que a qualidade da realidade atinja o padrão previamente estabelecido, há necessidade de que o gestor da ação em curso tenha sua atenção voltada para a busca da qualidade desejada e necessária, como meta a ser atingida no projeto em andamento. Afinal, todo planejador, ao configurar seu projeto, prevê o padrão de qualidade necessário e aceitável do resultado da ação proposta; padrão de qualidade a ser atingido nos diversos e sucessivos momentos da ação como também ao seu final.

O uso diagnóstico dos resultados da avaliação subsidia o gestor de um projeto, ou de uma ação, nas decisões relativas aos investimentos necessários para a obtenção dos resultados desejados com a qualidade previamente estabelecida, assumida como necessária. A obtenção dos resultados desejados de uma ação está comprometida com o uso diagnóstico dos resultados da investigação avaliativa.

5.2. Uso probatório

O *uso probatório* dos resultados da investigação avaliativa se dá ao final de um percurso de ação, ocasião em que seu gestor decide pela aprovação ou reprovação dos resultados obtidos com base em sua qualidade, podendo o objeto da avaliação ser pessoas, bens, experiências, assim como produtos decorrentes da ação humana ou da ação da natureza. Frente à qualidade revelada pela investigação avaliativa, o gestor da ação poderá decidir por aprovar ou por reprovar todos os objetos, circunstâncias ou sujeitos investigados, ou decidir por aprovar uma parte deles e reprovar outra.

Importa frisar que o uso probatório dos resultados do ato avaliativo só poderá ser praticado assumindo-se que o seu objeto de estudo – pessoas, bens, experiências ou produtos – encontra-se em sua forma final, pronta, à medida que a ação está encerrada; ao menos a ação que estava em curso encontra-se encerrada.

Em síntese, com base no uso probatório dos resultados da avaliação, todos os incluídos na investigação – pessoas, bens, experiências, produtos... – podem ser aprovados, como todos podem ser reprovados, assim como uma parte pode ser aprovada e outra reprovada. Todavia, nada impede que o gestor da ação tome a decisão de reiniciar o percurso de ação com o mesmo objetivo proposto, tendo em vista novos ou mais satisfatórios resultados. Afinal, uma nova decisão está sempre assentada sobre a busca de novas possibilidades.

Importa observar que há uma relação constante e necessária entre o uso diagnóstico e o uso probatório dos resultados da avaliação de uma ação. O uso diagnóstico subsidia o gestor da ação a tomar decisões tendo em vista atingir o nível de qualidade desejado; já o uso probatório revela ao gestor que o resultado final obtido em decorrência da ação é considerado satisfatório ou é considerado insatisfatório.

O *uso diagnóstico* dos resultados da investigação avaliativa subsidia o gestor a tomar novas decisões a respeito do objeto avaliado; o *uso probatório*, por seu turno, subsidia o gestor a qualificar o resultado final da ação, aprovando-o ou reprovando-o e, desse modo, encerrando o projeto de ação.

5.3. Uso seletivo

O *uso seletivo* é a terceira modalidade possível de uso dos resultados da investigação avaliativa. Esse uso se faz presente em situações que implicam em concursos, praticados em diversas e variadas áreas da vida humana; podem ser concursos que têm como base habilidades humanas ou produtos produzidos pelo ser humano. Nesse contexto, alguns objetos da investigação avaliativa serão selecionados positivamente a partir da qualidade que manifestem; outros serão excluídos.

Nos jogos olímpicos dos antigos gregos ou dos antigos romanos, por exemplo, alguns competidores eram premiados e muitos excluídos; no conjunto das competições atuais no futebol, na natação, no basquetebol, nos desfiles de beleza, entre outros, alguns serão selecionados como "os melhores", outros serão excluídos *dessa categoria*. Processo seletivo semelhante ocorre com os variados produtos que nos cercam, decorrentes de ações artesanais ou industriais, quando submetidos a um sistema de avaliação com características seletivas.

Os concursos públicos para preenchimento de vagas em instituições, ou para a seleção de produtos a serem oferecidos no mercado, concursos de beleza, entre muitíssimos outros, são modelos de usos seletivos dos resultados da investigação avaliativa, desde que, quando praticados em suas múltiplas possibilidades, admitem alguns e excluem muitos.

5.4. Usos conjugados diagnóstico/probatório e probatório/seletivo

Vale observar que os usos dos resultados de atos avaliativos podem ser utilizados também de forma conjugada nas modalidades *diagnóstico/probatório* e *probatório/seletivo*. O uso probatório sempre está presente desde que, em toda e qualquer ação, investimos na busca de um resultado que seja satisfatório e, por isso, aprovado.

O uso *diagnóstico/probatório* expressa o modo natural do uso dos resultados do ato avaliativo, ou seja, é natural ao ser humano ter uma meta de qualidade para os resultados de suas variadas ações (uso probatório) e, para atingir essa meta, necessita investir em sua ação através de correções sucessivas tendo por base a qualidade dos resultados da ação em andamento (uso diagnóstico).

Todo ser humano, em sua ação, consciente o inconscientemente, tem uma meta desejada ao agir e, para atingi-la, pratica atos avaliativos constantes, como também

LIVRO II – AVALIAÇÃO DA APRENDIZAGEM ESCOLAR: DO PRESENTE PARA O FUTURO

toma decisões constantes, tendo em vista chegar ao resultado desejado, com a qualidade desejada. Em síntese, o uso diagnóstico/probatório dos resultados da avaliação subsidia a busca do resultado desejado com a qualidade desejada.

Já o uso *probatório/seletivo* implica o estabelecimento de uma meta de qualidade para o objeto da investigação avaliativa – pessoas, objetos, experiências... –, na qual e acima da qual todos serão aprovados e, pois, selecionados positivamente e, abaixo da qual, serão reprovados e excluídos.

Essas duas conjugações de uso dos resultados da investigação avaliativa – diagnóstico/probatório e probatório/seletivo – dão-se cotidianamente em nossa vida social.

A primeira delas quase que de modo natural e funcional desde que, usualmente, ao agir, desejamos chegar a resultados positivos; a segunda hipótese de conjugação de uso dos resultados da investigação avaliativa – probatório/seletivo – decorre da decisão do gestor da ação de aprovar os objetos, pessoas ou experiências, que atingiram determinado padrão de qualidade e, ao mesmo tempo, reprovar aqueles que não atingiram o referido padrão de qualidade.

Em síntese, quem decide pela forma de uso dos resultados da investigação avaliativa – diagnóstico, probatório, seletivo ou de maneira conjugada diagnóstico/probatória ou probatória/seletiva – é o gestor da ação, desde que é ele quem administra tanto os recursos utilizados no decurso da ação, como a própria ação, tendo em vista a obtenção dos resultados desejados, traçados previamente no seu planejamento.

6. Os usos dos resultados da avaliação da aprendizagem em nossas escolas

6.1. O predomínio do uso probatório/seletivo em nosso meio escolar

O ato de avaliar, epistemologicamente, é único e aloca o seu objeto de investigação em um dos pontos de uma escala de qualidade, assumida como válida. Contudo, os resultados obtidos através da avaliação podem ter três usos possíveis, diagnóstico, probatório e seletivo, assim como podem ocorrer usos conjugados, diagnóstico/probatório, probatório/seletivo, como vimos no tópico anterior.

Entendemos que, hoje, na escola brasileira – seja ela pública ou particular, do Ensino Fundamental, Médio ou Universitário –, nos servimos dos resultados do ato avaliativo, *de modo predominante*, na modalidade "probatória/seletiva", alocando o desempenho do estudante num ponto de uma escala de qualidade, com a consequente *aprovação* dos alocados nos níveis considerados positivos, do ponto de corte para mais, e consequente *reprovação* daqueles alocados nos níveis definidos como negativos, do ponto de corte para menos.

Até o ano de 1970, no Brasil, adotávamos as denominações de provas e exames para as práticas avaliativas escolares. Após essa data, a denominação *exames escolares* foi desaparecendo do vocabulário escolar cotidiano, ao tempo em que a expressão *avaliação da aprendizagem*, estabelecida pelo educador norte-americano Ralph Tyler, no ano de 1930, seguiu ganhando espaço até que, em 1996, com a publicação da nova Lei de Diretrizes e Bases da Educação Nacional (LDB n. 9394/96), ela ganhou foro de cidadania em nosso meio educacional.

Dessa data para cá, vimos assumindo a nova denominação para as duas possibilidades de uso dos resultados da avaliação da aprendizagem dos estudantes na escola, podendo, eventualmente, significar o "uso diagnóstico/probatório", mas, de maneira mais comum e constante, significando o "uso probatório/seletivo".

No contexto escolar tem predominado o uso probatório/seletivo dos resultados da investigação avaliativa em função do fato de que alguns estudantes serão promovidos e outros não; então, nesse âmbito de resultados da ação escolar, alguns serão incluídos, outros, excluídos. Praticamente e de modo genérico, não há escola no Brasil que não exercite essa modalidade de uso dos resultados da avaliação da aprendizagem.

O uso probatório/seletivo como vem sendo praticado no cotidiano em nosso meio escolar apresenta, hoje, de modo predominante, as características que se seguem:

(1) *coleta pontual dos dados do desempenho dos estudantes em sua aprendizagem,* o que significa que só valem os conhecimentos e habilidades revelados de modo positivo, aqui e agora, no momento em que os testes e tarefas forem realizados[555].

(2) a coleta de dados sobre o desempenho do estudante (testes, provas, tarefas) *coloca um término no processo de ensinar e aprender um determinado conteúdo* ou uma determinada habilidade, à medida que, ocorrendo a classificação do estudante

---

555 No caso, não importa se o estudante, em um momento anterior à coleta de dados sobre seu desempenho, detinha os conhecimentos e habilidades testados ou se confundiu-se em relação à solicitação feita. Nem importa se aprenderá depois. Para se admitir que o estudante efetivamente aprendeu positivamente os conteúdos ensinados, ele deve, *pontualmente, aqui e agora,* no momento do teste, responder adequadamente aquilo em torno do que está sendo questionado, e da forma como está sendo questionado, que nem sempre é a melhor e mais significativa, como veremos em outro momento deste capítulo. Caso contrário, o desempenho será considerado insatisfatório. Sobre a questão das médias de notas, ver Cipriano Carlos Luckesi, *Sobre notas escolares: distúrbios e e possibilidades,* São Paulo: Cortez, 2014.

LIVRO II – AVALIAÇÃO DA APRENDIZAGEM ESCOLAR: DO PRESENTE PARA O FUTURO

em um determinado nível da escala de qualidades admitida como válida, ela se torna definitiva, isto é, não pode ser modificada, mesmo que o estudante apresente novos e mais significativos desempenhos. As notas são definitivas[556].

(3) *classificação probatória dos estudantes* em sua trajetória escolar, seja nas séries escolares do Ensino Fundamental ou do Ensino Médio, seja nas disciplinas semestrais no caso do Ensino Universitário;

(4) *seleciona os estudantes*, de um lado, promovendo aqueles que obtiveram uma média de notas assumida como aceitável, e, de outro, reprovando aqueles que não obtiveram a média de notas considerada aceitável pela autoridade pedagógica.

A modalidade de uso dos resultados da investigação avaliativa probatória/seletiva pode ser – e efetivamente, é – útil numa situação de competição, porém não tem nenhuma utilidade nem é adequado em um processo de construção de resultados, como ocorre – e deve ocorrer – no processo de ensinar e aprender no espaço escolar.

6.2. O uso diagnóstico/probatório dos resultados da avaliação da aprendizagem em nossas escolas

Temos que nos perguntar sobre as *possibilidades* do uso diagnóstico/probatório dos resultados da avaliação da aprendizagem em nossas escolas, desde que em nosso cotidiano escolar predomina o seu uso probatório/seletivo.

A solução saudável é assumir como padrão satisfatório de desempenho do estudante em sua aprendizagem a posse de um determinado padrão de conteúdo ao qual todos os estudantes devem chegar, fator que implica em investir para que *todos* sejam ensinados e *todos* aprendam de tal forma que atinjam o desempenho desejado. Essa modalidade de uso dos resultados da avaliação da aprendizagem denominado "diagnóstico/probatório" refere-se, de um lado, à meta a ser atingida pelo estudante – padrão probatório – e, de outro, aos investimentos processuais necessários para que o estudante atinja a meta desejada.

---

556 Um estudante que obteve uma nota insatisfatória - o que equivaleria afirmar que ele ainda não aprendeu o referido conteúdo -, caso proceda novos estudos e novas aprendizagens, *de modo usual*, não se registrará uma nota equivalente a nova aprendizagem satisfatória, mas sim a "média" entre as notas obtidas, uma insatisfatória e outra satisfatória. Nesse caso, vale observar que, se o estudante revela, no segundo momento, ter aprendido o conteúdo satisfatoriamente, qual a razão para não ser registrada somente essa qualidade?

CAPÍTULO ÚNICO – O ATO DE AVALIAR A APRENDIZAGEM NO ENSINO ESCOLAR

Nessa circunstância, o educador como gestor da sala de aula deverá trabalhar, tomando as decisões e os investimentos necessários para que *todos* os estudantes sob sua responsabilidade aprendam o necessário segundo o padrão de qualidade da aprendizagem definido como o necessário. Trabalhando com esse objetivo, estaremos abrindo mão da seletividade e da exclusão, fator que nos conduz também a abrir mão de contribuir para a seletividade social como uma característica do modelo de organização social no qual vivemos.

Com essa modalidade de uso dos resultados da avaliação – diagnóstico/probatório –, estaremos rompendo com a reprodução do modelo social no qual vivemos, via nossas escolas.[557]. Não é que a educação resolva a questão da exclusão social, mas, sim, que, juntamente com outros fatores da vida social, contribui para a redução dos níveis de exclusão presente na vida social.

O uso "diagnóstico/probatório" dos resultados da avaliação da aprendizagem tem características completamente diversas daquelas relativas ao uso "probatório/seletivo", desde que tem por objetivo subsidiar o educador, como gestor da sala de aula, a tomar as decisões ajustadas tendo em vista garantir que todos aprendam o necessário.

Importa estarmos cientes de que esse uso dos resultados da avaliação da aprendizagem – "diagnóstico/probatório" – ainda não se encontra incorporado em nosso cotidiano escolar, desde que ainda predomina em nossas escolas, quase que de maneira exclusiva, o modo "probatório/seletivo" e, pois, excludente. Os dados estatísticos da educação escolar no país nos revelam esse fato. No ano de 2016[558], segundo o IBGE, tínhamos no país 48.000.000 de estudantes no Ensino Básico, que inclui da Creche ao Ensino Médio. Na escolaridade que se inicia com o Ensino Fundamental, a distribuição estatística dos estudantes nesse referido ano fora: 15.300.000 no

---

557   O modelo capitalista de sociedade, que emergiu com o início da modernidade, incialmente pelo acúmulo primitivo do capital e, a seguir, pela emergência do capitalismo financeiro, sustenta-se na exclusão de uma imensa maioria dos cidadãos dos bens e serviços adequados à vida. A educação formal, como um componente da sociedade, não fica de fora desse destino. Contudo, ela – a escola – pode ser utilizada para romper com esse modelo de sociedade, caso nós educadores trabalhemos para a inclusão de todos no seio de uma aprendizagem satisfatória. Altos índices de reprovação revelam a reprodução do modelo social, dentro do qual vivemos, desde há muito tempo. Anterior ao modelo burguês de sociedade, não havia a exclusão social de uma imensa maioria dos cidadãos? Claro que sim, em todos os modelos anteriores de organização social havia a exclusão social da qual estamos tratando; todavia, importa, no presente momento histórico-social, compreender o que ocorre em nossa vida social e, a nosso ver, encontrar mediações que possam contribuir para a superação dos impasses presentes.

558   Há que se observar que dados estatísticos equivalentes expressam resultados da educação no país em anos anteriores, assim como posteriores, a esse ano de 2016.

LIVRO II – AVALIAÇÃO DA APRENDIZAGEM ESCOLAR: DO PRESENTE PARA O FUTURO

Ensino Fundamental/Séries Iniciais; a seguir, 12.200.000 no Ensino Fundamental/ Séries Finais; e, a seguir, 8.100.000 no Ensino Médio. E, ainda a seguir, todos sabemos, das dificuldades para ingresso no Ensino Superior, assim como para sua efetiva conclusão. Decréscimo constante e sucessivo à medida que a escolaridade avança em temos de modalidade e séries de ensino.

Para uma escola politicamente comprometida com a democratização social, importa que nós educadores nos sirvamos positivamente do uso "diagnóstico/probatório" dos resultados da avaliação da aprendizagem, na perspectiva de tomar decisões e garantir a todos os estudantes, sob nossa responsabilidade, alcançar o padrão satisfatório em sua aprendizagem.

Para abrir mão do uso "probatório/seletivo" dos resultados da avaliação da aprendizagem, importa que nós educadores nos sirvamos dos seus resultados sob uma ótica inclusiva, ou seja, que tomemos os resultados do ato avaliativo como nosso parceiro a guiar nossos caminhos em direção à conquista dos resultados positivos para *todos* os estudantes sob nossa responsabilidade.

7. Possibilidades do uso diagnóstico/probatório dos resultados da avaliação da aprendizagem

O uso "diagnóstico/probatório" dos resultados da avaliação será subsidiário de uma prática pedagógica consistente e transformará a avaliação em parceira de todos nós educadores a nos avisar que investimos o necessário e os estudantes sob nossa responsabilidade já aprenderam o necessário ou a nos avisar que investimos, mas que eles ainda necessitam de mais cuidados para que aprendam aquilo que necessitam aprender. Desse modo, o estudante poderá sentir que sua relação com o educador é uma relação para a vida, para o crescimento, para o desenvolvimento, para a construção de si mesmo e de sua identidade, assim como da vida social.

Assumindo essa postura pedagógica, a prática da avaliação da aprendizagem deixará de ser algo difícil e complicado, como parece que tem sido ao longo do tempo. Os professores, de modo usual, dizem: "É tão difícil julgar". De fato, na avaliação, nós não precisamos julgar, mas sim encontrar modos de agir que tragam soluções adequadas e satisfatórias para os impasses do cotidiano e para a aprendizagem dos nossos estudantes. A investigação avaliativa da aprendizagem, como já temos registrado neste capítulo, é parceira do educador em sala de aula, subsidiando-o a tomar decisões a favor da aprendizagem satisfatória por parte de todos os estudantes que se encontram sob sua responsabilidade.

Isso é fácil? Não! Essa é uma prática que exige de cada um de nós educadores escolares: vínculo com a profissão, formação adequada e consistente, comprometimento permanente, atenção plena e cuidados em todas as nossas intervenções, flexibilidade no relacionamento com os estudantes; sobretudo, sermos os adultos da relação pedagógica[559]. E, ainda, ruptura com o senso comum a respeito do uso "probatório/seletivo" dos resultados da investigação avaliativa, modo de agir que nos tem conduzido, desde há muito tempo, de maneira habitual e inconsciente no dia a dia de nossas atividades escolares.

No contexto do uso "diagnóstico/probatório" dos resultados da investigação avaliativa, a avaliação da aprendizagem escolar ocupa um lugar integrado com todas as outras atividades pedagógicas e a serviço delas; afinal, planejar, executar e avaliar, sempre em busca de resultados satisfatórios em decorrência de nossa ação pedagógica.

Enquanto o educador, como gestor da sala de aula, ensina, simultaneamente, avalia; e, enquanto avalia, compreende se há necessidade de investir mais, e mais, na aprendizagem de seus estudantes.

Então, nós educadores e os estudantes, com os quais atuamos, estaremos nos aliando para subsidiar seu caminho de desenvolvimento; nada será forçado, mas, também, nada será considerado pura e simplesmente aceitável; tudo será confrontado cuidadosamente, desde que todas as condutas são e serão oportunidades de autocrescimento e de auto-organização.

O uso "diagnóstico/probatório" dos resultados da avaliação estará, pois, de um lado, a serviço da constante sedimentação da experiência do educador como profissional e, de outro lado, a serviço da formação do estudante como cidadão. Nesse contexto, nós educadores estaremos, como adultos da relação pedagógica, subsidiando a auto-organização de nossos estudantes.

8. Uma observação a respeito das notas escolares

As notas escolares representam uma forma de registro da qualidade da aprendizagem dos estudantes nos documentos oficiais do Sistema Nacional de Ensino, sob a forma numérica. As notas, usualmente, se expressam através de uma escala de valores

---

559   A respeito da recomendação de "sermos os adultos na relação ação pedagógica", sugerimos que o leitor veja o "Capítulo 9 – Para além de todas as compreensões teóricas: o educador e o estudante", no livro de Cipriano Carlos Luckesi, *Avaliação em educação; questões epistemológicas e práticas*. São Paulo: Cortez Editora, 2018, p. 205-226

LIVRO II – AVALIAÇÃO DA APRENDIZAGEM ESCOLAR: DO PRESENTE PARA O FUTURO

numéricos que variam de 0,0 (zero) a 10,0 (dez), com a possibilidade de ajustes decimais. Usualmente, como registro, deveriam representar a qualidade da aprendizagem dos estudantes, porém, *passaram a expressar a própria realidade da sua aprendizagem*.

Como isso ocorreu e continua a ocorrer? A *qualidade* passou a ser representada por uma *quantidade*. A qualidade satisfatória, por exemplo, passou a ser representada e registrada pelas expressões numéricas 8,0; 9,0 e 10,0; a qualidade média pelas expressões 5,0; 6,0 e 7,0; e, por último, a qualidade insatisfatória pelas expressões 0,0; 1,0; 2,0; 3,0; 4,0; podendo as notas de 0,0 (zero) a 10,0 (dez) sofrer variações decimais em relação aos números inteiros, como, por exemplo, 9,5 (nove e meio); 9,25 (nove e vinte e cinco centésimos) e desse modo por diante.

À medida que o registro do aproveitamento escolar do estudante passou a ser realizado numericamente, emergiu a possibilidade de processar a operação matemática das "médias entre notas escolares". De registro simbólico de qualidades, as notas passaram a expressar quantidades.

Então, por exemplo, nesse contexto, um estudante que em nossas escolas tenha obtido nota 10,0 (dez) no conteúdo adição, em matemática, qualidade máxima, e, no passo subsequente, tenha obtido a nota 2,0 (dois) em subtração, qualidade inferior, permanecerá com a média 6,0.

Em nossa prática escolar cotidiana, somamos 10,0 (dez) com 2,0 (dois) e procedemos o cálculo da média entre as duas quantidades, ou seja, 12,0 (doze) dividido por 2, que produz a média 6,0 (seis). Com esse valor numérico 6,0 (seis), o estudante está aprovado à medida que se assume, de modo comum e constante em nosso Sistema de Ensino, que a média 5,0 (cinco) sustenta a aprovação. Na circunstância da obtenção dessa média, assume-se que o estudante atingiu um padrão aceitável de aprendizagem, porém, de fato, na realidade, ele apresenta uma aprendizagem satisfatória exclusivamente no conteúdo adição e insatisfatória no conteúdo subtração.

Desse modo, a "média de notas" não é um recurso adequado para expressar a qualidade das *aprendizagens dos estudantes* em relação aos conteúdos ensinados, e, dessa forma, traz consequências negativas para uma prática pedagógica construtiva para todos. De fato, o ideal seria que o estudante, nesse caso ou em outros equivalentes, apresentasse um desempenho 10,0 (dez) tanto em adição como em subtração. Para tanto, no caso, haveria que se reorientar a aprendizagem em subtração.

Notas escolares são suprimíveis ou um dia poderão ser suprimidas? Dificilmente. Essa modalidade de registro dos resultados das aprendizagens escolares dos estudantes já é centenária nos Sistemas de Ensino em múltiplos e variados países do mundo.

Contudo, podemos assumir, para o efeito das atividades pedagógicas em nossas escolas que, na situação relatada, o estudante, para expressar que aprendera

CAPÍTULO ÚNICO – O ATO DE AVALIAR A APRENDIZAGEM NO ENSINO ESCOLAR

razoavelmente bem tanto adição como subtração, deveria minimamente apresentar a qualidade 8,0 (oito) tanto em um como em outro conteúdo. No caso, uma aprendizagem satisfatória para ambos os conteúdos. Conduta semelhante necessita ser assumida para todos os conteúdos curriculares que praticamos em nossas escolas.

Para ser adequado, o uso das notas escolares como forma de registro e de subsídio para as decisões a respeito da aprendizagem dos estudantes necessita dar-se no âmbito "diagnóstico/probatório", ou seja, importa que o educador, em sala de aula, sirva-se dos resultados da avaliação na aprendizagem de seus estudantes como base para suas decisões de investir em atos de ensino até que efetivamente todos manifestem ter aprendido o conteúdo ensinado, tendo como consequência o desenvolvimento pessoal de cada um como sujeitos individuais e como seres humanos em sociedade.

9. Concluindo este capítulo

A avaliação é um ato parceiro em todas as escolhas e decisões do ser humano, como sinalizamos na abertura do presente capítulo, que ora findamos. No âmbito do ensino e aprendizagem escolar ocorre de modo equivalente. A fim de praticar os atos avaliativos de um modo relativamente adequado no cotidiano escolar, importa pautar nossos atos pedagógicos segundo as compreensões epistemológicas e metodológicas expostas ao longo deste capítulo, que contém um convite ao educador escolar para ir para além daquilo que aconteceu com ele e com cada um de nós em nossa escolaridade e que, aqui e acolá, continua acontecendo em nossas escolas, seja do ponto de vista pedagógico, seja do ponto de vista político-social. Os dados estatísticos da educação no país revelam isso.

Usar a avaliação como subsidiária de todas as decisões relativas aos nossos estudantes, assim como em relação às nossas atividades profissionais, é um recurso, sem sombra de dúvidas, essencial e necessário, à medida que o desejo do sucesso de nossas atividades escolares em sala de aula seja nossa meta.

A avaliação, afinal, é nossa parceira, ela está constantemente a nos sinalizar que, se desejamos resultados satisfatórios decorrentes de nossa ação, necessitamos investigar sua qualidade e, com base nos resultados obtidos a partir desse ato, importa que tomemos novas e novas decisões em busca do sucesso de nossa ação. Conduta que será benéfica para nossos estudantes como aprendizes, para nós como profissionais bem-sucedidos e para a vida social que terá sempre cidadãos competentes e socialmente integrados.

CONCLUINDO A PRESENTE PUBLICAÇÃO

POSTURAS DO EDUCADOR NO PROCESSO DE ENSINAR E APRENDER

CONCLUINDO A PRESENTE PUBLICAÇÃO

O conteúdo do texto que se segue pode ser do conhecimento do leitor deste livro, à medida que já fora abordado em outras publicações do autor, como, por exemplo, em *Avaliação em Educação: questões epistemológicas e práticas*[560]. Todavia, consideramos importante encerrar o presente livro com o tratamento que se segue, frente a sua importância para nós profissionais da educação institucional, assim como frente à sua relação com as abordagens realizadas na presente obra teórico-prática.

Importa que nós educadores escolares e acadêmicos, para além de todas as teorias e concepções pedagógicas, foquemos nossa atenção naquele que aprende, os estudantes, com os quais nos relacionamos, seja no âmbito da Creche, na Educação Infantil, no Ensino Fundamental e Médio, seja no mundo acadêmico dos Estudos Universitários.

O aprendiz é o destinatário de nossa atenção e de nossos cuidados. Nossa ação profissional tem como destino auxiliar nossos estudantes a aprender e, dessa forma, desenvolver-se tendo em vista poder atuar na vida do melhor e mais significativo modo de agir, seja em relação a si mesmos, seja em relação a todos os outros que os cercam e também a todos nós, partícipes da vida social.

Quanto mais saudáveis forem nossos estudantes, assim como nós educadores, mais saudável será a sociedade na qual todos estamos inseridos.

---

560   Questão tratada no livro de Cipriano Carlos Luckesi, *Avaliação em Educação: questões epistemológicas e práticas*, São Paulo, Cortez Editora, 2018, páginas 205-212.

1. Postura necessária do educador

Antes de mais nada, para uma prática educativa escolar consistente, importa uma postura universal necessária do educador. Necessita estar com seus estudantes despido de todo e qualquer preconceito, com o objetivo claro de que vai ensinar e todos irão aprender sob sua liderança.

Sem a clareza, a posse e o compromisso com esse objetivo, o mais comum entre todos nós educadores escolares tem sido nos dirigirmos para a sala de aula ou para os grupos de nossos estudantes com a certeza, por hábito comum e inconsciente, de que "somente alguns aprenderão", supostamente "os mais hábeis"; outros... certamente... serão reprovados. A postura do senso comum cotidiano não oferece suporte ao educador tendo em vista trabalhar com todos e para todos. Importa ultrapassar essa compreensão cotidiana e comum e abrir-nos para uma compreensão inclusiva e integrativa, na qual há lugar para todos.

Ensinar significa apostar que somos capazes de ensinar e que nossos estudantes são capazes de aprender, e, por isso, desenvolver-se de modo pessoal e como cidadãos. Então, qual a razão para as não-aprendizagens e as consequentes reprovações? Dificuldades existirão, mas qual ação humana não se depara com impasses? Se desejamos sucesso em nossa ação, importa, de modo consciente, buscar soluções tendo em vista ultrapassar os impasses emergentes em nossas relações de ensinar-aprender no âmbito de nossas escolas. Então, a postura inicial fundamental do educador é: "Investirei efetivamente no ensino e meus estudantes efetivamente aprenderão".

Com essa postura, os atos do educador em sala de aula necessitarão seguir aproximadamente as condutas apresentadas abaixo: acolher, nutrir, sustentar e avaliar.

2. Condutas necessárias do educador em sala de aula

Acolher significa receber, de coração aberto, os estudantes com as qualidades com as quais chegam a nossa atividade de ensino, usualmente, em nossa classe, em nossa turma de estudantes. Estudantes altos, baixos, dos centros das cidades, das periferias, com traços indígenas, africanos, europeus, orientais, portadores de pré-requisitos cognitivos e socioculturais, carentes desses pré-requisitos... enfim, acolher os estudantes como eles chegam à turma com a qual iremos ou já estamos atuando. São os nossos estudantes, pessoas a quem daremos suporte para que aprendam os variados conteúdos escolares com os quais atuamos, seguindo os passos do ensinar e do aprender aqui expostos.

CONCLUINDO A PRESENTE PUBLICAÇÃO

Eles aprenderão, se – de início e sempre – os acolhermos e, no cotidiano de nossa ação pedagógica, estivermos atentos às questões metodológicas da aprendizagem ativa. Acolher o estudante com as condições com as quais chegam em nossa sala de aula é o ponto de partida para o ensinar-aprender. Sem o acolhimento inicial e subsequente, não há ponto de partida nem condição para o ensino-aprendizagem. Críticas antecipadas ou iniciais – inconscientes, habituais ou conscientes – não ajudam, não subsidiam o ensinar-aprender. Só a postura do acolhimento sustenta o ponto de partida para qualquer ato do ensinar-aprender.

Após o acolhimento, *nutrir*, que significa oferecer aos nossos estudantes a melhor apresentação dos novos conteúdos a serem aprendidos, seja verbalmente ou através dos variados recursos de comunicação possíveis, seguindo os passos do ensinar e aprender que são: apresentar um conteúdo, auxiliar os estudantes a compreendê-lo, propor e acompanhar a execução de um ou de vários exercícios, avaliar a aprendizagem e, se necessário, reorientá-la até que se adquira o novo conhecimento, nova habilidade.

Muitos poderão, consciente ou inconscientemente, expressar: "Mas, eles não aprendem". Nesse contexto, cabe perguntar: "Como não aprendem, se são saudáveis?" Necessitam, sim, de ajuda, suporte, nutrição paciente e permanente, parceria no caminhar pela aprendizagem. Então, aprenderão. Hoje, sabemos que *todos* aprendem, incluindo os portadores de necessidades especiais; no passado, acreditava-se que era difícil que aprendessem, porém essa já é uma noção ultrapassada.

Na sequência dos atos de ensinar-aprender, importa, ainda, *sustentar a experiência de aprender*, conduta pedagógica que significa acompanhar o estudante e realimentá-lo todas as vezes que isso se fizer necessário.

Certamente não será somente com uma exposição que os estudantes aprenderão aquilo que estivermos ensinando. A experiência de aprender *de imediato* um novo conteúdo exposto não aconteceu comigo, nem com todos que leem esse texto. Sempre houve – e haverá – necessidade de investimentos na compreensão, assimilação e incorporação de um novo conteúdo e de sua consequente habilidade. Em nossas vidas, tivemos necessidade de ajuda e suporte para que aprendêssemos aquilo que sabemos hoje, seja em termos de informações, seja em termos de habilidades; nossos estudantes também terão necessidade de ajuda e suporte para aprender e construir suas habilidades.

A aprendizagem se faz ativamente e isso demanda sustentação, ou seja, tempo para a compreensão, exercitação e constituição das habilidades. Isso também demanda

POSTURAS DO EDUCADOR NO PROCESSO DE ENSINAR E APRENDER

orientação amorosa e constante no decurso do ensinar-aprender um novo conteúdo. Para nos servirmos de uma prática necessária em nosso cotidiano, importa na pratica do ensino, como em outras situações, um bom, consistente e amoroso relacionamento com todos os nossos aprendizes.

Por último, *avaliar*. No caso do ensinar-aprender, significa observar a qualidade da aprendizagem dos estudantes e os consequentes resultados alcançados frente aos atos de ensino. Em caso da aprendizagem positiva, ótimo, deve-se seguir em frente; em caso da não-aprendizagem ou da aprendizagem com qualidade insatisfatória, importa novos investimentos para que efetivamente os estudantes aprendam. E... certamente aprenderão com os nossos cuidados.

A avaliação é uma prática que acompanha todos os atos do ser humano, desde que necessita constantemente de tomar decisões ao longo das 24 horas do dia, dos 365 dias do ano e dos anos de vida de cada um. Não há como tomar decisões, sem um ato avaliativo, que epistemologicamente significa uma qualificação dos resultados da ação. O ato de avaliar é um ato parceiro do ser humano a lhe oferecer suporte para decisões e, pois, para a conquista dos resultados de sua ação. Importa estar sempre disponível e interessado em usar os resultados do seu processo investigativo.

O ato de avaliar é interativo com todo o processo de nosso agir. Está sempre e constantemente presente a nos sinalizar a qualidade da realidade com a qual convivemos ou de nossa ação, subsidiando-nos a constantes tomadas de decisão, tendo em vista a obtenção dos melhores e mais significativos resultados decorrentes do nosso agir.

3. Concluindo...

No *ensinar-aprender*, a aprendizagem sempre se dá com o suporte do outro. Cotidianamente nos servimos das falas e recomendações dos outros – através dos variados meios de comunicação, tais como TV, rádio, livros, documentários, filmes... e das diversas linguagens como a oral, a escrita, a imagética, entre outras possíveis – e com elas aprendemos. Apredemos também com nossas buscas pessoais.

Um professor, como profissional do ensino, sempre encontrará um meio de oferecer suporte ao seu aprendiz, se desse modo desejar e assumir, a fim de que assimile um novo conteúdo e o transforme em novas habilidades. Mas, para isso, importa desejar e investir nesse desejo. Ensinar eficientemente implica em cuidados permanentes do profissional de educação com os seus estudantes, afinal, o objetivo de sua ação. A sequência de atitudes – acolher, nutrir, sustentar e avaliar – expressa os sucessivos cuidados que um educador necessita ter ao exercitar o ensino.

CONCLUINDO A PRESENTE PUBLICAÇÃO

Os passos metodológicos do ensino-aprendizagem – exposição, assimilação, exercitação, aplicação, recriação e elaboração de sínteses – só serão bem utilizados se as condutas do educador estiverem configuradas pelos cuidados de *acolher, nutrir, sustentar e avaliar*.

O convite é para que todos nós invistamos no sucesso dos atos de ensinar-aprender em nossas escolas no decurso de todas as horas, de todos os dias, semanas, meses e anos da escolaridade. A avaliação sempre foi e sempre será a parceira do ser humano na busca dos resultados desejados através da ação e, no caso do ensinar-aprender, importa que seja utilizada na parceria com os atos de acolher, nutrir e sustentar a experiência da aprendizagem de nossos educandos.

Sucesso para todos nós e para nossos estudantes!

ॐ

BIBLIOGRAFIA

BIBLIOGRAFIA

AFONSO, Almerindo Janela. *Avaliação educacional: regulação e emancipação*. 3. ed. São Paulo: Cortez Editora, 2005.

AFONSO, Almerindo Janela. *Políticas educativas e avaliação educacional*. Portugal: Universidade do Minho, 1999.

AGUAYO, A. M. *Didática da Escola Nova*. 10. ed. São Paulo: Companhia Editora Nacional, 1956.

AGUAYO, A. M. *Filosofia da Educação e Novas Orientações da Educação*. São Paulo: Livraria Acadêmica, 1939.

ANÍSIO, Mons. Pedro. *Compêndio de pedagogia experimental*. Rio de Janeiro: Empresa Gráfica ADC Ltda, 1937.

ANÍSIO, Mons. Pedro. *Tratado de Pedagogia*. Rio de Janeiro: Livraria Civilização Brasileira, 1934.

AQUINO, Júlio Groppa (Org.). *Erro e fracasso na escola*: alternativas teóricas e práticas. São Paulo: Summus Editorial, 1997.

BAQUERO, Godeardo. *Testes psicométricos e projetivos*: esquemas para construção e análise de avaliação. São Paulo: Edições Loyola, 1968.

BARTOLOMEIS, Francesco de. *Avaliação e orientação*: objetivos, instrumentos e métodos. Lisboa: Livros Horizontes, 1981.

BASTOS, Lília; PAIXÃO, Lyra; MESSICK, Rosemary Graves. *Avaliação educacional*: planejamento, análise de dados, determinação de custos. Petrópolis: Editora Vozes, 1977.

BASTOS, Lília; PAIXÃO, Lyra; MESSICK, Rosemary Graves. *Avaliação Educaciana1* II: perspectivas, procedimentos, alternativas. Petrópolis: Editora Vozes, 1978.

BLOOM, Benjamin S. e outros. *Taxionomia de objetivos educacionais*: domínio afetivo. Porto Alegre: Editora Globo, 1972.

BLOOM, Benjamin S. e outros. *Taxionomia de Objetivos Educacionais*: domínio cognitivo. Porto Alegre: Editora Globo, 1973.

BLOOM, B. S.; HASTINGS, J. T.; MADAUS, G. F. *Manual de avaliação formativa e somativa do aprendizado escolar*. São Paulo: Livraria Pioneira Editora, 1983.

BONFIM, Manuel. *Lições de Pedagogia*. 2. ed. Rio de Janeiro: Livraria Francisco Alves, 1920.

BOURDIEU, Pierre. Sistemas de Ensino e Sistemas de Pensamento. *In*:_____. *A economia das trocas simbólicas*. São Paulo: Editora Perspectiva, 1974, p. 203-230.

BOURDIEU, Pierre; PASSERON, Claude. *Reprodução*: elementos para uma teoria do ensino. Rio de Janeiro, Livraria Francisco Alves, 1975.

BRITO, Márcia Regina Ferreira de. *Uma análise fenomenológica da educação*. São Paulo: PUC, 1984 (Tese de Doutoramento).

BIBLIOGRAFIA

CHADWICK, C. B.; ROJAS, A. M. *Tecnologia Educacional e Desenvolvimento Curricular*. Rio de Janeiro: Associação Brasileira de Tecnologia Educacional – ABT, 1980.

CHARLOT, Bernard. *A mistificação pedagógica*. Rio de Janeiro: Editora Guanabara, 1986.

CHÂTEAU, Jean. *Os Grandes Pedagogistas*. São Paulo: Companhia Editora Nacional, 1978.

COMÊNIO, João Amós. *Didáctica Magna ou da arte universal de ensinar tudo a todos totalmente*. Lisboa: Fundação Calouste Gulbenkian, 1957.

COMÊNIO, João Amós. *Leges scholae bene ordinatae*. Tradução Giuliana Limiti (sob o título "Norme per un buon ordinamento delle scuole"), publicado em Studi e Testi Comeniani. Roma: Edizione dell'Ateneo, 1965, p. 47-107.

CURY, Carlos Roberto Jamil. *Educação e contradição*. São Paulo: Cortez Editora e Autores Associados, 1985.

DANILOV, M. A.; SKATKIN. M. N. *Didáctica de la escuela media*. Habana: Editorial Pueblo y Educación, 1985.

DEBESSE, Maurice; MIALARET, Gaston. *Tratado das Ciências Pedagógicas*. São Paulo: Companhia Editora Nacional, 1977.

DEMO, Pedro. *Avaliação qualitativa*. São Paulo: Cortez Editora, 1987.

DEPRESBITERIS, Léa. *O desafio da avaliação da aprendizagem, dos fundamentos a uma proposta inovadora*. São Paulo: Editora Pedagógica Universitária, 1989.

DEWEY, John. *Como pensamos*. 3. ed. São Paulo: Companhia Editora Nacional, 1959.

DEWEY, John. *Democracia e educação*. São Paulo: Companhia. Editora Nacional 1959.

DEWEY, John. *Experiência e educação*. 2. ed. São Paulo: Companhia   Editora Nacional, 1976.

DEWEY, John. *Vida e Educação*. 7. ed. São Paulo: Melhoramentos, [1928].

EBY, Frederick. *História da moderna educação*: teoria, organização e as práticas educacionais (séc. XVI-XX). Porto Alegre: Editora Globo, 1970.

FRANCA S.J., Leonel. *O método pedagógico dos jesuítas*: o Ratio Studiorum. Introdução e Tradução. Rio de Janeiro: Livraria Agir Editora, 1952.

FREIRE, Ana Maria Araújo. *Analfabetismo no Brasil*. São Paulo: Cortez Editora/INEP, 1989.

FOUCAULT, Michel. *História da Sexualidade*: a vontade de saber. Rio de Janeiro: Edições Graal, 1990. 1 v.

FOUCAULT, Michel. *Microfísica do poder*. 2. ed. Rio de Janeiro: Edições Graal, 1979.

FOUCAULT, Michel. *Vigiar e punir*. 7. ed. Petrópolis: Editora Vozes, 1989.

FOULQUIÉ, Paul. A *Escolas Novas*. São Paulo: Companhia Editora Nacional, 1958.

FRITZSCH, Theodor. *Juan Federico Herbart*. Buenos Aires: Editorial Labor, 1932.

BIBLIOGRAFIA

GASPARIN, João Luiz. *Uma didática para a pedagogia histórico-crítica*. 4. ed. Campinas: Autores Associados, 2007.

GRAMSCI, Antonio. *Os intelectuais e a organização da cultura*. Rio de Janeiro: Civilização Brasileira, 1979.

GRONLUND, Norman E. *A elaboração de testes de aproveitamento escolar*. São Paulo: Editora Pedagógica Universitária, 1974.

GRONLUND, Norman E. *Elaboração de testes para o ensino*. São Paulo: Livraria Pioneira Editora, 1979.

GRONLUND, Norman E. *Sistema de notas na avaliação do ensino*. São Paulo: Livraria Pioneira Editora, 1979.

HADJI, Charles. *Avaliação desmistificada*. Porto Alegre: Artes Médicas, 2001.

HERBART, J. F. *Pedagogía General derivada del fin de la educación*. Madrid: Ediciones de la lectura, 1914.

HOFFMANN, Jussara. *Avaliação mediadora*: uma prática em construção da pré-escola à universidade. Porto Alegre: Editora Mediação, 1993.

HOFFMANN, Jussara. *Avaliação*: mito e desafio, uma perspectiva construtivista. Porto Alegre: Editora Mediação, 2002.

KLINGBERG, Lothar. *Introducción a la didáctica general*. Havana: Editorial Pueblo y Educación, 1978.

LARROYO, Francisco. *História Geral da Pedagogia*. São Paulo: Editora Mestre Jou, 1974.

LEIF J.; RUSTIN, G. *Pedagogia Geral*: pelo estudo das doutrinas pedagógicas. São Paulo: Companhia Editora Nacional, 1960.

LENVAL, Helena Lubienska de. *A educação do homem consciente*. São Paulo: Editora Flamboyant, s/d.

LIBÂNEO, José Carlos. *Adeus professor, adeus professora*. São Paulo: Cortez Editora, 2010.

LIBÂNEO, José Carlos. *Democratização da escola pública*: pedagogia crítico-social dos conteúdos. São Paulo: Edições Loyola, 1985.

LIBÂNEO, José Carlos. *Fundamentos teóricos e práticas da prática docente*: estudo introdutório sobre pedagogia e didática. São Paulo: PUC, 1990 (Tese de Doutoramento).

LIBÂNEO, José Carlos. *Didática*. São Paulo, Cortez Editora, 1994.

LIMA, Lauro de Oliveira. Como utilizar os instrumentos de verificação do rendimento escolar. *In*: _____. *Escola secundária moderna*: organização, métodos e processos. 10 ed. Petrópolis: Editora Vozes, 1973. p. 595-638.

LOURENÇO FILHO. *Introdução ao estudo da Escola Nova*. 7. ed. São Paulo: Editora Melhoramentos, 1961.

LUCKESI, Cipriano Carlos. *Avaliação da aprendizagem*: componente do ato pedagógico. 1. ed. São Paulo: Cortez Editora, 2011.

LUCKESI, Cipriano Carlos. *Avaliação da aprendizagem escolar*: estudos e proposições. 22. ed. São Paulo: Cortez Editora, 2011.

BIBLIOGRAFIA

LUCKESI, Cipriano Carlos. *Avaliação da aprendizagem na escola*: reelaborando conceitos e recriando a prática. Salvador: Malabares, 2003.

LUCKESI, Cipriano Carlos. *Avaliação em educação*: questões epistemológicas e práticas. São Paulo: Cortez Editora, 2018.

LUCKESI, Cipriano Carlos. *Sobre notas escolares*: distorções e possibilidades. São Paulo: Cortez Editora, 2014.

LUZURIAGA, Lorenzo. *Antologia de Herbart*. Buenos Aires: Editorial Losada, 1946.

MAGER, Robert F. *Objetivos para o ensino efetivo*. Rio de Janeiro: Serviço Nacional de Aprendizagem Industrial (SENAI), 1971.

MANACORDA, Mario Alighiero. *História da educação*: da Antiguidade aos nossos dias. São Paulo: Cortez Editora /Editora Autores Associados, 1989.

MADAUS, G. F.; SCRIVEN, M.; STUFFLEBEAM, D. L. Program Evaluation: a history overview. *In*: _____. *Evaluation Models*: viewpoints on educational and human services evaluation. Boston: Kluwer-Nijhoff Publishing, 1983. p. 3-22.

MARX, Karl. *O Capital*. Rio de Janeiro: Livraria Civilização Brasileira. v. 1, livro 1.

MONROE, Paul. *História da educação*. 14 ed. São Paulo: Companhia Editora Nacional, 1979.

MONTESSORI, Maria. *A criança*. Lisboa: Portugália Editora, s/d.

MONTESSORI, Maria. *El Método de la Pedagogía Científica*. Barcelona: Casa Editorial Araluce, 1937.

MONTESSORI, Maria. *Manual práctico del método*. Barcelona: Casa Editorial Araluce, 1939.

MONTESSORI, Maria. *Método da Pedagogia Científica*. Salvador: Oficina Gráfica "A Luva", 1934.

NOLL, Victor H. *Introdução às Medidas Educacionais*. São Paulo: Livraria Pioneira Editora, 1975.

OLIVEIRA, João Batista Araújo. *Perspectivas da Tecnologia Educacional*. São Paulo: Livraria Pioneira Editora, 1977.

PADES/UFRGS/PROGRAD. *Avaliação da aprendizagem*: enfoques teóricos. Porto Alegre: Editora da Universidade, 1983.

PALACIOS, Jesús. *La cuestión escolar*. 2. ed. Barcelona: Editorial Laia, 1984.

PFROMM NETTO, S. *Tecnologia da Educação e Comunicação de Massa*. São Paulo: Livraria Pioneira Editora, 1976.

PINTO, Álvaro Vieira. *Ciência e Existência*: problemas filosóficos da pesquisa, científica. 2. ed. Rio de Janeiro: Paz e Terra, 1979.

PITOMBO, Maria Isabel Moraes. *Conhecimento, Valor e Educação em John Dewey*. São Paulo: Livraria Editora Pioneira, 1974. p. 33.

PONCE, Aníbal. *Educação e luta de classes*. 5. ed. São Paulo: Cortez Editora, 1985.

POPHAM, W. James. *Avaliação educacional*. Porto Alegre: Editora Globo, 1983.

BIBLIOGRAFIA

REICH, Wilhelm. *Análise do caráter*. São Paulo: Livraria Martins Fontes, 1989.

REICH, Wilhelm. *Psicologia de Massas do Fascismo*. São Paulo: Livraria Martins Fontes, 1978.

ROMÃO, José Eustáquio. *Avaliação dialógica*: desafios e perspectivas. São Paulo: Cortez Editora, 1999.

ROSA, Maria da Glória. *História da educação através dos textos*. São Paulo: Editora Cultrix, 1982.

SANTOS, Wlademir dos. *Mensuração e avaliação*: significados, funções e diretrizes. 1978. Tese de Mestrado – Pontifícia Universidade Católica de São Paulo, São Paulo, 1978.

SAVIANI, Dermeval. *Escola e democracia*. 22. ed. São Paulo: Cortez Editora, 1989.

SAVIANI, Dermeval. *Pedagogia histórico-crítica*: primeiras aproximações. Campinas: Autores Associados, 2008.

SCIACCA, Michele Federico. *O problema da educação*. São Paulo: Editora Herder, 1966.

SKINNER, B.F. *Tecnologia do Ensino*. São Paulo: Editora Pedagógica Universitária, 1972.

SOUZA, Sandra Maria Zákia Lian. *Avaliação da Aprendizagem na Escola de 1º e 2º Graus*: legislação, teoria e prática. 1986. v. 1 e 2. Tese de Mestrado. Pontifícia Universidade Católica de São Paulo, São Paulo, 1986.

TYLER, Ralph W. A Rationale for Program Evalution. In: MADAUS, G. F.; SCRIVEN, M.; STUFFLE-BEAM, D. L. *Evaluation models*: viewpoints on educational and human services evaluation. Boston: Kluwer-Nijhoff Publishing, 1983. p. 67-78.

STUFFLEBEAM, D. L. *Princípios básicos de currículo e ensino*. Porto Alegre, Editora Globo, 1974.

VASCONCELLOS, Celso dos Santos. *Avaliação*: Concepção Dialética-Libertadora do Processo de Avaliação Escolar. São Paulo: Libertad Editora, 2005.

VASCONCELLOS, Celso dos Santos. *Avaliação da Aprendizagem*: Práticas de Mudança – por uma práxis transformadora. São Paulo: Libertad Editora, 2003.

VASCONCELLOS, Celso dos Santos. *Avaliação*: Superação da Lógica Classificatória e Excludente do "É proibido reprovar" ao É preciso garantir a aprendizagem. São Paulo: Libertad Editora, 2002.

VASCONCELLOS, Celso dos Santos. *Construção do Conhecimento em Sala de Aula*. São Paulo: Libertad Editora, 2004.

VASCONCELLOS, Celso dos Santos. *Testes em educação*. São Paulo: Ibrasa, 1973.

VIANNA, Heraldo Marelim. *Introdução à avaliação educacional*. São Paulo: Ibrasa, 1989.